교감국역 송남잡지 03

An Encyclopedia of Songnam

지은이 조재삼(趙在三)은 1808년에 태어나서 1866년까지 생존하였다. 본관은 임천(林川)이고 호는 송남(松南)이며 자는 중기(仲機)이다. 졸수재(拙修齋) 조성기(趙聖期)의 5대손이다. 저서로 『송남잡지』 외에도 유고 2권이 있다고 한다.

옮긴이 강민구(姜玟求)는 성균관대학교를 졸업(문학박사)하고 민족문화추진회 국역연수원을 졸업하였으며 연청(研靑) 오호영(吳虎泳) 선생을 사사하였다. 현재 경북대학교 교수이다. 논문으로 「영조대 문학론과 비평에 대한 연구」, 역서로 『국역 낙재선생문집』 외 다수가 있다.

교감국역校勘國譯 **송남잡지**松南雜識 **03**

1판 1쇄 인쇄 2008년 10월 5일
1판 1쇄 발행 2008년 10월 10일

지은이 / 조재삼
옮긴이 / 강민구
펴낸이 / 박성모
펴낸곳 / 소명출판
등록 / 제13-522호
주소 / 137-878 서울시 서초구 서초동 1621-18 (란빌딩 1층)
대표전화 / (02) 585-7840
팩시밀리 / (02) 585-7848
somyong@korea.com / www.somyong.co.kr

값 26,000원

ISBN 978-89-5626-322-9 94810
ISBN 978-89-5626-319-9 (전13권)

교감 국역 **송남잡지** 03

松南雜識

조재삼 지음 | 강민구 옮김

일러두기

1. 저본(底本)

이 책은 1987년 동서문화원에서 영인 출판한 『송남잡지』를 저본으로 삼아 역주하되, 1986년 아세아문화사에서 영인 출판한 『송남잡지』와 규장각 소장본 『송남잡지』를 참고하였다.

2. 교감(校勘)

『송남잡지』의 모든 내용을 교감하였다.
인용 원문과 『송남잡지』의 내용을 대조하여 상호 출입을 모두 표시하였다. 인용 원문과 『송남잡지』 사이에 또 다른 전적이 개재되었을 경우, 즉 재인용의 경우에는 그들 간의 변형 과정과 양태를 제시하였다.
『송남잡지』에 인용되지 않은 부분이라도 원문의 이해를 위해 필요할 경우 전후를 제시하였다.
인용 원문을 왼쪽에 두고 『송남잡지』를 오른쪽에 두었으며, 화살표(→)로 변형된 것임을 표시하였다.

3. 역문(譯文)

역문은 쉬운 우리말로 옮기는 것을 원칙으로 하였다. 교감을 거친 번역이므로 원문과 차이가 있는 것이 많다. 그러한 경우 반드시 각주의 형식으로 교감기를 제시하였다.
시(詩)는 역문을 왼쪽에 두고 원문을 오른쪽에 배치하였다.

4. 주석(註釋)

주석은 내용이 간단하고 짧은 경우에는 간주(間註)로 처리하고, 내용이 긴 경우에는 각주로 처리하였다.
각주는 해당 항목을 제시하고 주석하였으며, 긴 항목은 앞뒤의 어구만 제시하고 중간에 …… 부호를 넣어 중략하였음을 표시하였다.

5. 맞춤법

맞춤법과 띄어쓰기는 한글맞춤법과 표준어규정을 따르는 것을 원칙으로 하였다. 단 필요한 경우 두음법칙 등을 적용하지 아니하고 원음을 그대로 제시하였다.

6. 부호

이 책에 사용한 부호는 다음과 같다.
( ) : 번역문과 음이 같은 한자를 묶는다.
[ ] : 번역문과 뜻은 같으나 음이 다른 한자를 묶는다.
" " : 대화 등의 인용문을 묶는다.
' ' : " " 안의 재인용, 또는 강조 부분을 묶는다.
「 」 : 편명을 묶는다.
『 』 : 책명을 묶는다.
〈 〉 : 인용된 주석을 묶는다.

해제

『송남잡지(松南雜識)』는 조재삼(趙在三 : 1808~1866)이 1855년(哲宗 6년)에 저술한 백과전서적 성격의 유서(類書)이다. 조재삼은 재야의 사인(士人)으로 호가 송남(松南)이고 자는 중기(仲璣)이며 졸수재(拙修齋) 조성기(趙聖期)의 5대손이다.

현재 『송남잡지』는 세 가지 종류가 전해진다. 하나는 임기중(林基中) 교수가 편의상 '임씨본(林氏本)'으로 칭하는 것이고 하나는 규장각 소장본이고 나머지 하나는 청주에서 프린트본으로 발간된 것이다.

임씨본은 총 7책으로 비·파·귤·율·도·매·리(枇·杷·橘·栗·桃·梅·李)로 차례가 정해져 있다. 임기중 교수는 이 책만이 『임천조씨가보(林川趙氏家譜)』에서 "송남잡지 7권을 저술하여 세상에 행(行)하고 있다[著雜識七卷印行于世]"라고 한 기록에 부합되는 유일한 현존본이며 기타 두 종과 대조한 결과 임씨본이 초고본이라는 견해를 제시하였다. 즉 규장각본과 유인본(油印本)은 각각 임씨본을 필사하고 유인(油印)했다는 것이다. 그리고 그 근거로 후자의 두 책과 전자의 편차를 비교해 보면 권차(卷次)가 흐트러져 있는데, 제책(製冊) 후에도 보충이 계속되었다는 점을 제시하였다.

규장각본(奎章閣本)은 총 14권으로 되어 있는데, 비(枇)를 1·2로, 파(杷)를 11·12로, 귤(橘)을 3·4로, 률(栗)을 10·13으로, 도(桃)를 7·8로, 리(李)를 5·6으로 편차하였으니 이는 나무의 이름으로 편차를 정하는 방법이 일반적이지 않기 때문에 생긴 오류로 보인다.

청주의 유인본은 임형택(林熒澤) 교수가 조재삼의 방손(傍孫)인 조남식(趙南植) 옹으로부터 입수하여 아세아 문화사에서 1986년에 영인하였다. 이것은 해방 후 청주 지방에서 이광(李光 : 1887~1966)씨의 주선에 의해 상·중·하 세 책으로 약간부가 유인(油印)되었다고 한다.

유인본은 필경(筆耕)하여 유인(油印)한 것으로 임씨본과 큰 차이는 없다. 단 필경(筆耕)하는 과정에서 자구(字句)의 첨삭을 가하는 교정이 이루어졌을 가능성이 있다. 그러나 규장각본은 임씨본과 제책상(製冊上) 편차에서 차이를 보일 뿐만 아니라 항목의 구성에도 다소간의 차이를 보이고 있다. 규장각본은 임씨본에 있는 항목이 다수 누락되어 있다. 그런데 제책 후 누락된 내용은 원본을 보고 항목간의 빈 공간에 채워 넣은 것으로 보인다. 이는 마치 간주(間注)의 형식처럼 보이는데 사실은 누락된 항목의 보충에 불과하다. 그것의 글씨는 알아보기 어려울 정도로 조악한 것도 있다.

임씨본 역시 결락(缺落)된 글자가 어떤 이에 의하여 가필(加筆)된 흔적이 있다. 그런데 그것은 문맹자의 소위(所爲)로 보이는 바, 전혀 문리가 닿지 않는 글자뿐만 아니라 존재하지도 않는 글자를 그려 넣었기 때문이다.

『송남잡지』는 1,743장으로 이루어진 거질로 '백과전서적 유서'라고 할 만한데, 그 구성을 살펴보면 다음과 같다.

천문류(天文類) 70항목, 세시류(歲時類) 153항목, 지리류(地理類) 189항목, 국호류(國號類) 35항목, 역년류(歷年類), 외국류(外國類) 117항목, 인사류(人事類) 40항목, 가취류(嫁娶類) 75항목, 상제류(喪祭類) 139항목, 성명류(姓名類) 71항목, 과거류(科擧類) 41항목, 문방류(文房類) 85항목, 무비류(武備類) 114항목, 농정류(農政類) 64항목, 어렵류(漁獵類) 16항목, 실옥류(室屋類) 121항목, 의식류(衣食類) 244항목, 재보류(財寶類) 77항목, 집물류(什物類) 90항목, 음악류(音樂類) 94항목, 기술류(技術類) 151항목, 구기류(拘忌類) 80항목, 선불류(仙佛類) 117항목, 상이류(祥異類) 118항목, 계고류(稽古類) 407항목, 이기설(理氣說) 33항목, 인물류(人物類), 조시류(朝市類) 119항목, 방언류(方言類) 816항목, 화약류(花藥類) 180항목, 초목류(草木類) 179항목, 충수류(蟲獸類) 207항목, 어조류(魚鳥類) 187항목으로 상위 범주가 33류이고 하위 항목이 4432항이다.

위와 같이 『송남잡지』는 한문학 · 국문학 · 국어학 · 역사학 · 철학 · 민속학 · 종교학 · 천문학 · 지리학 · 농학 · 병학 · 건축학 · 동물학 · 식물학 · 한의학 · 복식사 · 음악사 · 과학사 · 외교사 · 제도사 등 다양한 분야의 지식을 담고 있다.

『송남잡지』의 '잡지(雜識)'라는 서명은 『성호사설(星湖僿說)』의 '사설(僿說)'이나 『반계수록(磻溪隨錄)』의 '수록(隨錄)'과 같은 의미이다. 이 책은 형식적 측면에서 유서의 전통적 양식을 충실히 계승하고 있을 뿐만 아니라 작가의 선명한 의식을 드러내고 있다.

조재삼은 『송남잡지』 자서에서 저작 동기와 저술 의식을 명확히 제시하고 있으니, 그는 추상물인 '태평(太平)'의 기록과 구체적 형상을 지니고 있는 '만물(萬物)'의 문자화를 자신의 책무로 자임하였다. 그 두 가지 중에서 조재삼의 주된 서술 의식은 전자에 맞춰져 있다. 즉 조재삼은 자서에서 "『송남잡지』는 태평(太平)의 기록으로 시작하여 태평(太平)의 기록으로 끝을 맺은 책"이라고 언명하고 있다. 과연 조재삼의 말대로 『송남잡지』의 첫 항목명은 '동방왈태평(東方曰太平)'이고 마지막 항목명은 '태평봉(太平鳳)'인데다가 '태평(太平)' 두 글자로 끝을 맺고 있다. 그런데 흥미로운 점은 조재삼의 강한 민족적 의식의 자각이다. 즉 '태평'은 우리나라의 태평에 다름 아니고 만물은 우리나라에 존재하는 만물에 다름 아니다. 조재삼은 우리나라를 '태평지역(太平之域)'이라고 명명하고 있으며, 우리나라가 천하에 존재하는 만물 가운데 절반을 보유하고 있다고 말하였다. 그러므로 『송남잡지』는 외우내환으로 나라가 병들어 가던 시기에 민족적 자존과 문화적 긍지를 고양하기 위한 의식의 소산이라고 할 수 있다. 그와 같이 선명한 의식이 백과전서적 형식 속에서 증명 분석되고 있다는 점이 기존의 유서와 다른 점이라고 할 수 있다.

그렇다면 『송남잡지』의 출현 동인은 무엇인가?

임형택(林熒澤) 교수는 『송남잡지』의 출현 동인으로, "새로운 지식에 대하여 경시하는 등 고루(固陋)와 고식(姑息)에 빠진 당대의 학풍을 반성하고 진작하려는 움직임"으로 파악하였다.

지금도 백과사전은 그것을 발행한 사회나 국가의 문화적 · 학술적 수준을 평가하는 하나의 척도가 될 수 있다. 『송남잡지』를 비록 '백과전서'라고 표현하고 있기는 하지만, 현대적 용어로 달리 대체할 만한 것이 없기 때문에 편의상 사용할 뿐이다. 현대적 의미의 백과사전은 중세의 유서들이 취하고 있는 분류 체계와는 전혀 다르기 때문이다. 즉 백과사전이 글자의 배열 순서에 입각해서 편찬된다면 유서는 작가의 가치관에 의해 차서(次序)가 정해진다. 그러므로 유서로서 『송남잡지』는 현재의 백과사전과 같이 다양한 정보를 제공하는 기능을 지니고 있는 동시에 당대인들의 가치관을 명확하게 볼 수 있는 유용한 자료라고 할 수 있다.

무엇보다 간과할 수 없는 점은 『송남잡지』가 문예미학적 특성을 갖추고 있다는 점이다. 이는 중국의 『운부군옥(韻府群玉)』·『사문류취(事文類聚)』 등이 문학 창작의 중요한 공구서(工具書)로 활용된 전통을 계승한 것이다. 그리고 또 하나의 중요한 사실은 『송남잡지』가 우리나라에서 발행된 『대동운부군옥(大東韻府群玉)』과 같은 운서류와 『지봉유설(芝峯類說)』·『성호사설(星湖僿說)』·『반계수록(磻溪隨錄)』과 같은 유서류의 전통을 충실히 계승하고 있다는 점이다. 조재삼은 중세의 막바지에서 유서라는 형식을 통하여 이전의 문화적 축적을 체계적으로 정리하려고 한 것이다.

참고문헌

임형택, 「송남잡지 해제」, 『松南雜識』, 아세아문화사, 1986.
임기중, 「송남잡지 해제」, 『松南雜識』, 동서문화원, 1987.

10. 성명류 姓名類

11. 과거류 科擧類

12. 문방류 文房類

松南雜識 전체 차례

9. 상제류(喪祭類)

오얏과 잉어는 제사에 쓰지 않는다
桃鯉不薦

『공자가어(孔子家語)』에서 "과일에 여섯 종류가 있는데 복숭아는 하등이기에 선왕을 제사지낼 때 사당에 들이지 않는다"[1]라고 하였다.

또 잉어는 용의 일종이기 때문에 쓰지 않으며 소주(燒酒)도 의당 써서는 안 되는데, 지금은 '자주(紫酒)'[2]라고 하면서 문소전(文昭殿[3])에 사용한다.

---

1) 菓**屬**有六, 而桃爲下. 祭**祀不用**, 不**登郊**廟.(『孔子家語, 卷五, 子路初見, 第十九』)
→菓有六 而桃爲下, 祭**先王**, 不**得入於**廟.(『松南雜識』)

2) 자주(紫酒) : 울창주(鬱鬯酒)라고도 함. 울금향(鬱金香)을 넣어 빚은 향기로운 술. 제사의 강신(降神)에 씀.

3) 문소전(文昭殿) : 조선 태조와 신의왕후(神懿王后)의 혼전(魂殿). 태조 5년에 인소전(仁昭殿)이라 하고 신의왕후를 모셨다가 태조가 승하하자 같이 봉안하여 문소전으로 고쳤다. 명종 때 없어졌다.

재마
宰馬

『원사(元史)』에서 "말을 잡아(宰馬) 제수로 쓴다"라고 하였으니, 대개 오랑캐의 풍습이다.

살펴보건대 『한서(漢書), 곽광전(霍光傳)』에서 "고조(高祖) 묘당(廟堂)의 귀품(龜品)을 감소시키는 것을 죄로 삼는다"라고 하였다.

어채
魚菜

지봉 이수광이 "정주(靖州)의 풍속에, 상중에는 술·고기·소금·타락을 먹지 않지만, 생선은 채소로 여겨서 먹는다. 호북 지역에서는 어채(魚菜)라고 한다"[4]라고 하니, 불가에서 닭을 '찬리채(鑽籬菜)'라 하고 술을 '반야탕(般若湯)'이라 하는 것과 같다.

과전
瓜奠

『당서(唐書)』에서 "두여회(杜如晦[5])가 죽으니, 태종이 오이를 먹다가 슬퍼서 마침내 먹기를 그만두고 오이를 영전에 올렸다."[6] 그래서 지금

---

4) 靖州俗, 居喪不食酒肉塩酪, 而以魚爲蔬, 湖北謂**之**魚菜.(『芝峯類說, 卷二, 諸國部, 風俗』) → 靖州俗, 居喪不食酒肉塩酪, 而以魚爲蔬, 湖北謂魚菜.(『松南雜識』)

5) 두여회(杜如晦) : 당나라 창업기의 재상(585~630). 태종 즉위 후 병부상서(兵部尙書)·상서우복야(尙書右僕射) 등의 요직을 맡았다. 당조 확립의 입안추진자로서 방현령과 더불어 '정관(貞觀)의 치(治)'를 구축한 명신이다.

6) 帝哭爲慟. …… 它日食瓜美, 輟其半, 奠焉.(『唐書, 卷九十六, 列傳, 第二十一, 杜如晦』) → 杜如晦死, 太宗因食瓜愴然, 遂輟食奠靈.(『松南雜識』)

치제(致祭)[7]에 오이를 쓴다.

국상에는 흰색 초립을 쓴다
國恤白笠

조선의 상례에 졸곡(卒哭) 이전에는 상하가 최복(衰服)[8]을 입으며 졸곡 후 일을 볼 때에는 임시로 흰옷과 오모(烏帽)[9], 검은 띠를 착용하고 평소에는 흰옷과 흰 삿갓·흰 띠를 착용한다.

성종이 이미 오모(烏帽)를 쓰면 역시 검은 삿갓을 쓰는 것에 해당한다고 하여 마침내 졸곡 후에 검은 삿갓을 쓰게 되었다.

중종이 승하했을 때 유관(柳灌)[10]이 총호사(總護使)[11]가 되어 "최복(衰服)을 여전히 입고 있으면서도 갑자기 검은 삿갓을 쓰는 것은 조종(祖宗)의 제도가 아니다"라고 말하고 흰 삿갓을 쓰도록 정하였다.

명종 때에 흰 삿갓은 옛 법도가 아니니 다시 검은 삿갓으로 하자는 여론이 있었다.

문정왕후(文定王后)[12]의 초상 때 『국조오례(國朝五禮)』에 의거하여 흰

7) 치제(致祭) : 임금이 제물과 제문을 보내어 죽은 신하를 제사 지내던 일. 또는 그 제사.

8) 최복(衰服) : 아들이 상중에 입는 상복.

9) 오모(烏帽) : 검정색 모자의 일종.

10) 유관(柳灌) : 조선중기의 문신·학자(1484~1545). 자는 관지(灌之), 호는 송암(松庵). 1507년 문과에 급제한 뒤, 정언·부승지·대사헌을 거쳐 병조·형조·이조의 판서를 역임했다. 인종이 죽고 어린 명종이 즉위하자 원상(院相)이 되어 정치를 총괄했지만, 을사사화로 유배를 가던 도중 과천(果川)에서 사사(賜死)되었다. 시호는 충숙(忠肅). 문집에 『송암집(松庵集)』이 있다.

11) 총호사(總護使) : 국상(國喪)이 났을 때 상장(喪葬)에 관한 일을 총괄하여 보살피는 임시 벼슬. 또는 그 벼슬아치.

12) 문정왕후(文定王后) : 조선 제11대 왕 중종의 계비(繼妃). 명종의 어머니(1501~1565). 본관은 파평(坡平), 성은 윤(尹), 윤지임(尹之任)의 딸. 중종 12년(1517) 왕비에 책봉되었으며, 1545년 인종이 재위 8개월만에 죽고 12살에 명종이 즉위하자 모후로서 수렴청정을 했다. 이때 남동생 윤원형(尹元衡)이 권력을 쥐게 되자, 대윤(大尹)이라고 하는 윤임(尹任) 일파를 몰아내는 을사사화를 일으켰다.

삿갓으로 하니, 윤원형(尹元衡)[13]이 "흰 삿갓을 쓰는 것은 바로 유관(柳灌)의 건의였으니 의주(儀注)[14]를 고쳐 흰 삿갓을 쓰는 것을 따를 수 없으니 오례를 회복하여야 합니다"라고 하였다.

인순왕후(仁順王后)[15]의 초상 때 예관(禮官)이 졸곡 후에는 검은 관과 검은 띠를 착용하자고 주청하였다. 민순(閔純)[16]이 주자의 견해를 따라 흰 모자를 쓰고 베로 싼 각대(角帶)[17]를 사용하자고 주청하니, 이이(李珥)・박순(朴淳)・노수신(盧守愼)・김계휘(金繼輝)는 동의했지만 조정의 여론은 다르자, 왕이 단호하게 졸곡 후에는 흰 모자를을 쓰는 법도를 시행하라고 명하였다.

숙종 갑오년(1714)의 경연에서 『예기(禮記), 증자문(曾子問)』의 「군신복제장(君臣服制章)」을 진강하여 신하들에게 의논을 수렴하도록 특별히 명령하고 방상(方喪)[18] 삼 년의 제도를 정하여 시행하도록 하였다. 이에 대왕의 상 삼 년, 왕후의 상 일 년 동안 모든 선비와 백성이 흰 삿갓을 썼다.

살펴보건대, 예에는 신분의 고하와 촌수의 원근에 따른 구별이 있고,

---

13) 윤원형(尹元衡) : 조선 중기의 문신(?~1565). 자는 언평(彦平). 문정왕후의 동생으로 1533년 별시문과에 급제한 이후, 문정왕후 소생의 경원대군(慶原大君)을 세자로 책봉하려는 모의를 세웠고, 문정왕후의 수렴청정으로 득세하자 유관(柳灌)・유인숙(柳仁淑) 등을 사사(賜死)했다. 이조판서・우의정・영의정을 역임하였지만 문정왕후가 죽자 삭직되고 강음(江陰)에 귀양 가서 죽었다.

14) 의주(儀注) : 제도 의절(制度儀節).

15) 인순왕후(仁順王后) : 조선 제13대 명종의 비(1532~1575). 성은 심씨(沈). 본관은 청송(青松). 시호는 선열(宣烈). 청릉부원군(青陵府院君) 강(鋼)의 딸. 인종 1년(1545) 왕비로 책봉되고, 명종이 죽은 후 선조가 즉위하자 잠시 수렴청정을 했다. 선조 2년(1569) 의성(懿聖)의 존호가 진상되었다. 순회세자(順懷世子)를 낳았으나 요절했다. 능은 강릉(康陵).

16) 민순(閔純) : 조선 중기의 문신(1519~1591). 자는 경초(景初), 호는 행촌(杏村)・습정(習靜). 1575년 인순왕후(仁順王后)의 상을 당하였을 때 오모흑대(烏帽黑帶)의 상복에 반대하고, 송나라 효종의 백모삼년(白帽三年)의 제도를 선조에게 건의, 이를 따르게 했다. 이것이 물의를 빚어, 그해 6월 다시 사직하고 고향으로 돌아갔다.

17) 각대(角帶) : 뿔로 장식한 허리띠. 송나라 때 하급관과 서민의 복식.

18) 방상(方喪) : 부친상과 같은 예로써 임금의 상을 치름.

상복에는 대소상·기년복과 공복(功服)·시마복(緦麻服)의 차등이 정해져 있다. 지금 국상에서 재상과 선비나 백성, 신분의 고하와 존수의 원근을 막론하고 공통적으로 모두 삼 년의 제도를 시행하니 비록 알밀(遏密)[19]의 의리를 해치지는 않겠지만, 도리어 반점(反坫)[20]을 두는 참람함에 혐의되지는 않을까? 또 종묘의 법도가 정해지지 않으면, 말의원이나 농군들의 혼백도 모두 사세(四世)의 제사를 흠향할 것이며, 도포를 입고 복건을 쓴 사람들이 모두 칠반(七般)[21]의 천민과 구분이 없게 될 것이니, 풍속이 달라진 지 오래지만 예법에 대해서는 어떠한가?

기해예송
己亥邦禮

소현세자(昭顯世子)[22]가 죽자 인조(仁祖)의 왕비가 맏아들을 위해 삼 넌 상복을 입었다.

효종(孝宗)이 죽자 남인인 미수(眉叟) 허목(許穆)[23]의 의논은 마땅히 왕통 계승을 중시하여 3년 상복을 입어야만 한다는 것이고, 서인인 우암(尤菴) 송시열(宋時烈)[24]의 의논은 의당 차장자(次長子)의 예로 기년복(朞年

19) 알밀(遏密): 제왕의 거상(居喪) 기간 또는 제왕의 사후 장례 기간에 음악 연주 등을 금지하는 일.

20) 반점(反坫): 주대(周代)에 제후들의 연회 때 사용하던 일종의 의식. 서로 공경하며 술을 마신 뒤 술잔을 다시 대(臺)에 올려놓는 것.

21) 칠반(七般): 조선 시대 가장 미천한 신분의 사람들이 종사한 일곱 가지 천한 일. 조예(皂隷)·나장(羅將)·일수(日守)·조군(漕軍)·수군(水軍)·봉군(烽軍)·역졸(驛卒).

22) 소현 세자(昭顯世子): 조선 인조의 맏아들(1612~1645). 병자호란 때 청나라에 볼모로 잡혀갔다가 서역 원정에 출전하여 서양 서적과 지구의, 천주 상(像) 따위를 가지고 돌아왔다.

23) 허목(許穆): 조선 숙종 때의 문신·학자(1595~1682). 자는 문보(文甫)·화보(和甫), 호는 미수(眉叟). 제자백가와 경서 연구에 전념했으며 특히 예학(禮學)에 밝았다. 저서에 『경설(經說)』·『동사(東事)』 등이 있다.

24) 송시열(宋時烈): 조선 숙종 때의 문신·학자(1607~1689). 아명은 성뢰(聖賚), 자는

服)을 입어야 한다는 것이었다.

남인들이 말하였다.

"우리 대행(大行)[25] 대왕께서 거짓황제인가? 섭정한 황제인가?"

서인들이 말하였다.

"만약 세종대왕의 여덟 대군이 임금이 되었다가 차례로 일찍 돌아가신다면 어떻게 24년 동안 상복을 입을 수 있겠는가?"

죽산마

竹山馬

『후한서』에서 광무제(光武帝)가 "옛날에는 제왕이 죽었을 때 부장품으로 모두 도기 인형·질그릇·나무수레·띠풀로 만든 말을 사용하였다"[26]라고 말하였다.

지금 국상(國喪)에 대나무로 말을 만들어 '죽산마(竹山馬)'라고 하니 바로 '띠풀로 만든 말'이다.

인산

因山

『전한서(前漢書)』에서 "패릉(霸陵)[27]은 그 산을 따라서 무덤을 만들고

영보(英甫), 호는 우암(尤庵). 효종의 장례 때 대왕대비의 복상(服喪) 문제로 남인과 대립하고, 후에는 노론의 영수(領袖)로서 숙종 15년(1689)에 왕세자의 책봉에 반대하다가 사사(賜死)되었다. 저서에 『우암집』·『송자대전(宋子大全)』 등이 있다.

25) 대행(大行) : 왕이나 왕비가 죽은 뒤 시호(諡號)를 올리기 전에 높여 이르던 말.

26) **帝**曰, 古者, 帝王之葬, 皆陶人瓦器木車茅馬.(『後漢書, 卷一, 光武帝紀, 第一下』) →**漢光武**曰, 古者, 帝王之葬, 皆**用**陶人瓦器木車茅馬.(『松南雜識』)

27) 패릉(霸陵) : 한나라 문제(文帝) 무덤 이름. 패릉을 만들 때, 비용을 줄이고 백성들을 번거롭게 하지 않으려고, 능을 금은과 주석 등으로 꾸미지 않고 질그릇으로 꾸몄으며

언덕을 만들지 않았다"[28]라고 하였다. 그래서 지금 국장(國葬)을 '인산(因山)'이라고 한다.

또 천장(遷葬)을 '난설(灤嚙)'[29]이라고 하니 왕계(王季[30])에서 시작되었다.[31]

또 대상의 염습을 옛날에는 내시가 하였는데, 인조의 상사 때 조익(趙翼)[32]이 건의하여 비로소 대신이 들어가 참관하는 예가 있게 되었다. 향사(饗祀)[33] 때 중전의 신주궤를 여는 일은 아직도 내시가 한다.

나라의 기일에는 소식을 한다
國忌食素

송나라 역사에서 나라의 기일에 행향(行香)을 할 때에 정이(程頤)가 나물반찬을 올리도록 하자, 소식이 말하였다.

"당신은 부처를 좋아하지도 않는데 어째서 나물 반찬만 먹습니까?"

정이가 말하였다.

"거상(居喪) 중에는 술을 마시지도 않고 고기를 먹지도 않습니다. 기일은 상례의 일부입니다."

봉분도 만들지 않았다.

28) 因其山, 不起**墳**.(『前漢書, 卷四, 文帝紀, 第四』)→**覇陵**, 因其山, 不起**隴**.(『松南雜識』)

29) 난설(灤嚙) : 지하로 흘러 들어간 물이 무덤을 깎아 관이 드러나는 것을 말한다.

30) 왕계(王季) : 주(周)나라 문왕(文王)의 아버지. 계력(季歷).

31) 昔王季葬渦山之尾, 灤水齧其墓.(『太平御覽, 卷十二, 天部, 十二』)→遷葬謂灤嚙, 自王季始也.(『松南雜識』)

32) 조익(趙翼) : 조선 효종 때의 문신 · 학자(1579~1655). 자는 비경(飛卿), 호는 포저(浦渚) · 존재(存齋). 예조 판서, 좌의정을 지냈다. 예학(禮學)에 밝았으며, 대동법의 시행을 적극 주장했다. 저서에 『포저집』 · 『서경천설(書經淺說)』 등이 있다.

33) 향사(饗祀) : 제사(祭祀). '饗'은 '享'과 통하는 자이다.

소식이 고기 반찬을 준비하도록 시키고 말하였다.

"내 편을 들 사람은 누구인가?[爲劉氏左袒]"[34)]

그러자 범조우(范祖禹)의 무리는 나물 반찬만 먹고, 황진(黃秦)의 무리는 고기 반찬을 먹었다.[35)]

근래에 보니 서승순(徐承淳)이 관직에 있으면서 기일에 일을 볼 때, 소복을 입고 고기를 먹지 않았다.

국상에 급제자 발표
國恤唱榜

『성호사설』에서 말하였다.

어린 손자 이구환(李九煥)이 아홉 살에 요절하였다. 이 아이가 남긴 일기에서 말하였다.

모년(某年)의 정시(庭試)에서 선왕께서 급제시켜 주셨는데, 방이 나가기도 전에 승하하셨다. 조정에서 논의하기를, 급제는 선왕 때의 일이니, 의당 평상시의 관례대로 화복(華服)[36)]을 입고, 어사화를 꽂고,

---

34) 한(漢)나라의 여후(呂后)가 죽은 뒤 태위(太尉) 주발(周勃)이 여씨들을 숙청할 목적으로 북군(北軍)에 들어가 군중에 명령 내리기를 "여씨 편을 드는 자는 오른쪽 어깨를 드러내고 유씨 편에 서려는 자는 왼쪽 어깨를 드러내라[爲劉氏左袒]"라고 하자 모두 왼쪽 어깨를 드러내었다는 고사에서, '자기편을 들다'라는 의미로 쓰인다.(『史記, 卷九, 呂后本紀, 第九』)

35) 國忌行香, 伊川令供素饌. **子瞻詰之**曰, 正叔不好佛, 胡爲食素. **先生**曰, **禮**居喪不飮酒不食肉, 忌日喪之餘也. **子瞻**令具肉**食**曰, 爲劉氏左袒. 於是, 范淳夫輩食素, 秦黃輩食肉.(『宋名臣言行錄, 外集, 卷三, 程頤伊川先生正公』)→國忌行香, 伊川令供素饌, **東坡**曰, 正叔不好佛, 胡爲食素, **伊川**曰, 居喪不飮酒不食肉, 忌日喪之餘也, **東坡**令具肉**饌**曰, 爲劉氏左袒. 於是, 范淳夫輩食素, 黃秦輩食肉.(『松南雜識』)

36) 화복(華服) : 물감을 들인 천으로 만든 화려한 옷.

창방(唱榜)[37]하고 유가(遊街)[38]를 해야 한다고 하여, 그대로 따랐다. 나는 "아닙니다. 급제는 참으로 선왕 때의 일이지만, 어사화는 지금 임금의 은총이니, 당연히 화복을 입고 창방하고 선왕의 사당에 가서 먼저 사은(謝恩)[39]한 후에 지금 임금에게 숙배(肅拜)[40]해야 할 것입니다. 지금 임금께서는 어사화를 내리지 않는 것이 옳습니다"라고 하였다.

내가 생각하기에, 예가(禮家)에 이구환이 있음은 『태현경(太玄經)』[41]에 동오(童烏)[42]가 있는 것과 같은 듯하다.

종묘
宗廟

『아희원람』에서 "요순(堯舜)은 오묘(五廟)[43], 하나라는 세실(世室),[44] 은나라는 중옥(重屋), 주나라는 묘조(廟祧)를 세웠다"[45]라고 하였다.

---

37) 창방(唱榜) : 방목(榜目)에 적힌 과거 급제자의 이름을 부르던 일.
38) 유가(遊街) : 과거에 급제자가 광대를 앞세우고 풍악을 울리게 하면서 거리를 돌며, 좌주(座主) · 선진자(先進者) · 친척들을 찾아보는 일. 대개 방방(放榜) 후 삼 일 동안 했다.
39) 사은(謝恩) : 처음으로 관원이 된 자가 왕의 은혜에 감사를 드리는 일.
40) 숙배(肅拜) : 왕에게 공손히 절하는 예. 전정(殿庭)에서 사배(四拜)함.
41) 태현경(太玄經) : 한나라의 양웅이 지은 역서. 『주역』에 비겨 우주 만물의 근원을 논하고, 『주역』의 음양 이원론 대신에 시(始) · 중(中) · 종(終)의 삼원론으로써 설명하고, 이것에 역법을 가미했다. 10권.
42) 동오(童烏) : 한(漢)나라 양웅(揚雄)의 아들 신동 오(烏)를 가리킨다. 그는 무척 총명하여 일곱 살에 양웅이 논한 현문(玄文)에 참여하였는데, 불행히도 아홉 살에 요절했다.
43) 오묘(五廟) : 사당에 조상의 위패를 모신 종묘의 제도. 오묘는 1~5세의 위패를 사당에 모시는 것으로, 중앙에 1세의 위패를 모시고, 좌(左)를 소(昭)라 하여 2세와 4세의 위패, 우(右)를 목(穆)이라 하여 3세와 5세의 위패를 모셨다. 오묘를 2소(昭) 2목(穆)이라 했다.
44) 세실(世室) : 종묘. 천자가 오제(五帝)의 혼령을 모시고, 제후의 조회를 받던 곳. 은나라에서는 중옥(重屋)이라 했다.
45) 唐虞立五廟, 夏后氏世室, 殷人重屋, 周人辨廟祧.(『兒戲原覽, 創始』)

대개 『예기』에서 "천자칠묘(天子七廟)"[46]라고 하니, 바로 "칠대(七代)의 사당에서 덕을 관찰할 수 있다[七世之廟, 可以觀德]"[47]라고 한 말이 이것이다. 제후는 오묘(五廟)이고, 대부는 이묘(二廟)이고, 선비는 아비의 사당에만 제사지낸다.

또 문세실(文世室)과 무세실(武世室)은 노나라에서 주공(周公)과 노공(魯公)을 제사 지내던 곳이다.[48]

또 "제사로 흠향하는 것은 신농씨가 사제사(蜡祭祀[49])를 지낸 것에서 유래되었다"[50]라고 하였다.

교사(郊祀)는 오제(五帝) 때에 보이고, 조상에게 제사지내는 것은 삼대(三代) 때에 나타난다.

묘호

廟號

『예기(禮記)』에서 "공적이 있으면 '조(祖)'라 하고, 덕이 있으면 '종(宗)'이라 한다"[51]라고 하였다.

『서경(書經), 우서(虞書), 순전(舜典)』에서 "예조(藝祖)의 사당에 이르렀다"라고 하였는데, 예조는 문조(文祖)[52]이다.[53]

---

46) 『禮記, 王制』.

47) 『尙書注疏, 商書, 咸有一德』.

48) 魯公之廟, 文世室也, 武公之廟, 武世室也.(『禮記, 卷十四, 明堂位』)→文世室武世室, 以魯祀周公魯公也.(『松南雜識』)

49) 사제사(蜡祭祀) : 섣달에 모든 신에게 지내던 제사 이름.

50) 神農**氏**, **於是**, 作蜡**祭**.(『史記, 補史記, 三皇本紀』)→**祀享**, **由於**神農**之**作蜡.(『松南雜識』)

51) **祖宗**, **爲**祖有功, **而**宗有德, **其廟不毁**.(『禮記大全, 卷二十二, 祭法』)→有功**曰**祖, 有德**曰**宗.(『松南雜識』)

52) 문조(文祖) : 요임금 시조의 사당.

53) **歸**格于藝祖, **用特**. 〈**藝祖**, 文祖**也**. **特**, **一牛也**.〉(『書經, 虞書, 舜典』)→格于藝祖, 文祖.(『松南雜識』)

『서경(書經), 우서(虞書), 대우모(大禹謨)』에서 "신종(神宗)[54]에게 명을 받았다"[55]라고 하였다. 은나라 탕임금을 열조(烈祖)라 하고,[56] 태갑(太甲)[57]을 태종(太宗)이라 하여,[58] 마침내 후세 군왕들 묘호의 시초가 되었다.

우리나라 고구려의 역사에 수성(遂成)[59]이 선왕인 궁(宮)을 높여서 태조왕(太祖王)이라고 하였으니 존호(尊號)이다.[60] 신라의 역사에 김춘추(金春秋)를 태종왕(太宗王)이라 하니 시호(諡號)이다.[61] 고려에 이르러서야 비로소 조(祖)와 종(宗)을 묘호로 사용했다.

인명일실
仁明一室

인묘(仁廟 : 인종)를 종묘에 합사(合祀)하려 하니 세조의 신주를 조묘(祧廟)로 옮겨야만 했다. 명종이 "세조는 당대(當代) 사친(四親)[62]의 군주이

---

54) 신종(神宗) : 요임금의 사당.
55) 受命于神宗.(『書經, 虞書, 大禹謨』) → 受命神宗.(『松南雜識』)
56) 率由典常, 以蕃王室, 弘乃烈祖. 〈成湯也.〉(『書經, 周書, 旅獒』) → 殷湯爲烈祖.(『松南雜識』)
57) 태갑(太甲) : 은나라 임금 이름. 순임금의 손자. 즉위 후 방탕하여 이윤이 내쳤으나, 3년 뒤에 허물을 고치고 복위하였음.
58) 宗之者, 旣不止於一人, 則人不可以無別. 故以太甲爲太宗.(『書經, 商書, 說命上』) → 太甲爲太宗.(『松南雜識』)
59) 수성(遂成) : 고구려 제7대 왕인 차대왕(次大王)의 이름(71~165). 재위 기간은 146(혹은 121)~165. 태조왕의 동생. 121년에 후한(後漢)의 유주자사(幽州刺史) 풍환(馮煥) 등의 고구려 침공을 격파하였고, 그 공으로 군사와 국정 전반에 관한 업무를 장악했다. 이에 더욱 그 세력이 커져 측근세력들과 더불어 왕위찬탈까지 꾀하다가, 마침내 태조왕의 양위를 받아 즉위했다. 즉위 당시 76세였다고 한다.
60) 次大王, 諱遂成, 大祖大王同母弟也.(『三國史記, 卷十五, 高句麗本紀, 第三, 次大王』) → 遂成尊王宮, 爲太祖王.(『松南雜識』)
61) 太宗武烈王立, 諱春秋.(『三國史記, 卷五, 新羅本紀, 第五』) → 金春秋爲太宗王.(『松南雜識』)
62) 사친(四親) : 인종과 명종이 고(考)가 되고 중종이 조(祖)가 되며, 성종이 증조(曾祖)가 되고 덕종과 예종은 고조(高祖)가 되므로 사친(四親)이다.

면서 공적도 매우 크다"라고 하여 인묘를 연은전(延恩殿)[63]에 따로 합사하려하니, 여론은 문소전(文昭殿)[64]에 배향하지 못하는 것은 온당치 않은 일이라고 하였다.

명종을 종묘에 합사하려 하자, 이준경(李浚慶)[65]은 "인종의 묘실에 명종을 합사하여 두 왕의 묘실을 하나로 해야 하니, 만약 각각 묘실을 만들면 다섯 묘실을 두는 법도[66]에 저촉되어 예종(睿宗)의 신주를 옮겨야 하기 때문이다"라는 견해를 제시하였다.

선조가 대원군(大院君)[67]에게 제사지내니, 홍문관(弘文館)에서 예에 어긋난다고 간언하자, 이이(李珥)가 "예 중에는 집안의 예법이 있다. 만약 생존해 있다면 반드시 절을 할 것이다. 지금 그 묘당에 들어가서 조카가 숙부에게 제사지내는 예를 사용한다면 어찌 옳지 않겠는가?"[68]라고 하였다.

내가 생각하기로는, 국가는 계통(繼統)을 차례를 삼는다. 노나라 때 희공(僖公)을 민공(閔公)보다 위에 두었으니 장문중(臧文仲)[69]은 어질지 못한

---

63) 연은전(延恩殿) : 조선 성종(成宗)의 생부인 덕종(德宗)의 사당.
64) 문소전(文昭殿) : 조선조 태조 및 신의왕후(神懿王后)의 혼전(魂殿).
65) 이준경(李浚慶) : 조선 중기의 문신(1499~1572). 자는 원길(原吉), 호는 동고(東皐)·남당(南堂)·양와(養窩)·홍련거사(紅蓮居士), 시호는 충정(忠正). 우의정·좌의정·영의정 등을 지냈다. 죽을 때 붕당이 있을 것을 예언한 내용의 유소를 올려 규탄 받았으나, 뒤에 동서분당이 일어나 예언이 적중했다. 저서로 『동고유고(東皐遺稿)』·『조선풍속(朝鮮風俗)』 등이 있다.
66) 조상의 신주를 사당에 모시는데 천자는 7묘(廟), 제후는 5묘(廟), 대부(大夫)는 3묘(廟)였기에, 우리나라는 5묘를 제도로 삼았다. 태조를 중앙에 모시고 2세와 3세를 왼쪽인 소(昭)에, 3세와 4세를 오른쪽인 목(穆)에 모시어 오실(五室)이라고 했다.
67) 대원군(大院君) : 중종의 아들이며, 선조의 아버지인 덕흥대원군(德興大院君)을 말함.
68) **時上將親**祭**于**大院君**廟**, 玉堂**上箚以爲不**可. **先生聞之**曰, …… 禮有**公朝禮**, 家人禮, **學宮禮**. …… **大院君誕生聖躬**, 假使生存, **主上必不敢臣**, **而相見**必拜**矣**. 今**入其**廟, 用**姪**祭**諸父之**禮, 有何不可**乎**.(『栗谷先生全書, 卷三十四, 附錄二, 年譜下, 丁丑五年』) → 禮有家人禮假使生存, 必拜. 今廟, 用**侄**祭**叔**禮, 有何不可.(『松南雜識』)
69) 장문중(臧文仲) : 춘추 시대 노나라의 대부. 민공(閔公)의 형으로 민공을 계승하여 왕위에 오른 희공(僖公)의 종묘에서의 차례는 민공 다음에 있어야 하는데도 그 차례를 바꾸어 두었다.

사람이고,[70] 당나라 때 경종(敬宗)[71]을 종묘에서 폐출시켰으니 이경양(李景讓)은 각박하다.[72] 예는 참으로 인정에서 나온 것을 중시하기 때문이다. 인종과 명종을 같은 묘실에 모신 것을 군자들은 매우 옳다라고 하였고, 선조가 대원군에게 제사지낸 것을 현자들은 명민(明敏)하다고 말한다.

시호
諡號

『주례발명(周禮發明)』에서 "마융(馬融)[73]과 여러 유학자들이 요(堯)・순(舜)・우(禹)를 시호라고 한 말은 틀렸다"라고 하였다.[74]

주나라는 한 글자를 시호로 삼으니 문왕(文王)과 무왕(武王)이 시초이다.

---

70) 八月丁夘, 大事于大廟, 躋僖公.(『春秋左傳注疏, 卷十七, 文公』)
不仁者三, 不知者三, 是也. 〈左傳文公三年, 秋八月, 丁卯. 大事十太廟, 躋僖公, 逆祀也. 仲尼曰, 臧文仲, 其不仁者三, 不知者三, 下展禽廢六關妾織蒲三不仁也, 作虛器縱逆祀祀爰居, 三不知也.〉(『論語集註通證, 卷上, 臧文仲章』)→躋僖公, 臧仲不仁.(『松南雜識』)

71) 경송(敬宗) : 당나라 13대 황제. 목종(穆宗)의 장자. 즉위 후 잦은 유흥으로 덕을 잃어버리자 환관 유극명(劉克明) 등에 살해되었다.

72) 先是, 庶人承乾廢黜宮, 僚多被除削, 久未收敘敬宗.(『舊唐書, 卷八十二, 列傳, 第三十二, 許敬宗』)→吏部尙書李景讓, 上言穆宗乃陛下兄, 敬宗・文宗・武宗, 乃兄之子. 陛下拜兄, 尙可, 拜姪, 可乎. 是使陛下不得親事七廟也. 宜遷四主, 出太廟. 還代宗以下, 入廟. 詔百官, 議其事, 不決而止. 時人, 以是薄景讓.(『資治通鑑, 卷二百四十九, 唐紀・六十五』)→唐黜敬宗, 景讓薄禮.(『松南雜識』)

73) 마융(馬融) : 중국 한나라의 유학자・정치가(79~166). 자는 계장(季長). 안제(安帝) 및 환제(桓帝) 때 태수를 역임했다. 수경(數經)에 통달하여 노식(盧植)・정현(鄭玄) 등을 가르쳤다.

74) 馬融諸儒, 乃以堯舜禹爲諡, 諡肇於周前, 古所未有也.(『歷代紀事年表, 卷一, 陶唐世系表畧』)→六月, 加聖祖及諸帝后號諡. 〈范氏曰, 堯舜禹湯文武之君諡號, 惟一而已. 旣稱天以誄之, 則子孫不可得而改也. ……[發明] 加諡之非論者, 多矣. 然唐史及通鑑, 皆備載之, 至綱目, 一切削去, 止書廟號. 獨高祖書神堯, 太宗書文武, 玄宗書明皇而已. 此固綱目筆削之深意, 不以無謂之浮名淆亂於方冊之間者也.〉(『資治通鑑綱目, 卷四十四, 上』)→馬融諸儒, 乃以堯舜禹爲諡, 謬矣.(『松南雜識』)

한나라는 '孝(효)'자 하나를 시호에 덧붙이니 적통을 전한다는 의미이다. 흉노들도 그것을 본받아 '약제(若鞮)'를 시호에 붙였다.

송나라 효종(孝宗)의 시호가 '명성성효(明聖成孝)'[75]이니 두 개의 '孝(효)'자가 있다. 명나라 효종의 시호는 '전인대덕(全人大德)'이니, '孝(효)'자가 없는 것은 묘호(廟號)이기 때문이다.

조선 효묘(孝廟 : 효종)의 시호에 '孝(효)'자가 없는 것[76]은 명나라의 시법을 본받아서이다.

또 명나라 고조(高祖)의 처음 시호는 '성신문무(聖神文武)'였는데, 세종(世宗) 무술년(1538)에 '개천행도(開天行道)'로 고쳤다.[77] 이후로 반드시 '천도(天道)' 두 자로 황제의 시호로 삼았기 때문에 의종(毅宗)에 이르러 '소천역도(紹天繹道)'라 한 시호[78]가 이것이다. 청나라도 이를 본받았으나 '道(도)'자를 '運(운)'자로 고쳤으니, 순치(順治) 황제를 '체천융운(體天隆運)'이라 하고, 건륭(乾隆) 황제를 '봉천승운(奉天承運)'이라 한 시호가 이것이다.

또 존호(尊號)는 당나라 현종 계축년(713)에 '개원신무황제(開元神武皇帝)'라 한 일[79]에서 시작되었으며 후세에 존호를 올리는 선례가 되었다고 한다.

75) 孝宗紹統同道冠德昭功哲文神武明聖成孝皇帝, 諱眘, 字元永, 太祖七世孫也.(『宋史, 卷三十三, 本紀, 第三十三, 孝宗, 一』) → 宋孝宗謚明聖成孝.(『松南雜識』)

76) 효종의 시호는 '선문장무신성현인대왕(宣文章武神聖顯仁大王)'이다.

77) 聖神文武欽明啓運俊德成功統天大孝高皇帝, 廟號太祖. 嘉靖十七年 十一月 初一日, 加上尊謚曰, 開天行道肇紀立極大聖至神仁文義武俊德成功高皇帝.(『明謚紀彙編, 卷四, 尊謚, 一, 帝后』) → 明高帝初謚聖神文武, 世宗戊戌, 改謚, 開天行道.(『松南雜識』)

78) 白頭閒話. 思陵旣殉, …… 尊謚曰, 思宗紹天繹道剛明恪恭揆文奮武敦仁茂孝烈皇帝. 尋又改謚, 毅宗.(『讀禮通考, 卷九十三, 葬考十二, 山陵, 六』) → 至毅宗而紹天繹道, 是也.(『松南雜識』)

79) 十一月乙丑, 劉幽求兼知侍中, 戊子, 上加尊號, 爲開元神武皇帝.(『舊唐書, 卷八, 本紀, 第八, 玄宗, 上』) → 唐明皇帝, 癸丑, 開元神武皇帝.(『松南雜識』)

신갈추숭
神葛追崇

신라의 역사에서 첨해왕(沾解王)[80]이 부친 골정(骨正)을 세신갈문왕(世神葛文王)[81]에 봉하였다라고 하였다.[82] 갈문왕(葛文王)은 방언으로 '추숭(追崇)'을 의미하며, 우리나라 추숭의 시초인데, 한(漢)나라의 단유(叚猶)와 영포(泠褒),[83] 송나라의 복의(濮議),[84] 명나라의 장총(張璁)과 계악(桂萼)[85]

---

80) 첨해왕(沾解王) : 신라 제12대 왕. 성은 석(昔). 벌휴왕(伐休王)의 손자. 골정(骨正)의 둘째 아들. 형인 조분왕(助賁王)이 후사가 없이 죽자 그 뒤를 이어 즉위했다. 재위 기간은 247~261.

81) 세신갈문왕(世神葛文王) : 신라 시대의 왕족. 성은 석(昔). 이름은 골정(骨正)·홀쟁(忽爭). 벌휴왕(伐休王)의 장남. 제11대 조분왕(助賁王), 제12대 첨해왕(沾解王)의 아버지.

82) 沾解**尼師今** …… **元年秋七月. 謁始祖廟**, 封父骨正爲**世**神葛文王.(『三國史記, 卷二, 新羅本紀, 第二, 沾解尼師今』) → 沾解**王**, 封父骨正爲神葛文王.(『松南雜識』)

83) 단유(叚猶)와 영포(泠褒) : 한(漢)나라 제12대 황제 애제(哀帝)가 즉위하자 동굉(董宏)이 상서하여 애제의 생모인 정도공왕후(定陶共王后)를 황태후라 칭하기를 청하기에, 이를 의논에 부쳤다. 이때 좌장군(左將軍) 사단(師丹)이 대사마(大司馬) 왕망(王莽)과 함께 비례(非禮)라 하여 반대하였는데, 애제가 처음에는 그 말을 받아들였으나, 소생조모(所生祖母)인 부 태후(傅太后)의 요구에 따라 정도공왕을 공황(共皇)으로 추존하고 부 태후를 공황 태후로, 생모인 정후(丁后)를 공황후로 높였다. 낭중령(郎中令) 영포, 황문랑(黃門郎) 단유가 다시 아뢰어 번국명(藩國名)인 정도를 대호(大號)에 얹어 쓰는 것은 마땅하지 않다 하고, 또 공황을 위하여 경사(京師)에 묘(廟) 세우기를 청하니 사단이 또 반대하였으나 받아들여지지 않고, 마침내 향리(鄕里)에 폐귀(廢歸)되었다. 애제가 죽고 중산효왕(中山孝王)의 아들인 평제(平帝)가 즉위하게 영상서사(領尙書事)가 된 왕망이 부태후·정후의 무덤을 파내어 평민으로 장사하고 공황묘(共皇廟)를 없애고 영포·단유를 귀양보내고 동굉을 서인(庶人)으로 만들었다.(『漢書, 卷八十六, 師丹傳』)
* 『松南雜識』에는 '叚猶'는 '叚豬'로, '泠褒'는 '冷褒'로 오기되어 있음.

84) 복의(濮議) : 송나라 인종(仁宗)이후사가 없이 죽자, 복안의왕(濮安懿王) 윤양(允讓)의 아들 조서(趙曙)가 제위에 오르니 영종(英宗)이다. 즉위한 다음 해에 생부인 복왕의 존호를 논의하게 했다. 시어사(侍御史) 여해(呂海)·범순인(范純仁)·여대방(呂大防)과 사마광(司馬光)은 인종은 황고(皇考)라 하고, 복왕은 황백(皇伯)이라 해야 한다고 주장하였고, 중서(中書) 한기(韓琦)·구양수(歐陽修)는 복왕를 황고라 해야 한다고 주장했다. 영종은 복왕의 원릉(園陵)을 만들고, 여해·범순인·여대방을 좌천시켰다.

85) 장총(張璁)과 계악(桂萼) : 중국 명나라 무종(武宗)이 후사가 없이 죽자 4촌 형제인 흥헌왕(興獻王) 주우원(朱祐杬)의 아들 후총(厚熜)을 효종(孝宗 : 무종의 부친)의 양자로 들여 즉위케 하니 바로 세종(世宗)이다. 즉위한 지 얼마 안 되어, 세종이 조정의 예

등의 일과 같은 뜻이다.

『선원보(璿源譜)』에서 "인조(仁祖) 임신년(1632)에 최유해(崔有海[86])가 영원(寧遠)에 사신으로 갔다가 호부낭중(戶部郎中) 송헌(宋憲)이 준 소설을 가지고 돌아왔는데, 그것으로 원종(元宗)[87] 추숭의 예를 정하였다"라고 하였다.

살펴보건대, 명나라 세종 무자년(1528)에 의론을 모아 책을 만들고 『명륜대전(明倫大典)』이라 하였다.

장생전
長生殿[88]

『예기(禮記), 단궁(檀弓)』에서 "임금이 즉위하면 내관(內棺 : 속관)을 만들어 해마다 한 번 칠을 하여 보관하였다"[89]라고 하였다.

관들에게 생부인 흥헌왕의 봉호(封號)를 추존할 것을 의논하게 했다. 장총(張璁) 등은 "세종은 대통을 이은 것이지 효종의 후사를 이은 것은 아니니 마땅히 생부를 황고(皇考)라 해야 한다"라고 하였고, 양정화(楊廷和) 등은 "양부(養父)인 효종을 황고라 하고, 생부는 황숙부(皇叔父)라 해야 한다"라고 하여 3년이 되도록 결론이 나지 않았다. 그러나 세종이 장총과 계악 등의 의견을 따라 생부를 추존하여 '황고공목헌황제(皇考恭穆獻皇帝)'라 하고 묘호를 예종(睿宗)이라 했다. 이를 반대한 자들 중에 하옥된 사람이 2백여 명에 이르렀다.

*『松南雜識』에는 '張璁'이 '張總'으로 오기되어 있음.

86) 최유해(崔有海) : 조선후기의 문신(1587~1641). 본관은 해주(海州), 자는 대용(大容), 호는 묵수당(默守堂)·감파(紺坡). 군부시정(軍簿寺正)·양주목사(楊州牧使)를 지내고, 동부승지(同副承旨)에 이르렀다. 의약(醫藥)·복서(卜筮)·천문(天文)·지리(地理) 등 여러 면에 정통했다.

87) 원종(元宗) : 조선의 왕족(1580~1619). 시호는 공량(恭良). 선조의 제5남이며 인조의 아버지. 선조 20년(1587) 정원군(定遠君)에 책봉되었다. 임진왜란 때 대가(大駕)를 호종한 공로로 1604년 호성공신(扈聖功臣) 2등에 책록되었다. 인조반정 뒤 대원군(大院君)에 추존되었고 1627년 조정신하들의 논란 끝에 왕으로 추존되었다.

88) 장생전(長生殿) : 왕실용 또는 대신에게 지급하는 관곽을 보관하는 곳.

89) 君卽位而爲椑, 歲**壹**漆之, 藏焉.(『禮記, 檀弓·上』) → 君卽位而**以**爲椑**地**, **棺**歲**一**漆之, 藏焉.(『松南雜識』)

한(漢)나라 때 양상(梁商[90])이 죽자 동원(東園[91])의 붉은 칠을 한 관을 내려주었다.[92]

지금의 장생전(長生殿)은 세종 계축년(1433)에 사인(舍人) 정척(鄭陟[93])이 처음으로 건의해서 건립하였다.

사직단
社稷壇

『예기(禮記)』의 주석에서 "전욱(顓頊[94])이 신농씨(神農氏[95])의 십이세손 구룡씨(句龍氏)에게 제사지내고, 사(社)로 만들었다"[96]라고 하였으니, 바로 '지신(地神)'이다. '부온(富媼)'이라고도 한다.

---

90) 양상(梁商) : 후한(後漢) 순제(順帝) 때의 대장군(大將軍). 자는 백하(伯夏).

91) 동원(東園) : 한나라 때의 관곽을 제조·관리하던 관청.

92) 商字伯夏, 雍之子也. …… 及薨, 帝親臨, 喪諸子, 欲從其誨. 朝廷不聽. 賜以東園朱壽之器·銀鏤·黃腸·玉匣什物二十八種, 錢二百萬, 布三千匹. 皇后錢五百萬, 布萬匹. 及葬贈輕車介士. 賜諡忠侯.(『後漢書, 卷六十四, 梁統列傳, 第二十四, 梁統傳』) →漢賜梁商東園朱壽之器.(『松南雜識』)

93) 정척(鄭陟) : 조선 전기의 문신(1390~1475). 자는 명지(明之), 호는 정암(整菴)·창재(暢齋). 식년문과에 급제한 뒤, 한성부 판사를 거쳐 충청도 관찰사가 되고, 세조가 즉위하자 중추원지사를 역임했다. 1463년 「동국지도(東國地圖)」를 만들어 올렸고, 해자(楷字)와 전서(篆書)에 능하여, 옥새(玉璽)나 관인(官印)을 수서(手書)했다.

94) 전욱(顓頊) : 고대 중국의 전설상의 제왕. 『사기』에는 황제(黃帝)의 손자이며 창의(昌意)의 아들로서, 아들은 곤(鯀)이고 손자는 우왕(禹王)이라고 한다. 그는 고양씨(高陽氏)라고 했는데 천하를 잘 다스려 명군(明君)으로서 이름이 높았다.

95) 신농(神農) : 고대 중국의 전설상의 제왕. 성은 강(姜). 어머니는 유교씨(有嬌氏)의 딸로 소전씨(小典氏)의 아내가 되어 신룡(神龍)에게서 영감(靈感)을 얻어 인신우수(人身牛首)의 신농씨를 낳았다. 신농씨는 화덕(火德)을 가지고 있었기 때문에 염제(炎帝)라 하며 백성에게 농경을 가르쳤다.

96) 其帝黃帝, 其神后土. 〈此黃精之君, 土官之神. 自古以來, 著德立功者也. 黃帝, 軒轅氏也, 后土, 亦顓頊氏之子曰犁, 兼爲土官. 疏. 注正義曰. 案昭二十九年左傳云, 顓頊氏有子, 曰犁, 爲祝融. 共工氏有子, 曰句龍, 爲后土. 后土爲土官, 知此經后土非句龍, 而爲犁者以句龍. 初爲后土, 後轉爲社.〉(『禮記注疏, 卷十六, 月令』) →顓頊祀神農. 十二世孫勾龍氏爲祀.(『松南雜識』)

조식(曹植)의 「사송(社頌)」에서,

성덕이 제황을 짝하니　德配帝皇
참으로 신령스런 군주로다　實爲靈主

라고 하였다.

『풍속통의(風俗通義)』에서 "공공씨(共工氏)의 아들은 수(脩)[97]라고 하는데 멀리 놀러다니기를 좋아했기 때문에 조신(祖神 : 여행의 신)[98]으로 삼았다"[99]라고 하였다. 또 "공공씨(共工氏)의 아들 후토(后土)가 구주(九州)를 평정하였기 때문에 사(社)로 만들었다"[100]라고 하였다.

『예기(禮記)』에서 "여산씨(厲山氏)의 아들 주(柱)가 백곡(百穀)[101]을 번식시켰기 때문에 제사지내고 직(稷)으로 삼았다. 직(稷)은 모든 곡식 중에 으뜸이기 때문에 직(稷)을 그 신의 이름으로 삼았다. 탕(湯) 임금이 가뭄 때문에 주(柱)를 경질시키고 주기(周棄)로 대체하였다"[102]라고 하였다.

지금도 사직에 제사 지내는데, 한나라 이래로 우(禹)는 사(社)에 배향하고, 직(稷)은 직(稷)에 배향하였다.

『백호통(白虎通)』에서 "그 나라가 망하면 그 사직에 지붕을 덮어 천기가 통하지 않게 하는데, 비가 오기를 빌어서 영험이 없으면 사직을 바

---

97) 『松南雜識』에는 '修'로 되어 있음.

98) 『松南雜識』에는 '社神'으로 오기되어 있음. 따라서 「社稷壇」 조목과는 무관한 내용임.

99) 共工**之**子曰**脩**, 好遠遊, **舟車所至**, **足跡所達**, **靡不窮覽**. 故**祀以**爲**祖**神, **祖者徂也**.(『風俗通義, 卷八, 祖』) → 共工**氏**子曰**修**, 好遠遊, 故爲社神.(『松南雜識』)

100) 謹按春秋左氏傳曰, 共工有子曰勾龍, 佐顓頊, 能平九土, 爲后土, 故封爲上公祀以爲社, 非地祇.(『風俗通義, 卷八, 社神』) → 共工氏子后土, 平九州, 故祀爲社.(『松南雜識』)

101) 『松南雜識』에는 '五穀'으로 되어 있음.

102) 是故厲山氏之有天下也, 其子曰農, 能殖百穀. 夏之衰也, 周棄繼之, 故祀以爲稷. 共工氏之覇九州也, 其子曰后士, 能平九州, 故祀以爲社.(『禮記, 祭法』) → 自共工氏伯九州, 其子曰句龍, 能平水土, 死爲社. 祠有烈山氏. 王天下, 其子曰柱, 能植百穀, 死爲稷, 祠湯, 放桀欲遷夏社, 不可作. 夏社迺遷烈山子柱, 而以周棄代爲稷祀.(『五禮通考, 卷首, 第三, 禮制因革上』) → 厲山氏子柱, 能殖五穀, 故祀爲稷, 稷者, 百穀之長, 因以稷, 名其神. 湯爲旱遷柱, 代以周棄.(『松南雜識』)

꾸고 개축하기 때문에, 민간에서는 북단(北壇)에 제사를 지내면 반드시 비가 내린다"[103]라고 하였다.

어떤 사람이 "나라가 망할 때에 그 임금은 달아나지 않으면 항복하건만, 사직을 따라 죽은 것은 오직 금나라 애종(哀宗)이 있었고, 대청(大淸)이 일어나자 명나라 의종(毅宗)이 있었다. 이후에 명나라가 다시 일어난다면 천도가 어찌 어둡겠는가?"라고 하였다.

황단
皇壇

숙종 갑신년(1704),[104] 임진왜란 때 나라를 구원해 준 은혜로 『춘추(春秋)』의 의리상 왕자(王者)는 하토(下土)에 제사지내지 않고 제후는 종묘를 둘 수 없다고 하지만, 궁궐 안에 제단을 쌓으니, 바로 교외에서 하늘에 제사지내는 예법으로 명나라 신종(神宗)에게 제사지낸 것이다.

영조 기사년(1749)에 명나라 태조(太祖)와 의종(毅宗)을 함께 제사지내고, '대보단(大報壇)'[105]이라고 하였다.[106]

『택리지(擇里志)』에서 "제사는 반드시 밤에 지내는데, 그때 비록 일기가 맑더라도 갑자기 음산한 바람이 불고 서늘하며 짙은 구름이 덮어 어둡다가 제사를 마치면 청명해지니 매우 이상하게 여길 만하다"라고 하였다.

---

103) 『백호통』에 없는 내용임.

104) 『松南雜識』에는 '乙酉'로 오기되어 있음.

105) 대보단(大報壇) : 조선 시대에 명나라 태조(太祖)·신종(神宗)·의종(毅宗)을 제사지낸 사당. 임진왜란 때 원군을 보낸 신종의 은혜를 기리기 위해 설치했다. 처음에는 신종의 위패만 받들어 제사지냈지만, 영조 때 명나라 태조와 의종까지 합사(合祠)했다.

106) 定神宗毅宗二皇, 幷享大報壇之儀.(『朝鮮王朝實錄, 卷四十三, 英祖實錄, 卷六十九, 己巳, 三月, 壬戌』) → 英廟己巳, 合享高皇毅皇, 名曰大報壇.(『松南雜識』)

만동묘

萬東廟[107]

『택리지(擇里志)』에서 "만동묘는 청주(淸州)의 화양동(華陽洞)에 있다. 조선 숙종 계미년(1703)에 우암(尤庵) 송시열(宋時烈)이 주자(朱子)의 운곡정사(雲谷精舍)를 본떠서 그곳에 집을 지었다. 또 주자의 대의(大義)를 회복하던 일을 본떴다"[108]라고 하였다.

해와 달을 그려놓고 명나라 신종(神宗)과 의종(毅宗)을 제사지내서, 남헌(南軒) 장식(張栻)[109]의 우제(虞帝)의 혼을 부르는 시사(詩詞)와 띠집 한 칸을 지어서 소왕(昭王)에게 제사지냈던 뜻으로 삼았다.

『이견지(夷堅志)』에서 "저주(滁州)의 화양동은 바로 선경(仙境)이다"[110]라고 하였다.

마암영전

馬巖影殿

고려 공민왕(恭愍王)이 노국공주(魯國公主)[111]를 위하여 영전(影殿)[112]을

107) 만동묘(萬東廟) : 임진왜란 때 조선을 도와준 것에 대한 보답으로 명나라 신종(神宗)을 제사지내기 위해, 1704년 충북 괴산군 청천면 화양동에 지은 사당.

108) 華陽洞, **在葩串之下, 葩串之水, 至此益大, 石亦益奇**, 宋尤齋**時烈**, 擬朱子雲谷, 築室於中, 又擬朱子恢復大義, **祀明神宗皇帝於洞中, 後建祠曰萬洞**.(『擇里志, 卜居總論, 山水, 山』) → **在淸州**華陽洞, **我宋肅廟癸未**, 宋尤齋, 擬朱子雲谷, 築室於**其**中, 又擬朱子恢復大義.(『松南雜識』)

109) 장식(張栻) : 송나라의 철학자(1133~1180). 자는 경부(敬夫), 호는 남헌(南軒). 경(敬)에 대해 주자와 자주 논쟁을 벌여 그의 학문에 영향을 많이 주었다. 명문 출신으로 주(州)의 지사(知事)를 역임하고 이부랑(吏部郞)을 지냈다. 저서에는 『남헌역설(南軒易說)』·『수사언인(洙泗言仁)』·『논어설(論語說)』·『맹자설(孟子說)』이 있다.

110) 華陽洞. 夷堅志, 李允至和州近郊, 有穴黑如夜, 稍進漸明, 石池中荷花爛熳, 天日晃耀, 有石棊局, 聞誦經聲而不見人. 已而至道旁, 則滁州境也. 已是七日, 纔一晝耳. 其所至, 乃華陽洞也.(『淵鑑類函, 卷二十五, 地部三, 洞三』) → 夷堅志, 滁州華陽洞, 乃仙境也.(『松南雜識』)

만들었는데, 매우 사치스럽고 아름답다. 우리나라 영전(影殿)의 시초일 것이다.

관왕묘
關王廟

지봉 이수광이 "임진년에 왜구를 토벌할 때, 명나라 장수가 세운 것이다"113)라고 하였다.

『명사』에서 태조가 파양(鄱陽)에서 싸움을 할 때에 관왕(關王)의 신령한 도움이 있었다고 한다. 그래서 "계롱산(雞籠山)114)에 한수정후묘(漢壽亭侯廟)115)를 세웠다"116)라고 하였다.

세상에 다음과 같은 이야기가 전한다.

왜적이 한양에 쳐들어왔을 때였다. 관왕(關王)의 신병(神兵)이 남문 밖에서 일어나고 깃발에 음산히 비가 내려 유엽전(柳葉箭)117)인양 은은히 비추어서 동문 밖까지 왜적을 몰아냈는데, 왜적이 백마의 피를 뿌리자 그쳤다고 한다. 그래서 남묘(南廟)는 살아 있는 신상(神像)이고 동묘(東廟)는 죽은 신상(神像)이라고 한다.

지금 높여서 마제(魔帝)라고 하고 이때문에 영조 때부터 참배하였다.

---

111) 노국 공주(魯國公主) : 노국 대장 공주(魯國大長公主). 고려 공민왕의 왕비(?~1365). 원나라 위왕(魏王)의 딸로 공민왕 14년(1365)에 난산(難産)으로 죽었다.

112) 영전(影殿) : 제왕이나 후비의 진영(眞影)을 모신 전각.

113) **京城東南兩關王廟**, 征倭時, 天將所建也.(『芝峯類說, 卷十九, 宮室部, 祠廟』) → **壬辰**, 征倭時, 天將所建也.(『松南雜識』)

114) 『松南雜識』에는 '鷄鳴山'으로 오기되어 있음.

115) 한수정후묘(漢壽亭侯廟) : 관우를 모시는 사당. 한수정후는 관우의 봉호.

116) 後復增四關公廟. 洪武二十七年, 建於雞籠山之陽, 稱漢前將軍壽亭侯. 嘉靖十年, 訂其誤, 改稱漢前將軍漢壽亭侯.(『明史, 卷五十, 志第二十六. 禮四, 南京神』) → 明高帝於鄱陽之戰, 關王有神助, 故建漢壽亭侯廟, 於雞鳴山之陽.(『松南雜識』)

117) 유엽전(柳葉箭) : 살촉이 버들잎처럼 생긴 화살. 버들잎살.

안동(安東)의 서악사(西岳寺)에 있는 관왕묘의 석상(石像)도 명나라 장수가 세운 것이다.[118] 또 성주(星州)・남원(南原)・강진(康津)에도 모두 신상이 있다.[119]

『백공육첩(白孔六帖)』에서 말하였다.

> 한(漢)나라 말기에 장자문(蔣子文)이 말릉령(秣陵令)으로 출전하였다가 전사해서 혼령이 되어 백마를 타고 백우선(白羽扇 : 흰 깃으로 만든 부채)을 들고 나왔다. 오나라 태제(太帝)가 마침내 종산(鍾山)에 사당을 세우고 '장제묘(蔣帝廟)'라고 하였다. 그 혼령이 양대안(楊大眼)을 도와 위나라 군대를 물리쳤는데, 사당 안에 있는 사람과 말의 신상(神像) 발에 진흙이 묻어 있었다.[120]

『남사(南史)』[121]에서 "무제(武帝)가 장제묘의 신에게 기도를 하게 하였더니 하늘 위에 갑자기 일산(日傘) 같은 구름이 생겼다"[122]라고 하였다. 지금도 관왕묘에 기도를 하면 일산 같은 구름이 절로 도니 혼령이 감응한다는 말이 여기에서 나왔다.

---

118) 『신증동국여지승람』에 의하면 선조 무술년(1598)에 명나라 장수 설호신(薛虎臣)이 세웠다라고 했다.

119) 『신증동국여지승람』에 의하면 성주의 신상은 선조 정유년(1597)에 명나라 장수 제국기(第國器)가 세웠다라고 했다.

120) 漢末, 金陵尉蔣子文, 討賊戰亡, 靈發於山, 因立蔣侯祠焉. 故號曰蔣山.(『白孔六帖, 卷五, 鍾山・十三, 白蔣山』)→蔣子文, 漢末爲秣陵尉. 逐盜鍾山, 傷額而死. 常自謂骨貴, 死當爲神. 及吳大帝都建業, 子文常乘白馬, 執白羽扇而出, 遂立廟鍾山. 封蔣侯. 嘗助楊大眼, 走魏軍, 凱旋. 廟中人馬跡, 皆有泥濕.(『氏族大全, 卷十六, 三十六養, 蔣侯』)→漢末, 蔣子文爲秣陵令, 戰亡發靈, 乘白馬, 執白羽扇而出, 吳大帝, 遂立廟鍾山, 謂蔣帝廟. 助楊大眼, 走魏軍. 廟中人馬跡, 皆有泥濕.(『松南雜識』)

121) 『松南雜識』에는 '梁史'로 되어 있음.

122) 先是旱甚, 詔祈蔣帝神, 求雨. 十旬不降, 帝怒, 命載荻欲焚蔣廟幷神影. 爾日開朗, 欲起火, 當神上忽有雲如繖.(『南史, 卷五十五, 列傳・第四十五, 王茂』)→梁史, 武帝, 禱蔣廟, 神上忽有雲如繖.(『松南雜識』)

선무사
宣武祠[123]

태평관(大平館)[124]에 생사당(生祠堂)[125]이 있으니 바로 양호(楊鎬)[126]와 형개(邢玠)를 모신 곳이다. '선무(宣武)'라 사액(賜額)하였고, 봄가을에 향을 내려준다.

삼성사
三聖祠

『택리지』에서 말하였다.

문화(文化)[127]의 구월산(九月山) 장장평(莊莊坪)[128]에 삼성사(三聖祠)가 있으니 곧 '천신(天神)'이라 부르는 환인(桓因)과 '신시(神市)' 또는 '산시(山市)'라 부르는 환웅(桓雄), 그리고 단군을 모신다. 지금도 향과 축문을 내려서 제사지내게 한다.[129]

---

123) 선무사(宣武祠) : 선조 30년 정유재란(丁酉再亂) 때 조선을 구원하기 위해 힘쓴 명나라의 형개(邢玠)를 주향(主享)으로 하고 양호(楊鎬)를 배향(配享)한 사당.

124) 태평관(大平館) : 조선 시대에 중국 사신이 유숙하던 집.

125) 생사당(生祠堂) : 선정(善政)이나 공로를 찬양하기 위해 그 사람이 살아 있을 때부터 받들어 제사를 지내는 사당.

126) 양호(楊鎬) : 명나라의 장군. 상구(商丘) 출신. 정유재란(丁酉再亂) 때 도찰원 우첨도어사 겸 경리조선군무(都察院右僉都御史兼經理朝鮮軍務)로 조선에 파견되어 제독(提督) 마귀(麻貴)와 함께 왜군을 격퇴했지만, 울산 전투에서 소서행장·가등청정 등의 군대에게 고전하다가 잠시 경주로 철수한 뒤 참소를 당해 본국으로 소환되었다. 조선에서는 여러 차례 사신을 파견하여 양호의 공적을 밝히고 그의 유임을 건의하면서 해명하는 글을 명나라에 보냈다.

127) 문화(文化) : 황해도에 있는 고을 이름.

128) 장장평(莊莊坪) : 『삼국유사』에는 장당경(藏堂京)으로, 『동사강목』에는 당장경(唐莊京)로 기록되어 있다.

129) 九月 …… 諺傳檀君子孫, 避箕子, 自平壤移都於此, 所謂莊莊坪也, 尙有檀三君祠, 國家春秋降香以祭.(『擇里志, 卜居總論, 山形』) → 文化九月山莊莊坪, 有三聖祠, 卽

평양에 숭령전(崇靈殿)[130]이 있다.

청성묘
淸聖廟

『수서(隨書), 배구전(裵矩傳)』에서 "고구려는 원래 고죽국(孤竹國)이다"라고 하였다. 이첨(李詹)[131]은 "지금의 해주(海州)이다"라고 하였다. 이제 살펴보니 『대명일통지(大明一統志)』에서 "영평부(永平府)에 고죽국군(孤竹國君)이 봉한 땅이 있다"라고 하였다. 또 "고죽 삼군(三君)의 무덤이 있고, 또 백이·숙제의 사당이 있다"라고 하였다.[132]

청성묘는 해주(海州) 수양산(首陽山)의 청풍동(淸風洞)에 있다.

『풍고집(楓皐集)』[133]에서 말하였다.

> 『사기』의 주석에 중국에는 다섯 개의 수양산이 있고, 조선에는 한 개의 수양산이 있으니 모두 여섯 개다. 당나라 이발(李渤)이 "수양산은 조선에 있는 것을 정론(廷論)으로 삼아야 한다"라고 하였다. 하물며 기자(箕子)의 땅과 인접해 있고, 산에 고사리가 많이 나니, 이상하다.

桓因號天神, 桓雄號神市又山市及檀君, 今降香祝.(『松南雜識』)

130) 숭령전(崇靈殿) : 평안남도 평양성 밖 기림리에 있는 사당. 단군과 고구려의 시조 동명성왕을 모신 사당.

131) 이첨(李詹) : 고려 말, 조선 초의 문신(1345~1405). 자는 중숙(中叔), 호는 쌍매당(雙梅堂), 시호는 문안(文安). 고려 때 문과에 급제하였으며, 조선 건국 후 이조전서(吏曹典書)에 기용되었다. 지의정부사(知議政府事)에 올라 등극사(登極使)로 명나라에 다녀와서 정헌대부(正憲大夫)가 되었다. 저서에 『쌍매당집』이 있다.

132) 隨書裵矩傳, 高麗本孤竹國. 李詹云, 今海州. 今按大明一統志, 永平府有**西一十五里有**孤竹國君所封地. 又**府城西北**有孤竹三君塚. 又有伯夷叔齊廟.(『新增東國輿地勝覽, 卷四十三, 黃海道, 海州牧』)→隨書裵矩傳, 高麗本孤竹國. 李詹云, 今海州. 今按大明一統志, 永平府有孤竹國君所封地. 又有孤竹三君塚. 又有伯夷叔齊廟.(『松南雜識』)

133) 풍고집(楓皐集) : 조선 후기의 문신인 김조순(金祖淳)의 문집.

조선의 숙종이 '청성(淸聖)'이라고 사액하였다.134) 또 사당은 고죽성(孤竹城)에 있으니, 바로 요동(遼東)의 중국으로 들어가는 길목이다.135)

성삼문(成三問)136)이 그 비석에 시 짓기를,

> 풀과 나무도 주나라의 우로를 맞고 자랐는데　　草木亦沾周雨露
> 그대들이 수양산 고사리 먹은 것이 부끄럽네　　愧君猶食首陽薇

라고 하였다.137) 고사리를 캐던 아낙이 백이·숙제에게 했던 말과 같은데, 비석이 땀을 흘렸다고 한다.

남회와(南晦窩)는 "백이·숙제에게 제사지낼 때 고사리 한 접시만 올리니, 만약 안회(顔回)에게 제사를 지낸다면 한 도시락의 밥과 한 표주박의 물만 써야 하는가?"138)라고 하였다.

숭인전
崇仁殿139)

『택리지』에서 말하였다.

---

134) 上親定海州首陽山夷齊廟之號, 曰淸聖廟, 以御筆書之, 下于政院.(『朝鮮王朝實錄, 卷三十九, 肅宗實錄, 卷三十五, 上, 辛巳, 四月, 己未』) → 肅廟賜額淸聖.(『松南雜識』)

135) 고죽성(孤竹城) : 중국 영평부 노룡현(盧龍縣)의 서쪽 20리, 난하(灤河)의 남안(南岸) 고죽산(孤竹山) 위에 있다. 둘레는 300보 정도이며 높이는 겨우 1장(丈)이다. 그 남쪽에 있는 문 서쪽에 '청절묘(淸節廟)'가 있다고 한다.(『燕行紀, 卷四, 起燕京至鎭江城, 十日丁亥』)

136) 성삼문(成三問) : 조선 전기의 문신·학자(1418~1456). 자는 근보(謹甫)·눌옹(訥翁), 호는 매죽헌(梅竹軒), 시호는 충문(忠文). 사육신의 한 사람.

137) 成三問**謹甫**, **嘗有**題云. **叩馬當年敢言非**, **忠義堂堂日月輝**, 草木亦沾周雨露, 愧君猶食首陽薇.(『白湖全書, 卷二十七, 雜著, 漫筆下』) → 成三問題**詩其碑**云. 草木亦沾周雨露, 愧君猶食首陽薇.(『松南雜識』)

138) 안회는 공자의 제자로 도시락의 밥과 표주박의 물을 마시면서도 가난을 편안하게 여기고 도를 즐겼다고 한다.

139) 숭인전(崇仁殿) : 기자(箕子)의 위패를 모신 사당.

기자묘(箕子墓)는 평양에 있다. 국가에서 선우씨(鮮于氏)를 기자의 후손이라 하여 숭인전을 기자묘 옆에 세우고, 선우씨로 하여금 전감(殿官)을 세습케 하여 제사를 받들게 하니, 중국의 곡부 공씨(曲阜孔氏)와 같은 경우이다.[140)]

숭의전
崇義殿

『택리지』에서 말하였다.

조선 태조가 왕씨(王氏)의 신주(神主)를 배에 실어 임진강에 띄웠는데 배가 저절로 강물을 거슬러 올라가 마전현(麻田縣) 강가에 있는 절 앞에 멈추었다. 태조가 불상을 다른 절로 옮기게 하고 왕씨의 신주를 봉안하고 '숭의전(崇義殿)'이라고 하였다. 세종 때에 비로소 왕순례(王循禮)라는 사람을 찾아서 선우씨로 하여금 기자전(箕子殿)의 전감(殿監)을 세습하게 하였던 예를 따랐다.[141)]

근래에 내직으로 옮기니 북참(北參)과 같다.

140) **地尙有箕子井田遺址及**箕子墓, 國家以鮮于氏, 爲箕子**子**孫, 建崇仁殿於墓傍, 以鮮于氏, 世襲殿官奉祀, 如中原之曲阜孔氏.(『擇里志, 八道總論, 平安道』) → 箕子墓**在平壤**, 國家以鮮于氏, 爲箕子**之**孫, 建崇仁殿於墓傍, 以鮮于氏, 世襲殿官奉祀, 如中原之曲阜孔氏.(『松南雜識』)

141) **太祖卽位**, **移恭讓王於關東**, **毁**王氏**太墓**, **以**木主, **置大船**, 浮**之**臨津**江**, **船**自逆水**下**, **至**麻田**縣**江上佛寺前止, **縣人以聞**, **太祖**命移佛像於他寺, **以木主安於寺**, 曰崇義殿. …… **莊憲**朝始得王循禮一人, 依箕子殿**鮮于氏爲監例**, **錫以田土奴婢**, **使**世襲殿**參奉而以奉其祀**.(『擇里志, 八道總論, 京畿道』) → 王氏木主, 浮臨津, 自逆水**上**, **去**麻田江上佛寺前止, 命移佛像於他寺, **號**曰崇義殿. **我世宗**朝始得王循禮一人, 依箕子殿世襲**例**.(『松南雜識』)

귤사
橘祠

성호(星湖) 이익(李瀷)이 말하였다.

대마도의 소추장(小酋長) 귤광연(橘光連)이란 사람은 강광(康光)이라고도 한다. 현소(玄蘇)와 함께 와서 빙문(聘問)하면서 은밀하게 우리나라 사람에게 "일본이 이미 조선을 칠 계략을 정하였습니다. 지금 온 몇 명의 추장의 목을 베어서 큰 재앙을 막으십시오"라고 청하였지만, 우리나라 사람들은 오히려 믿지 않았다.

임진년(1592)에 일본이 귤광연과 의지(義智)를 선봉장으로 삼았다. 귤광연이 "이번 전쟁은 무슨 명분인가? 조선과 좋은 이웃으로 이백년 간 우호 관계를 유지하여 조금도 틈이 없었는데, 어떻게 맹약을 저버리겠는가?"라고 하니, 풍신수길이 듣고 삼족(三族)을 주살(誅殺)하였다.

15년이 지난 병오년(1606)에 조정에서 그 일을 알고 부산에 귤사(橘祠)를 세워서 그를 기렸다.[142)]

당나라가 실달모(悉怛謀)[143)]를 증직한 것과 비슷하다.

---

142) 馬島小酋橘光連者, 一名康光. 與玄蘇來聘, 密告我人曰, 日本已定犯上之計, **請**誅今來數酋, 以弭大禍. 我猶未之信也. 壬辰, 倭使光連與義智爲先鋒. 光連曰, 此兵何名, 朝鮮善隣二百年**間**, 通好無釁, 奈何渝盟, **拒不受命**. 秀吉**聞而族**誅之. 後十五年丙**午**, 朝廷知之, 建橘祠于釜山以旌之.(『星湖僿說, 卷二十三, 經史門, 玄蘇善偵』)→ 馬島小酋橘光連者, 一名康光. 與玄蘇來聘, 密告我人曰, 日本已定犯上之計, 誅今來數酋, 以弭大禍. 我猶未之信也. **及**壬辰, 倭使光連與義智爲先鋒. 光連曰, 此兵何名, 朝鮮善隣二百年, 通好無釁, 奈何渝盟. 秀吉誅之. 後十五年丙**子**, 朝廷知之, 建橘祠于釜山以旌之.(『松南雜識』)

143) 실달모(悉怛謀) : 당나라 때 토번(吐蕃)의 장수. 유주부사(維州副使)로 있다가 태화(太和) 연간에 당나라에 항복했다. 이덕유(李德裕)가 군대를 파견하여 그 성에 웅거하게 하고 상황을 보고하게 했다. 황제가 우승유(牛僧儒)의 의견에 따라 이덕유에게 조서를 내려 그 성과 실달모를 토번에 돌려보내게 했는데, 토번이 국경에서 실달모를 죽였다.

생사

生祠

지봉 이수광이 말하였다.

우리나라는 옛날부터 생사(生祠)가 없었는데, 완평(完平) 이원익(李元翼)[144]이 관서관찰사(關西觀察使)가 되어 백성들에게 사랑을 베풀자 생사당이 비로소 세워졌다.[145]

『당서(唐書)』에서 "적인걸(狄仁傑)[146]이 위주자사(魏州刺史)가 되었을 때 백성들이 생사당을 세웠는데, 그의 아들이 관리로 부임해 와서 탐욕스럽고 난폭하게 굴었기에 백성들이 사당을 헐어 버렸다"[147]라고 하였다. 탐욕스럽고 난폭한 사람은 욕이 그 조상에 미친다는 경계가 될 만하다.

그러나 간혹 백성들을 꼬드겨서 생사당을 짓고 비석을 세우는 자가 있으니, 또 무슨 생각일까?

---

144) 이원익(李元翼) : 조선 후기의 문신(1547~1634). 자는 공려(公勵), 호는 오리(梧里), 시호는 문충(文忠). 이조판서 때 임진왜란이 일어나자 피난가는 왕을 호종하고, 이듬해 평양 탈환작전에 공을 세워 평안도관찰사가 되었으며 영의정을 역임했다.

145) 東方, 舊無**生祠**. 李完平元翼, 爲關西伯, **有**遺愛. **箕城人立生祠以祀公**. **公聞之**, **使人撤毁**, **乃已**. **公之眞實不好名如此**.(『芝峯類說, 卷十九, 宮室部, 祠廟』)→東方, 舊無**有矣**. **自**李完平元翼, 爲關西伯, 遺愛. **始也**.(『松南雜識』)

146) 적인걸(狄仁傑) : 측천무후가 세운 무주(武周) 시대의 재상(630~700). 자는 회영(懷英). 병주(幷州) 태원(太原 : 지금의 山西 太原) 출신. 중종(中宗)을 다시 태자로 세우도록 하여 당 왕조의 부활에 공을 세웠으며 수많은 인재들을 천거하여 당의 중흥에도 크게 기여했다.

147) 仁傑, **嘗**爲魏州**刺史**, **人吏爲**立生祠. **及去**, **職**其子**景暉**, **爲魏州司功叅軍**, **頗**貪暴, **爲人所惡**, **乃**毁**仁傑之祠**.(『舊唐書, 卷八十九, 列傳, 第三十九, 狄仁傑』)→**狄**仁傑, 爲魏州, **民**立生祠, **以**其子, **又莅**貪暴, **民**毁**之**.(『松南雜識』)

반고씨묘
盤古氏墓

지봉 이수광이 "반고씨의 무덤이 남해에 있는데, 크기가 삼백 리이다. 경주에 또 반고씨의 사당이 있다. 또 반고씨의 나라 사람들이 '반고(盤古)'를 성으로 삼는다고 한다"[148]라고 하였다.

제요대
帝堯臺[149]

『자휘보(字彙補)』에서 "옛날에는 능묘(陵墓)를 대(臺)라고 하니, 업도(鄴都)의 삼대(三臺)가 이것이다"라고 하였다.

『산해경(山海經)』의 '제요대(帝堯臺)·제곡대(帝嚳臺)'[150]가 이것이다.[151]

고요금
皐陶琴

『수경주(水經注)』에 "초나라 사람들은 무덤을 '금(琴)'이라고 한다. 육안현(六安縣)의 큰 무덤을 '공금(公琴)'이라고 하는데, 바로 고요(皐陶)의 무덤이다"[152]라고 하였다.

---

148) **今**南海**有盤古氏**墓, 三百**餘**里. 桂林, 又有盤古氏廟, **南海中有**盤古氏國, 人**皆**以盤古爲姓云. **此言似誕**.(『芝峯類說, 卷十九, 宮室部, 陵墓』) → 墓**在**南海, **而大**三百里. 桂林, 又有盤古氏廟, **又**盤古氏國, 人以盤古爲姓云.(『松南雜識』)

149) 『松南雜識』 원주에 「馬鬣」 조 아래에 있어야 한다고 되어 있다.

150) 帝堯臺, 帝嚳臺.(『山海經, 卷十二, 海內北經』)

151) **又**字彙, 古謂陵墓爲臺, 如鄴都之三臺. 山海經, 帝堯臺帝嚳臺, 是也.(『康熙字典, 八臺』) → 字彙**補曰**, 古謂陵墓爲臺, 如鄴都之三臺. 山海經**曰**, 帝堯臺帝嚳臺, 是也.(『松南雜識』)

152) 又西北逕六安縣, 故城西縣, 故皐陶國也. 夏禹封其少子, 奉其祀. 今縣都陂中有大

한릉의 묘자리
漢陵之墲

『집운(集韻)』에서 "墲의 음은 모이니, 제도에 맞게 만든 무덤이다"[153) 라고 하였다.

양웅(揚雄)의 『방언(方言)』에서 "무덤을 만드는 것을 모(墲)라고 하였다"[154)라고 하였으니, 『한서』의 '초릉(初陵)의 모(墲)'가 이것이다.

주거사묘
朱居士墓

주거사묘(朱居士墓)는 상주(尙州) 금병산(錦屛山) 남쪽 봉전동(蓬田洞)에 있다. 둘레의 몇 리 안에는 다른 무덤이 없다. 혹 무덤을 쓰려는 자가 있으면 반드시 우레와 천둥이 치고 바람이 일기 때문이다. 세상에 전하기를 명나라 태조의 조산(祖山)[155)이라고 한다.

공자의 무덤
孔子墓

『안류요(晏類要)』[156)에서 "공자를 사수(泗水)[157)에 장사지내자, 강물이

冢, 民傳曰公琴者, 卽皐陶冢也. 楚人謂冢, 爲琴矣.(『水經注, 卷三十二』) → 楚人謂塚, 爲琴. 六安縣大塚, 謂公琴, 卽皐陶之塚.(『松南雜識』)

153) 規度墓地也. 方言, 凡葬無墳, 謂之墓, 所以墓, 謂之墲.(『集韻, 卷二』) → 墲音模, 規度墓地也.(『松南雜識』)

154) 所以墓謂之墲.(『方言, 卷十三』)

155) 조산(祖山) : 풍수지리에서 혈(穴)에서 가장 멀리 있는 용의 봉우리.

156) 안류요(晏類要) : 송나라 안수(晏殊)가 지은 책. 『안원헌공류요(晏元獻公類要)』.

157) 사수(泗水) : 중국 노나라에 있는 강으로 공자가 이곳에서 제자들과 강학했다.

이를 위하여 뒤로 물러나 흘러 내려 그 묘에 부딪치지 않았다"[158]라고 하였다.

풍수가들이 다음과 같은 말을 했다.

공자가 일찍이 자공(子貢)[159]과 궐리(闕里)[160] 뒷산에 올라 무덤 자리를 점치고 말하였다.

"이곳은 옥토끼가 달을 바라보는 형상이니, 반드시 여기에 나를 장사지내거라."

자공이 말하였다.

"이곳이 어째서 길(吉)합니까?"

공자가 대답하였다.

"나의 자손 사백 호(戶)가 항상 이곳에 살면서 천지가 개벽하기 전에는 바뀌지 않을 것이고, 혹 이 숫자가 넘을 경우에는 반드시 타향으로 이사 갈 것이다. 또 장사지내고 삼년 후에 사수(泗水)가 반드시 수백 보쯤 옮겨질 것이니 너는 말을 삼가라."

삼천 명의 제자가 삼 년간 시묘살이를 마치고 각각 자기 나라의 나무를 심고 떠났다. 자공이 3년을 머물렀지만 사수의 물길이 바뀌지 않자 성인의 말이 그대로 맞지 않는 것을 괴이하게 여겼다. 다시 3년이 지나자, 어느 날 밤에 갑자기 우레가 쳤다. 아침에 살펴보니 사수가 과연 뒤로 물러나 있었다. 이때문에 자공이 홀로 6년을 시묘살이 했다고 한다.

---

158) 孔子當泗水而葬, 水爲之却流, 下不衝其墓. 晏類要.(『古今事文類聚前集, 卷五十八, 喪事部』)

159) 자공(子貢) : 중국 춘추 시대 위(衛)나라 사람인 단목사(端木賜). 자공(子貢)은 그의 자(字)이다. 공자의 제자로, 재아(宰我)와 함께 언변이 뛰어났다.

160) 궐리(闕里) : 지명. 산동성(山東省) 곡부현(曲阜縣)에 있는데, 공자가 이곳에서 처음으로 제자들을 가르쳤다.

『조광정기(祖廣廷記)』에 다음과 같은 기록이 있다.

후주(後周)의 고조(高祖)가 모용언초(慕容彦超)[161]를 정벌할 때였다. 곤주(袞州)에 이르러 성을 막 격파하려 할 때였다. 고조의 꿈에 모습이 매우 거룩하고 기이하며 제왕의 옷을 입은 사람이 나타나 말하였다.

"내일 의당 성을 얻을 것입니다."

아침에 고조가 드디어 곤주성을 함락시키고 마을길로 접어들었을 때, 마침 공자의 묘가 있었다.

그러자 고조가 깨달으며, "어제 꿈에 본 사람이 아마도 공자였나 보다"라고 하고, 어가(御駕)를 멈추고 사당에 올라가니 모두 꿈에 본 것과 같았다. 감격하고 기뻐하며 내려와 절하고 다시 성림(聖林)[162]에 거동하여 벌채를 금지하였다.[163]

161) 모용언초(慕容彦超) : 한(漢)나라 사람. 후주의 태조(太祖)에게 토벌되어 우물에 빠져 죽었다.

162) 성림(聖林) : 공자의 묘소가 있는 삼림(森林).

163) 後周高祖, **廣順二年**, **親**征慕容彦超. 至袞州, 城將破, **夜半**夢一人, 狀甚魁異, 被王者服, 謂高祖曰, **陛下**明日當得城. **及覺, 天猶未旦, 高祖私自喜曰, 夢兆如此, 可不務乎. 因躬督將士, 戮力攻城, 至午而城果陷. 車駕旣入, 有司請從, 王方鳴鞘而進, 因取別巷, 轉數曲, 偶過**夫子廟, 帝**意豁然謂近侍曰, 寡人所**夢, 殆夫子乎. **不然, 何取路於此? 因**駐蹕, 升**堂瞻禮神像**, 一如夢中所見**者. 高祖大**喜, **因叩頭再**拜, **近臣或謂, 天子不當拜異世陪臣. 高祖曰, 夫子聖人也, 百王取則, 而又以夢告寡人得, 非夫子幽贊所及耶, 安得不拜. 因幸闕里, 復再拜, 乃留所奠酒器銀爐等於廟. 及幸孔林, 又拜之, 墓前石壇, 乃唐封禪之壇也, 二百年間絶東封之禮, 洙泗之上, 無鸞和之音, 高祖以武功之餘, 特枉駕焉. 顧謂近臣訪孔子之後, 或對以四十三世孫, 前曲阜令, 襲封文宣公仁玉者, 乃召見, 奏對數刻面, 賜章服及白金雜綵等, 仍以廟側數十家爲灑掃戶, 及勅袞州, 修葺祠廟**林, 禁樵採.(『東家雜記, 卷上, 歷代崇奉』)→後周高祖, 征慕容彦超, 至袞州, 城將破, **帝**夢一人, 狀甚魁異, 被王者服, 謂高祖曰, 明日當得城. **及朝帝遂克之, 路取委巷, 適**夫子廟**在**. 帝**悟曰**, 昨夢殆夫子乎. 駐蹕升**殿**, 一如夢中所見, **感**喜**下**拜, **復幸聖**林, 禁樵採.(『松南雜識』)

송제묘
宋帝墓

『택리지(擇里志)』에서 말하였다.

회령(會寧) 운두산성(雲頭山城) 밖 큰 고개에 무덤이 많이 있는데, 그 지방 사람들이 '황제총(皇帝塚)'이라고 한다. 청나라 사신 목극등(穆克登)이 무덤 옆을 파헤쳐 작은 비석을 얻었는데, 위에 '宋帝之墓(송제지묘: 송나라 황제의 무덤)'이라는 네 글자가 쓰여 있었다. 그래서 무덤을 크게 쌓고 비로소 오국성(五國城)[164]이 이곳인 줄 알았다. 그러나 이것이 휘종(徽宗)의 무덤인지 흠종(欽宗)의 무덤인지는 모른다.

또 지방 사람들이 '두만강 북쪽 십 리에 또 황제릉(皇帝陵)이 있다'고 하는데, 이것이 흠종의 무덤 같지만 상고할 수 없다.[165]

심언광(沈彦光)[166]의 시에서,

완안[167]의 옛 나라에 황량한 성곽만 있고　　完顔古國荒城在

164) 오국성(五國城): 송나라 휘종(徽宗)이 죽은 곳. 오국두성(五國頭城)이라고도 한다. 소재가 정확하지 않고 여러 가지 설이 분분하다.

165) 會寧雲頭山城**見城**外大坂, 有衆塚, 而人指爲皇帝**陵**, 克登**令人**, 掘開塚傍, 得短碣, 上書宋帝之墓四字, **克登仍令**大其封築, **而**始知**金人**五國城. **卽雲頭也**. **但云**, **宋帝**不知是徽是欽. 土人傳, 豆滿北十**餘**里, 又有皇帝陵, 此則似欽**宗**而**不**可詳也.(『擇里志, 咸鏡道』)→會寧雲頭山城外大坂, 有衆塚, 而**土**人指爲皇帝**塚**, **清使穆**克登, 掘開塚傍, 得短碣, 上書宋帝之墓四字, **因**大其封築, 始知五國城**此也**. 不知是徽是欽. **又**土人傳, 豆滿**江**北十里, 又有皇帝陵, 此則似欽而**未**可詳也.(『松南雜識』)

166) 심언광(沈彦光): 조선 중기의 문신(1487~1540). 자는 사형(士砦), 호는 어촌(漁村), 시호는 문공(文恭). 1507년 진사시에 합격하고, 식년문과에 을과로 급제하여 예문관검열에 보임되었고 청요직을 두루 지냈다. 사가독서하면서 문명을 날렸다. 서화에도 뛰어났다. 저서로 『어촌집(漁村集)』이 있다.

167) 완안(完顔): 중국 금나라를 말한다. 완안은 원래 송화강(松花江) 동쪽에 있는 여진족 부락의 명칭인데 송나라 때 부족이 강해져서 금나라를 세우게 되자 '완안'을 성(姓)으로 삼았다.

황제의 버려진 무덤에 큰 비석만 있구나　　皇帝遺墳巨碣存[168]

라고 한 말이 이것이다.

치우의 무덤
蚩尤冢

고기(古記)에서 "무덤이 동평군(東平郡)에 있다. 항상 시월에 제사 지내는데, 비단 같은 붉은 기운이 나타나니 치우(蚩尤)[169]의 깃발이라고 한다"[170]라고 하였다.

말갈의 무덤
靺鞨墓

춘천(春川) 우두촌(牛頭村) 뒷산이 소양강(昭陽江)과 닿아 있는 곳에 큰 무덤이 있으니, 세상에서 말갈 조상의 땅이라고 전해진다. 그곳에는 나무가 없고 방목을 금지한다. 간혹 나무꾼이 장난삼아 작대기로 무덤을 건드리면 즉사하고 소나 말이 혹 무덤을 밟으면 발굽이 패인 곳에 바로 흙이 나와 메워진다.

---

168) 「망견금황제묘(望見金皇帝墓)」.

169) 치우(蚩尤) : 중국에 전하는 전설상의 인물. 신농씨 때 난리를 일으켜 황제(黃帝)와 탁록(涿鹿)의 들에서 싸우면서 짙은 안개를 일으켜 괴롭혔는데 지남차를 만들어 방위를 알게 된 황제에게 패하여 잡혀 죽었다고 한다. 후세에는 제나라의 군신(軍神)으로서 숭배되었다.

170) **皇覽冢墓記曰**, **蚩尤**冢, 在東平**郡壽張縣**. **墳高七丈**, 常十月祀之. **冢上**有赤氣, 如一疋紅練, 人謂之蚩尤旗.(『太平寰宇記, 卷四十六, 河東道・七, 蒲州, 土産』)→冢在東平, 常十月祀之, 有赤氣如**帛**, **名**蚩尤旗.(『松南雜識』)

화천의 큰 무덤
花川大塚

『택리지(擇里志)』에서 "평산(平山) 면악(綿岳)의 동쪽 기슭 화천동(花川洞)에 높이 솟은 큰 무덤이 있는데, 세상에 청나라 사람의 조상의 묘라고 전해진다"[171]라고 하였다. 혹은 금준(今俊)[172]의 무덤이라고도 한다.

『원사(元史)』에서 "몽고(蒙古)에서 대대로 기련곡(起輦谷)에 장사지냈는데, 봉분(封墳)을 만들지 않고 나무를 심지 않으며 능호(陵號)도 없다"라고 하였다.

불서(佛書)를 살펴보니, "서역에서는 시체를 버리며, 봉분과 매장을 하지 않고 '한림(寒林)' 또는 '시타림(尸佗林)'이라 부른다"라고 하는데, 몽고의 풍속도 서역과 같은 듯하다.

금림릉
錦林陵

영천현(靈川縣)[173] 서쪽에 태고 시절 무덤이 있으니, 세상에서 대가야국(大伽倻國) 금림왕릉(錦林王陵)이라 전한다.[174]

---

171) 平山**亦有瘴**, **然西有**綿岳, 東麓**有**花川洞, **洞**有高巓大塚, 諺傳淸人祖**墓**.(『擇里志, 八道總論, 黃海道』)→平山綿岳東麓花川洞, 有高巓大塚, 諺傳淸人祖**地**.(『松南雜識』)

172) 금준(今俊) : 고려 시대의 중. 여진(女眞)의 아지고촌(阿只古村)에 들어가 금나라 황실의 조상이 되었다고 한다.

173) 영천현(靈川縣) : 경상북도 고령군(高靈郡)의 옛 이름.

174) 縣西**二里許**, 有古藏. 俗**稱**錦林王陵.(『新增東國輿地勝覽, 卷二十九, 慶尙道, 高靈縣』)→**靈川**縣西, 有**太**古藏. 俗**傳大伽倻國**錦林王陵.(『松南雜識』)

수로왕릉
首露王陵

전답 삼십 경(頃)으로 왕릉의 제사 비용에 충당하였다. 신라 말에 장군 충지(忠至)[175]가 금관(金官)을 진압하자 영규(英規)라는 자가 장군의 위세를 빌려 수로왕릉(首露王陵)의 묘향(廟享)을 빼앗으니, 사당의 대들보가 영규의 정수리에 떨어져 마침내 죽었다. 충지가 두려워하며 수로왕의 진영(眞影)을 그려 집 벽에 모시고 제사를 지내자 사흘 만에 진영(眞影)이 피 눈물 한 말을 흘렸다. 또 도적이 오자, 길이가 삼십여 자나 되고 안광이 번개처럼 번득이는 구렁이가 나타나 아홉 사람을 물어 죽였다.[176]
『동국여지승람(東國輿地勝覽)』에서 말하였다.

도적떼가 왕릉에는 보물이 많다고 여겨 도굴하려 했는데, 갑옷을 입은 용맹한 장사가 왕릉에서 나와 여덟 명을 쏘아 죽이니 도적이 놀라 흩어졌다. 또 양전사(量田使)[177]가 왕릉의 전답을 백성에게 주려 하자, 칠팔 명의 신인(神人)이 칼을 들고 나타나는 꿈을 꾸고는 바로 죽었다.[178]

---

175) 충지(忠至) : 신라 말기의 지방 호족. 잡간(迊干)의 관등으로서 금관고성(金官高城)을 공격하여 취하고 성주장군(城主將軍)이 되었다.

176) 田三十頃, 以充**春秋**祭祀**之費**. **新**羅季, 將軍忠至, 鎭金官**城**, 有英規者, 假威於將軍, 奪廟饗**而致告**, 祠堂梁折墮於英規頂, 遂斃焉. 忠至懼, 畵王眞, 安於屋壁, **朝夕**以祀, **及**三日, 影流血淚, **貯於地**, **幾**一斗. **忠至懼而焚之**, …… **數日後**來, 有蟒長三十餘尺, 眼**光**如電, **自陵傍而出**, 咬殺九人.(『新增東國輿地勝覽, 卷三十二, 慶尙道, 金海都護府』) → 田三十頃, 以充祭祀. 羅季將軍忠至, 鎭金官, 有英規者, 假威於將軍, 奪廟饗, 祠堂梁折墮於英規頂, 遂斃焉. 忠至懼, 畵王眞, 安於屋壁以祀, 三日, 影流血淚一斗. **又盜**來, 有蟒長三十餘尺, 眼如電, 咬殺九人.(『松南雜識』)

177) 양전사(量田使) : 양전하는 일을 감시하기 위하여 지방에 파견하는 임시 벼슬. 또는 그 벼슬아치.

178) **後有**群盜, 謂陵**中**必**藏金銀**寶**器**, 欲發**塚**, **有**猛士被甲, **從**陵中出, 射**之**, **中**殺八人. 盜驚**走**. **淳化二年**, 量田使**趙文善**, **將**以陵田, **減其半**屬**于**民. **其夕**夢神人七八, 操劒**而至云**, **爾有大憝**, **故欲斬耳**. **文善驚覺得疾**, **宵遁**死**于道傍**.(『新增東國輿地勝覽, 卷三十二, 慶尙道, 金海都護府』) → 群盜謂陵**有**必寶**物**, 欲發**之**, 猛士被甲, **自**陵中出,

호강왕릉
虎康王陵

성호(星湖) 이익(李瀷)이 말하였다.

『고려사』에서 "충숙왕(忠肅王) 16년에 도둑이 금마군(金馬郡)에 있는 마한(馬韓)의 조종(祖宗) 무강왕(武康王)의 무덤을 도굴했다"라고 하였다.

『동국여지승람(東國輿地勝覽)』에서 "호강왕(虎康王)이 이미 인심을 얻고 마한국을 세우고 선화부인(善花夫人)과 사자사(獅子寺)에 행차했다"라고 하였다. 또 "쌍릉(雙陵)이 오금사(五金寺) 봉우리 서쪽에 있으니, 왕과 왕비의 무덤이다"라고 하였다. 어떤 사람은 "백제 무왕(武王)의 무덤을 세상에서 영통대왕릉(永通大王陵)이라 부른다"라고 하였는데, 이 말은 근거가 없다. 고려 혜종(惠宗)의 이름이 '무(武)'였기 때문에 고려 사람들이 '무(武)'자를 기휘하여 '호(虎)'라고 하였으니, 무제(武帝)를 호제(虎帝)라 한 것과 같다.[179]

호분(虎賁)[180]을 무분(武賁)이라 한다.

射殺八人. 盜驚**散**. **又**量田使**欲**以陵田屬民. 夢神人七八操劒, **使卽**死.(『松南雜識』)

179) **按**麗史, 忠肅王五十六年. 盜發金馬郡**馬**韓祖**虎**康王墓. **此不但有其名, 亦有謚矣**. 輿**地勝**覽云, **世傳**, **武**康王, 旣得人心, 立國馬韓, 與善花夫人, 幸獅子寺. 又云雙陵, 在五金寺峯西**數百步後朝鮮武康**王及妃陵也. 或云, 百濟武王, 俗號永通大王陵. 其說不根. 高麗惠宗, 名武, 麗人諱武爲虎, 如武帝爲虎帝, **是也**.(『星湖僿說, 卷二十, 經史門, 虎康王』) → 麗史, 忠肅王五十六年. 盜發金馬郡, 韓祖**武**康王墓. 輿覽云, **虎**康王, 旣得人心, 立國馬韓, 與善花夫人, 幸獅子寺. 又云, 雙陵在五金寺峯西, 王及妃陵也. 或云, 百濟武王, 俗號永通大王陵. 其說不根. 高麗惠宗名武, 麗人諱武爲虎, 如武帝爲虎帝.(『松南雜識』)

180) 호분(虎賁) : '호분순위사(虎賁巡衛司)'의 준말. 조선 태조 때 중앙의 군사조직의 하나인 비순위(備巡衛)를 고친 이름.

사릉

蛇陵

고기(古記)에서 말하였다.

신라의 시조 혁거세(赫居世)가 죽자 온 몸이 조각나 땅에 떨어졌다. 나라 사람들이 모아서 장사 지내려고 했지만 뱀의 재앙 때문에 따로 장사 지내고 '사릉(蛇陵)'이라 불렀다. 또 '오릉(五陵)'이라고도 한다.[181)]

진주묘

眞珠墓

항상 기린마(麒麟馬)를 타고 천상에 일을 주달(奏達)하였는데, 마흔 살이 되자 마침내 하늘로 올라가서 돌아오지 않았다. 태자가 남기고 간 옥채찍을 용산에 장사 지내고 시호를 동명성왕(東明聖王)이라고 하였다.[182)]

고구려 동명성왕(東明聖王) 주몽(朱蒙)의 왕릉이 중화(中和)[183)] 용산(龍山)에 있는데, 세상에서 진주묘(眞珠墓)라고 한다.[184)]

---

181) **世傳**, **王升天七日後**, 五體散落于地. 國人欲合而葬, 因蛇妖, 各葬**之**. 遂號五陵, 亦曰蛇陵.(『新增東國輿地勝覽, 卷二十一, 慶尙道, 慶州府)』) → **古記曰**, **羅始祖赫居世薨**. 五體散落于地. 國人欲合而葬**之**, 因蛇妖, 各葬. 遂號蛇陵, 亦曰**五**陵.(『松南雜識』)

182) 常乘麒麟馬, 奏事天上, 年至四十, 遂昇天不返. 太子以所遺玉鞭, 葬於龍山, 號東明聖王.(『新增東國輿地勝覽, 卷五十二, 平安道, 中和郡』)

183) 중화(中和) : 평안남도 남쪽에 위치한 지역 이름.

184) 在龍山, 俗好眞珠廟.(『新增東國輿地勝覽, 卷五十二, 平安道, 中和郡』) → **高句麗東明王朱蒙陵**, 在**中和**龍山, 俗好眞珠廟.(『松南雜識』)

에분성

恚憤城

인천(仁川) 문학산(文鶴山)에 성(城)이 있는데, 세상에 전하기를 "비류왕(沸流王)[185] 미추홀(彌鄒忽)이 도읍한 곳이다. 왕이 분노에 차 죽었기 때문에 그 성을 에분성(恚憤城)이라 이름했다"라고 하였다. 성의 남쪽 십 리 바닷가 들판에 큰 무덤이 있으니, 미추홀묘(彌鄒忽墓)라고 한다.

죽장릉

竹長陵

신라 역사에서 말하였다.

이서고국(伊西古國)[186]은 지금의 청도(淸道)이다. 경주(慶州 : 金城)를 공격할 때 신라가 방어했으나 이길 수 없었다. 갑자기 많은 수의 기이한 병사가 왔는데, 그들은 모두 댓잎으로 귀고리를 하고 신라군을 도와 이서고국을 격파하고는 사라져 버렸다. 어떤 사람이 댓잎이 미추왕릉(味鄒王陵)[187] 앞에 쌓인 것을 보았다고 하였기에, 죽장릉(竹長陵)이라 불렀다.[188]

---

185) 비류왕(沸流王) : 주몽(朱蒙)의 아들로 미추홀(彌鄒忽)에서 일어난 백제의 건국 시조 '피류(避流)'라고도 한다.

186) 이서고국(伊西古國) : 지금의 경상북도 청도군 이서면에 있었던 것으로 추정되는 삼한 소국(小國)의 하나.

187) 미추왕릉(味鄒王陵) : 경주 황남동에 있는 신라 제13대 미추이사금의 능. 죽장릉(竹長陵)・죽현릉(竹現陵)으로 불리기도 한다.

188) 伊西古國**來**攻金城, **我大擧兵防**禦不能**讓之**. 忽有異兵**來**, **其數不可能紀**, **人**皆珥竹葉, **與我**軍**同擊賊**破之. **後**不知所歸. 或見竹葉**數萬**, 積於竹長陵.(『三國史記, 卷二, 新羅本紀, 第二, 儒禮尼師今』)→伊西古國, **今淸道也**. 攻金城, **羅**禦**之**, 不能**克**. 忽有異兵**大至**, 皆珥竹葉, **助羅**軍破之. 不知所歸. 或見竹葉積於**味鄒王陵前**, **因號**竹長陵.(『松南雜識』)

시원
柴原

고구려 역사에서 말하였다.

동천왕(東川王)[189]이 죽자 백성들이 몹시 슬퍼하였고 근신(近臣) 중에는 묘소에 이르러 순사(殉死)한 자들이 매우 많았는데, 사람들이 섶을 베어 그들의 시체를 덮었기에, 그 곳을 시원(柴原)이라고 했다.[190]

온혜릉
溫鞋陵

『택리지(擇里志)』에서 말하였다.

일찍이 대정리(大井里)의 옛 사당에 있는 온성왕후(溫成王后)의 소상(塑像)과 창릉(昌陵)의 토성(土城)을 보고 항상 이상하게 여겨 말하였다.

"용녀에 대한 이야기가 허구이고 진실이 아니라면 유적이 오히려 너무 뚜렷하고, 진실이고 허구가 아니라면 자못 제(齊)나라 동쪽 촌사람의 말[191]과 같으니, 그 누가 믿겠는가?"[192]

---

189) 동천왕(東川王) : 고구려의 제11대 왕(209～248). 이름은 우위거(憂位居). 산상왕(山上王)의 아들. 즉위 후 위(魏)나라와의 친선을 도모하여 공손연(公孫淵)을 함께 토벌했다. 후에 위나라를 공격하다가 관구검(毌丘儉)의 침략을 받자 동황성(東黃城)으로 도읍을 옮겼다.

190) **九月**王薨, **葬於柴原**. **號曰**東川**王**. 國人**懷其恩德**, **莫不**哀傷. 近臣**欲自殺以殉者衆**, **嗣王以爲非禮**, **禁之**. **至葬日**, 至墓所殉者, **甚多**. 國人伐柴以覆其屍, **遂**名其地, 曰柴原.(『三國史記, 卷十七, 高句麗本紀, 第五, 東川王』)→東川王**之**薨, 國人哀傷. 近臣至墓所殉者衆. 國人伐柴以覆其屍, 名其地, 曰柴原.(『松南雜識』)

191) 제나라 동부 지방 사람들은 어리석어 그들의 이야기는 믿을 수 없다는 데서 유래한 말.

192) **余**嘗見大井里故祠溫成后塑像與昌陵土城, 每詫異曰, 以爲虛而非眞, 則遺跡尙斑斑也, 以爲實而非僞, 則殆**近**齊東之語.(『擇里志, 八道總論, 京畿』)→嘗見大井里故

용녀(龍女)가 제건(帝建)[193]이 약속을 지키지 않자 딸을 데리고 바다로 돌아갔기에 남기고 간 신발로 장사 지내고 온혜릉(溫鞋陵)이라 하였다.

건원릉
健元陵

조선 태조(太祖)의 왕릉이다. 왕릉 위에는 갈대로 떼를 입혔으니, 옛 땅을 잊지 않으려 함이다. 세상에서 "함흥(咸興) 옛 집에서 동릉(東陵)[194]까지 천리 길에서 갈대를 채취하고 손에서 손으로 전하여 하루 안에 도착했다"라고 하였다.

야사(野史)에서 "우리나라 구례(舊例)에 능침(陵寢)[195]은 초하루와 보름에 제사를 올리는데, 선조 신묘년(1591) 초하루 제사 때 능 안에서 탄식하는 소리가 나서 제관(祭官)이 두려워 예(禮)를 잃은 적이 있었다. 임진년(1592) 4월 초하루에는 그 소리가 매우 우렁차면서도 컸다. 왜적이 와서 도굴하려고 할 때, 능 안에서 천둥처럼 발끈 노한 소리가 들려 왜적이 두려워 중지하였다"라고 하였다.

고구려 역사에 "연(燕)나라의 모용외(慕容廆)[196]가 침입하여 서천왕릉(西川王陵)을 파헤치려 하자, 도굴하던 자들이 갑자기 죽었다. 무덤 안에서

祠溫成后塑像與昌陵土城, 每詫異曰, 以爲虛而非眞, 則遺跡尙斑斑也, 以爲實而非僞, 則殆**同**齊東之語.(『松南雜識』)

193) 제건(帝建) : 작제건(作帝建). 고려 태조 왕건(王建)의 할아버지. 태조 2년(919)에 추존하여 의조경강대왕(懿祖景江大王)이란 시호를 올렸다.

194) 동릉(東陵) : 동구릉(東九陵). 경기도 구리시 동구동에 있는 조선 시대의 능으로, 9릉 17위의 왕과 왕비, 후비 등을 안장한 왕릉군(王陵群)이다. 기록에 따르면 태조가 죽은 뒤 태종의 명을 받아 서울 가까운 곳에서 길지(吉地)를 물색하다가 김인귀(金仁貴)의 추천으로 하륜(河崙)이 양주검엄(楊州儉嚴)에 나가 보고 능지로 정했다고 한다.

195) 능침(陵寢) : 능(陵)을 달리 이르는 말.

196) 모용외(慕容廆) : 중국 5호 16국 시대 전연(前燕)의 시조. 고구려 봉상왕(烽上王) 때 두 차례에 걸쳐 침입했다.

음악 소리가 들리자 귀신이 있다고 두려워하여 바로 물러났다"[197]라고 하였다.

「양산숙전(梁山璹傳)」에서 말하였다.

왜적이 여러 왕릉을 도굴하여 보물을 찾으려 하자 양산숙[198]이 비단과 폐물을 보내어 유인하고 역관 주계강(朱繼康)을 시켜 「국조오례의(國朝五禮儀)」[199]를 보이며 우리나라는 보옥(寶玉)을 같이 묻지 않는다고 밝히자, 왜적이 그만두었다.[200]

영릉
英陵

조선 세종(世宗)의 왕릉이다.

『택리지』에서 말하였다.

땅을 팔 때 옛날 표석(標石)을 얻었는데, "마땅히 동방의 성인(聖人)

197) 慕容廆來侵, **至古國原見**西川王**墓**, **使人發之**, 役者, **有**暴死**者**. **亦聞**壙內有樂聲, 恐有神, 乃**引**退.(『三國史記, 卷十五, 高句麗本紀, 第五, 烽上王』)→**燕**慕容廆來侵, **發**西川王**塚**, 役者暴死. 壙內有樂聲, 恐有神, 乃退.(『松南雜識』)

198) 양산숙(梁山璹) : 조선 중기의 의병장(1561~1593). 자는 회원(會元). 성혼(成渾)의 문하에서 수학했으며, 경서 공부에만 전념했다. 임진왜란 때 형 산룡(山龍)과 함께 나주에서 의병을 일으켜 여러 차례 공을 세워 좌승지에 추증되었으며, 시호는 충민(忠愍)이다.

199) 국조오례의(國朝五禮儀) : 조선 시대에 세종의 명으로 허주(許稠) 등이 편찬에 착수하고, 세조 때 강희맹 등을 거쳐 신숙주, 정척 등이 완성한 예서. 길례(吉禮)·가례(嘉禮)·빈례(賓禮)·군례(軍禮)·흉례(凶禮)의 오례 가운데 실행해야 할 것을 뽑아 도식(圖式)으로 엮었다. 성종 5년(1474)에 간행되었다. 8권 8책.

200) **賊酋**將發諸陵, 索寶玉, 山璹送銀幣餌之, 且使繼康**等**, 示五禮儀, 以驗本朝不殉寶玉, 賊乃止.(『楓皐集, 卷十五, 梁山璹傳』)→**倭**將發諸陵, 索寶玉, 山璹送銀幣餌之, 且使**譯官朱**繼康, 示五禮儀, 以驗本朝不殉寶玉, 賊乃止.(『松南雜識』)

을 장사지낼 곳이다[當葬東方聖人]"라고 새겨져 있었다. 술사(術士)가 말하기를 "회룡(回龍)의 형세에 남쪽을 바라보고 서북방 물이 정동방으로 흘러 들어가니, 여러 왕릉 가운데 제일이다"라고 하였다.[201]

김후직의 무덤
金后稷墓

『삼국사기』에서 말하였다.

진평왕(眞平王)[202]이 사냥을 좋아하여, 김후직이 간언해도 듣지 않았다. 김후직이 병들어 죽을 때 그 아들에게 말하였다.

"나는 생전에 임금을 바로잡을 수 없었지만, 죽어서는 임금을 깨우칠 수 있을 것이다. 나를 왕이 사냥 다니는 길 옆에 매장하라."

아들이 그 유언대로 하였다. 왕이 출행하니 길에서 "왕께서는 가지 마십시오"라는 소리가 나는 듯 했다. 왕이 물으니 따르는 자가 대답하였다. "소리가 후직의 무덤에서 나왔습니다."

왕이 눈물을 흘리며 "나를 깊이 사랑하는구나"라고 말하고 마침내 다시 사냥하지 않았다.[203]

---

201) 開土時, 得古標石, 刻曰, 當葬東方聖人. 術士, **言**回龍**子坐**, 申水入辰, 爲諸陵中第一云.(『擇里志, 京畿』) → 開土時, 得古標石, 刻曰, 當葬東方聖人. 術士**云**, 回龍**坐子**, 申水入辰, 爲諸陵中第一云.(『松南雜識』)

202) 진평왕(眞平王) : 신라 제26대 왕(?~632). 성은 김(金). 이름은 백정(白淨). 수나라와 친교를 맺고 불교의 진흥을 꾀했다. 609년에 수나라의 도움을 받아 고구려를 원정하였고, 당나라가 선 뒤에도 계속 친교를 맺어 고구려를 견제했다. 재위 기간은 579~632년.

203) **大**王好**田**獵, 后稷諫**曰**, …… **王不從**. **又切諫**不**見**聽. **後后稷疾**病**將**死, 謂其**三**子曰, 吾**爲人臣**, 生不能匡**救**君, **君惡恐大**, **王遊娛不已**, **以至於亡敗**, **是吾所憂也**. **雖**死**必思**有以悟君, **須瘗吾骨**於**大**王遊畋路側. 子**等**, **皆**從之. **他日**, 王出**行**, **半**路, 有**遠**聲, 若**曰莫**去王. 王**顧**問**聲何從來**. 從者**告云**, **彼**后稷**伊湌之**墓**也**. **遂陳后稷臨死之言**, **大**王**潛然**流涕曰, **夫子忠諫死而不忘其**愛我**也**. 深**矣**, **若終不瞰其何顏於幽明之間耶**.

옛날에는 시체가 되어 간언(尸諫)[204]한 일이 있는데, 지금은 무덤에 묻혀 간언한 사람이 있다.

김유신의 무덤
金庾信墓

신라 혜공왕(惠恭王)[205] 때 김유신의 묘에서 회오리바람이 갑자기 일어나 시조의 왕릉에 이르렀다. 흙먼지가 어둑한 가운데 슬프게 곡하는 듯한 소리가 들리자 왕이 두려워서 제사를 지내고 사과하였다.

만리창[206]의 무덤
萬里倉墓

세상에 다음과 같은 이야기가 전한다.

조선 초, 만리동(萬里洞) 고개에 창고 터를 다질 때 오래된 무덤에서 백골(白骨)이 나왔다. 그 지석(誌石)에 "나를 장사 지낸지 천년 뒤에 강물

遂**終身**不復獵.(『三國史記, 卷四十五, 列傳, 第五, 金后稷』)→**眞平**王好獵, 后稷諫, 不聽. **及**病死, 謂其子曰, 吾生不能匡君, 死有以悟君, **埋我**於王所遊畋路側. **其**子從之. 王出, **中**路, 有聲, 若**有言**王**無**去. 王問**之**. 從者**曰**, 后稷墓**出**. 王流涕曰, 愛我深, 遂不復獵.(『松南雜識』)

204) 시간(尸諫) : 위(衛)나라의 영공(靈公)이 거백옥(蘧伯玉)을 쓰지 않고 미자하(彌子瑕)를 등용하자 대부인 사어(史魚)가 죽을 무렵에 그 아들에게 명하여 자신의 시신을 정당(正堂)에 두지 말고 실(室)에 둔 뒤 임금이 문상을 와서 그 까닭을 물으면 "신하가 되어 살아서 어진 사람을 나오게 하고 불초한 사람을 물리치지 못했으니, 죽어서 마땅히 정당(正堂)에서 치상(治喪)할 수 없습니다"라고 말하도록 시켰다. 문상을 온 영공이 그 말을 듣고 마침내 거백옥을 등용하고 미자하를 물리쳤다.(『韓詩外傳, 卷七』)

205) 혜공왕(惠恭王) : 신라의 제36대 왕(758~780). 성은 김(金). 이름은 건운(乾運). 재위 중 천재지변이 자주 일어나 민심이 흉흉하였으나 사치와 방탕을 일삼고 국사를 돌보지 않다가, 780년에 이찬 김지정의 난에 살해되었다. 재위 기간은 765~780년.

206) 만리창(萬里倉) : 창고 이름. 지금의 서울특별시 서대문구 만리동에 있었다.

이 무덤 앞까지 이르면 장차 이씨의 창고가 지어질 것이니, 나를 남산가에 이장하라"라고 적혀 있었다. 이것은 진(秦)나라 저리자(樗里子)의 무덤에 백년 뒤 한(漢)나라의 무기고가 지어진 일[207]과 꼭 같다.

목숙정승의 무덤
苜蓿政丞墓

지봉 이수광이 "무덤은 철원(鐵原)에 있다. 궁예(弓裔)의 재상 단기명(段起明)이 궁예의 무도(無道)함을 보고 벼슬하지 않고 호를 목숙헌(苜蓿軒)이라고 했다"[208]라고 하였다.

신태사묘
申太師墓

『춘천읍지(春川邑誌)』에서 "무덤은 춘천(春川)에 있는데 세 개의 봉분이 둥그렇게 되어 있다"라고 하였다.

세상에 다음과 같은 말이 전한다.

태사(太師) 신숭겸(申崇謙)[209]이 전투에서 죽었을 때 머리가 없자 왕이

---

207) 저리자(樗里子) : 진(秦)나라 혜왕(惠王)의 이복동생 질(疾)의 호(號). 저리자(樗里子)가 죽을 때, 백 년 뒤 자신의 무덤에 천자의 궁이 세워질 것이라고 예언했다. 위수(渭水) 남쪽의 장대(章臺) 동편에 그를 장사지냈는데, 과연 백년 뒤에 한나라의 장락궁(長樂宮)과 미앙궁(未央宮), 무고(武庫) 등이 그 무덤 주변에 들어섰던 일이 있다.(『史記, 樗里子甘茂列傳』)

208) 鐵原**有古冢, 相傳苜蓿政丞墓, 不知. 所謂金公鑊言, 嘗聞古老云,** 弓裔**宰**相段起明**者**, 見裔無道, **托疾**不仕, 號苜蓿軒. **蓋其墓也.**(『芝峯類說, 卷十九, 宮室部, 陵墓』) → **墓在**鐵原, **而**弓裔相段起明, 見裔無道, 不仕, 號苜蓿軒.(『松南雜識』)

209) 신숭겸(申崇謙) : 고려 시대의 개국 공신(?~927). 초명은 능산(能山). 평산(平山) 신씨의 시조로, 왕건을 추대하여 왕으로 세우고, 태조 10년 후백제군에게 포위되어 태조가 위급하게 되었을 때, 대장이 되어 원보(元甫) 김락(金樂)과 더불어 힘써 싸우다가 전사했다.

금으로 태사의 얼굴을 주조하여 몸과 합하여 장사 지냈는데, 사람들이 도굴할까 걱정하여 그 봉분을 세 개로 만들어 알지 못하게 했다. 어떤 사람은 아마도 부인을 합장했다고 생각하기도 한다. 제사하는 사람들은 가운데서 절하고 제사지내니, 소중히 여김을 알 수 있다.

남군보묘
南君甫墓

간이(簡易) 최립(崔岦)[210]의 문집에 본말이 자세히 기록되어 있다. 금가락지에 얽힌 이야기[211]는 대단히 신기하다.

호산묘
虎山墓

『순흥안씨보(順興安氏譜)』에서 말하였다.

안종약(安從約)이 밤에 오솔길을 가는데 큰 범이 입을 딱 벌리고 앞으로 다가왔다. 안종약이 "나를 해치려느냐?"라고 하자 머리를 가로 저었다.

---

210) 최립(崔岦) : 조선 중기의 문인(1539~1612). 자는 입지(立之), 호는 간이(簡易) · 동고(東皐). 가난한 집안에서 태어났지만 과거에 급제하고 여러 관직을 역임했다. 시부(詩賦) 및 역학(易學)에 정통했다. 저서로 『간이집』 · 『주역본의구결부설(周易本義口訣附說)』 등이 전한다.

211) 남군보(南君甫)의 묘는 원래 의령(宜寧) 관아 뒤에 있었는데, 세월이 오래되어 무덤은 폐허가 되어 위치를 알 수 없었다. 뒤에 관아를 다시 증축할 때 현감 황선시(黃瑄時)가 옛터 북쪽에 자리를 정하여 땅을 다지려 했다. 그때, 꿈에 어떤 신인이 나타나 남군보의 무덤자리를 말해주어 이장하고 관아를 지었다고 하는데, 당시 무덤에서 나온 물건이 금가락지 등 남군보의 물건이었다고 한다.(『간이집(簡易集)』)

"치료해 주기를 바라느냐?"라고 하자 머리를 끄덕였다. 손으로 아가리를 더듬어보니 은비녀가 가로질러 박혀 있기에, 즉시 뽑아주었다. 그 뒤 안종약을 장사 지낼 때 범이 홀연히 나타나 상여를 인도해 산으로 올라가 명당터를 발톱으로 표시하였다. 지금 백천(白川)[212]의 호산묘(虎山墓)라고 한다.

포은묘

圃隱墓

풍수가의 말에 포은(圃隱) 정몽주(鄭夢周)의 무덤과 태사(太師) 신숭겸(申崇謙)의 무덤과 유차달(柳車達)[213]의 무덤이 조선의 삼대 명당이라고 한다.

『택리지』에서 말하였다.

무덤이 지금 용인(龍仁)에 있다. 조선에서 영의정으로 추증하여 비석을 세웠을 때 벼락이 쳐 바로 부서지자, 고려 문하시중(門下侍中)이라 고쳐 썼다. 지금까지도 남아있으니, 충성스럽고 굳센 혼백이 없어지지 않음을 볼 수 있다.[214]

212) 백천(白川) : 황해도 연백지역의 옛 지명.

213) 유차달(柳車達) : 문화 유씨(文化柳氏)의 시조. 고려 태조가 남정(南征)할 때 유차달이 거마(車馬)를 많이 내어 군량을 원할하게 하자, 대승(大丞) 벼슬을 봉하고, 삼한 공신(三韓功臣)의 호를 주었다.

214) 本朝**追**贈以本朝職**啣議政府**領議政, 立碑龍仁墓**前**, 卽電**擊**碎**之**, **鄭氏子孫請**改書高麗門下侍中**職名**, **而**至今**無事**, 可見忠魂毅魄之**死後**不泯**也**.(『擇里志, 八道總論, 京畿』) → 墓在龍仁, 而本朝贈職領議政立碑, 電卽**轟**碎, 改書高麗門下侍中, 至今**尙存**, 可見忠魂毅魄之不泯.(『松南雜識』)

적분
赤墳

『고려사』에서 말하였다.

최영(崔瑩)이 참형(斬刑) 당할 때 "내 평생 탐욕스런 마음이 있었다면 무덤 위에 풀이 날 것이고, 그렇지 않으면 풀이 나지 않을 것이다"라고 하였다.

지금 무덤이 고양(高陽)에 있는데, 벌건 민둥무덤이어서 '적분(赤墳)'이라고 한다.[215]

이것은 왕소군(王昭君)[216]의 '청총(青塚)'[217]과는 같으면서도 다르다.

세 명의 장군을 이장하다
移三將軍葬

오음(梧陰) 윤두수(尹斗壽)[218]가 성남(城南) 야동(冶洞)의 흉가를 빌려 살 때였다. 문득 음산히 비 내리는 밤에 세 명의 장군이 각각 그 머리를 가

---

215) **慵齋叢話云**, 瑩臨刑曰, 我平生, 若有貪慾之心, 則墓上生草, 不然則不生**矣**. **墓至今**禿赭, **人**謂之赤墳**云**. **墓**在今高陽郡東十里大慈山.(『東史綱目, 第十七, 上』) → **麗史崔**瑩臨刑曰, 我平生, 若有貪慾之心, 則墓上生草, 不然則不生**草**. 今在高陽**而**禿赭, 謂之赤墳.(『松南雜識』)

216) 왕소군(王昭君) : 한(漢)나라 원제(元帝)의 궁녀인 왕장(王嬙)의 자이다. 흉노의 호한야선우(呼韓邪單于)에게 시집가서 평생 고국을 그리워했다.

217) 청총(青塚) : 중국 풍주(豐州) 서쪽 60리 지점에 있는 왕소군의 무덤. 다른 무덤에 풀이 없는 것과 달리 푸른 풀이 돋았다 하여 붙여진 이름.(『山堂肆考』)

218) 윤두수(尹斗壽) : 조선 중기의 문신(1533~1601). 자는 자앙(子茳), 호는 오음(梧陰), 시호는 문정(文靖). 이황의 문인으로, 1558년 식년 문과에 을과로 급제해 승문원에 들어간 다음, 검열(檢閱) · 정자(正字) · 저작(著作)을 역임했다. 저서로는 『오음유고』 · 『기자지(箕子誌)』 등이 있다.

지고 대청 마루 위로 나타나 앞에 서서 말했다.

"이 몸은 옛날 고려조의 장군이다. 이곳에서 전사하여 이 대청 마루 아래에 묻혔기에 원통함을 호소하려고 하면 주인이 놀라 바로 죽었기 때문에 흉가라 불려진다."

아침에 오음(梧陰)이 대청 마루 아래를 파보자 세 개의 두골(頭骨)이 주춧돌에 깔려 있었기에, 바로 이장하고 고유문(告諭文)를 지었다.

그날 밤 꿈에 세 명의 장군이 오음을 위하여 가묘(家廟) 터를 점지해 주었다. 이런 이유로 자손이 번창했다고 한다.

『소상록(瀟湘錄)』[219]에서 말하였다.

> 낙양(洛陽)의 모영(牟穎)이 일찍이 한 구의 마른 해골을 장사 지내주었다. 꿈에 그가 사례하며 말하였다.
>
> "저는 본래 강도입니다. 공이 거두어 묻어주시니, 감격하여 공을 몰래 보호해 드리고 싶습니다. 공께서 위급한 일이 있으면 '적정자(赤丁子)'라고만 외치십시오."
>
> 후에 과연 그 말과 같았다.[220]

동고의 무덤
東皐墓

동고(東皐) 이준경(李浚慶)[221]이 "나의 신도비(神道碑)는 무덤 십리 밖에

---

219) 『松南雜識』에는 '北戶錄'으로 되어 있음.

220) 洛陽牟穎, **郊外**葬一**骷髏**. 夢**一人來**謝云, 我本强寇, **爲同輩見害**. 感公掩藏, 願陰護. 公**若**有急, 但呼赤丁子, **卽至矣**. 後**數**有**應**驗.(『類說, 卷十三, 瀟湘錄, 赤丁子』)→ 洛陽牟穎, **曾**葬一**枯骨**. 夢謝云, 我本强寇, 感公掩藏, 願陰護. 公有急, 但呼赤丁子. 後有驗.(『松南雜識』)

221) 이준경(李浚慶) : 조선 중기의 문신(1499~1572). 자는 원길(原吉), 호는 동고(東皐)・남당(南堂), 시호는 충정(忠正). 1555년 을묘왜란 때 전라도 도순찰사로 출정해 왜적을

세우라"라고 유언하였다.

임진왜란 때 왜적이 동고를 대단히 원망하여 무덤을 파헤쳐 모욕하려고 신도비 근처의 무덤을 모두 파헤쳤지만 끝내 찾지 못했다고 한다. 아마도 의총(疑塚)[222]의 의도인 듯하다. 경기도 양근(楊根)[223]에 있다.

제말의 무덤
諸沫墓

연암(燕巖) 박지원(朴趾源)이 말하였다.

제말(諸沫)[224]은 본래 고성현(固城縣)의 백성으로 임진왜란 때 의병을 일으켜 성주(星州) 목사(牧使)가 되었다. 죽은 뒤 달 밝은 밤에 대나무 사이에 나타나 스스로 읊조리기를,

산은 길고 길어 구름과 함께 가고 山長雲共去
하늘은 멀고 멀어 달도 같이 외롭다 天逈月同孤

라고 하였다. 또, "무덤은 칠원(漆原)[225]에 있다"라고 하였다.[226]

격퇴했다. 1567년에는 원상(院相)으로 선조를 보좌했다. 저서로 『동고유고』·『조선풍속(朝鮮風俗)』 등이 있다.

222) 의총(疑塚) : 도굴을 방지하기 위하여 만든 무덤.

223) 양근(楊根) : 경기도 양평 지역의 옛 이름.

224) 제말(諸沫) : 조선 중기의 의병장(?~1592). 제씨의 시조. 고성(固城) 출신. 시호는 충의(忠毅). 임진왜란 때 의병을 일으켜 웅천(熊川)·김해·정암(鼎巖) 등지에서 대승했다. 곽재우(郭再祐)와 함께 조정에 알려져 성주목사에 임명되었지만 그 뒤 전사했다. 정조 때 병조판서에 추증되었다.

225) 칠원(漆原) : 경상남도 함안군 고창 지역의 옛 이름.

226) 從篁竹間拂髯而來曰, 我本州舊牧使諸沫也. 本固城縣民. 當壬辰之亂, 起兵討賊, 朝廷特除星州牧使. 自吟曰, 山長雲共去, 天逈月同孤. 又言其墓在於漆原, 无子孫頹無不治云.(『熱河日記, 避暑錄』) → 諸沫, 本固城縣民. 當壬亂起義爲星牧. 死後月夜,

칠백의사총
七百義士塚

『명사(明史)』에서 "임진왜란 때 조헌(趙憲)[227]이 의병 칠백 명을 이끌고 금산(錦山)에서 왜적을 공격하다가 힘이 다하여 죽었는데 물러나거나 달아나는 사람이 한 명도 없었다. 그 싸움터에 봉분을 하고 '七百義士塚(칠백의사총)'이라는 표석(表石)을 세웠다"라고 하였다.

살펴보건대, 『당사(唐史)』에서 "유창(劉昌)이 경원(涇原)에 장수와 사졸의 해골을 묻었는데, 대장의 무덤을 '정의총(旌義塚)'이라 하고 사졸의 무덤을 '회충총(懷忠塚)'이라고 한다"[228]라고 하였다.

반낭묘
鞶囊墓

『삼학사전(三學士傳)』[229]에서 "병자호란 때 청나라 사람들이 화친(和親)을 배척한 신하로 홍익한(洪翼漢)·오달제(吳達濟)·윤집(尹集)[230]을 붙

出篁竹間, 自吟曰, 山長雲共去, 天逈月同孤. 又自言墓在漆原云.(『松南雜識』)

227) 조헌(趙憲) : 조선 선조 때의 문신·의병장·학자(1544~1592). 자는 여식(汝式), 호는 중봉(重峯)·도원(陶原)·후율(後栗). 이이(李珥)의 문인으로 기발이승 일도설(氣發理乘一途說)을 지지하여 스승의 학문을 계승·발전시켰다. 임진왜란 때 옥천, 홍성 등지에서 의병을 일으켜 활약하였으나 금산에서 7백 의병과 함께 전사했다. 저서에 『중봉집』이 있으며, 『청구영언』에 시조 세 수가 전한다.

228) 昌**初至平涼**, **劫盟之**, **所收聚亡歿**將士骸骨, **坎瘞之**, …… 大將曰旌義塚, 將士曰懷忠塚.(『舊唐書, 卷一百五十二, 列傳, 第一百二, 劉昌』) → **劉昌瘞涇原**將士骸骨, 大將曰旌義塚, 將士曰懷忠塚.(『松南雜識』)

229) 삼학사전(三學士傳) : 현종 12년(1671)에 송시열이 병자호란 때 척화론을 주장하다가 심양(瀋陽)에 잡혀가서 죽은 홍익한(洪翼漢)·윤집(尹集)·오달제(吳達濟)의 행적과 언론을 기록한 전기.

230) 홍익한(洪翼漢)은 조선 인조 때의 충신(1586~1637). 자는 백승(伯升), 호는 화포(花浦). 오달제(吳達濟)는 조선 인조 때의 충신(1609~1637). 자는 계휘(季輝), 호는 추담(秋潭). 윤집(尹集)은 조선 인조 때의 충신(1606~1637). 자는 성백(成伯), 호는 임계(林溪).

잡아 갔다"231)라고 하였으니, 이들을 '삼학사(三學士)'라고 한다. 모두 절개를 지키다 죽고 시신이 송환되지 못하였는데, 오 학사(吳學士)의 하인이 가죽주머니(鞶囊)를 얻어 돌아와 장사 지냈으므로 '반낭묘(鞶囊墓)'라고 한다.

약천이 남긴 훈계
藥泉遺戒

약천(藥泉) 남구만(南九萬)232)이 자손들에게 "내가 산릉도감(山陵都監)233)에 있을 때 옛 무덤을 여러 번 파보았다. 관이 물에 잠겨있거나 불에 탔어도 그 집안이 부귀한 경우도 있었고, 관에 운화(雲花)가 나도 그 후손이 곤궁하고 굶주리는 경우도 있었으니 알 수 없는 것이 땅의 이치이다. 우리 가문의 친족들은 선영(先塋)을 동그랗게 모으고, 다만 비석을 세워 표시하였다. 그래서 유독 새로 묘자리를 차지하려고 소송을 일으키는 폐단은 없었다고 한다"라고 훈계하니, 오리(梧里) 이원익(李元翼)234) 가문의 훈계와 같다.

---

231) **賊要**斥和臣**以甘心**, …… **廟堂議**, **以公及**尹**公**集, 吳**公**達濟**應副**.(『宋子大全, 卷二百十三, 三學士傳』) → **丙亂**, **清人執**斥和臣**洪翼漢**, 吳達濟, 尹集**而去**.(『松南雜識』)

232) 남구만(南九萬) : 조선 시대의 문신(1629~1711). 자는 운로(雲路), 호는 약천(藥泉). 효종 7년(1656) 문과에 급제하고 우의정 · 좌의정 · 영의정을 지냈으며, 소론(少論)의 거두로 활약했다. 문사(文詞)와 서화(書畵)에 뛰어났으며, 저서에 『약천집』이 있다.

233) 산릉도감(山陵都監) : 조선 시대 왕과 왕비의 능침의 조성을 관장했던 임시 관서. 고려말~조선 초기는 조묘도감(造墓都監)이라 불렀으나, 세종 1년(1419) 정종의 국상 때부터 산릉도감으로 호칭했다. 산릉도감은 왕이나 왕비의 사망 직후 조직되어 장례가 끝나고 능침과 그 부대시설이 완성될 때까지 약 5~6개월간 존속했다.

234) 이원익(李元翼) : 조선 중기의 명신(1547~1634). 자는 공려(公勵), 호는 오리(梧里). 1569년 문과에 급제하여 우의정 · 영의정을 지냈다. 임진왜란 때 대동강 서쪽을 잘 방어하여 호성 공신(扈聖功臣)이 되었으며 대동법을 시행하여 공부(貢賦)를 단일화했다. 저서에 『오리집』 · 『오리일기』가 있다.

동분이장
同墳異葬

옛날에 합장할 때에는 먼저 장사 지낸 관을 열어서 합장하였다. 후한 때의 번중(樊重)[235]이 처음으로 먼저 장사지낸 관 곁에 묘 구덩이를 파고 장사지냈다.[236] 이것을 '동분이장(同墳異葬)'이라고 하니, "죽으면 같이 묻히리라"[237]라는 뜻에 어긋나지 않고, 예(禮) 또한 그러하다.

마렵봉과 토만봉
馬鬣土饅

『예기(禮記), 단궁(檀弓)』에서 말하였다.

공자의 상사(喪事)에 자하가 말하였다.

공자께서 "나는 봉분을 당(堂)처럼 쌓는 것을 보았고, 제방(堤防)처럼 쌓는 것을 보았으며, 하옥(夏屋)[238]의 지붕을 덮는 것처럼 쌓는 것을 보았으며, 도끼 모양[239]으로 쌓는 것을 보았다"라고 말씀하셨습니다. 도끼 모양의 봉분을 마렵봉(馬鬣封)[240]이라고 부릅니다.[241]

---

235) 번중(樊重) : 후한의 관료인 번굉(樊宏)의 아버지.

236) 遺勅薄葬, 一無所用以爲棺柩, 一臧不宜復見如有腐敗傷孝子之心. 使與夫人, 同墳異臧.(『後漢書, 卷六十二, 樊陰列傳, 第二十二, 樊宏傳』)→漢樊重, 始穿先葬之傍一壙而葬焉.(『松南雜識』)

237) 死則同穴.(『詩經, 王風, 大車』)

238) 하옥(夏屋) : 문간의 행랑인데 넓으면서 낮은 집.

239) 아래는 넓고 위는 좁은 모양을 이름.

240) 마렵봉(馬鬣封) : 도끼 모양 봉분의 속칭. 말 갈기 부분이 도끼와 흡사해서 이름 붙였다.

241) 孔子之喪, **有自燕來觀者, 舍於子夏氏**. 子夏曰, **聖人之葬人, 與人之葬聖人也, 子何觀焉. 昔者夫子言之曰**, 吾見封之若堂者矣, **見**若坊者矣, **見**若覆夏屋者矣, **見**若斧者矣. 從若斧者焉. 馬鬣封之謂也.(『禮記, 檀弓上』)→孔子之喪, 子夏曰, 吾見封之若堂者矣, 若坊者矣, 若覆夏屋者矣, 若斧者焉. 馬鬣封之謂也.(『松南雜識』)

옛 기록에서 "조간자(趙簡子)[242]의 무덤이 벼루처럼 생겨서 세상 사람들이 '연자총(硯子塚)'이라고 불렀다"[243]라고 하였다.

왕범지(王梵志)[244]의 시에,

흙만두는 성밖에 있지만	城外土饅頭
만두소는 성안에 있다네	餡茱在城裏
한 사람이 하나씩 먹으니	一人喫一個
맛없다고 혐의하지 마소	莫嫌沒滋味[245]

라고 하였으니, 대개 옛날과 지금의 무덤 모양이 다른가보다.

송나라 때의 당반(唐班)[246]의 「몽중작(夢中作)」 시에서,

무성한 풀에서 싸늘한 옥구슬을 몸소 수습하네	親拾寒瓊出幽草[247]

라고 하였으니, 대개 백골(白骨)을 비유한 듯하다.

---

242) 조간자(趙簡子) : 춘추 시대 진(晉)나라의 대부. 이름은 앙(鞅).

243) **歷陵縣西十里, 有十子岡寶山也, 而高大有冢如硯子**, 世謂**之**硯子**冢**, **是**趙簡子**冢也**(『淵鑑類函, 卷二十五, 地部三, 岡一』)→趙簡子塚, 形如硯, 世謂硯子**塚**.(『松南雜識』)

244) 왕범지(王梵志) : 수 · 당 시대의 문인 · 학자. 여양(黎陽) 출신. 시를 잘 지었고 불교의 이치에 정통했다.

245) 梵志詩云, 城外土饅頭, 餡茱在城裏, 一人喫一個, 莫嫌沒滋味.(『類說, 卷四十八, 墨客揮犀, 梵志詩』)

246) 『松南雜識』에는 唐班으로 되어 있음.
*『철경록(輟耕錄)』과 『송시기사(宋詩紀事)』에는 작자가 당반(唐班)으로 되어있고, 『송원시회(宋元詩會)』 및 임경희(林景熙)의 문집인 『霽山文集』에는 작가가 임경희로 되어있다.

247) 「몽중작사수(夢中作四首)」.

석인과 석마
石人馬

『한서(漢書), 곽거병전(霍去病傳)』에서 "무덤 앞에 석인(石人)과 석마(石馬)가 있다"[248]라고 하였는데, 지금의 양석(羊石)·마석(馬石)과 장군석(將軍石)이 이것이다.

『설부(說郛), 통미지(洞微志)』에 "개봉(開封) 주령공(周令公) 무덤 앞의 석인(石人)은 괴상한 짓을 하는데 사람들이 혹 그것과 마주치면 '노교서(魯校書)'·'석압아(石押衙)'라고 일컬었다"[249]라고 하였다. 지금 "석인이 나이를 많이 먹어 묘사(墓祀)의 제물(祭物)을 빼앗아 먹는다"라는 말이 여기에서 나온 듯하다.

청음(淸陰) 김상헌(金尙憲)[250]의 시에,

길 가 외로운 무덤 하나	路傍一孤塚
자손은 지금 어디에 있나	子孫今何處
오직 한 쌍의 돌사람만이	唯有雙石人
오래 지키며 떠나지 않네	長年守不去[251]

라고 하였다.

---

248) **爲冢象祁連山**. 〈**師古曰**, **在茂陵旁**, **冢上有竪石**, 冢前有石人馬**者**, **是也**.〉(『前漢書, 卷五十五, 霍去病傳, 第二十五』)→冢前有石人馬.(『松南雜識』)

249) 汴都**之南百餘里**, **有**周令公墓, **墓**前**一**石人, 能**爲**怪, 人或遇之, **多**稱魯校書, **或云**石押衙.(『說郛, 卷三十九下, 洞微志』)→汴都, 周令公墓前石人, 能**作**怪, 人或遇之, 稱魯校書石押衙.(『松南雜識』)

250) 김상헌(金尙憲) : 조선 중기의 문신(1570~1652). 자는 숙도(叔度), 호는 청음(淸陰)·석실산인(石室山人). 대제학·이조판서·예조판서·공조판서·병조판서를 지냈다. 저서에 『야인담록(野人談錄)』·『풍악문답(豐岳問答)』 등이 있다.

251) 「노방총(路傍塚)」.

잣나무를 심고, 호랑이상을 세우다

樹柏立虎

『자곡자록(炙轂子錄)』[252]에서 "망상(罔象)은 죽은 사람의 간과 뇌를 즐겨 먹고 호랑이와 잣나무를 두려워한다. 그래서 무덤가에 잣나무를 심고 무덤 앞에 호랑이상을 세운다"[253]라고 하였다.

살펴보건대, 『열이전(列異傳)』에서 "진(秦)나라 목공(穆公) 때 진창(陳倉) 사람이 땅을 파다가 양 같지만 양이 아닌 물건을 얻으니, 그것의 이름은 온(蝹[254])이었다. 죽은 사람의 뇌를 먹는데, 잣나무로 머리를 뚫으면 죽는다"[255]라고 한다.

지금 두더지가 땅을 파헤칠 때, 절구공이를 거꾸로 세워 두면 쥐가 피하고 땅을 파지 않는다. 아마도 망주석(望柱石)[256]의 유래인 듯하다.

송추

松楸

『예설(禮說)』에서 "천자의 무덤에 소나무를 심고, 제후의 무덤에 잣나무를 심으며, 대부의 무덤에 난(欒)을 심는다"[257]라고 하였는데, 『운회(韻

---

252) 자곡자록(炙轂子錄) : 위(魏)의 왕예(王叡)가 편찬한 소설가류의 서적.

253) 罔象, **以**好食亡**者**肝腦, **人家不能令方相立於墓前**, 而**罔象**畏虎與栢, 故墓**前**立虎. **或說陳倉人掘池得物若羊**, **非羊獻之道**, **逢二童子**, **謂此名爲媼**, **常在地中**, **食亡人腦**, **若欲殺之**, **取栢東南枝**, **揷向丘壟**. **由是**墓**前**皆樹**以**柏, **二說各異**, 未知孰是.(『說郛, 卷二十三下, 炙轂子錄, 墓前羊虎』)→罔象, 好食亡人肝腦, 而畏虎與栢, 故墓**上**樹柏, 墓前立虎.(『松南雜識』)

254) 온(蝹) : 땅 속에 숨어서 죽은 사람의 골을 파먹는다는 전설상의 괴물.

255) 秦**繆**公時, 陳倉人, 掘地得物若羊非羊, **若豕非豕**, **牽以獻公**. **道逢二童子**, **童子曰**, **此**名**爲**蝹, **常在地**, 食死人腦, **若欲殺之**, 以**柏揷**其首.(『春秋戰國異辭, 卷二十二, 列異傳』)→秦**穆**公時, 陳倉人, 掘地得物若**羊**非**羊者**, 名蝹. 食死人腦, 以**栢穿**其首**則死云**.(『松南雜識』)

256) 망주석(望柱石) : 묘도(墓道)의 양쪽이나 다리의 난간에 세우는 돌기둥.

257) 天子樹松, 諸侯柏, 大夫欒.(『禮說, 卷七, 春官二』)

會)』에서 "난(欒)은 목란(木蘭)이다"[258]라고 하였다.

두보(杜甫)의 시에,

사방 교외에 백양이 많구나	四郊多白楊[259]

는 구절이 있다.

당시(唐詩)에,

옛 무덤에 자손 오지 않으니	古墓無子孫
백양이 늙을 수 없다네	白楊不得老[260]

는 구절이 있으니, 백양(白楊)도 무덤 앞에 심는 나무이다.

이백(李白)의 부(賦)에서,

무덤에 묻힌 뼈 추우리	松楸骨寒[261]

라고 하였으니, 지금 무덤이 이른바 '송추(松楸)'이다.

민간에서 전하는 말에 "새 무덤에는 반드시 곡식이 나는데, 온갖 곡식이 다 잘 자라지만, 메밀만은 잘 자라지 못한다"라고 하였다.

---

258) **大夫欒, 士楊. 徐曰**木蘭也.(『古今韻會擧要, 卷五, 平聲上, 十二』)→欒, 木蘭也.(『松南雜識』)

259) 「장유(壯遊)」.

260) 당나라 장적(張籍)의 시. 「야전(野田)」.

261) 「의한부(擬恨賦)」.

가토

加土

요숭(姚崇)[262]이 "공자는 아성(亞聖)이었으나 어머니의 무덤이 훼손되어도 보수하지 않았으며, 양홍(梁鴻)[263]은 뛰어난 현자였으나 아버지가 죽자 돗자리에 말아 장사지냈다"[264]라고 하였다.

지금 중국인들은 장사지낼 때에 땅위에 벽돌을 놓은 후 관을 올려놓고 흙을 덮어 봉분을 만든다. 그래서 매양 가을장마가 지난 뒤에 다시 흙을 더해 덮는다. 지금 '소분정사(掃墳政事)'를 '가토(加土)'[265]라고 하니, 중국말을 본뜬 것이다.

수장

壽藏[266]

『후한서(後漢書), 광무제기(光武帝記)』에서 "처음으로 수릉(壽陵)을 만들었다"[267]라고 하였고, 조기(趙岐)[268]는 직접 수장도(壽藏圖)를 그렸다.[269]

『당서(唐書)』에서 "요욱(姚勖)[270]이 만안산(萬安山) 기슭에 수장(壽藏)을

---

262) 요숭(姚崇) : 현종(玄宗) 때의 재상. 본명은 원숭(元崇).

263) 양홍(梁鴻) : 후한의 현인. 자는 백란(伯鸞). 몹시 가난했다.

264) 孔**子**亞聖, 母墓毁而不**修**, 梁鴻至賢, 父亡, 席卷而葬.(『舊唐書, 卷九十六, 姚崇傳』) →孔**丘**亞聖, 母墓毁而不**備**, 梁鴻至賢, 父亡, 席卷而葬.(『松南雜識』)

265) 가토(加土) : 무덤을 보수하기 위하여 흙을 더 덮거나 얹는 일.

266) 수장(壽藏) : 살아 있을 때에 미리 만들어 두는 무덤. 수총(壽冢) · 수혈(壽穴) · 수영(壽塋)이라고도 한다.

267) 初作壽陵. 〈初作陵未有名. 故號壽陵, 蓋取夂長之義也. 漢自文帝以後, 皆預作陵, 今循舊制也.〉(『後漢書, 卷一下, 光武帝紀, 第一下』)

268) 조기(趙岐) : 후한의 학자. 장릉(長陵) 출신. 자는 경후(慶後). 오경에 통하였으며 중평좌의랑(中平左議郞)에 이르렀다. 저서에는 『맹자장구(孟子章句)』 · 『삼보결록(三補決錄)』 등이 있다.

269) **先**自**爲**壽藏圖.(『後漢書, 卷九十四, 吳延史盧趙列傳, 第五十四, 趙岐傳』) → 自**作**壽藏圖.(『松南雜識』)

직접 만들었다"[271]라고 하였다. 지금 수장(壽藏) 터에다가 무덤을 만드는 것은 여기에서 유래한다.

『대명률(大明律)』에서 "남의 무덤 자리를 파는 것은 실제 무덤을 파는 것과 죄가 같다. 또 무덤을 쓰지 않았더라도 다른 사람들이 들어와 장사지내는 것을 금한다"라고 하였다.

성소와 금양
省掃禁養

『예기(禮記), 단궁(檀弓)』에서 말하였다.

> "산소를 살핀다(展墓)"의 주석에서 '전(展)'은 '살펴보다'라는 의미이다.[272]

지금의 성소(省掃)의 시초이다.

『전국책(戰國策)』에서 말하였다.

> 진(秦)나라가 제나라를 공격하자, "만약 감히 유하계(柳下季[273])의 무덤 오십 보 이내에 들어가서 땔나무를 벤다면 죽음을 면하지 못할 것이다"라고 하였다.[274]

---

270) 요욱(姚勖) : 당나라의 문신. 자는 사근(斯勤). 요숭(姚崇)의 현손(玄孫).
* 『松南雜識』에는 '姚崇'으로 오기되어 있음.

271) **勗**, …… 自**作**壽藏於萬安山**南原崇塋之旁**.(『唐書, 卷一百二十四, 列傳, 第四十九, 姚宋』) → **姚崇**, 自**爲**壽藏於萬安山**麓**.(『松南雜識』)

272) 展墓**而入**. 〈**展**, 省視**之謂**.〉(『禮記注疏, 卷十, 檀弓下』) → 展墓, **註**省視.(『松南雜識』)

273) 유하계(柳下季) : 춘추 시대 노(魯)나라의 현대부(賢大夫) 전금(展禽). 일명 유하혜(柳下惠)라고도 한다. 유하(柳下)는 전금의 봉읍(封邑)이고, 계(季)는 그의 자이다.

274) 秦攻齊, 令**曰有**敢去柳下季壟五十步而樵採者, 死不赦.(『戰國策, 齊策』) → 秦攻齊, 令敢去柳下季壟五十步而樵採者, 死不赦.(『松南雜識』)

금양(禁養)[275]의 시초인 듯하다.

한나라 고제(高帝)가 신릉군(信陵君)의 무덤을 지킬 다섯 집을 두었으니[276], 또한 묘지기[墓直]의 시초인 듯하다.

만가
挽歌

『통전(通典)』에서 "한(漢)나라 때의 전횡(田橫)이 자결하자 따르던 자들이 노래를 지어 슬픈 마음을 붙였다.[277] 지금의 만가(輓歌)는 전횡으로부터 시작되었다고 한다"[278]라고 하였다.

『사물기원(事物紀原)』에서 말하였다.

> 한나라 무제(武帝) 때 이연년(李延年)이 곡을 만들어 해로가(薤露歌)[279]로 왕공(王公)과 귀인(貴人)을 영결하고, 호리가(蒿里歌)[280]로 사대부와 서인을 영결하였다. 『춘추좌전(春秋左傳)』에서 "공손하(公孫夏)가 그 무리들에게 우빈(虞殯)을 노래하도록 명령하였다"라고 하였는

275) 금양(禁養) : 나무나 풀 등을 베지 못하도록 금하여 가꿈.

276) 高帝, 撥亂誅暴, 庶事草創, 日不暇給. 然猶修祀六國, 求聘四皓, 過魏則寵無忌之墓. 〈師古曰, 高紀十二年, 詔云, 秦皇帝楚隱王・魏安釐王・齊愍王・趙悼襄王, 皆絶無後, 其與秦皇帝守冢二十家, 楚魏齊, 各十家, 趙及魏公子無忌, 各五家.〉(『前漢書, 卷十八, 外戚恩澤侯表, 第六』) → 漢高帝, 置信陵君守冢五家.(『松南雜識』)

277) 전횡(田橫) : 제왕(齊王) 전영(田榮)의 아우. 전영이 죽은 뒤에 전횡이 전영의 아들 전광(田廣)을 세우고 자신은 정승이 되었다. 전광이 한신(韓信)에게 포로가 되자, 전횡은 왕이 되어서 부하 5백 명을 거느리고 해도중(海島中)에 있다가 한고조의 부름을 받고 오던 중 낙양 30리 밖에서 항복할 수 없다 하고 스스로 목을 찔러 죽으니, 섬에 있던 5백 명도 모두 자살했다.

278) 漢高帝時, 齊王田橫自殺. 其故吏不敢哭泣, 但隨柩叙哀而後代相承, 以爲挽歌, 蓋因於古也.(『通典, 卷八十六, 禮四十六, 凶八, 喪制之四, 挽歌』) → 漢田橫自刎, 從者爲歌, 以寄哀情, 今輓歌自橫始云.(『松南雜識』)

279) 해로가(薤露歌) : 왕공이나 귀인의 상여가 나갈 때 부르는 만가(挽歌).

280) 호리가(蒿里歌) : 대부나 서인의 상여가 나갈 대 부르는 만가(挽歌).

데, 그 주석에서 "우빈(虞殯)은 영결하여 장사지낼 때 부르는 노래이다"라고 하였다.[281]

지금 죽은 사람을 '송장(送葬)'이라고 하는 말은 여기에서 유래한다.

대곡(大谷) 성운(成運)[282]이 벗을 위해 지은 만시(輓詩)에,

술동이 앞엔 술 권하던 손 이미 없건만	酒前已失傳盃手
상자 안에는 문병하던 편지 그대로 있다오	篋裡猶藏問疾書[283]

라고 하니, 참으로 훌륭하다.

회헌(悔軒)[284] 조관빈(趙觀彬)[285]이 첩을 위해 지은 제문(祭文)에,

십년 동안 같이 살아도	十年之蓄
큰 집에 누가 없다	大家無累
하루 동안의 통곡에	一日之哭
사나이 눈물도 많다	丈夫多淚[286]

281) 武帝時, 李延年, **分爲二**, 薤露, 送王公貴人, 蒿里, 送大夫庶士, **盖二歌之起始自橫也**. **摯虞新禮議曰**, **挽歌出于漢武帝**, **役人勞苦**, **歌聲哀切**, **遂以送終**, **非古制者**, **誤矣**. 左傳**哀公十一年**. **會吳伐齊將戰**, 公孫夏命其徒, 歌虞殯, **杜預注云**, 送葬歌曲, **哀死也**.(『事物紀原, 卷九, 農業陶漁部四十五, 挽歌』) → **漢**武帝時, 李延年爲薤露, 送王公貴人, 蒿里, 送**士**大夫庶士. 左傳, 公孫夏命其徒, 歌虞殯. **註**, 送葬歌曲.(『松南雜識』)

282) 성운(成運) : 조선 중기의 학자(1497~1579). 자는 건숙(健叔), 호는 대곡(大谷). 중종 때 사마시에 합격했지만 형이 을사사화로 화를 입자, 속리산에 은거하여 출사하지 않았다. 시문에 능하였으며 은둔과 불교적 취향을 드러낸 시를 많이 남겼다. 저서로 『대곡집(大谷集)』이 있다.

283) 「희암만사(希庵挽詞)」.

284) 『松南雜識』에는 '晦軒'으로 오기되어 있음.

285) 조관빈(趙觀彬) : 조선 후기의 문신(1691~1757). 자는 국보(國甫), 호는 회헌(晦軒). 노론 4대신인 조태채(趙泰采)의 아들. 숙종 40년(1714)에 증광문과에 급제하여 수찬·정언·대사간·대사성·승지 등을 역임했다. 저서로 『회헌집(晦軒集)』이 있다. 시호는 문간(文簡).

286) 「제이낭문(祭李娘文)」.
*『회헌집』 원문에는 '家'가 '官'으로 되어 있다.

라고 하였다. 대개 '누가 없다(無累)'는 것은 덕(德)이고, '눈물도 많다(多淚)'는 것은 정(情)이니 묘미가 지극하다.

비갈공덕
碑碣功德

『예기(禮記)』에서 "공실(公室)은 풍비(豊碑)[287]에 준한다"[288]라고 하였는데, 그 주석에서 "풍비(豊碑)는 큰 나무를 비석 모양으로 깎아서 외곽(外槨)의 사방에 그것을 세운 후 가운데를 뚫어 도르래를 만들어서 밧줄로 하관(下官) 하였다"[289]라고 하였다.

후대에는 그 돌에 공덕을 기록하였다.

『한서』의 주석에서 "각진 것은 '비(碑)'라 하고, 둥근 것은 '갈(碣)'이라 한다"[290]라고 하였다.

'갈(碣)'은 우뚝 솟은 돌이다. 또 원(院)의 뜰에 세워져 있는 비석은 제사에 사용하는 희생(犧牲)을 매어 두는 데 사용한다.

신도비
神道碑

『한서(漢書), 중산왕전(中山王傳)』에서 "무덤을 만들고 신도(神道)를 열

---

287) 풍비(豊碑) : 천자의 하관에 사용하던 제도.

288) 公室**視**豊碑.(『禮記, 檀弓下』) → 公室豊碑.(『松南雜識』)

289) **注**. …… **豊碑**, 斲大木**爲之**, 形如石碑, 於椁**前後**四角樹之, 穿中**於間**爲鹿盧, 下棺以繂**繞**, **天子六繂**, **四碑前後**, **各重鹿盧也**.(『禮記注疏, 卷十, 檀弓下』) → **註**. 斲大木. 形如石碑. 於槨四角樹之, 穿中爲鹿盧, 下棺以繂**也**.(『松南雜識』)

290) 封神丘兮建隆嵑 〈神丘, 卽燕然山也. 方者, 謂之碑, 員者, 謂之碣, 嵑, 碣也.〉(『後漢書, 卷五十三, 竇融列傳, 第十三, 竇憲』) → 漢書註, 方者, 謂之碑 圓者, 謂之碣.(『松南雜識』)

었다"라고 하였는데, 주석에서 "돌기둥을 세워서 표식으로 삼았다"[291] 라고 하였으니, 신도비(神道碑)의 시초인 듯하다.

공자가 연릉(延陵) 계자(季子)의 무덤에 이름을 쓰니, 이것이 묘표(墓表)의 시초인 듯하다.

부혁(傅奕)[292]이 스스로 지은 묘지(墓誌)에서 "나는 푸른 산 흰 구름 속에서 살던 사람으로 술에 취해 죽으니, 슬프다"[293]라고 하였으니, 또한 묘지(墓誌)의 시초이다.

묘제
墓祭

당나라 정정칙(鄭正則)이 "옛날에는 묘제(墓祭)에 대한 글이 없었다. 공자가 무덤을 향해 시절마다 제사 지내는 것을 인정한다"[294]라고 하였으니, 지금 묘제(墓祭)의 시초이다.

후한 때의 광무제가 잠팽(岑彭)에게 조서를 내려 성묘를 하도록 하니,[295] 지금 소분(掃墳)의 시초이다.

오대(五代)에는 한식(寒食)이 되면 들에서 제사를 지내고 지전(紙錢)을 불태웠다.[296]

---

291) 修冢塋開神道. 〈**墓前開道**, 建石柱以爲標, **謂之神道**.〉(『後漢書, 卷七十二, 光武十王列傳, 第三十二, 中山簡王焉傳』)→修冢塋開神道. 註, 建石柱以爲標.(『松南雜識』)

292) 부혁(傅奕) : 당 고조(高祖) 때의 문신.

293) 自**爲墓**誌曰, 傅奕青山白雲人**也**. **因酒**醉死. 嗚呼**哀哉**.(『舊唐書, 卷七十九, 列傳, 第二十九, 傅奕』)→**傅奕**自誌曰, 傅奕青山白雲**之**人, **以**醉死. 嗚呼.(『松南雜識』)

294) 唐**侍御**鄭正則, **祠享儀云**, 古**者**, 無墓祭之文, 孔子許望墓以時祭祀.(『古今事文類聚, 前集, 卷八, 天時部, 墓祭之始』)→唐鄭正則**曰**, 古無墓祭之文, 孔子許望墓以時祭祀.(『松南雜識』)

295) 岑彭, 南陽棘陽人. 建武六年, 爲征南大將, 屯津鄕南還, 有詔, 過家上冢.(『冊府元龜, 卷七百八十二, 總錄部』)→漢光武, 詔岑彭, 過上冢.(『松南雜識』)

296) 寒食野祭而焚紙錢.(『五代史, 卷十二, 周本紀, 第十二』)

후당(後唐) 때 왕숙비(王淑妃)는 한 그릇의 보리밥을 명종(明宗) 무덤에 뿌렸다.[297] 그러나 상묘(上墓)[298]는 개원(開元)[299] 때부터 시작되었다.

분황

焚黃[300]

당나라 때 『한림지(翰林志)』에서 "중서성(中書省)에서 황색과 백색 두 가지 색깔의 마(麻)를 사용하여 조서를 만들었다"[301]라고 하였다.

두보(杜甫)의 시에,

> 황색 마지(麻紙) 위에 쓴 글이 육경(六經)과도 같구나　　黃麻似六經[302]

라는 구절이 있다.

지금 죽은 사람에게 증직(贈職)할 때, 황지(黃紙)에 베껴서 묘 앞에서 불태운다. 그러므로 '분황(焚黃)'이라 하는데, '황(黃)'은 조서(詔書)이다.

---

297) 淑妃**且死曰, 吾兒爲契丹所立, 何罪而死, 何不留之, 使每歲寒食, 以**一盂麥飯, 洒明宗陵.(『資治通鑑, 卷二百八十七, 後漢紀二, 高祖睿文聖武昭肅孝皇帝中』) → **王**淑妃, 一盂麥飯, 洒明宗陵.(『松南雜識』)

298) 상묘(上墓) : 소묘(掃墓)와 같은 의미.

299) 개원(開元) : 당나라 현종 때의 연호. 713~741년.

300) 분황(焚黃) : 증직(贈職)의 은전(恩典)을 받았을 때 무덤 앞에서 누런 종이에 쓴 관고(官誥)의 부본을 태우던 일.

301) 中書**以**黃白二麻爲綸命.(『唐會要, 卷五十七, 翰林院, 尙書省諸司上, 翰林院』) → **唐翰林志云**, 中書**用**黃白二麻爲綸命.(『松南雜識』)

302) 「증한림장사학사기(贈翰林張四學士垍)」.

수라상의 반찬 수를 줄이고 조정에 머물다
減膳停朝

조선 세종 때 파평군(坡平君) 윤곤(尹坤)[303]이 죽자, 임금이 "신하는 임금을 위하여 삼년상을 지내니, 임금이 신하를 위하여 삼 일간 고기를 물리는 것이 또한 옳지 않겠는가?"라고 하고, 대신(大臣)의 상사(喪事)에 반찬 가짓수를 줄이는 법을 수립하도록 명령하니 이는 대신에 대한 예를 체득한 것이다.

성종 때 당양위(唐陽尉) 홍상(洪常)[304]에게 시집 간 명숙공주(明淑公主)가 죽자, 특별히 조회를 중지하니, 아마도 일시 권정(權停)[305]하는 예가 된 듯하다.

또 대신의 상사(喪事)에 삼 년을 기한으로 봉록을 주는데, 현종 때 이경석(李景奭)[306]이 죽자 정태화(鄭太和)[307]가 아뢰니, 가난을 긍휼(矜恤)히 여겼기 때문이다.

---

303) 윤곤(尹坤) : 조선 전기의 문신(?~1421). 아우인 윤향(尹珦)과 함께 문학으로 이름이 높았다. 이방원이 왕위에 오르는 데 협력한 공으로 익대좌명공신에 책록되고 파평군에 봉작되었다. 이후 세종 조에는 평안도관찰사, 이조판서 등을 역임했다. 시호는 소정(昭靖).

304) 홍상(洪常) : 조선 전기의 문신(1457~1513). 조선 덕종의 부마. 자는 자강(子剛). 1466년 덕종의 딸 명숙공주와 결혼하여 당양위(唐陽尉)에 봉해지고 도총관(都摠管)이 되었다. 연산군 10년(1504)에 갑자사화에 연루되어 유배를 갔다가 중종반정으로 풀려나 조정에 돌아온 뒤 원종공신(原從功臣)이 되었다. 시호는 소이(昭夷).

305) 권정(權停) : 국상(國喪)이 생겼을 때, 임시로 조례를 중지하는 것.

306) 이경석(李景奭) : 조선 후기의 문신(1595~1671). 자는 상보(尙輔), 호는 백헌(白軒). 김장생(金長生)의 문인으로 1617년 증광별시에 급제하고 승지・우의정・좌의정・영의정 등을 역임했다. 1646년 효종의 북벌계획이 청나라에 알려지는 사문사건(査問事件) 때 모든 것을 자신의 책임으로 돌려 국가를 위기에서 구했다. 문장과 글씨에 특히 뛰어났다. 저서로 『백헌집(白軒集)』이 있다. 시호는 문충(文忠).

307) 정태화(鄭太和) : 조선 후기의 문신(1602~1673). 자는 유춘(囿春), 호는 양파(陽坡). 1628년 별시문과에 급제하여 당하관의 청요직과 육조의 판서・대사헌 등을 역임했다. 1673년 중풍으로 사직할 때까지 20년간 5차례나 영의정을 역임하며 효종과 현종을 보필했다. 저서로 『양파유고(陽坡遺稿)』등이 전한다. 시호는 익헌(翼憲).

시법

諡法

시법(諡法)은 우리나라의 경우 신라 지증왕(智證王)308)때부터 시작되었다. 황희(黃喜)309)는 공적을 세운 재상이었기에 '충(忠)'이라는 시호를 받았다. 그런데 봉상시(奉常寺)310)의 관리가 "한 몸으로 두 조정을 섬겼으니, '충(忠)'이 될 수 없습니다"라고 아뢴 까닭에 '익성(翼成)'으로 고치니, 그가 고려 때 주서(注書)311)를 지냈기 때문이다.

『예기(禮記)』에서 "생전에 벼슬하지 못한 사람은 죽어서 시호를 받지 못한다"312)라고 하였는데, 왕도(王導)313)가 "잘못된 말이다"라고 하였다.

이후로는 향리의 사람 간에도 시호하니 양후(楊厚)314)를 문보(文父)라 한 경우이다. 친구 간에도 시호하니 조원(趙元)315)을 소이선생(昭夷先生)이라 한 경우이다. 문인(門人)이 시호를 받은 것은 왕통(王通)316)을 문중

---

308) 지증왕(智證王) : 신라 제22대 왕(437~514). 성은 김(金), 이름은 지대로(智大路)·지도로(智度路)·지철로(智哲老). 국호를 신라로 정하고 왕(王)이라는 칭호를 처음으로 사용했다. 순장법(殉葬法)을 금하고 농사를 장려하여 우경법(牛耕法)을 처음으로 시행했으며, 울릉도를 점령하여 국토를 개척하고, 중국식을 따라 왕에게 시법(諡法)을 사용하기 시작했다. 재위 기간은 500~514년. ≒ 지증 마립간.

309) 황희(黃喜) : 조선 전기의 명신(1363~1452). 초명은 수로(壽老), 자는 구부(懼夫), 호는 방촌(厖村). 세종 때 18년간 영의정을 지내면서 농사법을 개량하고 예법(禮法)을 개정하는 등 문물제도의 정비에 힘썼으며, 어질고 깨끗한 관리의 표본이 되었다. 저서에 『방촌집』이 있다.

310) 봉상시(奉常寺) : 조선 시대에 제향(祭享)과 시호(諡號)에 관한 사무를 맡아보던 관청.

311) 주서(注書) : 승정원(承政院)의 정 7품 벼슬. 사초(史草)를 쓰는 일을 맡아 봄.

312) **古者**, 生無爵, 死無諡.(『禮記注疏, 卷四, 曲禮下』) → 生無爵, 死無諡.(『松南雜識』)

313) 왕도(王導) : 진(晉)나라 때의 임기(臨沂) 출신. 자는 무홍(茂弘).

314) 양후(楊厚) : 후한 때의 문신. 자는 중환(仲桓). 여러 관직을 거쳐 시중(侍中)이 되었다. 나라에 재이(災異)가 발생할 때마다 구제책을 올렸지만 환관들이 정치를 독단하여 실효를 거두지 못하자, 정치에서 물러나 후진을 양성하며 여생을 보냈다.

315) 조원(趙元) : 당나라의 학자. 하간(河間) 출신. 자는 정고(貞固). 젊어서부터 지략을 자부하였으며 논변을 좋아했다. 낙양에 유람 갔을 때 많은 이들이 그를 사모했지만 얼마 뒤 죽었다. 그래서 친구인 위원충(魏元忠) 등이 소이선생(昭夷先生)이라고 사사로이 시호를 붙였다.

316) 왕통(王通) : 수나라의 학자. 자는 중엄(仲淹). 수 문제(隋文帝)에게 태평십이책(太平

자(文中子)의 경우이다. 또 처사에게 시호를 내린 것은 진박(陳搏)[317]을 희이(希夷)라 하고, 소옹(邵雍)[318]을 강절(康節)이라 한 경우이다. 지금 유림에서 서로 높이면서도 벼슬이 있은 후에라야 시호가 있으니 어찌된 것인가?

十二策)을 올렸으나 채택되지 않자, 물러가 후진을 가르치니 제자가 1천여 명에 이르렀다. 양제(煬帝) 때에 누차 징소했으나 나오지 않았고 37세에 세상을 떠나니 문인들이 문중자라고 시호했다. 저서로 『문중자』가 있다.

317) 진박(陳搏) : 송나라의 학자. 진원(眞源) 출신. 자는 국남(國南), 호는 부요자(扶搖子). 당나라 말기에 태어나 오대(五代) 때, 화산(華山)에서 수도하였으며 혼란한 세상을 근심했다. 송나라 태조가 등극했다는 소리를 듣고는 천하가 이제 안정되겠다며 기뻐했다. 태종 때 희이선생(希夷先生)이라는 호를 하사받았다. 저서로 『지원편(指元篇)』이 있다.

318) 소옹(邵雍) : 북송의 학자(1011~1077). 자는 요부(堯夫), 호는 안락선생(安樂先生), 시호는 강절(康節). 상수(象數)에 의한 신비적 우주관과 자연 철학을 제창했다. 저서에 『관물편(觀物篇)』·『이천격양집(伊川擊壤集)』·『황극경세서(皇極經世書)』 등이 있다.

10. 성명류(姓名類)

'여'와 '생'이 '성'이 된다
女生爲姓

『자휘(字彙)』에서 말하였다.

'성(姓)'은 '태어난다'는 뜻이다. 이는 할아버지와 아버지가 대를 이어 태어나는 것이니, 비록 백대가 지나더라도 이 성(姓)은 고치지 못한다. '족(族)'은 '붙이(屬)'이니 그 자손과 함께 연속 되고, 그 곁가지 별속(別屬)은 각각 스스로 '씨(氏)'가 된다.[1)]

1) 姓者生也, 以此爲祖**令**之相生, 雖**下及**百世而此姓不改. 族者屬也, 與其子孫共相**連**屬, 其**旁**支別屬, 則各自**爲**氏.(『古今事文類聚, 後集, 卷一, 人倫部, 姓氏』)→姓者生也, 以此爲祖**父**之相生, 雖**百世**而此姓不改. 族者屬也, 與其子孫共相**聯**屬, 其**旁**支別屬, 則各自**爲**氏.(『松南雜識』).

*『광박물지』에서 '천황씨'와 '지황씨'는 같은 조목이 아니며 중간에 다른 조목이 있다.『松南雜識』의 내용은 지황씨의 성과 이름이 서로 뒤바뀌는 등『광박물지』의 내용

살펴보건대, 천자가 출생을 따라 '성(姓)'을 내린 까닭에 '생(生)'자를 따르고, 신녀(神女)가 하늘에 감응하여 자식을 낳은 까닭에 '여(女)'자를 따른다.

성과 씨
姓氏

『전한서(前漢書), 식화전(食貨傳)』[2]에 "임치(臨淄) 사람 성위(姓偉)가 오천만금의 재화를 소유하였다"라고 하였는데, 이것은 '성(姓)'자를 성으로 삼은 경우이다.

『오사(吳史)』에 씨의(氏儀[3])란 자가 있으니, 이것은 '씨(氏)'자를 씨로 삼은 경우이다. 공융(孔融[4])이 '氏'자는 '民(민)'자의 윗부분이 없는 것이라고 씨의를 비웃으니 마침내 '是' 씨로 고쳤다고 한다.[5]

반고
盤古

『강감(綱鑑)』[6]에서 "혼돈씨(渾沌氏[7])는 성이 '방(尨)'이고 이름이 '돈

과 차이가 많다.

2) 『松南雜識』에는 '漢書食貨志'로 되어 있음.

3) 씨의(氏儀) : 삼국 시대 오나라 사람.

4) 공융(孔融) : 후한(後漢) 말기의 학자(153~208). 자는 문거(文擧). 건안 칠자의 한 사람으로, 북해(北海)의 재상이 되어 학교를 세웠고, 조조를 비판하다가 일족과 함께 처형되었다. 저서에 『공북해집(孔北海集)』이 있다.

*『松南雜識』에는 '孔瀜'으로 오기되어 있음.

5) 氏氏, 孔融嘲氏儀, 以氏字民無上, 遂改爲是氏.(『通志, 卷三十, 氏族略, 第六』)
氏氏, 孔融嘲氏儀, 以氏字民無上, 改爲是氏.(『氏族博攷, 卷二』)→有氏儀, 此以氏爲氏者也. 孔瀜嘲氏字無上, 改爲民氏云.(『松南雜識』)

6) 강감(綱鑑) : 명・청 교체기의 사람들이 주희(朱熹)의 『통감강목(通鑑綱目)』을 채록하여

(敦)'이다"라고 하였다.

『운회(韻會)』에서 "하늘의 조화신은 이름이 '검영(黔嬴)'이니 일명 '검뇌(黔雷)'라고도 한다"라고 하였다.

천지인
天地人

『광박물지(廣博物志)』[8]에서 말하였다.

천황씨(天皇氏)는 성이 망(望)이고 이름은 획(獲)이며 자(字)는 자윤(子潤)이다. 지황씨(地皇氏)는 성이 감(鑑)이고 이름은 악(嶽)이며 자는 자원(子元)이다. 인황씨(人皇氏)는 성은 개(愷)이고 이름은 호조(胡洮)인데, 일명 호광(胡光)이라고도 한다. 자는 문생(文生)이다.[9]

일월
日月

도가의 경전[10]에서 말하였다.

역대사로 편집한 후 '강감(綱鑑)'이라 칭했다. 왕세정(王世貞)의 『강감(綱鑑)』· 원이(袁易)의 『강감보(綱鑑補)』· 오승권(吳乘權)의 『강감이지록(綱鑑易知錄)』 등이 그것이다.

7) 혼돈씨(渾沌氏) : 상고 시대의 황제의 이름.

8) 광박물지(廣博物志) : 명나라 때의 동사장(董斯張)이 지은 책. 50권. 22분야 167개의 제목으로 이루어져 있다. 당송 시대의 고서를 인용한 것이 매우 많다.

9) 天皇氏, **以獲爲名**, **以望爲姓**, 字子潤. …… 地皇, 姓**鑑**, 名**嶽**, 字子元. 人皇, 姓愷, 名胡**洮**, 字**文生**.(『廣博物志, 卷九』) → 天皇氏, **姓望名獲**, 字子潤. 地皇**氏**, 姓**岳**, 名**鑑**, 字子元. 人皇**氏**, 姓愷, 名胡**銚**, **一曰胡光**, 字**子文**.(『松南雜識』)

10) 『廣博物志, 卷一, 天道上』에서 출전을 『老子歷藏中經』이라고 부기하였음.

해의 성은 장(張)이고 이름은 표(表)이며 자는 장사(長史)이다. 달의 성은 문(文)이고 이름은 신(申)이며, 자는 자광(子光)이다. 해에는 오색제(五色帝)가 있고 달에는 오색제의 왕비가 있다.[11]

오악

五岳[12]

『유양잡조(酉陽雜俎)』에 "태산(泰山)의 성은 원(圓)이고 이름은 상룡(常龍)이다. 형산(衡山)의 성은 단(丹)이고 이름은 영치(靈峙)이다. 화산(華山)의 성은 호(浩)이고 이름은 울수(鬱狩)이다. 항산(恒山)의 성은 징(澄)이고 이름은 증저(湝泞)이다. 숭산(嵩山)의 성은 수(壽)이고 이름은 일군(逸羣)이다"[13]라고 하였다.

『신기경(神氣經)』에 "북악(北嶽)의 성은 黴[14]이고 이름은 㝳[15]군(㝳君)이다. 서악(西嶽)의 성은 화(華)이고 이름은 䇾[16]군(䇾君)이다. 남악(南嶽)의 성은 영(榮)이고 이름은 䈬[17]이다"라고 하였다.

『담회(談會)』에 "동악(東嶽)의 성은 㸤[18]이다. 태산(太山)의 성은 풍(馮)이고 이름은 崮[19]이다. 숭소산(嵩小山)의 성은 숭(崇)이고 이름은 𡸖[20]이

11) 日姓張, 名表, 字長史. 月姓文, 名**申**. 字子光. 日中有**藥淵**, 月中有**瓊池**.(『廣博物志, 卷一, 天道上』) → 日姓張, 名表, 字長史. 月姓文, 名**中**, 字子光. 日中有**五色帝**, 月中有**五色帝夫人**.(『松南雜識』)

12) 오악(五岳) : 오악(五嶽)과 동일. 동악(東嶽) · 서악(西嶽) · 남악(南嶽) · 북악(北嶽) · 중악(中嶽)을 말한다. 오진(五鎭)이라 일컫기도 한다.

13) 『유양잡조(酉陽雜俎)』에는 없는 내용이며, 『玉芝堂談薈, 卷二十二』와 『弇州四部稿 卷一百七十二』에 보인다.

14) 黴 : 음(音) 미상(未詳).

15) 㝳 : 음(音) 미상(未詳).

16) 䇾 : 음(音) 미상(未詳).

17) 䈬 : 음(音) 미상(未詳).

18) 㸤 : 음(音) 미상(未詳).

19) 崮 : 음(音) 미상(未詳).

고 자는 豈點[21]이다"라고 하였다.

『자휘보(字彙補)』에 "동악(東嶽)의 성은 峸[22]이고 이름은 巔[23]이다. 북악(北岳)의 성은 환(峘)이고 이름은 𡵙[24]이다. 서악(西岳)의 성은 숭(崇)이고 이름은 㙼[25]이다. 중악(中岳)의 성은 운(惲)이고 이름은 嵪[26]이다"라고 하였다.

동왕공과 서왕모
東王西母

단성식(段成式)[27]의 「낙고기(諾皐記)」에 "동왕공(東王公)[28]은 휘가 예(倪), 자가 군명(君明)으로 정해일에 죽었다. 서왕모(西王母)[29]는 성이 양씨(楊), 휘가 회(回)로, 곤륜산(崑崙山)을 다스리다 정축일에 죽었다"[30]라고 하였다.

---

20) 崼 : 음(音) 미상(未詳).
21) 豈點 : 음(音) 미상(未詳).
22) 峸 : 음(音) 미상(未詳).
23) 巔 : 음(音) 미상(未詳).
24) 𡵙 : 음(音) 미상(未詳).
25) 㙼 : 음(音) 미상(未詳).
26) 嵪 : 음(音) 미상(未詳).
27) 단성식(段成式) : 당나라 임치(臨淄) 출신. 자는 가고(柯古). 박학하고 기억을 잘했다. 시는 이상은(李商隱)·온정균(溫庭筠)과 이름을 나란히 했다. 문종(文宗) 때 교서랑(校書郎)이 되었고 태상소경(太常少卿)으로 벼슬을 마쳤다. 저서에 『유양잡조(酉陽雜俎)』가 있다.
28) 동왕공(東王公) : 선인(仙人)의 이름. 동부(東父) 또는 동화제군(東華帝君)이라고도 한다. 서왕모(西王母)와 나란히 일컬어진다.
29) 서왕모(西王母) : 선인(仙人)의 이름. 성은 양(楊) 또는 후(侯)라고도 한다. 일명 완금(婉衿)이라고도 한다.
30) 東王公諱倪字君明, **天下未有人民時, 秩二萬六千石, 佩雜綬, 綬長六丈六尺, 從女九千, 以**丁亥日死. 西王母姓楊諱回, 治崑崙**西北隅, 以**丁丑日死. **一曰婉衿**.(『酉陽雜俎, 卷十四, 諾皐記上』)→東王公諱倪字君明, 丁亥日死. 西王母姓楊諱回, 治崑崙, 丁丑日死.(『松南雜識』)

『신선전(神仙傳)』에 “서왕모는 성이후씨(侯氏)로 동왕공(東王公)과 음양을 각각 다스린다”라고 하였다.

박 씨와 석 씨가 알에서 태어나다
朴昔卵生

『삼국유사(三國遺事)』에서 말하였다.

> 소벌공(蘇伐公) 이알평(李閼平)이 양산(楊山)에서 큰 알을 얻어 쪼개어 보니 아이가 있었는데, 바로 혁거세(赫居世)이다. 진한(辰韓) 사람들은 ‘瓠(호)’를 박(朴)이라고 하였는데, 알이 박 같았던 까닭에 성을 박씨(朴氏)라고 하였다.[31]

다파나국(多婆那國)의 왕이 여인국(女人國)의 공주에게 장가들었다. 임신한지 7년 만에 알을 낳았는데, 상서롭지 못하다고 하여 상자에 넣어 바다에 띄워보냈더니 진한(辰韓)의 아진포(阿珍浦)에 이르렀다. 어떤 노파가 열어보니 아이가 있었는데, 바로 탈해(脫解)이다. 상자가 떠내려 올 때, 까치(鵲)가 따르며 울었기 때문에 ‘鳥(조)’ 자를 생략하고 ‘昔(석)’ 자를 성으로 삼았으며, 상자에서 벗어나고 알에서 깨어났기에 탈해(脫解)라고 이름 지었다.[32]

---

31) 高墟村長蘇伐公, 望楊山麓, 蘿井傍林間, 有馬而嘶, 則往觀之, 忽不見馬, 只有大卵. 剖之, 有兒出焉, 則收而養之. 及年十餘歲, 岐然夙成, 六部人, 以其生神異, 推尊之, 至是立爲君焉. 辰人謂瓠爲朴, 以初大卵如瓠, 故以朴爲姓.(『三國史記, 卷一, 新羅本紀, 始祖, 赫居世居西干』)→蘇伐公李閼平, 得大卵於楊山. 剖之有兒, 卽赫居世. 辰人以瓠爲朴, 而卵如瓠, 故姓朴氏.(『松南雜識』)

32) 立, 時年六十二, 姓昔, 妃阿孝夫人, 脫解本多婆那國所生也. 其國在倭國東北一千里. 初其國王娶女國王女爲妻, 有娠七年, 乃生大卵, 王曰, 人而生卵不祥也, 宜棄之. 其女不忍, 以帛卵, 寶物置於中, 浮於海, 任其所往. 初至金官國海邊, 金官人怪之不取, 又至辰韓阿珍浦口, 是始祖赫居世, 在位三十九年也. 時海邊老母, 以繩引繫海岸,

김부식이 "박씨(朴氏)와 석씨(昔氏)는 알에서 태어났다"라고 하였다.[33] 생각하건대 임씨(林氏)와 석씨(昔氏)는 우리나라의 토속성씨인 듯하다. 그러나 『후한서(後漢書), 위지(魏志)』에 "건안(建安) 연간(196~220)에 파이왕(巴夷王) 박호(朴胡)가 와서 복속하였다[巴夷王朴胡來附]"라고 하였다. 『광운(廣韻)』에 "한(漢)나라 오상현(烏傷縣)에 현령(縣令) 석등(昔登)이 있었다"[34]라고 하였다.

김알지가 황금상자로 내려오다

閼知降金

『삼국유사(三國遺事)』에서 말하였다.

탈해왕(脫解王) 때 시림(始林)에서 닭 울음소리가 나는 것을 듣고 호공(瓠公)을 보내어 살펴보게 하니, 작은 황금상자가 나무에 걸려있고 흰 닭이 그 아래에서 울고 있었다. 열어보니 아이가 있기에 길러 아들로 삼고 알지(閼智)라고 이름하였다(방언으로 '어린 아이'이다). 황금상자에서 나왔기 때문에 김씨(金氏)를 성으로 삼았다.[35]

開**見**之, 有一**小**兒在**焉**, **其母取養之**. **及壯身**, **長九尺**, **風神秀朗**, **知識過人**, **或曰**, **此兒不知姓氏**, **初來時**, **有**一鵲**飛鳴而**隨之, **宜**省鵲**字**, 以昔爲**氏**, **又**解**而出**, **宜**名脫解. (『三國史記, 卷一, 新羅本紀, 脫解尼師今』) → 多婆那國**聘**女國王女, 娠七年生卵, **以爲**不祥, **置之櫝中**. 浮海至辰韓阿珍浦, 老**媼**開之, 有兒在, **卽脫解也**. **櫝來**鵲隨**之鳴**, **故**省鳥, 以昔爲**姓**, 以解**櫝脫卵**, **爲**名脫解.(『松南雜識』)

33) **新羅**朴**氏**昔**氏**, **皆自**卵生.(『三國史記, 卷十二, 新羅本紀, 敬順王 九年』) → 朴昔卵生.(『松南雜識』)

34) 昔氏之先, 爲周大夫, 食采於昔, 遂以爲氏, 漢有烏傷令昔登, 唐有昔安人, 皆其裔也.(『漫塘集, 卷三十四, 行狀, 故昔將軍行述』) → 漢有烏傷令昔登 (『松南雜識』)
*『광운』에는 없는 내용임.

35) **九年**, **春三月**. **王夜**聞, **金城西**始林**樹間**, **有**鷄**鳴**聲. **遲明**遣瓠公視之, 有**金色小櫝**, 掛樹**枝**, 白雞鳴**於其**下, **瓠公還告**. **王使人取櫝**開之, 有**小男**兒**在其中**, **姿容奇偉**. **上喜謂左右曰**: **"此豈非天遺我以令胤乎"** **乃收**養**之**. **及長聰明多智略**, **乃**名閼智. **以其**

그의 칠 세손이 미추왕(味鄒王)[36]이다.

김부식이 "김씨는 하늘에서부터 금상자에 담겨 내려왔다"[37]라고 하였다. 황금수레를 타고 왔다고 말하는 사람도 있다.

세상에 전해오는 말에 중국의 김씨(金氏)는 김일제(金日磾[38])로부터 시작되었다고 한다. 그러나 한(漢)나라 무제(武帝)의 어머니인 왕부인(王夫人)은 처음에 김씨(金氏)의 부인이었으니 김일제 이전에도 김씨가 있었다.

또 『집운(集韻)』에서 "옛 천자 김천씨(金天氏)의 후예"라고 하였다. 또 한(漢)나라에는 김류(金留)라는 복성(複姓)이 있다.

허 씨와 김 씨는 같은 성이다
許金同姓

가락국(駕洛國)의 역사에 "수로왕이 황금상자에서 나와서 김씨(金氏)가 되었다. 남천축국(南天竺國) 임금의 딸 허씨(許氏)를 맞아 왕비로 삼으니 황옥부인(黃玉夫人)이라고 한다"라고 하였다.

『삼국유사』에서 "아유타국(阿隃陀國)[39]의 공주이다"[40]라고 하였고

出**於**金櫝, 姓金氏. **改始林名雞林, 因以爲國號**.(『三國史記, 卷一, 新羅本紀, 脫解尼師今, 九年』)→**脫解王時**, 聞始林鷄聲. 遣瓠公視之, 有**小金櫝**掛**於**樹, 白鷄鳴**于**下, 開之, 有兒, 養**爲子**. 名閼智. **方言小兒**. 出金櫝, **故**姓金氏.(『松南雜識』)

36) 미추왕(味鄒王) : 신라 제13대 왕(?~284). 원래의 칭호는 미추이사금(味鄒尼師今). 일명 미조(味照)·미소(未召), 성은 김(金). 구도(仇道)의 아들. 김알지(金閼智)의 6대손, 어머니는 갈문왕(葛文王) 이칠(伊柒)의 딸 박씨(朴氏)이다. 점해왕이 아들이 없이 죽었으므로 대신들의 추대를 받아 왕위에 올라 김씨 왕가의 시조가 되었다. 여러 차례에 걸친 백제의 침입을 물리치고 농업을 장려, 민심을 수습하는 등 선정을 베풀었다.

37) 『三國史記, 卷十二, 新羅本紀, 敬順王 九年』.

38) 김일제(金日磾) : 한(漢)나라의 인물. 자는 옹숙(翁叔). 본래는 흉노 휴도왕(休屠王)의 태자로, 무제 초에 한나라에 귀순했다. 그는 수십 년간 임금을 섬겼으나 과실(過失)이 없었고, 휴도에서 금인(金人)을 만들어 천주(天主)에 제(祭)를 올렸기에 김(金)으로 사성(賜姓)되었다.

39) 아유타국(阿隃陀國) : 나라 이름. 고대 가락국(駕洛國) 수로왕(首露王)의 비 허황옥(許黃玉)의 모국. 고대 인도의 아요디아(Ayodhya) 왕국으로 추정된다.

"서역(西域) 허국(許國) 임금의 딸이다"라고 말하는 사람도 있다. 아들 아홉을 낳았는데 그중 둘은 어머니의 성을 따라 허씨(許氏)가 되었다. 지금의 김해(金海) 허씨(許氏)와 김씨(金氏)가 이들이다.

해씨·고씨·견씨·이씨
解高甄李

고구려의 역사에서 말하였다.

> 주몽(朱蒙)의 본래 성은 해씨(解氏)인데 고신씨(高辛氏)의 후예로 자칭하며 고(高)를 성으로 삼았다.[41]
>
> 개소문(蓋蘇文)은 혹 개금(蓋金)이라하는데 스스로 말하기를, "물속에서 태어났기 때문에 천(泉)을 성으로 삼았다"라고 하였다.[42]

또 견훤(甄萱)의 본래 성은 이씨(李氏)이니 아자개(阿慈介)의 아들이다. '견씨(甄氏)'라고 자칭하였다.[43] 방언에 큰 지렁이를 '지거치(地巨赤)'라고 하니 '견(甄)'이라고 이름하게 된 까닭이다.

역사를 살펴보건대 "우(禹)임금은 어머니가 율무(薏苡)를 삼키고 낳은 까닭에 성을 사(姒)라고 하였다"라고 하였다.

『고문연감(古文淵鑑)』[44]의 주석에서 말하였다.

---

40) 『三國遺事, 卷第二, 紀異, 第二, 駕洛國記』.

41) **高句麗**, **亦以**高辛氏**之**後, **姓高氏**.(『三國史記, 卷二十八, 百濟本紀, 第六』)→**朱蒙本姓解氏**, **自稱**高辛氏後, **以高爲姓**.(『松南雜識』)

42) 蓋蘇文, 或**云**蓋金, **姓泉氏**. 自云生水中, **以惑衆**.(『三國史記, 卷四十九, 列傳, 蓋蘇文』)→蓋蘇文, 或**號**蓋金, 自云生水中, **故以泉爲姓**.(『松南雜識』)

43) 甄萱, **尙州加恩縣人也**. 本姓李, **後以甄爲氏**, **父**阿慈介.(『三國史記, 卷五十, 列傳, 甄萱』)→甄萱, 本姓李**氏**, 阿慈介**子**. **自稱曰甄氏**.(『三國史記, 卷五十, 列傳, 甄萱』)

44) 고문연감(古文淵鑑) : 책이름. 64권. 청(淸) 강희(康熙) 연간에 서건학(徐乾學) 등이 칙명을 받들어 편찬했다. 전체는 「左傳文」 4권, 「國語文」 2권, 「公穀文」·「戰國策文」·

우문씨(宇文氏)는 신농씨(神農氏)의 후예라고 자칭하였다. 북황(北荒)[45)]에서는 풀을 '사분(俟汾)'이라고 하는데 신농씨가 온갖 풀을 맛보았기에 풀을 가리키는 말로 성(姓)을 삼았는데 나중에 와전되어 우문(宇文)이 되었다.[46)]

흘간씨(紇干氏)는 걸복국인(乞伏國仁)[47)]의 선조이다. 크기가 언덕만한 신령스런 거북을 만나자, 말을 희생으로 그것을 제사지냈다. 그러자 얼마 뒤에 거북은 보이지 않고 한 아이가 있었다. 길러서 아들을 삼으니 스스로 의지한 곳이 있다고 여겨서 자(字)를 '흘간(紇干)'이라 하다가 마침내 씨(氏)로 삼았다. 그곳의 방언에 의지하는 것(依倚)을 '흘간(紇干)'이라고 하기 때문이다.[48)]

포홍(蒲洪)[49)]은 '초(草)'자와 '부(付)'자의 기이함 때문에 성을 부씨(苻氏)[50)]로 고쳤다.

「晋文」각 1권, 「漢文」 11권, 「三國文」·「秦文」 각 2권, 「六朝文」 4권, 「唐文」 12권, 「五代文」 1권, 「宋文」 23권으로 되어 있고 각 권에는 황제의 평이 붙어있고 각편에는 주석을 더하였는데 고증이 명확하고 상세하다.

45) 북황(北荒) : 북쪽 변방의 척박한 땅.

46) 宇文自言神農之後, 北荒謂草曰俟汾, 以神農嘗百草, 指草爲姓, 後又訛爲宇文.(『古文淵鑒, 卷三十二, 氏族論』) → 宇文**氏者**, 自言神農之後, 北荒謂草曰俟汾, 以神農嘗百草, 指草爲姓, 後又訛爲宇文**故也**.(『松南雜識』)

47) 걸복국인(乞伏國仁) : 오호십육국(五胡十六國) 시대 서진(西秦)의 임금이다. 농서(隴西)의 선비족(鮮卑族) 출신이다. 처음에는 남선우(南鮮于)에 봉해졌다. 동진(東晉)의 태원(太元, 376~396) 연간에 부견(符堅)의 패배를 틈타 포한(枹罕)을 점거하고 대선우(大鮮于)라 자칭했다. 진(秦)의 주(州)·목(牧)을 거느리니 역사에서 서진(西秦)이라고 한다. 연호는 건의(建義)이고 재위는 33년이다.

48) 紇干, **西秦錄云**, **初自漢北南入陰山**, 遇**大蟲於路**, **狀如**龜, **大如**陵阜, **乃**殺馬祭之, 俄**而**不見, **乃有**一小兒在**焉**. **乞伏部老父無子者**, **請養爲子**, **衆許之**, **老父忻然**自以有所依憑, 字曰紇干, **紇干華言依倚也**, **後因爲氏**.(『古今姓氏書辯證, 卷三十七, 八物』) → 紇干**氏者**, **乞伏國仁之先**, 遇**一神**龜如陵阜, 殺馬祭之. 俄不見, 一小兒在, **因養爲子**, 自以有所依憑, 字曰紇干, **遂爲氏**, **其方言**, **依倚謂紇干故也**.(『松南雜識』)

49) 포홍(蒲洪) : 저족(氐族)으로 351년 전진(前秦)을 세웠다.

50) 부씨(苻氏) : 부씨(苻氏)의 본래 성(姓)은 포(蒲)인데 부견(苻堅)에 이르러 부(苻)로 바꾸었다. 『진서(晉書), 부홍재기(苻洪載記)』에 의하면 그들의 선조는 유치의 후손으로

독발오고(禿髮烏孤)[51]의 선조인 수전(壽闐)은 이불(被) 속에서 태어났는데 독발씨(禿髮氏)라고 고쳤다. 그곳의 방언에 이불을 '독발(禿髮)'이라고 한다.

연왕(燕王) 외(廆)[52]의 선조인 관보요(冠步搖)[53]는 모용씨(慕容氏)가 되었다. 그곳의 방언에 보요(步搖)[54]를 잘못 발음하여 '모용(慕容)'이라고 한다.

하발발(夏勃勃)[55]은 고인의 성씨가 일정함이 없기 때문에 혁련씨(赫連氏)로 고쳤다.

대대로 서융의 추장이었다. 그의 집 연못에 부들[蒲]이 자라는데 길이는 5장이고 다섯 마디가 대나무 같아서 당시 사람들이 '부들집[蒲家]'라고 하여 성씨를 포(蒲)로 했다. 포홍이 예언서에 '초(草)·부(付)가 응당 왕이 되리라'라는 말이 있고, 그의 손자 견(堅)의 등에 초(草)자와 부(付)자가 있어서 마침내 부(苻)로 성을 고쳤다.

51) 독발오고(禿髮烏孤) : 진(晉)이 남경(南京)에 수도할 때의 임금. 서하(西河) 선비족(鮮卑族). 진(晉) 융안(隆安) 초에 염천(廉川)에 도읍하고 대선우(大鮮于)라고 했다. 얼마 뒤 낙도(樂都)로 옮겨 위무왕(威武王)이라고 일컬었다. 술에 취해 말에서 떨어져 죽었다.

52) 외(廆) : 모용외(慕容廆). 전연(前燕)의 시조. 선비족(鮮卑族) 출신으로 어려서부터 영웅의 기상이 있고 헌걸차면서 도량이 컸다. 원제(元帝)가 도강(渡江)을 할 때 모용외와 유곤(劉琨)이 표문을 올려 진군을 주장하여 요동공(遼東公)에 봉해졌다. 얼마 뒤 선비족의 대선우(大鮮于)라고 칭했다. 재위는 49년이다. 아들 황(皝)이 제위를 찬탈하고 연(燕)이라 국호를 삼은 까닭에 그의 나라를 전연(前燕)이라 한다.

53) 관보요(冠步搖) : 『풍속통(風俗通)』에서 옛날 주(周)나라 때의 현자인 갈관자(鶡冠子)의 후예라고 했다.

54) 보요(步搖) : 떨잠. 부인의 예장(禮裝)에 꽂는 비녀의 하나. 떨새를 붙인 과판 같은 것.

55) 하발발(夏勃勃) : 혁련발발(赫連勃勃). 오호 시대(五胡時代) 하(夏)나라 사람. 흉노족 출신으로 유연(劉淵)의 친척이다. 아버지 위신(衛辰)은 서선우(西鮮于)가 되었으나 위(魏)나라에 살해당하고 나라는 망했다. 발발이 진(秦)의 요흥(姚興)에게 벼슬하다가 북쪽에 주둔할 때 진나라를 배반하고 위대한 하(夏)나라의 후예라고 칭탁하며 대하천왕(大夏天王)이라고 했다. 유유(劉裕)가 장안(長安)에 들어온 후, 그가 남으로 쳐들어 올 것을 걱정하며 아들 의진(義眞)을 남겨두고 지키게 하였는데, 발발이 의진을 크게 격파하고 장안에 들어가 황제라고 칭했다. 그의 선조의 본성은 철불(鐵佛)이었다. 그래서 북쪽의 사람들이 "아버지는 선비족(鮮卑族), 어머니는 철불(鐵佛)"이라고 하였다. 나중에 '광채난다[徽赫]'와 '하늘을 잇는다[天連]'의 뜻을 모아서 혁련(赫連)이라고 성을 고쳤다. 발발은 성품이 흉포하고 사람을 수없이 죽여 오랑캐나 중국인 모두를 두렵게 했다. 송(宋) 원가(元嘉) 2년(425)에 죽었다. 재위는 19년이다. 호는 용승(龍昇)·봉상(鳳翔)·진흥(眞興) 등이다. 졸시(卒諡)는 무열(武烈)이다.

또 한(漢)의 호광(胡廣)[56]은 본래 황씨(黃氏)의 아들인데 호로(葫蘆)병에서 태어났기 때문에 성을 호(胡)라고 하고 이름을 광(廣)이라고 하니, '黃(황)'자가 이름 안에 들어있다.

경방(京房)[57]은 본래 성이 이(李)였는데 음률에 따라 경(京)으로 고쳤다.

육우(陸羽)[58]는 『역경(易經)』을 가지고 시초점을 쳐보니 "큰 기러기가 육지로 나아간다[鴻漸于陸]"라는 점괘가 나왔기에 성을 육(陸), 이름을 우(羽)라 하고, 자를 홍점(鴻漸)이라고 하였다.

공 씨가 노국장공주를 따라오다

孔氏隨魯

지봉(芝峰) 이수광(李睟光)이 "공소(孔紹)는 노국(魯國)의 대장공주(大長公主)를 따라 와서 창원(昌原) 공씨(孔氏)가 되었다"[59]라고 하였다.

정조(正祖) 때 호적을 고쳐 곡부(曲阜)로 하였다.

---

56) 호광(胡廣) : 후한(後漢)의 문신. 자는 백시(伯始). 안제(安帝) 때, 효렴(孝廉)으로 천거되어 상서랑(尙書郎)에 배임되었다. 여러 차례의 벼슬을 거쳐 환제(桓帝) 때 양안낙향후(陽安樂鄕侯)에 봉해졌고, 다시 태부(太傅)에 제수되었다. 안제(安帝)·순제(順帝)·충제(沖帝)·질제(質帝)·환제(桓帝)·영제(靈帝) 등 여섯 조정을 30여년 동안 섬겼는데 사리에 밝고 조정의 법도에 대한 지식이 해박했다. 졸시(卒諡)는 문공(文恭)이다.

57) 경방(京房) : 한(漢)나라 돈구(頓丘) 출신. 본래 성은 이(李)였는데 음률의 이치를 맞춰 스스로 경(京)으로 성을 고쳤기에 '경방추율(京房推律)'이라는 고사가 있다. 음률을 좋아하고 역(易)의 원리를 잘 알아서 재변(災變)을 잘 맞혔다. 은가(殷嘉)·요평(姚平)·승홍(乘弘) 등에게 역학을 전수하여 역(易)에 경씨지학(京氏之學)이 있게 되었다. 『경씨역전(京氏易傳)』을 지었다.

58) 육우(陸羽) : 당나라 경릉(竟陵) 출신. 자는 홍점(鴻漸). 일명 질(疾) 혹은 계자(季疵). 초계(苕溪)에 은거하며 차를 즐겨 『다경(茶經)』 3편을 남겼다. 후세에는 다신(茶神)으로 추앙되어 제사를 받게 되었다.

59) **孔**紹者. 隨魯國大長公主**出**來, **今**昌原孔氏**是也**.(『芝峯類說, 卷十七, 雜事部, 姓族』) →孔紹者, 隨魯國長公主來, 爲昌原孔氏.(『松南雜識』)

맹자의 어머니는 장 씨
孟母仉氏

『소학해(小學解)』60)의 주석에 "맹자의 어머니는 장(仉)씨이다"라고 하였다.

『집운(集韻)』에 "仉의 음은 장"이라고 하였는데, 지금 대부분 범용(凡庸)의 '凡(범)'자로 잘못 읽는다.

우리 조 씨는 송나라의 후예
我趙宋裔

『제왕기(帝王紀)』61)에서 "송(宋) 태조는 한(漢)의 경조윤(京兆尹) 조광한(趙廣漢)62)의 후예이다"라고 하였다.

중봉(重峯) 조헌(趙憲)63)이 말하였다.

송 태조의 아들 위왕(魏王)은 조덕소(趙德昭)이고, 위왕(魏王)의 아들 기왕(冀王)은 조유길(趙惟吉)이다. 기왕(冀王)의 아들 조수강(趙守康)은 중국의

---

60) 소학해(小學解) : 소학집해(小學集解). 『四庫提要, 子, 儒家類存目』에 수록되어 있는 『소학집해(小學集解)』로는 청(淸)의 장백행(張伯行)·황징(黃澄)·장영수(蔣永修)의 편찬본이 있다.

61) 제왕기(帝王紀) : 다음 책 가운데 하나의 축약어로 보여진다. ①『제왕세기집교(帝王世紀集校)』, 청(淸), 가경(嘉慶) 연간(1796-1820) 송상봉(宋翔鳳) 편찬. 부록(附錄) 1권, 보유(補遺) 1권. ②『제왕세기찬요(帝王世紀纂要)』, 청(淸), 가경(嘉慶) 임신(壬申, 1812)년 본, 4권, 동경고(東敬高)·충소(沖霄) 편집.

62) 조광한(趙廣漢) : 전한(前漢) 여오(蠡吾) 출신. 자는 자도(子都). 선제(宣帝) 때 경조윤(京兆尹)으로 재임하면서 간사한 자와 도적들을 귀신처럼 잡아내어 명성이 흉노에까지 알려졌다. 한(漢)의 경조윤(京兆尹). 특히 말의 귀천에 따른 값을 정확히 잘 알아서 '광한구거(廣漢鉤距)'라는 말이 있을 정도였다. 그가 법에 연좌되자, 그 대신 죽겠노라고 나서는 백성들이 수만 명이나 되었으나, 끝내 요참(腰斬)을 당했다.

63) 조헌(趙憲) : 조선 전기의 문신·의병장(1544~1592). 자는 여식(汝式), 호는 중봉(重峯)·도원(陶原)·후율(後栗), 본관은 백천(白川). 저서로 『중봉집(重峯集)』·『동환봉사(東還封事)』가 있다. 시호는 문렬(文烈).

진사가 되어 공봉관(供奉官)[64]이 되었는데 정강(靖康)의 난(亂)[65]에 아우 조천수(趙天壽)와 표류하다가 백천(白川)에 닿았다. 조수강(趙守康)은 천혁(天赫)으로 이름을 고치고 강감찬(姜邯贊)의 종사관(從事官)이 되어 거란을 격파하고 가림백(嘉林伯)에 봉해지니 임천(林川) 조씨의 시조이다. 조천수(趙天壽)는 백천(白川) 조씨의 시조가 되었다.

남 씨는 본래 김 씨
南氏本金[66]

『안씨보(安氏譜)』에서 말하였다.

신라 중기에 농서(隴西) 이원(李瑗)[67]이 우리나라에 와서 왜란을 평정하여 나라를 안정시킨 공이 있는 까닭에 그의 지자(支子)[68] 이춘지(李春枝)에게 안(安) 씨 성을 하사하고 광주(廣州)를 본관으로 삼게 하

---

64) 공봉관(供奉官) : 관직 이름. 당나라 원종(元宗) 초에 중서성(中書省)의 임무가 매우 많자 문학하는 선비를 선발하여 문서를 나누어 처리하게 했다. 뒤에 개원(開元) 26년에 고쳐서 한림공봉(翰林供奉)이라 했다.

65) 정강(靖康)의 난(亂) : 북송(北宋)의 정강연간(靖康年間 : 1126~1127)에 수도 개봉(開封)이 금나라 군대의 공격을 받아 함락되고 북송이 멸망하게 된 사건. 휘종(徽宗)은 채경(蔡京)·동관(童貫) 등의 진언에 따라 금과 동맹하여 요(遼)나라를 협공하여 5대 후진(後晉) 때 빼앗긴 연운(燕雲) 16주를 탈환하려 하다가 도리어 실패하여 군사력의 약체를 드러내고 흠종(欽宗)에게 양위했다. 1126년 개봉은 금나라의 공격을 받았으나 다액의 재물을 제공하고, 중산(中山)·하간(河間)·태원(太原)의 3진(三鎭) 할양, 금나라를 백부(伯父)로 호칭하는 등의 조건으로 화의가 성립되었다. 그러나 송은 조약을 지키지 않고 금나라의 내부 교란을 획책하였기 때문에 두 번째 공격을 받아 개봉은 함락되고, 금나라는 휘종·흠종 이하 왕실의 3,000여 명을 포로로 잡아 돌아갔다. 1127년 흠종의 아우 강왕(康王)이 즉위하여 남송(南宋)이 성립했다.

66) 아세아 문화사 영인본 『松南雜識』에는 "南·金·安·李"로 되어 있다.

67) 이원(李瑗) : 당나라 태조(太祖)의 증손자로 자는 덕규(德圭)이다. 여강왕(麗江王)에 봉해졌고 관직이 유주 도독(幽州都督)에 이르렀다.

68) 지자(支子) : 맏아들 이외의 아들.

였다. 이춘엽(李春葉)도 안씨로 성을 바꾸고 본적을 죽산(竹山)으로 삼았다. 그의 맏아들 이춘화(李春華)는 연안(延安) 이씨(李氏)가 되었다. 순흥(順興) 안씨(安氏)도 광주(廣州) 안씨로부터 나뉘졌다고 한다.

『남씨보(南氏譜)』에서 말하였다.

김충희(金忠喜)가 천보(天寶 : 742~756) 연간에 왜(倭)에 사신을 가다가 영해(寧海)의 남쪽에 닿았다. 신라왕이 천자에게 아뢰자 천자가 남씨(南氏) 성을 하사하였다. 민(敏)이라고 이름을 고치니 바로 영의공(英毅公)이다.

육부에 성을 하사하다
六部賜姓

신라의 역사에서 "유리왕(儒理王)이 육부(六部)의 이름을 고치고 각 부에 이(李)·최(崔)·손(孫)·정(鄭)·배(裵)·설(薛)의 성을 하사하였다"[69]라고 하였다.

차 씨와 '도'라는 이름의 유래
車姓棹名

지봉(芝峰) 이수광(李睟光)이 말하였다.

---

69) **九年春**, 改六部之名, **仍**賜姓. **楊山部爲梁部**, **姓**李. **高墟部爲沙梁部**, **姓**崔. **大樹部爲漸梁部**, **一云牟梁**, **姓**孫. **干珍部爲本彼部**, **姓**鄭. **加利部爲漢祇部**, **姓**裵. **明活部爲習比部**, **姓**薛.(『三國史記, 卷一, 新羅本紀, 儒理尼師今, 九年』)→**儒理王**, 改六部之名, **各**賜姓李崔孫鄭裵薛.(『松南雜識』)

고려 때 유달(柳達)은 수레(車)로 군량미를 수송한 까닭에 차달(車達)이라는 이름을 하사받았다. 이도(李棹)는 배를 저어 군사를 건너가게 한 까닭에 도(棹 : 배의 노)라는 이름을 하사받았다. 김행(金行)[70]은 신라의 후예로 임기응변을 잘 했던 까닭에 권(權)씨 성을 하사 받았다.[71]

살펴보건대 유차달(柳車達)의 지자(支子)는 차(車)를 성으로 삼았다고 한다.

당성군 홍 씨와 토박이 홍 씨
唐洪土洪

『홍씨보(洪氏譜)』에서 말하였다.

우리나라에는 본래 홍씨가 없었는데, 당나라 정관(貞觀 : 642~649) 무렵에 신라에서 중국의 예악(禮樂)을 배우기를 청하자 황제가 십 팔 명의 학사(學士)를 보내어 가르치게 하였다. 홍천하(洪天夏)는 그중의 한 사람이었다. 그의 후손으로 남양(南陽)에 사는 사람을 '토박이 홍씨(土洪)'라고 하고 공이 있어서 당성군(唐城君)에 봉해진 자는 당홍(唐洪)이라고 한다.

---

70) 김행(金行) : 권행(權行). 고려의 공신. 안동 권씨(安東權氏)의 시조. 본성은 김(金). 본래는 신라, 뒤에는 후백제의 지배하에 있던 고창(古昌 : 지금의 안동)의 수령으로 있다가 견훤(甄萱)이 신라 경애왕을 자살케 한 것에 분개하던 중 태조 13년(930) 고려가 고창에서 후백제군을 무찌르는 데 가담하여 공을 세웠다. 이에 태조로부터 권씨 성을 하사받고, 대상(大相) 벼슬에 올랐다.

71) 麗**太祖**時, 柳達以車輪餉, 故賜名車達. 李棹以舟楫濟師, 故賜名棹. 金幸以羅裔**事麗**, 謂其能權, 故賜姓權.(『芝峯類說, 卷十七, 雜事部, 姓族』)→麗**祖**時, 柳達以車輪餉, 故賜名車達. 李棹以舟楫濟師, 故賜名棹. 金幸以羅裔, 謂其能權, 故賜姓權.(『松南雜識』)

당성(唐城)은 남양(南陽)의 옛 이름이다.

피난온 장 씨와 설 씨
張偰避亂

지봉(芝峰) 이수광(李睟光)이 말하였다.

장백창(張伯昌)은 송 왕조의 고귀한 신하인데 아들 순(舜)과 함께 난을 피하여 풍덕(豊德[72])에 왔다.[73]

또 설손(偰孫)[74]은 회골(回鶻)[75]이다. 원나라 말기에 단본당정자(端本堂正字)로, 아들 설장수(薛長壽)와 함께 오니 공민왕(恭愍王)이 경주(慶州)를 본적으로 하사하였다.[76]

지금 '초설(草薛), 인설(人偰)'[77]이라는 말이 있다.

---

72) 풍덕(豊德) : 경기도 개풍군(開豊郡) 남쪽 지역에 있었다.

73) **前朝時**, **浙江人**張伯昌, 以宋朝貴臣, 與其子舜**皐**避亂來**接**於豐德**地**, **今豐德之張**, **卽其後也**.(『芝峯類說, 卷十七, 雜事部, 姓族』) → 張伯昌, 以宋朝貴臣, 與其子舜避亂來於豐德.(『松南雜識』)

74) 설손(偰孫) : 고려 공민왕(恭愍王) 때 회골(回鶻)에서 귀화한 사람. 처음 이름은 백료손(百遼孫). 철독(哲篤)의 아들. 조상이 설연하(偰輦河)에 살았으므로 성을 설(偰)로 했다. 학문이 깊고 문장이 뛰어났으며, 원나라 순제(順帝) 때 단본당정자(端本堂正字)로 뽑혀 황태자에게 경전을 가르쳤다. 홍건적을 피하여 고려에 귀화하여 고창백(高昌伯)·부원후(富原侯)에 개봉(改封)되었다. 시(詩)를 잘 했다. 저서에 『근사재일고(近思齋逸藁)』가 있다.

75) 회골(回鶻) : 당나라 덕종 때의 부족 이름. 회흘(回紇)이 스스로 고쳐 부른 이름이다.

76) **高麗**偰遜回鶻人**也**, 元末以端本堂正字, 避亂東來. **嘗寄中朝故舊曰**, **於穆宣文閣**, **雍容端本堂**, **夢中猶昨日**, **覺後是他鄕**, **萬事心如鐵**, **三年髮已蒼**, **生還倘能遂**, **甘老校書郎**. 恭愍**朝**, 賜籍慶州.(『芝峯類說, 卷十二, 文章部五, 元詩』) → **又**偰遜回鶻人, 元末以端本堂正字, **與子長壽亦來**. 恭愍**王**賜籍慶州.(『松南雜識』)

77) 초설(草薛), 인설(人偰) : 초두머리[++] 쓰는 설씨(薛氏)와 사람인변[亻] 쓰는 설씨(偰氏).

마귀 · 이여송 · 만세덕 · 천만리의 후손이 귀화하다
麻李萬千

임진왜란 때 명나라 장수들이 공을 세웠지만 청나라가 중원을 침입하자 그 후손들이 우리나라로 피난하였으니 바로 마귀(麻貴)[78] · 이여송(李如宋)[79] · 만세덕(萬世德)[80] · 천만리(千萬里)[81]의 후손이다.

『명사(明史)』에 "이성량(李成樑)[82]의 고조(高祖) 이영(李英)[83]은 본래 조선인(朝鮮人)이다"라고 하였다.

---

78) 마귀(麻貴) : 명(明)나라 사람. 마금(麻錦)의 아우. 만력(萬曆) 연간에 영하총병(寧夏總兵)이 되었다. 후에 우도독(右都督)이 되어 요동(遼東)을 맡아서 지켰다. 훌륭한 장수로 이름이 났다.

79) 이여송(李如宋) : 명나라의 무장(武將). 자는 자무(子茂), 호는 앙성(仰城). 임진왜란 때에 병사 4만을 이끌고 우리나라를 도우러 와서 소서행장(小西行長)의 군을 무찔렀으나, 벽제관(碧蹄館) 싸움에서 소조천륭경(小早川隆景)에게 크게 패했다. 시호는 충렬(忠烈).

80) 만세덕(萬世德) : 명나라의 무장. 자는 백수(伯修). 융경(隆慶) 2년에 진사(進士)가 되었다. 조선 선조 11년(1578)에 경리(經里)로 온 뒤, 임진왜란과 정유재란 때 왜군을 물리치는 데 공을 세웠다. 조선에서는 생사당을 세워 그의 공적을 기렸다.

81) 천만리(千萬里) : 조선 선조 때 명나라에서 귀화한 무신. 자는 원지(遠之), 호는 사암(思庵), 시호는 충장(忠莊). 임진왜란 때 영량사(領糧使)로서 아들 상(祥)과 함께 출정하여 평양 등지에서 전공을 세웠고, 정유재란 때에도 울산 싸움에 참전했다.

82) 이성량(李成樑) : 명나라의 무신. 대대로 철령절지휘첨사(鐵嶺節指揮僉事)였다. 가난하여 40살이 되어서야 남의 도움을 얻어 임무를 맡을 수 있었고 공을 쌓아 부총병(副總兵)이 되었다. 융경(隆慶) 4년에 도독첨사(都督僉事)에 발탁되어 요동총병(遼東總兵)으로 여진족(女眞族) 수령인 왕고(王杲)와 그의 아들 아태(阿台)를 잡아서 세상에 이름났고 저원백(宁遠伯)에 봉해졌다. 그러나 사치와 교만함이 도를 지나쳐 만력(萬曆) 19년에 해임되었다가 10년 뒤에 다시 요동을 지키도록 명을 받았고 벼슬이 태부(太傅)에 이르렀다.

83) 이영(李英) : 명나라의 문신. 아버지 남가(南哥)가 많은 무리를 거느리고 명에 귀화하여 서저주동지(西宁州同知)에 제수되었고 영(英)이 물려받았다. 선종(宣宗)때 발탁되어 우부좌도독(右府左都督)이 되었지만 공을 믿고 교만하여 하옥되어 죽을 뻔하다가 풀려났다.

'曺'가 '曺'로 된 이유

曺姓一柱

조선의 정조가 말하였다.

'曹'의 '西'자는 일몰(日沒)이다. '東'자는 일출로, 그 형상을 본뜰 수 있으니, '曹'자에서 가운데의 세로 한 획을 없애는데, '관청'과 '무리'의 의미에는 본래의 획을 갖춘 '曹'자를 쓰고, 사람의 성씨에는 한 획을 뺀 '曺'자를 써라.

소 씨와 궉 씨의 유래

石牛天鳥

『운회(韻會)』에서 "궉(鴌)은 바로 봉(鳳)의 옛글자이다"라고 하였다. 지봉(芝峰) 이수광(李睟光)이 말하였다.

'성주(星州) 𥐝氏'라고 할 때 '𥐝'의 음은 소이다. 우리나라 말로 '우(牛)'를 '소'라고 부른다. 우리나라 역사에 석말천구(石末天衢)라는 사람이 있으니, 아마도 두 글자가 잘못 합쳐져 '소(𥐝)'자가 된 듯하다.

다만 『완위여편(宛委餘編)』에 "복성(複姓)으로 석우(石牛) 씨가 있다"라고 하니 아마도 이것인 듯하다.

'순창(淳昌) 鴌氏'라고 할 때 '鴌'의 음은 권(權)과 억(億)의 반절이지만 유래를 알 수 없다.[84)]

---

84) 星州有𥐝氏, 𥐝音小. 蓋方言呼牛爲小故也. **淳昌有鴌氏, 鴌音權億切, 不知其始自出**. 或云鴌本胡. 𥐝或謂東國史有石末天衢者, 疑石末二字, 訛爲𥐝字也. 但宛委餘編, 複姓有石牛氏, 疑卽此也.(『芝峯類說, 卷十七, 雜事部, 姓族』) → 星州𥐝氏, 𥐝音小. 俗言呼牛爲小. 東史有石末天衢者, 疑二字訛爲𥐝字也. 但宛委餘編云, 複姓有石牛氏, 疑此也. **淳昌鴌氏, 鴌音權億切, 不知自出**.(『松南雜識』)

민간에서 "궉(鴌)은 하늘의 새인데 꿈을 먹는 새의 이름이다"라고 하였다.

동이 씨와 김진 씨
佟李金秦

『운회(韻會)』에서 "佟의 음은 동"이라고 하니, 연(燕)나라의 사록에 요동(遼東)의 동만(佟萬)이 문장으로 유명하다.

『청해백보(青海伯譜)』에서 "동(佟)씨는 본래 악비(岳飛[85])의 후손인데 오랑캐 땅에 들어가서 동(佟)씨가 되었다. 동두란(佟豆蘭)[86]은 조선 태조를 좇아 건국을 도와서 이씨 성을 하사받으니 이를 동이(佟李)라 한다"라고 하였다.

또 김학(金鶴)은 신라 태사(太師) 김선평(金宣平)의 후예로 조선 초에 명에 들어가서 유구(琉球)의 사신과 서열을 다투다가 죄를 받으니, 황제가 외번사(外藩使)를 우리나라에 보내어 그를 주벌하였다. 우리나라에서는 그의 무죄를 불쌍히 여겨 성을 진(秦)으로 바꾸니 秦자가 金자의 모양과 비슷하기 때문이다. 이를 '김진(金秦)'이라고 하는데 본관은 삼척(三陟)이다. 순조 때에 이르러 본래의 성을 회복하여 안동 김씨가 되었다. 연(延)씨는 본래 김씨로, 신라 때 연추문(延秋門)에 살아서 연(延)이라고 성을

85) 악비(岳飛) : 남송(南宋)의 무장(1103~1141). 자는 붕거(鵬擧). 금나라에 대하여 주전론(主戰論)를 펴다 재상 진회(秦檜)의 참소로 옥사했다.

86) 동두란(佟豆蘭) : 여말 선초의 공신(1331~1402). 여진인으로 본래의 성명은 퉁고륜두란첩목아(佟古倫豆蘭帖木兒). 자는 식형(式馨), 시호는 양렬(襄烈), 본관은 청해(青海). 공민왕 때, 고려에 귀화하여 북청(北青)에 살면서 이씨의 성과 청해의 본관을 하사받았고 운봉(雲峯) 등지에서 싸워 무공을 세웠으며, 공양왕 때 지문하부사(知門下府事) 등을 지냈다. 이성계와 의형제를 맺고 조선 건국에 공을 세워 개국공신 일등에 청해군(青海君)이 되었고, 경상도 절제사로 왜구를 방어하였으며, 건주위(建州衛) 정벌에도 공을 세웠다. 왕자의 난 때 공을 세워 좌명공신(佐命功臣)이 되었고, 좌찬성을 지냈으며 뒤에 중이 되었다.

하사받은 경우와는 다르다.

양 씨와 명 씨가 부역을 면제받다
楊明免役

권문해(權文海[87])의 『대동운부군옥(大東韻府群玉)』[88]에서 "양기(楊起)는 한(漢)나라 양진(楊震[89])의 후예이다. 원나라 순제(順帝)가 그를 보내어 공민왕의 승상(丞相)으로 삼았다. 청주(淸州)를 본관으로 하사하고 자손의 부역을 면제시켜 주었다"라고 하였다.

『명사(明史)』에 "홍무(洪武) 임자년(1372)에 어떤 사람이 진우량(陳友諒[90])의 아들 진이(陳理)와 명옥진(明玉珍[91])의 아들 명승(明昇[92])이 원망

---

87) 권문해(權文海) : 조선 중기의 학자·문신(1534~1591). 자는 호원(灝元), 호는 초간(草澗). 좌부승지와 감사(監司)를 지냈다.

88) 대동운부군옥(大東韻府群玉) : 권문해가 원나라 음시부(陰時夫)의 『운부군옥』을 본떠서 편찬한 백과사전. 우리나라의 중요한 사실(史實)·인물·지리·예술 등을 운(韻)의 차례에 따라 배열했다. 20권 20책.

89) 양진(楊震) : 동한인. 자는 백기(伯起). 경전에 밝아서 당시에 "관서공자양백기(關西孔子楊伯起)"라고 했다. 나이 50에야 무재(茂才)로 천거되어 형주자사(荊州刺史)와 동래태수(東萊太守)를 역임했다. 형주무재(荊州茂才) 왕밀(王密)이 창읍령(昌邑令)이 되어 밤에 황금 10근을 가지고 와서 받으라고 하자 "天知, 神知, 我知, 子知"라고 하며 거절했다. 안제(安帝) 연광(延光) 1년에 태위(太尉)가 되었다. 당시 황제의 유모인 왕성(王聖)과 환관인 번풍(樊豊)이 권력을 독차지하고 교만·사치하자 양진이 소(疏)를 올려 그를 탄핵하다가 도리어 무고를 당하여 옥에 갇히자 자살했다.

90) 진우량(陳友諒) : 원나라 사람. 본성은 사(謝)이다. 조부가 진(陳)에 살면서 진(陳)을 성으로 했다. 순제(順帝) 지정(至正) 17년에 예문준을 살해하고 그의 군대를 합병하여 스스로 선위사(宣慰使)가 되었고 얼마뒤 평장(平章)이 되었다. 순제 19년에 강주(江州)에서 서수휘(徐壽輝)를 맞이하여 스스로 한왕(漢王)이라 했다. 20년에 태평(太平)을 공격하여 마침내 서수휘를 죽이고 채석기(采石磯)에서 황제로 즉위하고 나라를 한(漢)이라고 했다. 강서(江西)와 호광(湖光)의 땅을 차지하고 동으로 건강(建康)을 습격하여 주원장(朱元璋)에게 패배했다. 23년에 진우량이 다시 누선을 수리하여 홍도(洪都)를 포위하고 85일 동안 싸웠지만 이기지 못하자 포위를 풀고 파양호(鄱梁湖)로 돌아와 주원장 군과의 전투에서 죽었다.

91) 명옥진(明玉珍) : 원나라 사람. 순제(順帝) 지정(至正) 11년 고을 사람 천여 명을 모아

하는 말을 한다고 보고하자, 황제가 목숨을 보전하지 못할까를 두려워하여 비로소 고려로 이주시켰다"라고 하였다. 지금의 진(陳)씨와 명(明)씨 두 집안이 이들이다.

여섯 가축의 이름을 성으로 하사하다
六畜賜姓

지봉(芝峰) 이수광(李睟光)이 말하였다.

세상에 전해오는 말에 고려 때 목천(木川)[93]에서 자주 반란이 일어나자 가축의 이름으로 성을 하사하였다. 뒤에 '象(상 : 코끼리)'을 바꿔 '尙(상)'이라고 하고, '豚(돈 : 돼지)'을 '頓(돈)'이라고 하고 '犬(견 : 개)'을 '太(태)'라고 하였다.[94]

청산(靑山)에 진을 치고 스스로를 보호했다. 후에 서수휘(徐壽輝)에게 종사하여 원수(元帥)가 되었고 양한(楊漢)의 책략을 수용하여 중광(重光)을 습격하여 취했다. 서수휘가 농촉행성우승(隴蜀行省右丞)에 명했다. 순제 20년에 진우량이 서수휘를 죽이자 옥진이 그와의 관계를 끊고 스스로를 농촉왕(隴蜀王)이라 했다. 22년에 대하(大夏)를 세우고 황제가 되었다. 정치를 잘했고 운남(雲南)에 군사를 파견하여 주원장(朱元璋)과 우호를 다졌다. 재위 5년 만에 죽었다.

92) 명승(明昇) : 고려 공민왕(恭愍王) 때 하(夏)나라에서 귀화한 사람. 본관은 서촉(西蜀). 하나라 왕 옥진(玉珍)의 아들. 하나라가 명나라에 의하여 멸망한 후, 남녀 27명을 거느리고 귀화하여 총랑(總郎) 윤희종(尹熙宗)의 딸과 결혼하고 개성에서 살았다. 조선 태조 때 화촉군(華蜀君)에 봉해지고 충훈세록(忠勳世錄)을 하사받았다.

93) 목천(木川) : 충청남도 천안 지역의 옛 지명. 본래 백제의 대목악군(大木岳郡)이었는데, 경덕왕 16년(757) 대록군(大麓郡)으로 고쳤다. 태조 23년(940) 목주군(木州郡)으로 고쳐 청주에 속했다가 명종 2년(1172) 감무를 두었으며, 태종 13년(1413) 목천으로 고쳐 현감을 두었다.

94) 世傳**高**麗**太**祖以木**州人**屢叛, 以**六**畜賜姓. 後改象爲尙, **改**豚爲頓, **改**犬爲太.(『芝峯類說, 卷十六, 語言部, 諧謔』)→世傳麗祖以木**川**屢叛, 以畜賜姓. 後改象爲尙, 豚爲頓, 犬爲太.(『松南雜識』)

살펴보건대 무측천(武則天)이[95] 왕황후(王皇后)에게 망씨(蟒氏 : 구렁이 씨)의 성을 하사하고, 소숙비(蕭淑妃)에게 효씨(梟氏 : 올빼미 씨) 성을 하사한 것과 같다.

오랑캐는 성명이 없다
獠無姓名

『북사(北史)』[96]에 "요국(獠國[97])의 사람들은 성명이 없고 오직 나이의 많고 적은 차례를 호칭한다. 남자는 아모(阿謩) · 아단(阿段)이라 하고 여자는 아이(阿姨) · 아등(阿等)이라고 하니 모두 순서를 의미하는 말이다"[98]라고 하였다.

고 씨 · 부 씨 · 양 씨
高夫梁

우리나라의 역사에서 말하였다.

---

95) 무측천(武則天) : 측천무후(則天武后). 당나라 고종의 황후. 성은 무(武). 이름은 조(曌). 중국 역사에서 유일한 여제(女帝)로 고종을 대신하여 실권을 쥐고, 두 아들을 차례로 제왕의 자리에 오르게 하였으며, 스스로 제왕의 자리에 올라 국호를 주(周)로 고치고 성신 황제(聖神皇帝)라 칭했다.

96) 북사(北史) : 책이름. 100권. 당(唐)의 이연수(李延壽)가 편찬했다. 기록한 것은 위(魏)나라부터 수나라까지 총 242년간 북조(北朝)의 사실(史實)인데, 서사가 특히 상세하고 치밀하여 빠지고 생략된 것이 많은 남사(南史)와 다르다. 편차도 매우 잘 정리되어 있어 북조의 사실을 고증할 때는 주로 이 책을 근거로 한다.

97) 요국(獠國) : 료(僚)라고도 쓴다. 중국의 형주(荊州) 서남쪽에 종족. 단성식의 『유양잡조(酉陽雜俎)』에 고개 남쪽 골짜기에 이따금 비두(飛頭)라는 것이 있으니 비두는 요자(獠子)를 말한다라고 했다.

98) 獠者 …… **又**無名**字**, **所生男女**, **唯**以長幼次第**呼之**, **其**丈夫稱阿謩阿段, 婦人阿夷阿等**之類**, 皆語之次第**稱謂**也.(『北史, 卷九十五, 列傳第八十三, 蠻獠』) → **獠國**無姓**名**, **惟**以長幼次第**叫之**, 丈夫稱阿謩阿段, 婦人**稱**阿夷阿等, 皆語之次第也.(『松南雜識』)

탐라(耽羅)에는 애초에 사람과 동물이 없었다. 한라산(漢拏山) 모흥혈(毛興穴)에서 세 명의 신인(神人)이 나왔으니 고을나(高乙那)는 임금이 되고, 부을나(夫乙那)·양을나(梁乙那)는 신하가 되었다.

『양산숙전(梁山璹傳)』[99]에서 "그의 선조 양을나(良乙那)는 단군(檀君)과 동시에 개국하였고, 그 후손 양탕(梁宕)은 처음으로 신라와 교통하였다. 그때에 객성(客星)이 나타나서 신라왕이 성주(星主)라는 벼슬을 하사하고 마침내 '양(良)'을 고쳐 '양(梁)'이라 하였다"라고 하였다.

『정기록(正氣錄)』[100]에서 "부(夫)씨의 후손은 지금은 또 문(文)씨가 되었다"라고 하였다.

『산해경(山海經)』에서 "웅산(熊山)에 구멍이 있는데 항상 신인(神人)이 나타나고 여름에는 열렸다가 겨울에는 닫힌다"[101]라고 하였다.

『유원(類苑)』에서 말하였다.

파(巴)씨·번(樊)씨·담(瞫)씨·상(相)씨·정(鄭)씨의 다섯 성은 종리산(鍾離山)에서 나왔다. 종리산에는 붉은 색과 검은 색 두 개의 구멍이 있는데 파(巴)씨는 붉은 구멍에서 나오고 나머지는 모두 검은 구멍에서 나왔다. 임금이 없었는데 파(巴)씨의 아들인 파무상(巴務相)만

---

99) 양산숙전(梁山璹傳) : 조선 전기의 학자(1561~1593)인 양산숙의 전. 양상숙의 본관은 제주, 자는 회원(會元). 성훈(成渾)의 문인. 벼슬에는 뜻을 두지 않고, 경전 연구에만 전념하여 천문·지리·병학(兵學)에 정통했다. 선조 24년(1591) 천상(天象)을 보고 난리가 있을 것을 예언, 상소하여 대비책을 건의했다가 배척을 받기도 했다. 임진왜란이 일어나자 김천일(金千鎰)과 의병을 일으켜, 진주(晉州)에서 싸우다가 죽었다. 시호는 충민(忠愍).

100) 정기록(正氣錄) : 조선 선조(宣祖) 32년(1599) 고유후(高由厚)가 엮은 것으로 총 1책이다. 임진왜란 때 순절한 고경명(高敬命)과 그 맏아들 종후(宗厚), 둘째 아들 인후(仁厚)의 충절과 행적을 기록한 책. 고경명의 아들 유후가 편찬한 것을 유후의 아우 용후(用厚)가 증보하여 간행했다.

101) **又東一百五十里, 曰**熊山, 有穴焉, 熊之穴, 恒出神人, 夏啓而冬閉.(『山海經, 卷五, 中山經』) → 熊山有穴焉, 恒出神人, 夏啓而冬閉.(『松南雜識』)

이 흙으로 배를 타고서도 물에 뜨는 신이한 능력이 있기 때문에 파무상(巴務相)을 세워서 늠군(廩君)[102]으로 삼았다.[103]

바로 성무제(成武帝) 이웅(李雄)의 선조이니 파지(巴氐)이다.

또 『서강전(西羌傳)』에서 "강(羌)은 노예를 무익(無弋)이라 하는데 원검(爰劍)[104]을 노예로 만들었기 때문에 그의 성을 익(弋)이라 하였다"[105]라고 하였다.

저씨 · 뉴씨 · 백씨 · 목씨
嫴妞苩木

『자휘(字彙)』에서 "嫴의 음은 저이고, 妞의 음은 뉴이니 모두 성이다. 고려때에 있었다"라고 하였다.

『운회(韻會)』에 "백(苩)씨, 목(木)씨는 모두 성이다. 백제 때에 있었다"라고 하였다.

---

102) 늠군(廩君) : 남만(南蠻) 추장의 명칭.

103) **巴郡南郡蠻**, **本有**五姓, 巴氏樊氏瞫氏相氏鄭氏, **皆**出**於武落**鍾離山, 其山有赤黑二穴, 巴氏**之子**, **生於**赤穴, **四姓之子**, **皆生**黑穴, 未有君長, **俱事鬼神**, **乃共擲劒於石穴**, **約能中者**, **奉以爲君** ,**巴氏子務相**, **乃獨中之**, **衆皆歎**, **又令各乘土船**, **約能浮者**, **當以爲君**, **餘姓悉沈**, **唯務相獨浮**, **因共立之**, **是**爲廩君.(『後漢書, 卷一百十六, 南蠻西南夷, 南蠻』)→巴氏樊氏瞫氏相氏鄭氏**五姓**, 出鍾離山, 其山有赤黑二穴, 巴氏**出**赤穴, **其餘皆出**黑穴, 未有君長, **以巴氏子有土船之異**, **故立務相**爲廩君.(『松南雜識』)
*『통전』·『태평어람』·『책부원귀』 등에 위의 내용이 있지만 『후한서』의 기록이 가장 이름.

104) 원검(爰劍) : 진(秦) 여공(厲公) 때 진나라에 사로 잡혀 노예가 되었으나 도망갔다. 불에 타지 않고 농경법을 알았기에 존경을 받았다.

105) 羌**人謂**奴爲無弋, 以爰**劒嘗**爲奴**隷**, 故**因名之**.(『後漢書, 西羌傳, 第七十七』)→羌**以**奴爲無弋, 以爰**劒**爲奴, 故**姓弋**.(『松南雜識』)

휴 씨
崖蜀

『집운(集韻)』에 "崖의 음은 휴로 『성원(姓苑)』[106]에 보이며, 또 蜀라고도 쓴다. 글자의 모양은 다르지만 음은 같다"라고 하였다.

죽 씨 · 목 씨
竹木

낙빈왕(駱賓王)[107]의 「요주노포(姚州露布)」[108] 가운데 "몽검(蒙儉)·화사(和舍) 등은 떠내려 온 대나무의 자식이고 잠겨 있는 나무의 후예이다(蒙儉和舍等, 浮竹遺胤, 沈木餘苗)"의 주석에서 말하였다.

야랑국(夜郎國)[109]에 초기에 물가에서 빨래를 하는 어떤 여자가 있었다. 세 마디 짜리 큰 대나무를 보고 밀었지만 대나무가 움직이지 않았다. 아이의 울음소리를 듣고 대나무를 쪼개어 남자아이를 얻었다. 그가 어른이 되었을 때 무예가 뛰어나서 마침내 이적(夷狄)의 우

106) 성원(姓苑) : 『만성통보(萬姓統譜)』의 다른 이름. 성보(姓譜)라고도 한다. 전체 146권이며 명나라의 능적지(凌迪知)가 편찬했다. 부록으로 『씨족박고(氏族博攷)』 14권이 있다.

107) 낙빈왕(駱賓王) : 당나라 문학가. 의오(義吳) 출신. 어려서 총기가 남달랐고 문장에 뛰어나서 초당사걸(初唐四傑)의 일인이 되었다. 처음에 임해승(臨海丞)이 되었지만 뜻을 펴지 못해 버리고 떠났다. 서경업(徐敬業)이 군사를 이끌고 무후(武侯)를 토벌하자 서기(書記)로 종사하여 「토무후격(討武侯檄)」을 썼다. 무후가 그것을 읽고 이런 재주를 가진 사람이 이름나지 못한 것은 재상의 잘못이라고 했다. 서경업이 패배하자 주살되었다고도 하고, 망명하여 영은사(靈隱寺)의 중이 되었다고도 한다. 저서로 『낙승집(駱丞集)』이 있다.

108) 요주노포(姚州露布) : 원래 제목은 「兵部奏姚州道破逆賊諾波弄楊虔柳露布」이다. 노포(露布)는 조서(詔書)나 간독(簡牘) 등을 봉함하지 않은 것이나 군(軍)에서 첩보하는 문서, 혹은 포고문, 격문(檄文) 등을 말한다.

109) 야랑국(夜郎國) : 한대(漢代)에 있던 남이국(南夷國)의 이름. 지금 귀주성(貴州省) 서쪽 경계 지역이다.

두머리가 되었는데 '竹(죽)'을 성으로 삼았다. 또 애뢰이족(哀牢夷族)의 선조 중에 사대(沙臺)라는 부인이 있었는데, 물가에서 고기를 잡다가 물속에 잠겨 있는 나무에 부딪혀 임신 하여 한 번에 아들 열 명을 낳았는데 그중의 하나가 왕이 되었다.[110)]

또 '구종이 배반하고 속였다[九種背誕]'의 주석에 "구종(九種)은 '구륭(九隆)'이라고도 쓴다"라고 하였다.

사대(沙臺)의 막내 아들이 태어난 뒤에 물속에 잠긴 나무가 용으로 변화하여 말하였다.

"네가 나를 위해 아들을 낳았으니 그 아이들은 지금 어디에 있느냐?"

아홉 명의 아들은 놀라서 달아났는데 아들 하나는 가지 않고 용을 등지고 앉아 있기에 용이 그를 핥아 주었다. 그의 어머니가 새의 말을 하는데 등을 '九(구)'라 하고, 앉아 있는 것을 '隆(륭)'이라고 하였다. 이어서 그 아들을 '구륭(九隆)'이라 이름 지었는데 뒤에 왕이 되었다.[111)]

---

110) 夜郎**之先**, 有**女**浣水濱, 得大竹三節, 推之不去. 聞有兒聲, 破之得男. 長有武**才**, 遂雄夷狄, 以竹爲姓. 哀牢之先, 有婦人名沙臺, 捕魚水**中**, 觸沈木, 有孕, **生子十人**.(『駱丞集, 卷四, 雜著, 姚州道破逆賊諾波浪楊虔等露布』)→夜郎**國**, **初**, 有**女子**浣水濱, 得大竹三節, 推之不去. 聞有兒聲, 破之得男. 長有武**材**, 遂雄夷狄, 以竹爲姓. **又**哀牢之先, 有婦人名沙臺, 捕魚水**邊**, 觸沈木, 有孕, **一產十子**, **一爲王**.(『松南雜識』)

111) **后沈木化爲龍**, **沙臺忽聞**龍語曰, 若爲我生子, 今**悉何**在. 九子驚走, 一子不去, 背龍坐, 龍**因**舐之. 其母鳥語, 謂背爲九, 謂坐爲隆. 因名子曰九隆, **及後長大**, **諸兄以九隆能爲父所舐而黠**, **推以**爲王.(『駱丞集, 卷四, 雜著, 姚州道破逆賊諾波浪楊虔等露布』)→**九種**, **作九隆也**. **沙臺少子**, **生後沈木**, **化爲**龍語曰, 若爲我生子, 今**安**在. 九子驚走, 一子不去, 背龍坐, 龍舐之. 其母鳥語, 謂背爲九, 謂坐爲隆. 因名**其**子曰九隆, **後**爲王.(『松南雜識』)

오랑캐는 어머니의 성을 따른다
胡從母姓

『진서(晋書), 유원해전(劉元海傳)』[112]에 "옛날 한(漢) 고조가 왕실의 여자를 묵특(冒頓)[113]에게 시집보낸 까닭에 그의 자손들이 마침내 유(劉)씨를 성 앞에 붙였다"[114]라고 하였으니, 대개 오랑캐가 어머니의 성을 따른 시초이다.

『사략(史略)』에서 "노자(老子)[115]가 어머니의 성씨를 따라 이(李)씨가 되었다"라고 하니 초(楚) 또한 오랑캐의 풍속이다.

오랑캐와 왜는 복성을 사용한다
胡倭複姓

『한사(漢史)』에 "흉노(匈奴)의 성은 연제(攣鞮)이다"[116]라고 하였다.

『유원(類苑)』에 "북위(北魏) 시대에 유연족(柔然族)의 성은 욱구려(郁久閭)이니 대머리란 말이다. 시조 목골려(木骨閭)가 대머리였는데, 욱구려(郁久閭)와 음이 서로 비슷해서 성으로 삼았다"[117]라고 하였다.

---

112) 『松南雜識』에는 '劉淵傳'으로 되어 있음.

113) 묵특[冒頓] : 묵돌 선우(冒頓單于)를 흉노로서 이르는 이름. 흉노의 제3대 왕으로, 한(漢) 고조를 격파하여 굴욕적인 화친 정책을 쓰게 했다.

114) **劉元海新興匈奴人**, **冒頓之後也**, **名犯高祖廟諱**, **故稱其字焉**. **初**漢高祖以宗女**爲公主**, **以**妻冒頓, **約爲兄弟**, 故其子孫, 遂冒姓劉氏.(『晉書, 卷一百一, 載記第一, 劉元海』) → 昔漢高祖, 以宗女妻冒頓, 故其子孫, 遂冒姓劉氏.(『松南雜識』)

115) 노자(老子) : 주(周)나라 초고현(楚苦縣) 사람으로 성은 이(李), 이름은 이(耳), 자는 담(聃). 일설에는 자가 백양(伯陽)이며 담(聃)은 시호라고도 한다. 또다른 설에는 노(老)가 자이며 담(聃)은 이름이라 하고, 또 노씨(老氏)이기 때문에 노자(老子)라고 한다라고 했다. 『사기색은(史記索隱)』에 갈현(葛玄)이 "노자는 이씨(李氏) 여인이 낳아서 어머니의 성을 따랐다고 하고 또 나면서 오얏나무[李]를 가리켜 이때문에 이(李)를 성으로 했다"라고 했다.

116) 『前漢紀, 卷十一, 孝武二』.

117) **蠕蠕**, **東胡之苗裔也**, 姓郁久閭氏, **始神元之末**, **掠騎有得一奴**, **髮始齊眉**, **忘本姓**

『북사(北史)』[118]에 "돌궐(突厥)의 성은 아사나(阿史那)씨이다"[119]라고 하였다.

『유원(類苑)』에서 말하였다.

토번(吐蕃)의 선조 독발리록고(禿髮利鹿孤)[120]는 나중에 저거몽손(沮渠蒙遜)[121]에 복속되어 솔구야씨(窣毅野氏)로 성을 고쳤다. 찬보(贊普)[122]가 스스로 '천신(天神)의 소생'이라고 말하면서 골제실보야(鶻堤悉補野)라 호칭하다가 그대로 성으로 삼았다.[123]

『송사(宋史)』에서 말하였다.

名, **其主字之曰木骨閭**, 木骨閭**者**, 首禿**也**, **木骨閭**與郁久閭**聲**相近, **故後子孫**因以爲**氏**.(『魏書, 卷一百三, 列傳, 蠕蠕』)→**元魏時**, **柔然**姓郁久閭氏**者**, **首禿也**. **其祖**木骨閭首禿, 與郁久閭**音**相近, 因以爲**姓**.(『松南雜識』)

118) 『松南雜識』에는 '梁史'로 오기되어 있음.

119) 突厥**者**, **其先居西海之右**, **獨爲部落**, **蓋匈奴之別種也**, 姓阿史那氏.(『北史, 卷九十九, 列傳, 突厥』)→突厥姓阿史那氏.(『松南雜識』)

120) 독발리록고(禿髮利鹿孤) : 남량(南凉)의 임금. 오고(烏孤)의 동생. 진(晉) 융안(隆安) 연간에 즉위하여 서평(西平)으로 옮겨 다스렸다. 얼마 뒤 하서왕(河西王)이라 칭하고 군사를 거느리고 여융(呂隆)을 크게 패배시켰다. 재위는 3년이고 연호는 건화(建和)이다.

121) 저거몽손(沮渠蒙遜) : 오호십육국(五胡十六國)의 시조. 여수호(盧水胡) 출신. 역사를 섭렵하고 권변(權變)을 잘 했다. 처음에는 후량(後凉)에 붙었다. 숙부인 나구(羅仇)·국죽(麴粥)이 여광(呂光)에게 살해되자 후량(後凉)을 배반하고 사촌형 남성추단업(男成推段業)과 양주목(涼州牧)이 되어 원수 갚기를 도모했다. 업(業)이 몽손(蒙遜)을 서안태수(西安太守)로 삼은 뒤, 몽손(蒙遜)이 업(業)을 공격하여 살해하고 고장(姑臧)으로 옮겨 스스로 장액공(張掖公)이라 하고 뒤에 양왕(涼王)이라 했다. 남조(南朝) 송(宋) 원가(元嘉) 연간에 죽었다.

122) 찬보(贊普) : 토번(吐蕃)의 우두머리를 말한다. 『당서(唐書), 토번전(吐蕃傳)』에서 강한 영웅을 '찬(贊)'이라 하고 장부를 '보(普)'라 한다. 그러므로 군장(君長)을 '찬보(贊普)'라고 한다라고 했다.

123) 吐蕃**在吐谷渾西南**, **不知有國之所由**, **或云**, 禿髮利鹿孤, **有子樊尼**, **其主傉檀爲乞伏熾盤所滅**, **樊尼率餘種**, 依沮渠蒙遜, **其後子孫**, **西魏時**, **爲臨松郡丞**, **與主簿**, **皆得衆心**, **因魏末**, **中華擾亂**, **招撫羣羌**, **日以强大**, **遂**改姓**爲**窣毅野. **故其人至今**, **號其主曰贊府**, **貴臣曰主簿**, **又或云始祖**, 贊普自言天神所生, 號鶻堤悉補野, 因以爲姓.(『通典, 卷一百九十, 邊防, 西戎, 吐蕃』)→吐蕃之先, 禿髮利鹿孤, **後**依沮渠蒙遜, 改姓窣毅野**氏**. **或云**贊普自言天神所生, 號鶻堤悉補野, 因以爲姓.(『松南雜識』)

거란(契丹)은 바로 요(遼)이니 성은 야율(耶律)씨이다. 그가 살던 횡장(橫帳)[124]의 땅이 석리(錫里)[125]인데 야율(耶律)이라고 번역된다.

몽고는 바로 달단(韃靼)이다. 성은 기악온(奇渥溫)씨로, 또는 패아지근(孛兒只斤)씨라고도 한다.

지금의 청나라는 바로 여진족(女眞族)으로 성이 애신각라(愛新覺羅)씨이니 "금을 좋아한다(好金)"라는 뜻으로 번역된다.

『당서(唐書)』에 "왜(倭)의 성은 아매(阿每) 씨다"[126]라고 하였다.

『수서(隋書)』에 "유구국(琉球國)의 성은 환사(歡斯)씨이다"[127]라고 하였다.

『위서(魏書)』에 "북방에서는 땅(土)을 척(拓)이라 하고, 임금(后)을 발(跋)이라고 하는 까닭에 척발(拓跋)씨가 되었다"[128]라고 하였다.

완안 왕씨
完顔卽王

『엄주집(弇州集)』[129]에서 "완안(完顔)[130]은 바로 '왕'이라는 성[王姓]이

124) 횡장(橫帳) : 거란 말로 종실(宗室) 중에서 가장 고귀한 자를 이름.

125) 『五代史, 卷七十二, 四夷附錄, 第一』·『遼史拾遺, 卷二十三, 國語解, 第四十六, 太祖紀, 耶律氏』·『文獻通考, 卷三百四十五, 四裔考, 二十二, 契丹上』에 錫里로 되어 있음. 따라서 『松南雜識』의 '世里'는 오기로 보임.

126) **日本古**倭**奴也** …… **其王**姓阿每氏.(『唐書, 卷二百二十, 列傳, 東夷』) → 倭姓阿每氏.(『松南雜識』)

127) 流求國 …… 其王姓歡斯氏.(『隋書, 卷八十一, 列傳, 流求國』) → 琉球國姓歡斯氏(『松南雜識』)

128) 北**俗**, 謂土爲**托**, 謂后**爲**跋, 故**以**爲氏.(『魏書, 卷一, 帝紀, 序紀』) → 北**方**, 謂土爲**拓**, 謂后**曰**跋, 故爲**拓跋**氏.(『松南雜識』)

129) 엄주집(弇州集) : 엄주사부고(弇州四部稿). 명나라 왕세정(王世貞)의 문집. 본집 174권, 속집 207권.

130) 완안(完顔) : 복성(複姓). 완안부(完顔部)가 금(金)을 건국한 뒤 부족민들이 모두 부족의 이름을 따라 완안(完顔)을 성으로 삼았다.

다"[131]라고 하였다.

성호(星湖) 이익(李瀷)이 "생각건대 고려의 성을 따른 까닭이다"라고 하였다.

김세렴(金世濂)[132]의 『해사록(海槎錄)』에 "김행(金幸)은 바로 고려의 공신 권행(權行)이니 그의 아들 김극수(金克守)가 여진(女眞)으로 장가가서 고을태사(古乙太師)를 낳았다. 고을태사의 손자가 바로 금(金)의 태조이다"라고 하였다. 또 "평주(平州)의 중 금준(今俊)이 여진(女眞)에 들어갔으니 바로 그들의 선조이다"라고 하였다. 『고려사(高麗史)』에 인종(仁宗)이 금(金)에 보낸 글에 "하물며 저들의 근원이 우리에게서 시작되었음에랴"[133]라고 한 말이 이것이다.

이만주(李滿住)도 우리나라에 복속되자 중국에서 우리나라의 성을 하사하니 또한 만주(滿住)도 이름이 아니고 극한(可汗)과 같은 칭호라고 한다.

당나라 온정균(溫庭筠)[134]의 시에서,

원로(元老)가 등용된 뒤로부터	自從元老登庸後
천하의 호씨(胡氏)들이 모두 영(令)자를 붙이네	天下諸胡悉帶令[135]

131) 完顔**漢姓**曰王.(『弇州四部稿, 卷一百六十七, 說部, 金人姓氏』)→完顔**者**, **卽**王**姓也**.(『松南雜識』)

132) 김세렴(金世濂) : 조선 인조 때의 문신(1593~1646). 자는 도원(道遠), 호는 동명(東溟), 본관은 선산(善山). 광해군 8년(1616) 문과에 장원 급제하고 예조좌랑·홍문관수찬·지제교를 거쳐 동왕 9년 정언(正言)으로 폐모론(廢母論)을 주장하는 자를 탄핵하다가 곽산(郭山)으로 유배되었다가 다시 강릉에 이배되었다. 인조반정 후 기용되어 교리·사간·병조참의·이조참의·도승지·호조판서 등을 역임했다. 저서에 『동명집(東溟集)』·『해사집(海槎集)』 등이 있다.

133) **丁丑**遣**中書主事曹舜擧**, **聘于**金. **其**書有况彼源發乎吾**土**之語, **金主拒不受**.(『高麗史, 卷十四, 世家十四, 睿宗』)→**仁宗**遣金書, 有况彼源發乎吾之語.(『松南雜識』)

134) 온정균(溫庭筠) : 당나라의 문학가. 『신당서(新唐書)』에는 정균(廷筠)으로 되어 있다. 본명은 기(岐), 자는 비경(飛卿). 어려서부터 영민하고 사장(詞章)에 능하여 이상은(李商隱)과 이름을 나란히 했다. 문사(文思)가 신원(神遠)하였지만 행동이 경박하고 조심성이 없었다. 저서에 『악란집(握蘭集)』·『금전집(金荃集)』·『한남진고(漢南眞稿)』 등이 있다.

135) 「희영호상(戲令狐相)」.

라고 하였는데, 그 주석에 "영호도(令狐綯)[136]가 재상이 되자 호(胡)씨 성을 가진 사람들이 영(令)자를 앞에 붙였다"[137]라고 하였다. 지금 청나라는 세대마다 성을 바꾸니 바로 대대로 천명을 받으려는(歷世受命) 의도이다. 그러나 또한 옛날에는 없던 일이다.

추씨 · 천씨 · 뢰씨 · 참씨
騶瞞頟呇

『한서(漢書)』에서 "동구왕(東甌王)의 성은 추(騶)씨이니 구천(勾踐)의 후예이다"[138]라고 하였다.

『풍속통(風俗通)』에서 "남만의 형(荊)에 瞞씨가 있으니 음은 천이다"[139]라고 하였다.

또 한(漢)나라의 태수(太守) 중에 뇌선정(頟先丼)이란 자가 있었다.[140] 이에 대해 이덕무(李德懋)가 "頟는 賴(뢰)의 고자이고 丼은 井의 고자이니 그 음은 담이라고 주석할 필요도 없습니다. 그러니 뇌선(賴先)과 뇌정(賴井) 두 사람의 이름을 한 사람으로 오인한 것입니다"[141]라고 하였다.

---

136) 영호도(令狐綯) : 당나라 화원(華原) 출신. 자는 자직(子直). 문학(文學)을 잘 했다. 선종(宣宗) 때 호주자사(湖州刺史) · 지제고(知制誥)가 되었다. 보정(輔政) 10년에 사공(司空) · 검교사도(檢校司徒)를 거쳐 양국공(涼國公)에 배임되었다. 방욱(龐勛)이 반란하여 서주(徐州)를 점거하자 남면초토사(南面招討史)가 되었는데 방욱이 거짓으로 항복하자 그를 습격하다가 대패했다. 희종(僖宗) 때 절도봉상(節度鳳翔)이 되었다가 조(趙)에 봉해졌다.

137) 令狐綯爲相 …… **至**有姓胡冒令**者**.(『全唐詩, 卷八百七十一, 戱令狐相』) → 令狐綯爲相, 有姓胡**者**, 冒令**狐**也.(『松南雜識』)

138) 閩粵王無諸及粵東海王搖, 其先皆粵王, 句踐之後也. 姓騶.(『前漢書, 卷九十五, 西南夷兩粵朝鮮傳』) → 東甌王, 姓騶氏, 句踐之後也.(『松南雜識』)

139) 風俗通, 荊蠻之後, 本姓蠻, 音訛, 遂爲瞞氏.(『名賢氏族言行類稿, 卷十五』) → 風俗通曰, 蠻荊有瞞氏, 音舛.(『松南雜識』)

140) 『연암집』 원문에는 "『풍속통(風俗通)』에, '한나라 태수 뇌선정(頟先丼)이란 자가 있는데 스스로 말하기를 자기 성명 3자 중에 2자는 통하지 못한다'라고 했다."고 되어 있다.

『환온전(桓溫傳)』[142]에 "참견(昝堅)[143]이 이세(李勢)에게 항복을 권하였다"[144]라고 하였는데, 『운서(韻書)』에 "昝의 음은 참이다"라고 하였다.

또 육종(陸終)[145]의 아들 전갱(籛鏗)[146]은 팽(彭)에 봉해져 팽조(彭祖)를 성으로 삼았다. 籛(전)씨 등 모두 보기 드문 성씨(僻姓)이다.

문인 씨 · 장시 씨
聞人張是

경전의 주석에서 "문인(聞人)씨의 이름은 자(滋)[147]이니 본래 노(魯)나라 소정묘(少正卯)의 후손이다. 노나라의 '유명한 사람(聞人)'이었던 까닭으로 문인(聞人)씨라 하였다"라고 하였다.

북위(北魏)에 장시연제(張是連提)라는 장군이 있다. 장시(張是)를 성으로 삼으니, 그 유래를 알 수 없다.

---

141) 其筆記云, 風俗通, 漢有太守頟先井者, 其自註, 井音膽, 自以爲姓名三字, 二字不通. 余嘗擧此語之李懋官. 懋官曰, 此漁洋未審耳. 風俗通, 交趾太守有賴先者, 頟卽賴古文, 又玉海, 漢有校尉賴丹者, 是合賴先・賴丹二人, 名爲一人. 如丹又井之本文, 不必註音爲膽.(『燕巖集, 卷之十五, 別集, 熱河日記, 銅蘭涉筆』) → 又漢有太守頟先丼. 李懋官曰, 頟字, 古文賴字, 丼字, 古文井字, 不必註音膽, 賴先・賴井二人名, 誤爲一人.(『松南雜識』)

142) 환온(桓溫) : 진(晉)나라의 용항(龍亢) 출신. 자는 원자(元子). 처음 태어났을 때 온교(溫嶠)에까지 울음소리가 들려 뛰어난 인물이 되리라 하며 온(溫)이라고 이름지었다. 원제(元帝) 때 강장공주(康長公主)에게 장가들어 부마도위(駙馬都尉)에 제수되었다. 왕을 능가할 정도로 위세가 대단하여 연나라 정벌에 실패한 뒤 간문제(簡文帝)가 즉위하자 제위를 찬탈하려다 음모가 발각되어 죽었다.

143) 참견(昝堅) : 진(晉)나라의 무장.

144) 昝堅勸勢降.(『晉書, 卷九十八, 列傳, 桓溫』) → 昝堅勸李勢降.(『松南雜識』)

145) 육종(陸終) : 복성(複姓). 축융(祝融)의 아들 육종(陸終)의 후예.

146) 전갱(籛鏗) : 상고 시대의 사람. 요(堯) 임금 때 팽성(彭城)에 봉해졌던 까닭에 노팽(老彭)이라고 한다. 나이가 767세가 되도록 늙지 않았다고 한다.

147) 문인자(聞人滋) : 송나라의 학자. 가흥(嘉興) 출신. 자는 무덕(茂德). 손님을 좋아하고 책 빌려 주기를 좋아했다고 한다.

반고 씨 · 좌구 씨
盤古左丘

지봉 이수광이 "반고국(盤古國) 사람들은 반고를 성으로 삼는다"[148]라고 하였다.

또 장연(章淵)[149]이 "오흥(吳興)[150]에 구씨(丘氏)가 많다. 그 족속을 나열한 비석이 있는데, 좌사(左史)[151] 구명(丘明)[152]의 후손이라 칭한다"라고 하였다.

배주가 한복이란 성명을 받다
拜住韓復[153]

『고려사』에서 말하였다.

조신 태조가 올랄산성(兀剌山城)을 정벌할 때였다. 어떤 사람이 허물어진 담장 안에 벌거벗고 서서 통곡하며 말하였다.

"나는 원나라의 장원(壯元)인 배주(拜住)입니다. 귀국(貴國)의 이인복(李仁復)[154]과 같은 해에 급제하였습니다."

---

148) **南海中有**盤古**氏**, **國人皆**以盤古爲姓**云**. 此言似誕.(『芝峯類說, 卷十九, 宮室部, 陵墓』) → 盤古**國人**, 以盤古爲姓.(『松南雜識』)

149) 장연(章淵) : 송나라의 학자. 자는 백연(伯淵). 승의랑(承議郎)을 지냈으나, 대체로 장흥(長興)의 약계(若溪)에서 지냈다. 저서에 『고간췌필(槁簡贅筆)』이 있다.

150) 오흥(吳興) : 중국 절강성(浙江省) 북부에 있는 도시. 호주(湖州)라고도 한다.

151) 좌사(左史) : 중국 천자(天子)의 언행을 기록하던 사관(史官).

152) 구명(丘明) : 일반적으로는 좌구명(左丘明)이라고 한다. 춘추 시대의 학자. 공자와 같은 무렵의 노(魯)나라 산동성(山東省)에서 출생했다.

153) 배주한복(拜住韓復) : 한복(韓復)은 원래 원나라 사람으로 본명은 배주(拜住)이다. 1341년에 진사에 1등하여, 추밀부사를 지냈다. 공민왕 9년(1370)에 태조가 올랄산성을 정벌할 때 만나서 같이 돌아왔다. 왕이 판사농시사(判司農寺事)의 벼슬을 내리고, 한복이란 성명을 내려주었다.

154) 이인복(李仁復) : 고려 시대의 문신(1308~1374). 본관은 성주(星州), 자는 극례(克禮),

태조가 마침내 그와 함께 돌아오니, 왕이 판전농시사(判典農寺事) 벼슬을 주고 한복(韓復)이란 성명을 내려주었다.[155]

삼한(三韓)으로 왔기 때문에 성을 '한(韓)'이라 하였고, 이인복(李仁復)과 같은 해에 급제했기 때문에 이름을 '복(復)'이라 했는가?

숙량합 씨는 본래 기 씨였다
肅良哈奇

『고려사』에서 "행주(幸州) 기자오(奇子敖[156])의 딸이 원나라 순제(順帝)[157]의 황후가 되어 성을 숙량합(肅良哈)씨로 바꾸었다. 애유실리답랄(愛猷失里荅剌)을 낳았으니, 이 사람이 북원(北元)[158]의 소종(昭宗)이다"라

호는 초은(樵隱). 1342년 원나라에 가서 제과(制科)에 급제하고 귀국하여 기거주(起居注)가 되었다. 찬성사(贊成事)에 올라 단성좌리공신(端誠佐理功臣)에 책록되고, 왕에게 신돈(辛旽)을 멀리하도록 간했다가 한때 파직되었다. 뒤에 흥안부원군(興安府院君)에 진봉(進封)되고 이어서 삼사판사(三司判事)가 되었다. 시호는 문충(文忠).

155) 我太祖擊兀剌**山**城, **城降**, **聞壞垣中**, **有哭聲**, **使人視之**, 有人裸立**掩泣**. **執以問**, **乃**曰, 我元朝壯元拜住也. **貴**國李仁復, 吾同年**也**. 太祖**聞其語**, **卽解衣衣之**, **與馬騎之**, 遂與俱來. **王厚加待遇**, **拜**判**司**農寺**事**, 賜姓名韓復.(『高麗史, 卷一百十二, 列傳, 韓復』) → 我太祖**之**擊征兀剌城**也**, 有一人裸立**毁垣中**, **哭**曰, 我元朝壯元拜住也, **本**國李仁復, 吾同年, 太祖遂與俱來, 判**典**農寺, 賜姓名韓復.(『松南雜識』)

156) 기자오(奇子敖) : 고려 충혜왕 때의 세도가. 본관은 행주. 음보로 산원(散員)을 거쳐 총부산랑(摠部散郎)을 지냈다. 1340년 막내딸이 원나라 순제의 후궁으로 뽑혔다가 황후가 되어 태자를 낳자 원나라는 그를 영안왕(榮安王)으로, 부인을 왕대부인으로 하였으며, 선조(先祖) 3대를 왕의 호로 추존했다. 시호는 장헌(莊獻).

157) 순제(順帝) : 원나라의 11대 마지막 황제(1320~1370). 재위 기간은 1333~1370. 순제는 명나라의 시호이고, 북원의 시호는 혜종(惠宗). 제8대 명종(明宗)의 맏아들. 주원장(朱元璋)에 의해 북경이 함락되자 태자(太子 : 北元의 昭宗)와 함께 상도(上都 : 開平)로 피신했다가 다시 응창(應昌)으로 갔으나 그곳에서 죽었다.

158) 북원(北元) : 명나라에 의해 중국 본토에서 몽골지방으로 쫓겨간 원나라의 잔존세력. 1368년 원나라 마지막 황제인 순제는 북경에 명군(明軍)이 쳐들어오자 대도(大都 : 北京)를 포기하고 상도로 도주했다가, 계속 명군에게 쫓겨 응창으로 피신하여 그곳에서 죽었다. 그 뒤를 이은 태자 소종은 그곳 북동방 경주(慶州)로 피하여, 선광(宣光)이라

고 하였다.

주이존(朱彝尊)[159]의 『시화(詩話)』에서 "고려의 공녀(貢女) 공비(碽妃)는 명 태조(太祖)의 비가 되어 의문태자(懿文太子)와 성조(成祖)를 낳았다"라고 하였다.

대저 남녀를 막론하고 중국에 들어가면 성을 고치니, 양견(楊堅)[160]이 보육여(普六茹)씨였고, 이연(李淵)[161]이 대야(大野)씨였던 것 뿐만이 아니다.

과거급제 후에 본래 성을 회복하다
登第歸姓

지봉 이수광이 말하였다.

는 연호를 정하고 원나라의 중흥을 도모했다. 이곳에서 원말(元末)의 명장 쿠쿠티무르는 명군의 공격을 분쇄하여 잘 싸웠으나, 그가 죽고 소종도 죽은 뒤 아우 투구스티무르가 뒤를 잇자, 북원의 세력은 더욱 쇠퇴했다.

159) 주이존(朱彝尊) : 청대 초기의 학자 · 문학가(1629~1709). 자는 석창(錫鬯), 호는 죽타(竹垞). 절강성(浙江省) 출생. 처음에는 벼슬에 뜻이 없어 각지를 편력하면서 학문에 정진하고 또 사적(史蹟)의 고증에 힘썼다. 1679년 박학홍사과(博學鴻詞科)에 추천되어 한림원검토(翰林院檢討)가 되고 『명사(明史)』의 편찬에 종사했다. 얼마 후 사직하고 향리로 돌아와 여생을 자적하며 저술로 보냈다. 그의 대표작 『경의고(經義考)』는 역대 경서의 연혁존망(沿革存亡)을 기록한 책이다.

160) 양견(楊堅) : 수나라의 초대 황제(541~604). 재위 기간은 581~604년. 묘호는 고조(高祖). 한인(漢人)이 아니고 선비족(鮮卑族)이거나 선비족과의 혼혈인 무장(武將) 집안 출신인 듯하다. 서위를 이은 북주(北周)에서 아버지의 공으로 높은 지위에 올랐는데, 그의 딸이 북주 선제(宣帝)의 비(妃)가 되자 외척으로서 정치적 실권을 장악했다. 580년 선제의 아들 정제(靜帝)가 어린 나이로 즉위하자 정제의 보정(輔政)이 되어 정사를 좌우했다. 581년 정제의 선양(禪讓)을 받아 수나라를 세웠다.

161) 이연(李淵) : 당나라의 창업자(565~635). 재위 기간은 618~626년. 선비족 계통의 무장으로, 아버지 병(昞)이 일찍 죽자 7세 때 당국공(唐國公)의 작위를 이었다. 수나라 말기에 다년간의 노역과징(勞役過徵)과 사치스런 유행 등으로 백성의 생활이 피폐하였으며, 3차례의 고구려 원정에 양제(煬帝)가 대패하고 혼란에 빠지자, 관료 · 호족과 결탁하여 군사를 일으켜 당왕(唐王)이 되었다가 수 양제가 살해된 후 황제에 올라 당나라를 세웠다.

범중엄(范仲淹)[162]은 처음에 어머니가 주씨(朱氏)에게 개가하였기 때문에 주열(朱悅)이라고 하였다.[163] 그 후 과거에 급제하고 본래 성으로 돌아가기를 요청하는 표문(表文)에서 말하였다.

"범저(范雎)는 본래 뜻이 진(秦)나라에 투항하는데 있었기에 국경에 들어가서 장록(張祿)[164]이라고 칭하였습니다. 저는 이름을 범려(范蠡)처럼 월(越)나라를 패자(霸者)로 만들고 나서 배를 타고 떠난 것도 아니건만 우연히 도주공(陶朱公)[165]을 본받게 되었습니다."

당나라 성예(成汭)[166]는 본래 곽씨(郭氏)니, 정준(鄭準)이 그를 위해 원래의 성을 회복하게 해달라는 표문을 대신 써주었는데, 범중엄이 그 문장을 인용한 것이다. 그런데 범(范)씨에게는 더욱 절실한 표현이다.[167]

---

162) 범중엄(范仲淹) : 북송(北宋) 때의 정치가 · 학자(989~1052). 자는 희문(希文). 구양수(歐陽修) · 한기(韓琦) 등과 함께 여이간(呂夷簡) 일파를 비난하였으며, 군자의 붕당(朋黨)이라고 자칭하여 경력당의(慶曆黨議)를 불러일으켰다. 참지정사로 승진하여 내정 개혁에 힘썼으나, 그를 미워하는 하송(夏悚) 일파의 저항이 강하여 다시 지방관(地方官)을 역임하다가 병으로 죽었다. 시문 등을 모은 『범문정공집(范文正公集)』 24권이 있다. 시호는 문정(文正).

163) 범중엄이 2세 때에 아버지가 죽자, 어머니가 장산(長山) 주씨(朱氏)와 재혼하니 그의 성을 따라 주열(朱悅)이라고 했다.

164) 장록(張祿) : 범저(范雎)가 위(魏)나라를 탈출하여 진(秦)나라에 들어가서 장록이라고 이름을 바꾸었다.

165) 도주공(陶朱公) : 범려(范蠡)가 월나라 구천(句踐)을 도와 천하의 패자로 만든 다음 월나라 재상 자리를 버리고 떠나 장사를 하면서 도주공으로 이름을 바꾸었다.

166) 성예(成汭) : 당나라 청주(青州) 사람. 젊어서 살인을 하여 중이 되었다가 도적 괴수의 양자가 되어 이름을 곽우(郭禹)로 바꾸었다. 후에 강릉으로 수자리를 가던 중 도망하여 도적이 되었다가 형남절도사 진유(陳儒)에게 항복했다. 진유가 죽자 귀주(歸州)를 차지하고 스스로 자사(刺史)라고 칭했다. 이신복(李神福)에게 패하여 투신자살했다.

167) 范仲淹, 初隨母適朱氏, **冒姓**朱**名**悅, 登第**後**, **乞**歸姓表云, 志在投秦, 入境遂稱於張祿, 名非霸越浮舟, 偶効於陶朱. **按**唐**節度使**成汭本姓郭, 鄭準代爲**乞歸姓**表**云**, **名非霸越浮難**, **效於陶朱**, **志在投秦**, **入境遂稱於張祿**. **蓋文正全用此句**, 而**於**范姓尤切**着**.(『芝峯類說, 卷八, 文章部一, 古文』) → 范仲淹初隨母適朱氏, **爲**朱悅, **後**登第歸姓表云, 志在投秦, 入境遂稱於張祿, 名非霸越浮舟, 偶効於陶朱. **本**唐成汭本姓郭**氏**, 鄭準代爲表, 而范姓尤切.(『松南雜識』)

지명을 성으로 삼다
地名人姓

노성(魯城)[168]에 옛날에는 득윤면(得尹面)이 있었으니 윤(尹)씨가 와서 거주하였다. 회덕(懷德)에 옛날에는 송촌(宋村)이 있었으니 송(宋)씨가 와서 거주하였다. 모두 번성하여 대대로 성대한 성씨가 되었다고 한다. 『영월엄씨보(寧越嚴氏譜)』에서 말하였다.

영월의 행정(杏亭)에 옛날 압각수(鴨脚樹 : 은행나무)가 있었다. 속은 비고 겉만 살아 있어서 바람에 거의 꺾일 지경이었다. 갑자기 홍수가 나서 어떤 엄목(嚴木) 하나가 떠내려 와서 그 속에 들어가더니 버텨 서서 살아나 은행나무와 접목하게 되었다. 그 뒤로 엄씨가 번성하였다.

모형(牡荊)[169]을 우리나라에서 엄목(嚴木)이라고 한다.

안동(安東)의 해저리(海底里)에 육국(六國)[170]의 성이 거주하였는데, 다른 성은 섞여 살지 못하고 그들 족속만 번성하였다. 가장 뒤에 진씨(秦氏)가 와서 살게 되자 여섯[171] 성은 자연히 소멸되고 오직 진씨가 독차지 했다. 마치 육국이 진(秦) 시황제에게 통일된 것 같다. 또 유씨(劉氏)가 진씨의 동네에 들어가면 진씨가 망한다.

또 하회(河回)[172]는 본래 권씨(權氏)의 세거지(世居地)였는데, 풍수가가 "버드나무(柳)는 심지 말고, 버드나무가 나면 반드시 잘라 버려라"라고 하였다. 후에 권씨의 딸이 류씨에게 시집갔다가 청상과부가 되어 돌아왔다. 유복자(遺腹子)가 있었는데, 이곳에 의탁하여 살게 되었다. 이후로

---

168) 노성(魯城) : 지금의 충청남도 논산군(論山郡) 노성면(魯城面)이다.

169) 모형(牡荊) : 마편초과의 낙엽관목. 열매와 잎은 약재로 쓰이고, 줄기는 형장(刑杖)으로 쓰였음.

170) 육국(六國) : 전국 시대의 여섯 나라, 즉 제(齊) · 초(楚) · 연(燕) · 한(韓) · 위(魏) · 조(趙).

171) 『松南雜識』에는 '五'로 오기되어 있음.

172) 『松南雜識』에는 '河洄'로 오기되어 있음.

권씨는 쇠퇴하고 류씨가 번성하여 독차지하였다고 한다. 바로 서애(西厓) 유성룡(柳成龍)[173]의 고향이다.

풍기(豊基)의 노좌리(魯佐里)에 여씨촌(余氏村)이 있다. 세상에 전하는 말에, 풍수가가 “다른 성씨는 들이지 말라”라고 하였다 한다. 그래서 서로 경계하여 비록 혼인을 맺더라도 데릴사위는 두지 않았으니 몇 대 동안 온 골짜기를 독차지해서 번성하였다. 그 후에 마을 끝의 여씨 딸이 김(金)씨의 부인이 되었다가 청상과부가 되어 돌아왔다. 유복자가 있었는데, 장성하여서 외가 곁에 나란히 집을 짓고 살았다. 마을 입구를 막고 ‘余’자의 끝에 한 획을 더해서 ‘金’자가 되었다. 이후로 여씨는 쇠퇴하고 김씨는 번성하였다고 하니 또한 이상하다.

먀씨 · 턱씨 · 기씨 · 硃씨
乜乙亓硃

운서(韻書)에 “무당을 시먀(廝乜)라 일컫는다”라고 하였다. 또 토번(土蕃) 성이니 명나라 때 몽고먀(蒙古乜)의 선조이다.

우리나라 경주(慶州)에 턱(乙)씨가 있으니 본관도 경주이다. 음은 턱이다. 『명사(明史)』에 “신종(神宗)[174] 때에 상서(尙書) 조환(趙煥)[175]이 제당(齊

173) 유성룡(柳成龍) : 조선 중기의 문신(1542~1607). 본관은 풍산(豊山), 자는 이현(而見), 호는 서애(西厓). 이황(李滉)의 문인. 별시문과에 병과로 급제. 임진왜란이 일어나자 도체찰사(都體察使)로 군무를 총괄하고 이순신(李舜臣) · 권율(權慄) 등 명장을 등용했다. 영의정이 되어 왕을 평양까지 호종(扈從)했다. 1604년 호성공신(扈聖功臣) 2등에 책록되고, 풍원부원군에 봉해졌다. 시호는 문충(文忠).

174) 신종(神宗) : 명나라의 제14대 황제(1563~1620). 재위 기간은 1572~1620. 목종(穆宗)의 셋째아들로 10세에 즉위했다. 만력(萬曆)이라 개원(改元)했다. 즉위 초부터 재정상의 개혁을 감행하였으나 무모한 정벌로 인한 과다한 경비 지출은 백성들을 궁핍하게 만들었다. 때마침 요동(遼東)에 여진족이 발흥하였기에 명나라는 이로부터 쇠퇴했다.

175) 『松南雜識』에는 ‘趙熄’로 오기되어 있음. 아세아문화사 영인본 『松南雜識』에는 ‘趙煥’으로 되어 있음.

黨) 기시교(亓詩敎)에게 추천되었다."[176] 亓의 음은 기이다. 『당운(唐韻)』에 "亓는 其의 옛 글자"라고 하였다. 한(韓)나라에 양아후(陽阿侯) 기석(其石)이 있다"라고 하였다.

또 『경주선생안(慶州先生案)』에 "성이 硃란 사람이 있다"라고 하였다.

어씨 · 지씨 · 구(仇)씨 · 구(具)씨
魚池仇具

『충주지씨보(忠州池氏譜)』에서 "고려의 지중익(池重翼)이 겨드랑이에 고기 비늘이 있기 때문에 어(魚)씨 성을 하사하였다"라고 하였다.

지금의 충주 어씨와 충주 지씨는 본래 뿌리가 같으니, 당나라 정주(鄭注)[177]가 어정(魚鄭)이라 한 것과 같은 류(類)이다.

평산(平山) 구(仇)씨 중에 자평(自平)이란 이가 있었는데 문과에 급제하여 장령(掌令)을 지냈다.

조선 정조 때 구(具)씨 성을 내렸다.

오씨 · 불씨 · 문씨 · 탁씨
於乀門卓

『성보(姓譜)』에서 말하였다.

강릉(江陵) 오세린(於世麟)은 의주(義州) 부윤(府尹)을 지냈다.

---

176) 趙煥字文光掖縣人 …… 齊黨亓詩敎勢尤張, 以煥爲鄕人, 老而易制力, 引煥代繼之, 年七十有七矣.(『明史, 卷二百二十五, 列傳, 趙煥』)→神宗時, 尙書趙熄, 爲齊黨亓詩敎所引.(『松南雜識』)

177) 정주(鄭注) : 당나라 익성(翼城) 출신. 본래 어(魚)씨 였는데, 정(鄭)씨로 고치니 당시에 어정(魚鄭)이라고 했다.

불여척(乀如尺)은 문과에 급제하여 참판을 지냈다.

문필대(門必大)[178]는 무과에 급제하여 낭장(郎將)을 지냈다.

광산(光山) 탁신(卓愼)[179]은 호가 죽정(竹亭)이다. 문과에 급제하여 이상(貳相)[180]을 지냈고, 성리학에 조예가 깊었다.

장(蔣) 씨 · 장(莊) 씨 · 태(太) 씨 · 태(泰) 씨

蔣莊太泰

청부(靑鳧) 장성길(蔣成吉) · 장성우(蔣成祐) 형제는 문과에 급제하여 판서를 지냈다.

토산(兎山) 장숙(莊俶)[181]은 문과에 급제하여 현감을 지냈다.

발해(渤海) 태두남(太斗南)[182]은 호가 서암(西菴)이며, 문과에 급제하여 정언(正言)을 지냈다.

태평(泰評)은 고려의 통합공신(統合功臣)이다.

---

178) 문필대(門必大) : 인천 문씨(仁川 門氏)의 시조로, 감문랑장(監門郎將)을 지냈다.

179) 탁신(卓愼) : 고려 말 · 조선 초의 문신(1367~1426). 본관은 광주(光州), 자는 자기(子幾) · 겸부(謙夫) · 계위(係危), 호는 죽정(竹亭). 태종 때 이조참판 · 예문관제학 등을 역임하고 세종 3년(1421) 의정부참찬에 이르렀다. 경학(經學)에 정통하였고 무예 · 음률(音律)에도 능했다. 시호는 문정(文貞).

180) 이상(貳相) : 의정부 좌우찬성을 이름.

181) 장숙(莊俶) : 금천(衿川 : 지금의 과천) 장씨의 시조로, 토산(兎山) 현감을 지냈다.

182) 태두남(太斗南) : 발해왕(渤海王) 대조영(大祚榮)의 10세손 대광현(大光顯)이 발해가 망하자 고려로 귀화하니 고려 태조가 예우하여 태씨 성을 하사했다. 태두남(1486~1536)은 그 분파인 영순(永順) 태씨로 자는 망이(望而), 호는 서암(西菴)이다. 조선 중종 조에 형조좌랑을 거쳐 종부시정(宗簿寺正)이 되었다.

옹씨·선씨·능씨·견씨
邕宣能堅

순창(順昌) 옹몽진(邕夢振)[183]은 음성(陰城)에 거사비(去思碑)[184]가 있다.

보성(寶城) 선헌(宣憲)은 군수를 지냈다.

능식(能寔)[185]은 고려의 통합공신이다.

견권(堅權)[186]도 고려의 통합공신이다.

함씨·추씨·공씨·승씨
咸秋貢承

강릉(江陵) 함부림(咸傅霖)[187]은 호가 난계(蘭溪)이며, 동원군(東原君)에 봉해졌다.

전주(全州) 추득수(秋得秀)는 문과에 급제하였다.

인천(仁川) 공신(貢藎)은 신사에 합격하였다.

연일(延日) 승이도(承以道)는 문과에 급제하여 현감을 지냈다.

---

183) 옹몽진(邕夢振) : 조선 명종 때 문광에 급제하여 음성현감(陰城縣監)으로 나가 선정을 베풀었다. 벼슬이 판관에 이르렀고, 문장으로 이름이 있었다.

184) 거사비(去思碑) : 감사나 수령이 갈려 간 뒤에 그 선정(善政)을 기리어 고을의 백성들이 세운 비.

185) 능식(能寔) : 고려 시대의 장군. 태조 10년(927) 강주(康州)에서 견훤(甄萱)을 칠 때, 수군장군 영창(英昌)과 함께 수군(水軍)을 거느리고 먼저 가서 강주를 공격, 많은 사람을 포로로 잡고 물자를 빼앗아 돌아왔다.

186) 견권(堅權) : 고려 시대의 장군. 태조 1년(918) 개국공신(開國功臣) 2등이 되었다. 921년 말갈(靺鞨)의 한 갈래인 달고적(達姑狄) 171명이 등주(登州 : 안변)를 거쳐 신라의 북쪽 지방을 침범하자, 태조의 명으로 삭주(朔州)에서 기병을 이끌고 이를 물리쳤다. 936년 태조가 직접 후백제의 신검(神劍)을 칠 때, 대상(大相)으로 있으면서 견훤(甄萱) 등과 함께 보병과 기병 2만을 거느리고 좌익(左翼)으로 참전하여 후백제를 멸망시켰다.

187) 함부림(咸傅霖) : 고려 말·조선 초의 문신(1360~1410) 본관은 강릉(江陵), 자는 윤물(潤物), 호는 난계(蘭溪). 이성계를 도와 조선 개국에 공을 세워 개국공신 3등에 책록되고, 명성군(溟城君)에 봉해졌다. 태종 3년(1403)에 의정부참지사(議政府參知事)가 되고, 동원군(東原君)으로 개봉된 뒤, 다음 해에 대사헌이 되었다. 시호는 정평(定平).

밀양(密陽) 당성(唐城)은 판윤(判尹)을 지냈다.

풍성(豊城) 진유경(秦有經)은 사인(舍人)을 지냈다.

옥천(沃川) 육세준(陸世俊)은 현령을 지냈다.

무송(茂松) 유순도(庾順道)는 벼슬이 대제학에 이르렀으며, 비가 올 조짐에 대해 점을 잘 쳤다고 한다.

왕 씨를 글자 획 속에 감추다
藏王姓畫

『택리지(擇里志)』에서 말하였다.

조선에서 숭의전(崇義殿)[188]을 설치하고 왕씨를 찾아 전감(殿監)으로 임명하려라고 하였다. 그러나 왕씨 중에 벼슬하던 사람들은 이전에 제거되었고, 나머지는 모두 도망가 숨어서 성을 바꾸었다. 어떤 사람은 馬(마) 씨라 하고, 어떤 사람은 仝(전) 씨라 하고, 어떤 사람은 玉(옥) 씨라 하니, 모두 글자의 획 속에 '王(왕)' 자를 감추었다.[189]

살펴보건대, 도곡(陶穀)은 본래 당언겸(唐彦謙)[190]의 손자인데, 후진(後晉)[191] 석경당(石敬瑭)을 피휘(避諱)하여 도(陶)라 하였다. 문언박(文彦博)[192]

188) 숭의전(崇義殿) : 경기도 연천군 미산면에 있는 고려 태조 이하 혜종·정종·광종·경종·성종·목종·현종의 위패를 모신 사당.

189) **太祖命移佛像於他寺, 以木主安於寺, 號曰**崇義殿. 欲求王氏爲監, 而王氏有名爵者, 前已剪除, 餘**者**皆逃匿變姓名, 或爲馬氏**或**爲仝氏**或**爲玉氏, 皆藏王**字**於**字**畫中, **而然不自認爲王氏**.(『擇里志, 京畿道』)→**我朝置**崇義殿, 欲求王氏爲監, 而王氏有名爵者, 前已剪除, 餘皆逃匿變姓名, 或爲馬氏爲仝氏爲玉氏, 皆藏王於畫中.(『松南雜識』)

190) 당언겸(唐彦謙) : 당나라 정주(井州) 출신. 자는 무병(茂竝). 녹문산(鹿門山)에 은거하여 녹문선생(鹿門先生)이라 불렀다. 『녹문선생문집』이 있다.

191) 후진(後晉) : 오대(五代)의 제3왕조(936~946). 진(晉)이라고도 한다. 고조(高祖) 석경당(石敬瑭)은 돌궐 사타부(突厥 沙陀部) 출신으로, 후당(後唐)을 섬겨 하동절도사(河東

은 본래 경씨(敬氏)인데, 그 증조부가 또한 석경당(石敬瑭)을 피휘해서 '苟(구)' 변을 없애고 '文(문)' 자를 성으로 삼았다.

진덕수(眞德秀)는 본래 신(愼)씨인데, 송 효종(孝宗)[193]의 이름인 昚(신) 자를 피휘하여 '心(심)' 변을 없애고 '眞(진)' 자를 성으로 삼았다.

위토(韋土)는 한신(韓信)[194]의 아들인데 남월(南越)에 들어가 '韓(한)' 자의 반을 없애고 위(韋) 자를 성으로 삼았다.

엄조(嚴助)는 본래 장(莊)씨인데, 한나라 명제(明帝)[195]의 이름인 '장(莊)' 자를 피휘해서 엄씨(嚴氏)로 고쳤다.

혜강(嵇康)[196]의 성은 해(奚)씨인데, '혜(嵇)' 자로 고쳤다.

속석(束晳)은 본래 소광(疎廣)의 후손인데, '足(족)' 변을 없애고 '束(속)'

節度使)가 되었는데, 연운(燕雲) 16주의 땅을 할양하는 조건으로 거란의 원조를 받아 936년 후당을 멸망시키고 건국하여 개봉(開封)에 도읍했다. 출제(出帝)가 거란에 붙잡혀 2대 10년 만에 멸망했다.

192) 문언박(文彦博) : 북송 때의 정치가 · 재상(1006~1097). 자는 관부(寬夫). 왕안석(王安石)의 시역법(市易法)을 비난했다가 쫓겨나 지방으로 나갔으나 철종(哲宗)이 즉위하고 구법당(舊法黨)이 부활되자 평장군국중사(平章軍國重事)가 되어 정계의 원로로서 중신(重臣)이 되었다. 전후 50년에 걸쳐 장상(將相)의 지위에 있으면서 사방의 이민족에게까지 명성을 떨쳤다. 시호는 충렬(忠烈).

193) 효종(孝宗) : 남송(南宋)의 제2대 황제(1127~1194). 재위 기간은 1162~1189년. 수주(秀州) 출신. 남송 초대 황제 고종(高宗)의 양자로 맞아들여져서 황태자가 되고, 1162년 즉위했다. 남송에서 으뜸가는 명군으로, 그의 치세 27년간은 남송의 전성 시대였으며, 명상(名相) · 명신(名臣)이 많이 배출되었고, 내정의 개혁이 실시되었다. 또한 강남(江南 : 揚子江 以南)의 개발이 진척되고, 국가재정은 팽창하여 북송의 전성기를 능가하는 번영을 이루었다.

194) 한신(韓信) : 한(漢)나라 초의 무장. 한군을 지휘하여 제국(諸國) 군세를 격파, 군사면에서 크게 공을 세움으로써 제왕(齊王)이 되고 이어서 초왕(楚王)이 되었다. 그러나 한 제국의 권력이 확립되자 유씨(劉氏) 외의 다른 제왕(諸王)과 함께 차차 밀려나, B.C. 201년 회음후(淮陰侯)로 격하되고, B.C. 196년에는 여후(呂后)의 부하에게 참살당했다.

195) 명제(明帝) : 후한의 제2대 황제(28~75). 재위 기간은 57~75년. 이름은 유장(劉莊). 광무제(光武帝)와 음황후(陰皇后)의 넷째아들. 환영(桓榮)에게 사사(師事)하여 『춘추(春秋)』와 『상서(尙書)』에 통달했다. 즉위 뒤 유학자를 고관에 임명하여 예교주의(禮教主義)에 힘쓰고 빈민구제, 농업진흥, 조부(租賦) · 형여자(刑餘者)의 감면에 힘쓰는 등 내정충실을 꾀했다.

196) 혜강(嵇康) : 삼국 시대 위(魏)의 시인 · 철학자(223~262). 자는 숙야(叔夜). 죽림칠현(竹林七賢)의 중심인물.

자를 성으로 삼았다.

조사(趙奢)는 말을 잘 몰아 '마복군(馬服君)'이라 불렸는데, 그 자손들이 그대로 성으로 삼았으니, 마원(馬援)이 이것이다.

전천추(田千秋)는 늙어서 수레를 타고 다녔기에 차천추(車千秋)라고 불렸는데, 후손들이 '차(車)'자를 씨로 삼았다. 제오륜(第五倫)은 그 선조가 전(田) 씨다. 제나라에서 원릉(園陵)으로 이사간 자가 많았기 때문에 차제(第次)를 씨로 삼았다.

구양수(歐陽脩)[197]는 옛 월(越)나라의 후예인데, 구산(歐山)의 남쪽(陽)을 식읍(食邑)으로 받았기 때문에 성으로 삼았다.

중국의 희귀성
中國稀姓

연암(燕巖) 박지원(朴趾源)이 말하였다.

묘씨(妙氏)·도씨(島氏)·반씨(盤氏)·민씨(民氏)·전씨(纏氏)·저씨(杵氏)·釗씨(釗氏)·율씨(律氏)·도씨(荼氏)·연씨(烟氏)·양씨(穰氏)·수씨(首氏)·비씨(卑氏)·위씨(威氏)·빙씨(氷氏)·감씨(坎氏)·탑씨(榻氏)·남씨(欖氏)·자씨(慈氏)가 있다. 또 심양(瀋陽)에 강남의 대상인 빈희안(貧希顔)·빈희헌(貧希憲) 형제가 있다.[198]

---

197) 구양수(歐陽修) : 송나라의 정치가·문인(1007~1072). 자는 영숙(永叔), 호는 취옹(醉翁)·육일거사(六一居士). 송나라 초기의 미문조(美文調) 시문인 서곤체(西崑體)를 개혁하고, 당나라의 한유를 모범으로 하는 시문을 지었다. 시로는 매요신(梅堯臣)과 겨루었고, 문(文)으로는 당송팔대가(唐宋八大家)의 한 사람이다. 시호는 문충(文忠).

198) **有姓**妙氏島氏盤氏民氏纏氏杵氏釗氏律氏荼氏烟氏穰氏首氏卑氏威氏氷氏坎氏榻氏欖氏慈氏, **皆中國稀姓也**, **余至**瀋陽, 有貧希顔, 希憲兄弟. 皆江南大商.(『燕巖集, 卷之十五, 別集, 熱河日記, 銅蘭涉筆』)→妙氏島氏盤氏民氏纏氏杵氏釗氏律氏荼氏烟氏穰氏首氏卑氏威氏氷氏坎氏榻氏欖氏慈氏, **又**瀋陽, 有貧希顔, 希憲兄弟. 皆江南大商.(『松南雜識』)

우리나라 성씨
東方姓譜

『아희원람(兒戲原覽)』에서 말하였다.

옛날에 저 기왕(箕王)께서 석부기왕(昔夫箕王)
오셔서 번방(藩邦)을 개척하셨다 래척번방(來拓藩邦)
교화하여 도야 이루고 화성도견(化成陶甄)
큰 은택 베푸셨네 택시홍방(澤施洪龐)
제후로 조공을 받들어 행하니 순봉후공(順奉侯貢)
빛나고도 높은 희화(羲和)와 풍이(馮夷)[199] 혁고화풍(赫高和馮)
우리 조선을 하나로 통일하였으나 오선합일(吾鮮合一)
원래는 풍(酆)[200]에 도읍을 정하였다 원복택풍(元卜宅酆)
해자와 성곽은 견고하고 지곽견고(池郭堅固)
돈과 곡식이 풍족하다 전미림천(錢米林芊)
바른 태양 바야흐로 높이 솟으니 단양방승(端陽方昇)
우뚝한 남산을 어찌 무너질까 최남하건(崔南何騫)
아름다운 궁정의 녹색 오얏 주궁록이(珠宮綠李)
무성한 잎이 더욱 향기롭다 만섭미방(萬葉彌芳)
하늘이 도와서 옛 성인 닮으니 천우극초(天祐克肖)
크게 장수를 누리며 길이 번창하리 경수영창(景壽永昌)
진나라와 초나라보다 강하고 강우진초(强于秦楚)
채나라와 노나라보다 화목하다 목어채노(睦於蔡魯)
은인과 원수를 바로 구분하고 은구돈석(恩仇頓析)
형(邢)·예(芮)가 따라 붙는다 형예호부(邢芮扈附)
날씨가 알맞게 따스하고 서늘하니 온량옥촉(溫凉玉燭)
때에 맞는 사물이 아름답고 화락하구나 시물길옹(時物吉邕)

199) 희화(羲和)는 요임금 때 희씨(羲氏)와 화씨(和氏)가 역상(曆象)에 대한 일을 맡았다. 풍이(馮夷)는 하백(河伯)으로 수신(水神)의 이름. 빙이(氷夷)·풍수(馮修)라고도 한다.
200) 풍(酆): 주(周)나라의 수도.

공공(龔工)과 환두(驩兜)[201]를 우레로 다스리고 뢰윤공두(雷尹龔杜)
설(偰)과 용(龍)[202]을 등용하셨도다 태등설용(台登偰龍)
장보관을 쓴 공경들 공경장보(公卿章甫)
"아! 훌륭합니다", "아! 옳다"고 보필하니 도유승필(都兪承弼)
평소 공경과 사랑을 밝히고 소명경자(素明敬慈)
참으로 형률을 신중히 했다 실신형율(實愼刑律)
황제(黃帝)와 요(堯) 임금은 규범을 세우고 노모황당(盧牟黃唐)
순(舜)임금과 우(禹)임금 문물을 정비하였다 반오화우(班伍華禹)
영척(甯戚)[203]은 죽음에 처해서도 영광을 생각했고 녕부사영(甯斧思榮)
형가(荊軻)[204]와 섭정(聶政)[205]도 두려움을 알았다 형섭지구(荊聶知瞿)
공자와 맹자, 정자와 주자는 공맹정주(孔孟程朱)
학문의 길이 엄정하고 곧았다 문로삼직(門路森直)
염백우(冉伯牛)·중궁(仲弓)·고시(高柴)·민자건(閔子騫)[206] 우궁시민(牛弓柴閔)
진실로 모범이 되었다 신점표칙(信占標則)
순황(荀況)[207]과 양웅(揚雄)[208], 경방(京房)[209]과 구명(丘明)[210]

---

201) 공공(龔工)은 순임금 때의 악인(惡人)인 공공(共工)을 이름. 환두(驩杜)는 순임금 때의 악인(惡人)인 환두(驩兜)를 이르는 듯함.

202) 설(偰)은 순 임금의 신하 이름. 용(龍)은 순 임금의 신하 이름.

203) 영척(甯戚)이 제나라 환공(桓公)을 암살하려다 사로잡히자 환공이 그와 이야기를 나누어 보고 그를 등용한 일이 있다.

204) 형가(荊軻) : 전국 시대 위나라의 자객. 연나라의 태자 단(丹)의 부탁으로 진시황 살해를 시도였으나 실패하고 죽었다.

205) 섭정(聶政) : 전국 시대 한(韓)나라의 자객. 한경(韓卿) 엄수(嚴遂)가 정승 협루(俠累)를 죽이려고 황금 1백 일(鎰)로 섭정을 매수하려 하자, 섭정은 모친이 계신 이유로 허락하지 않았다가 그 모친이 죽은 뒤에 엄수를 위해 협루를 죽이고 스스로 자신의 얼굴 가죽을 벗기고 눈알을 뽑아낸 다음 배를 갈라 자살했다.

206) 염백우(冉伯牛)·중궁(仲弓)·고시(高柴)·민자건(閔子騫) : 모두 공자의 제자들임.

207) 순황(荀況) : 전국 시대 조나라의 사상가(B.C. 298~B.C. 238). 순자(荀子). 예의로써 사람의 성질을 교정할 것을 주장하고 맹자의 성선설에 대하여 성악설을 제창했다.

208) 양웅(揚雄) : 전한의 학자·문인(B.C. 53~A.D. 18). 자는 자운(子雲). 성제(成帝) 때에 궁정 문인이 되어 성제의 사치를 풍자한 문장을 남겼다. 후에 왕망(王莽) 정권을 찬미하는 글을 써 비난을 받기도 했다.

209) 경방(京房) : 전한(前漢)의 사상가(B.C. 77~B.C. 37). 자는 군명(君明). 역학(易學)에 밝아 원제(元帝)의 총애를 받았다. 저서에 『경씨역전』이 있다.

210) 구명(丘明) : 춘추 시대 노나라의 학자. 벼슬은 태사(太史)에 이르렀다. 좌구명(左丘明).

순양경구(荀揚京丘)

모장(毛萇)[211]과 정현(鄭玄)[212] 모장정현(毛萇鄭玄)

육선공(陸宣公)[213]은 간책을 진술하고 선진간책(宣陳簡冊)[214]

사어(史魚)[215]는 권도(權道)를 행했다 사어임권(史魚任權)[216]

서릉(徐陵)[217] · 음갱(陰鏗),[218] 승 가도(僧 賈道)[219], 유신(庾信)[220]

서음승유(徐陰僧庾)

조식(曹植)[221] · 혜강(嵇康)[222] · 반악(潘岳)[223] · 육기(陸機)[224]

---

211) 모장(毛萇) : 한(漢)나라의 학자로 『시경(詩經)』의 주석을 냈다. '소모공(小毛公)'이라고도 한다.

212) 정현(鄭玄) : 후한의 학자(127~200). 자는 강성(康成). 마융(馬融)에게 배웠으며, 일경(一經) 전문(專門)의 학풍을 타파하고 훈고(訓詁)에 힘썼다. 『육예론(六藝論)』을 저술하였고, 『시전(詩箋)』·『예기』·『주역』·『논어』·『효경』 등을 주해했다.

213) 육지(陸贄) : 당나라 가흥(嘉興) 출신. 자는 경여(敬輿), 시호는 선공(宣公)이다. 덕종(德宗) 때에 한림학사가 되었다. 그의 주의(奏議)가 후세에 모범이 되었다.

214) 『而已广集, 卷14, 東方姓譜歌』에는 "宣陳簡冊"로 되어 있음.

215) 사어(史魚) : 위(衛)나라의 대부. 당시 임금이 어진 신하인 거백옥(蘧伯玉) 대신 불초한 미자하(彌子瑕)를 중용한 잘못에 대해, 시간(尸諫)하여 바로잡았다. 이에 대해 공사는 '정직한 사어'라고 칭찬했다.(『孔子家語, 困誓』)

216) 『而已广集, 卷十四, 東方姓譜歌』에는 "史魚任權"로 되어 있음.

217) 서릉(徐陵) : 남북조 시대의 문인(507~583). 자는 효목(孝穆). 유신(庾信)과 더불어 서유체(徐庾體)라고 불리는 궁체(宮體)의 시를 일으켰으며, 양나라 태자(太子) 소강(蕭綱)의 명으로 『옥대신영(玉臺新詠)』을 엮었다. 저서에 『서효목집』이 있다.

218) 음갱 : 자가 자견(子堅)이고 사전(史傳)에 박통하였으며 오언시에 더욱 능했다.

219) 가도(賈島) : 당나라의 시인. 자는 낭선(浪仙). 오언 율시에 뛰어났으며 저서에 『장강집(長江集)』·『시격(詩格)』 등이 있다.

220) 유신(庾信) : 남북조 시대의 문인(513~581). 자는 자산(子山). 처음 남조의 양(梁)나라에서 벼슬을 하다가 후에 북주(北周)에서도 벼슬을 했다. 그의 화려한 문체는 서릉(徐陵)과 함께 서유체(徐庾體)로 불리었으며, 저서로 『유자산문집』 20권이 있다.

221) 조식(曹植) : 삼국 시대 위나라의 시인(192~232). 자는 자건(子建). 위나라 무제 조조의 아들로, 붓만 들면 곧 문장이 되었다는 「칠보시(七步詩)」의 고사는 유명하다. 시문집에 『조자건집』이 있다.

222) 혜강(嵇康) : 진(晉)나라 죽림칠현(竹林七賢)의 한 사람. 자는 숙야(叔夜).

223) 반악(潘岳) : 서진(西晉)의 문인(247~300). 자는 안인(安仁). 권세가인 가밀(賈謐)의 집에 드나들며 아첨하다가 뒤에 손수(孫秀)의 무고로 주살되었다. 미남이었으므로 미남의 대명사로도 쓴다.

224) 육기(陸機) : 진(晉)나라의 문인(260~303). 자는 사형(士衡). 동생 육운과 더불어 이륙

조혜반육(曺嵇潘陸)

심전기(沈佺期)[225] · 송지문(宋之問)[226] · 한유(韓愈)[227] · 유종원(柳宗元)[228]은

심송한유(沈宋韓柳)

강하(江河)와 원곡(原谷)을 노래했다 강하원곡(江河原谷)

손무(孫武)[229] · 오기(吳起)[230] · 염파(廉頗)[231] · 백기(白起)

손오렴백(孫吳廉白)

팽월(彭越)[232] · 경감(耿弇)[233]은 거룩하고 질박하며 팽경위박(彭耿韋朴)

갈홍(葛洪)[234]과 강태공(姜太公)[235]은 지혜를 다 갖추었고

갈강전지(葛姜全智)

(二陸)이라고 칭송된다. 오(吳)나라가 망한 후, 동생과 함께 진나라에서 벼슬했다. 화려한 문장을 썼으며, 조식(曹植) 이후의 제일인자로 꼽힌다.

225) 심전기(沈佺期) : 당나라의 시인. 자는 운경(雲卿). 송지문과 함께 칠언 율시의 정형을 창시했다.

226) 송지문(宋之問) : 당나라의 시인. 자는 연청(延淸). 오언시에 뛰어났다.

227) 한유(韓愈) : 당나라의 문인 · 정치가(768~824). 자는 퇴지(退之), 호는 창려(昌黎). 당송 팔대가의 한 사람으로, 사륙변려문을 비판하고 고문(古文)을 주장했다. 시문집에 『창려선생집』 등이 있다.

228) 유종원(柳宗元) : 당나라의 문인(773~819). 자는 자후(子厚). 당송 팔대가의 한 사람으로, 고문(古文) 부흥 운동을 한유와 더불어 제창했다. 전원시에 뛰어나 왕유 · 맹호연 · 위응물과 나란히 칭송된다. 시문집으로 『유하동집(柳河東集)』이 있다.

229) 손무(孫武) : 춘추 시대의 병법가. 기원전 6세기경의 사람으로, 오나라 왕 밑에서 초나라, 진나라를 위압하고 절도와 규율 있는 군사를 양성했다. 저서에 병서 『손자』가 있다.

230) 오기(吳起) : 전국 시대의 병법가. 증자(曾子)에게 배우고 노(魯)나라, 위(魏)나라에서 벼슬한 뒤에 초(楚)나라에 가서 도왕(悼王)의 재상이 되어 법치적 개혁을 추진했다. 저서에 병법서 『오자(吳子)』가 있다.

231) 염파(廉頗) : 전국 시대 조(趙)나라의 명장. 인상여(藺相如)와 문경지교(刎頸之交)를 맺고 진(秦)나라에서 침략 야욕을 억제했다.

232) 팽월(彭越) : 한(漢)나라의 명장. 건성후(建成侯). 고조를 도운 한나라 개국에 공을 세웠으나 후에 숙청당했다.

233) 경감(耿弇) : 후한(後漢) 광무제(光武帝) 때의 명장. 광무제의 중흥 사업을 도와 동마(銅馬) · 적미(赤眉) 등을 격파했다.

234) 갈홍(葛洪) : 동진(東晉)의 도사. 자는 치천(稚川), 호는 포박자(抱朴子). 영리를 탐하지 않았으며, 유교 윤리와 도교의 비술(祕術)을 결합하려고 애썼다. 평생 신선도(神仙道)를 수행했다. 저서에 『포박자』 · 『신선전(神仙傳)』 등이 있다.

235) 강태공(姜太公) : 주나라 초엽의 조신인 '태공망(太公望)'을 그의 성(姓)인 강(姜)과 함께 이르는 말.

이윤(伊尹)[236]과 하간헌왕(河間獻王)[237]은 탁월하였다 이간표탁(伊間表卓)
모두 진(晉)나라의 걸출하고 훌륭한 인물로 필진준양(畢晉俊良)
망라하고 찾아서 맞아들이니 포라심연(包羅尋延)
위성(魏成)과 적황(翟璜)보다도 어려워[238] 신제위적(辛諸魏翟)
수레에 모든 사람을 실었다 차승구원(車乘具員)
가치는 설촉(薛燭)[239]과 변화(卞和)[240]가 잘 판별하고 가판설변(價判薛卞)
재주만 뛰어났던 조양(趙梁)[241] 재승조양(才勝趙梁)
단간목(段干木)[242]과 엄광(嚴光)[243]은 빈객 같은 스승 빈부단엄(賓傅段嚴)
소진(蘇秦)[244] · 장의(張儀)[245]는 어찌 그리 허랑한가 호낭소장(胡浪蘇張)
어른들이 아이를 가르쳐 길러서 동몽옹애(童蒙翁艾)
마음이 너그럽고 후덕하여 모두 축하하네 강장함하(康莊咸賀)
한 조각 밭과 두 개의 우물은 편전쌍정(片田雙井)

---

236) 이윤(伊尹) : 은나라의 전설상의 인물. 이름난 재상으로 탕왕을 도와 하나라의 걸왕을 멸망시키고 선정을 베풀었다.
237) 하간(河間) : 하간헌왕(河間獻王). 한나라 경종(景宗)의 아들로 이름은 유덕(劉德). 학문을 닦고 옛 것을 좋아하여 산동(山東)의 학자들과 종유했다.
238) 전국 시대 위(魏) 문후(文侯)가 재상을 정할 때 위성(魏成)과 적황(翟璜) 중 누구를 쓸지 고민한 일이 있다.
239) 설촉(薛燭) : 월나라 사람으로 칼을 잘 감정했다.
240) 변화(卞和) : 초나라 사람으로 옥을 잘 볼 줄 알아서 박옥(璞玉)을 얻자 초나라 문왕에게 올렸다.
241) 조양(趙梁) : 걸의 신하로 무도한 짓을 했다.
242) 단간목(段干木) : 전국 시대 위(魏)나라의 현인으로 위 문후(文侯)는 단간목이 마을 앞을 지날 때마다 예를 갖췄다고 한다.
243) 엄광(嚴光) : 후한(後漢) 시대의 은사(隱士). 자는 자릉(子陵). 광무제와 어려서부터 절친한 사이였던 그는 광무제가 천자가 되자 자취를 감추고 은거하였는데, 광무제가 찾아내어 잠자리를 함께하기까지 했다. 간의대부(諫議大夫)에 제수했으나 나아오지 않고 부춘산(富春山)에서 농사를 지으며 생을 마쳤다.
244) 소진(蘇秦) : 전국 시대의 유세가. 진(秦)에 대항하여 산동(山東)의 6국인 연(燕) · 조(趙) · 한(韓) · 위(魏) · 제(齊) · 초(楚)의 합종(合從)을 설득하여 성공했다.
245) 장의(張儀) : 전국 시대 위(魏)나라의 정치가. 귀곡 선생(鬼谷先生)에게서 종횡(縱橫)의 술책을 배우고, 뒤에 진(秦)나라의 재상이 되어 연횡책을 6국에 유세하여 열국으로 하여금 진나라에 복종하도록 힘썼다.

편안히 사는 나의 집이니 연안여사(燕安余舍)
거문고(牙琴)[246]와 오피궤(烏皮几)[247] 있는 아금피궤(牙琴皮几)
외딴 방에서 서성서거리네 곡방환배(曲房桓裵)
차를 심고 마를 빨며 종다탁마(種茶濯麻)
하수부(何水部)[248]를 마주한 매화 대수부매(對水部梅)
원안(袁安)[249]과 양진(楊震)[250], 장렬(蔣冽)의 잣나무[251] 원양장백(袁楊蔣柏)
유계(劉桂)와 소평(邵平)의 오이[252] 유계소과(劉桂邵瓜)
밤에 상낭주(桑郎酒)[253] 달게 마시고 야감상낭(夜甘桑郎)
다음날 국화(鞠花)[254]를 띄운다 익범국화(翌汎鞠花)
하나라와 은나라는 숭상한 것이 다르니 하은이상(夏殷異尙)
아, 번성한 주나라를 종주로 삼으리라 욱문종주(郁文宗周)
태평성세를 만나서 정내태평(丁乃太平)
천년동안 경사롭다 신경천추(申慶千秋)

동중서(董仲舒)[255] · 가의(賈誼)[256] · 사마천(司馬遷)[257] · 범엽(范曄)[258]

---

246) 아금(牙琴) : 원래 춘추 시대 거문고의 명인인 백아의 거문고라는 의미인데, 후에는 수준 높은 거문고 연주나 훌륭한 거문고를 범칭한다.

247) 오피궤(烏皮几) : 검은 양가죽으로 싸서 장식한 궤안(几案).

248) 수부(水部) : 본래는 관직명인데 남조(南朝) 양(梁)의 문학가 하손(何遜)이 수부를 상서수부(尙書水部)를 지냈기에 그의 별칭으로 쓰인다.

249) 원안(袁安) : 한나라의 문신. 자는 소공(邵公). 4세에 5명의 재상이 나왔다고 한다.

250) 양진(楊震) : 한나라의 문신. 자는 백기(伯起). 4세에 3명의 재상이 나왔다고 한다.

251) 장렬(蔣冽) 형제가 부친 상을 당하자 시묘 살이를 하며 소나무와 잣나무 1000여 그루를 심었다고 한다.

252) 소평(邵平)의 오이 : 소평은 秦나라의 동릉후(東陵侯). 진나라가 망한 두 장안성 동쪽에서 오이를 기렀는데 오색이 나기에 세상에서는 동릉과(東陵瓜)라고 불렀다.

253) 상낭주(桑郎酒) : 술 이름. 상낙주(桑落酒)의 와음이라고 한다. 술의 범칭으로도 쓰인다.

254) 국화(鞠花) : 국화(菊花).

255) 동중서(董仲舒) : 전한(前漢)의 유학자. 호는 계암자(桂巖子). 춘추 공양학(春秋公羊學)을 수학하여 하늘과 사람의 밀접한 관계를 강조했다. 무제(武帝)로 하여금 유교를 국교로 삼도록 설득했다. 저서에 『춘추번로(春秋繁露)』가 있다.

256) 가의(賈誼) : 전한(前漢) 문제 때의 학자 · 정치가. 문제(文帝)를 섬기며 유학과 오행설에 기초를 한 새로운 제도의 시행을 주장했다. 저서에 『좌씨전훈고(左氏傳訓詁)』 · 『신서』 · 『복조부(鵩鳥賦)』 등이 있다.

	동가마범(董賈馬范)
금석에 새기고 종과 악기로 노래하리라	김석종여(金石鍾呂)
생김새 기이한 乜部는	골기먀부(骨奇乜部)
어디에서 허락할까	나변인허(那邊印許)
鴌·䍐·吅·	궉소퉁불(鴌䍐吅乀)
모두 삼백 팔 개의 성이다	범삼백팔(凡三百八)

복성(複姓)은 부여(扶餘)·영호(令狐)·석말(石抹)·황보(皇甫)·독고(獨孤)·사마(司馬)·사공(司空)·선우(鮮于)·동방(東方)·서문(西門)·남궁(南宮) 등이 있다.

또 창씨(蒼氏)·국씨(國氏)·망씨(罔氏) 등은 자세하지 않다.[259]

그리고 우리나라에 부씨(富氏)·귀씨(貴氏)는 없는 듯하다.

다다량씨
多多良姓

왜인(倭人) 대내전(大內殿)은 대대로 주방주(周防州)에 살았다. 본래 백제 온조왕(溫祚王)의 먼 후손으로 일본으로 들어와 다다량포(多多良浦)에 정박했기 때문에 다다량(多多良)을 성으로 삼았다. 조상이 백제인이기 때문에 우리나라를 가장 친하게 여긴다고 한다.

257) 사마천(司馬遷) : 전한(前漢)의 역사가로 『사기』를 완성했다.
258) 범엽(范曄) : 남북조 시대 송나라의 역사가로 『후한서』를 저술했다.
259) **外此**蒼氏國氏罔氏之類未詳**不錄**.(『兒戲原覽, 補遺』)→**又**蒼氏國氏罔氏之類未詳.(『松南雜識』)

사문석불
沙門釋佛

『전등록(傳燈錄)』에서 말하였다.

일곱 살 난 동자가 사조(四祖) 도신(道信)[260]을 만났는데, 사조가 물었다.

"성이 있느냐?"

"있습니다"

"무슨 성이냐?"

"불(佛)씨입니다"

"모르는 것이 아닐까?"

"모든 부처가 다 그렇습니다"

"무슨 말이지?"

"성은 비어 있습니다"[261]

『진서(晉書)』에서 말하였다.

도안(道安)[262]은 본래의 성이 백(帛)씨였는데, 불도징(佛圖澄)[263]에게

260) 도신(道信) : 선종의 제4조로 감지승찬(鑑智僧璨)의 제자.

261) 三十一祖道信大師, 逢一小兒, 師曰汝何姓, 曰是佛姓, 師曰汝無姓耶, 曰姓空.(『類說, 卷二十, 傳燈錄, 姓空』) → 有童子七歲, 遇四祖. 祖問, 有姓也無, 曰有, 何姓, 曰佛姓, 祖曰爭奈不識. 曰諸佛皆然. 祖曰何謂, 曰姓空.(『松南雜識』)
*『유설』에서 『전등록』이란 편명 아래 위의 내용이 있음.)

262) 도안(道安) : 동진(東晉) 시대의 승려(312~385). 흔히 석(釋)도안으로 불린다. 12세에 출가하여 서역(西域)에서 온 불도징(佛圖澄)에게 사사하고, 스승의 사후에는 문하생을 지도했다. 승려들의 의식이나 행규(行規)를 정하고, 승려는 모두 석(釋)을 성(姓)으로 할 것을 제창, 석도안(釋道安)이라 했다.

263) 불도징(佛圖澄) : 서역(西域)의 승려(232~348). 북방 민족을 통일한 후조왕(後趙王) 석륵(石勒)의 신봉(信奉)을 얻어 고문이 되고, 군정(軍政)에도 참획(參畫)하고 그의 패업(覇業)을 도와 더욱 신임을 얻었다. 이어서 석호왕(石虎王)에게도 깊은 존숭(尊崇)을

수업하고, 마침내 석(釋)으로 성을 삼으니, 석가(釋迦)를 무릅쓰기 때문이다"라고 하였다. 도안이 습착지(習鑿齒)[264]를 만났을 때 스스로 '미천석도안(彌天釋道安)'이라고 한 것[265]이 그 예이다.[266]

지금 승려들이 '석(釋)'으로 성을 삼는 것은 여기에서 유래되었다.

또 불도징도 본래 백(帛)씨였는데, 스스로 불(佛)씨라 일컬었다. '불(佛)'자와 '석(釋)' 자는 모두 승려들이 스스로 표방해서 성으로 삼은 것인가?

당일행(唐一行)은 본래 당검(唐儉)[267]의 후손인데 석(釋)이나 불(佛)로 성을 고치지 않았으니 어째서인가?

삼대가 같은 이름을 쓰다
三世一名

지봉 이수광이 말하였다.

초자(楚子) 웅역(熊繹) 이후 십여 대 후손이 모두 웅(熊)자를 이름으로 삼았으니, 남쪽 오랑캐의 풍습일 뿐이다. 익재 이제현은 방언이라

받아 역내(域內)의 절에서 조정(朝政)에 참여했다. 폭군이었던 석륵과 석호를 교화시켜서, 그때까지 허용되지 않았던 한인(漢人)의 출가를 허락하도록 힘썼다.

264) 습착지(習鑿齒) : 진(晉)의 양양(襄陽) 사람. 자는 언위(彦威). 박학하고 능장에 능하였으며, 사재(史才)가 있었다. 『한진춘추(漢晉春秋)』를 지어 촉(蜀)의 정통을 주장했다.

265) 미천(彌天)은 도안(道安)을 말한다. 도안이 양양(襄陽)에 있을 때 습착지가 찾아와서 "나는 사해습착치(四海習鑿齒)요"라고 하니 도안이 "나는 미천석도안(彌天釋道安)이요"라고 했다 한다.

266) 晉道安授業於佛圖澄, **姓帛氏, 以師莫過於佛**, 遂以釋爲姓. **中夏沙門稱釋, 自道安**始. 道安見習鑿齒, 自稱彌天釋道安.(『古今事文類聚前集, 卷三十五, 仙佛部, 佛, 沙門稱釋』) → 晉**史**, 道安**姓帛**, 受業於佛圖澄, 遂以釋爲姓. **冒釋迦故也**. 見習鑿齒, 自稱彌天釋道安, **是也**.(『松南雜識』)
* 『晉書』에는 없는 내용임.

267) 당검(唐儉) : 당나라의 문신. 자는 무약(茂約). 병주(幷州) 진양(晉陽) 출신.

고 하였다.

고려에 삼대가 같은 이름을 쓴 것은 작제건(作帝建)·용건(龍建)·태조 건(建)이 이것이다.[268]

『택리지』에서 "작제건(作帝建)은 바로 당나라 선종(宣宗)의 아들이다. 융(隆)은 바로 용건(龍建)으로 왕씨로 성을 바꾸니 진(陳)의 전화(田和)와 같은 경우이다"[269]라고 하였다.

또 권행(權幸)의 아들은 권인행(權仁幸)이다. 맹교(孟郊)[270]의 시에 "왕희지(王羲之)에게 또 지(之)가 있네(羲之又有之)"[271]라고 하였다. 호모보지(胡毋輔之)[272] 아들의 이름도 호모겸지(胡毋謙之)[273]이다. 세상에 전하기를 이름에 '之(지)' 자를 쓰면 유명해지는 경우가 많다고 하니 바로 명필로는 왕희지(王羲之)·왕헌지(王獻之),[274] 문장으로는 한퇴지(韓退之)[275]·

---

268) **昔**楚子熊繹, **熊渠**十餘世, 皆以熊名, **蓋出**蠻俗耳. **高麗太祖三世一名**, 李益齋以爲方言. **如高麗時權幸子名仁幸是矣**. **今俗小民多踵此習**, **謂宜禁革也**.(『芝峯類說, 卷十七, 雜事部, 名號』)→楚子熊繹十餘世, 皆以熊**字**名, 蠻俗耳. 李益齋以爲方言**也**.(『松南雜識』)

269) 『擇里志, 京畿道』의 내용을 축약·인용하였음.

270) 맹교(孟郊) : 중당(中唐) 시기의 시인(751~814). 자는 동야(東野). 46세가 되어서야 겨우 진사 시험에 합격하여 각지의 변변찮은 관직들을 맡았다. 또한 가정적으로도 불우하여 빈곤 속에서 죽었다. 한유(韓愈)와 가까이 지냈으며 그의 복고주의에 동조하여 작품도 악부(樂府)나 고체시(古體詩)가 많았다. 『맹동야시집(孟東野詩集)』 10권이 있다. 시호(諡號)는 정요선생(貞曜先生).

271) 「자경시(子慶詩)」.
* 왕희지(王羲之)와 그의 아들 왕헌지(王獻之)의 이름에서 '之'자가 같음을 이름.

272) 호모보지(胡毋輔之) : 진(晉)나라의 문신. 자는 언국(彦國). 태산(泰山) 봉고(奉高) 출신.

273) 호모겸지(胡毋謙之) : 호모보지의 아들. 자는 자광(子光). 재주와 학문이 아버지에게 못 미치고 오만방자했다. 30살이 채 안되서 죽었다.

274) 왕헌지(王獻之) : 진(晉)나라의 서예가(348~388). 자는 자경(子敬). 왕희지의 여러 아들 중에서 최연소자인 헌지가 서(書)의 천분을 가장 많이 타고났으며, 부친으로부터 서법을 이어받아 호기 있는 서풍을 완성했다.

275) 한퇴지(韓退之) : 당나라의 문학자·사상가(768~824). 이름은 유(愈), 퇴지(退之)는 자. 유종원(柳宗元) 등과 함께 종래의 대구(對句)를 중심으로 짓는 병문(騈文)에 반대하고 자유로운 형식의 고문(古文)을 창도했다. 고문은 송대 이후 산문문체의 표준이 되었으며, 그의 문장은 그 모범으로 알려졌다. 사상분야에서는 유가의 사상을 존중하

당순지(唐順之),[276] 화가로는 고개지(顧愷之),[277] 풍채로는 두목지(杜牧之)[278]가 있다.

혁거세(赫居世)는 신라사에 우리나라 말로 왕이라는 말이라고 하였다. 이를 그대로 시조의 이름으로 삼았는데 양산 기슭 나정(羅井) 가에서 태어났기 때문에 나라 이름을 신라(新羅)라고 하였는가? 왕비는 우물의 이름으로 그 이름을 삼았다. 혁거세 왕비의 이름이 알영(閼英)이니 처음에 용이 알영정(閼英井)에서 오른쪽 갈비뼈로 딸을 낳았기 때문이다.

나면서부터 사람을 쳐다 본 위궁
視人位宮

『강목(綱目)』의 주석에서 말하였다.

고구려 태조왕 궁(宮)은 나면서부터 눈을 뜨고 사람을 쳐다보았다. 장성하자 용감하고 씩씩하였으니, 한나라 변방의 걱정거리가 되었다. 증손 위궁(位宮)[279]도 나면서부터 눈을 뜨고 사람을 쳐다보았다. 고구

고 도교·불교를 배격하여 송대 이후의 도학(道學)의 선구자가 되었다. 시호는 문공(文公).

276) 당순지(唐順之): 명나라의 문학자(1507~1560). 자는 응덕(應德), 호는 형천(荊川). 명나라 초기 의고파(擬古派)의 전성기에 문학의 시대성을 인식하고 정감을 표출한 '달의(達意)'의 글을 중시했다. 역대의 산문에서는 귀유광(歸有光)과 함께 당·송의 문장을 애호했다. 저서로 『형천집(荊川集)』 17권이 있다.

277) 고개지(顧愷之): 동진(東晉)의 화가. 자는 장강(長康)·호두(虎頭). 364년(興寧 2), 건강(建康: 지금의 南京)에 있는 와관사(瓦官寺) 벽면에 유마상(維摩像)을 그려 처음으로 화가로 이름을 나타내었다. 초상화와 옛 인물을 잘 그려 중국회화사상 인물화의 최고봉으로 일컬어진다.

278) 두목지(杜牧之): 만당(晩唐) 시기의 시인(803~853). 이름은 목(牧), 목지(牧之)는 그의 자, 호는 번천(樊川). 이상은(李商隱)과 더불어 이두(李杜)로 불리며, 또 작품이 두보(杜甫)와 비슷하다 하여 소두(小杜)라고 불린다.

279) 위궁(位宮): 고구려 제10대 왕 산상왕(山上王7)의 이름. 재위 기간은 197~227년. 이름은 연우(延優)이고 일명 위궁(位宮)이라고도 한다. 제8대 신대왕(新大王)의 아들이

려의 풍속에 서로 닮은 것을 '위(位)'라고 하는데 궁(宮)과 닮았기 때문에 위궁(位宮)이라고 이름하였다.

돼지 체 자로 임금의 이름을 삼다
彘爲君名

『한서(漢書)』에서 말하였다.

경제(景帝)[280]의 꿈에 고제(高帝)[281]가 나타나서 말하였다.

"왕미인(王美人)이 아들을 낳을 것이니 이름을 체(彘)라 하는 것이 좋겠다."

무제(武帝)[282]가 태어나자 경제(景帝)가 말하였다.

"체(彘)는 철(徹)이니 철(徹)이라 이름을 지으라."[283]

살펴보건대, 중국 음에는 입성(入聲)이 없어서 체(彘)자와 철(徹)자가 같

며, 제9대 고국천왕(故國川王)의 동생이다. 고국천왕이 아들 없이 죽자 왕후 우씨(于氏)에 의해 연우가 왕위에 올랐다. 왕이 주통촌(酒桶村)에 미행(微行)하였는데 208년에 그곳의 한 처녀가 산상왕의 아들을 낳았다. 처녀는 소후(小后)에 봉해졌고 그 아들은 후에 제11대 동천왕(東川王)이 되었다.

280) 경제(景帝) : 전한(前漢)의 제6대 황제(B.C. 188~B.C. 141). 재위 기간은 B.C. 157~B.C. 141. 성은 유(劉). 이름은 계(啓). 문제(文帝)의 아들. 어머니는 두황후(竇皇后).

281) 고제(高帝) : 한(漢)나라의 제1대 황제인 유방(劉邦 : B.C. 247?~B.C. 195). 재위 기간은 B.C. 202~B.C. 195.

282) 무제(武帝) : 전한 제7대 황제(B.C. 156~B.C. 87). 재위 기간은 B.C. 141~B.C. 87. 이름은 철(徹).

283) 景帝亦夢, 高祖謂已曰, 王美人得子, 可名爲彘, **及生男**, **因名焉**, **是爲武帝**. **帝以乙酉年七月七日旦**, **生於猗蘭殿**. …… 上曰, 彘者, 徹也, **因改**名徹.(『漢武故事』) → 景帝夢, 高祖謂已曰, 王美人得子, 可名爲彘, **故武帝之生也**. 上曰, 彘者, 徹也, 名徹.(『松南雜識』)
*『한서』에 없는 내용으로 『연감류함(淵鑑類函)』 등에서도 『한무고사(漢武故事)』에서 인용했다고 밝히고 있음.

은 음이기 때문이다.

고구려의 동천왕(東川王)284)이 태어날 때에, 교제사(郊祭祀)에 쓸 희생 돼지(郊彘)가 달아났다. 그것을 찾다가 주통촌(酒桶村)에서 미인을 얻어 동천왕을 낳았기 때문에 '교체(郊彘)'라고 하였다.285)

신라 진흥왕은 삼 자를 썼고 고려 충숙왕은 만 자를 썼다
羅彡麗卍

신라 진흥왕(眞興王)286)의 이름은 삼맥종(彡麥宗)이다. '彡'의 음은 삼이니, 불화(佛畵)인듯하다.

고려 충숙왕(忠肅王)287) 도(燾)는 꿈 때문에 이름을 만(卍)으로 고쳤다. '卍' 자는 바로 卐 자니 범서(梵書)인 듯하다. 원함(苑咸)의 시에 "만(卍)자 모양의 연꽃 모두 하늘에서 떨어지네(蓮花卍字摠由天)"라고 하였다.

또 충선왕(忠宣王)288) 왕장(王璋)은 원나라로 들어가 이름을 익지보화

---

284) 동천왕(東川王) : 고구려 제11대 왕(?~248). 재위 기간은 227~248. 이름은 우위거(憂位居), 초명은 교체(郊彘). 산상왕(山上王)의 아들. 동양왕(東襄王)이라고도 하며, 213년 태자로 책봉되었다.

285) 산상왕(山上王) 12년(208) 2월에 교시(郊豕 : 희생)가 달아났다. 그래서 이 일을 맡아보는 사람이 뒤를 쫓아 주통촌에 이르렀으나, 이리저리 달아나서 잘 잡을 수가 없었는데, 20세 가량의 아름다운 여인이 이를 잡아 주므로 돌아가 왕에게 아뢰었다. 왕이 미행(微行)하여 동침하고 아이를 낳았는데, 처음 교시 사건으로 여자를 얻게 되었으므로 이름을 교체(郊彘)라 하고, 그 어미를 소후(小后)로 삼았다.

286) 진흥왕(眞興王) : 신라 제24대 왕(534~576). 재위 기간은 540~576. 성은 김(金). 이름은 삼맥종(彡麥宗). 일명 심맥부(深麥夫). 법호 법운(法雲). 지증왕(智證王)의 손자, 갈문왕(葛文王) 입종(立宗)의 아들.

287) 충숙왕(忠肅王) : 고려 제27대 왕(1294~1339). 재위 기간은 1313~1330, 1332~1339. 초명은 도(燾). 이름은 만(卍). 자는 의효(宜孝). 충선왕의 둘째아들. 어머니는 몽골 출생의 의비(懿妃).

288) 충선왕(忠宣王) : 고려 제26대 왕(1275~1325). 재위 기간은 1298, 1308~1313. 자는 중앙(仲昻). 충렬왕의 아들. 어머니는 원나라 세조(世祖 : 忽必烈)의 딸 제국대장공주(齊國大長公主).

(益智普化)로 고쳤다.

충혜왕(忠惠王)[289] 왕정(王禎)은 보탑실리(普搭失里)라고 하였다.

충숙왕(忠肅王) 왕만(王卍)은 아랄눌특실리(阿剌訥忒失里)라고 하였다.

충목왕(忠穆王)[290] 왕흔(王昕)은 팔사마타아지(八思麻朶兒只)라고 하였다.

충정왕(忠定王)[291] 왕저(王胝)는 미사감타아지(迷思監朶兒只)라고 하였다.

공민왕(恭愍王)[292] 왕기(王祺)는 백안첩목아(伯顔帖木兒)라고 하였다.

덕흥군(德興君)[293] 왕혜(王譓)는 탑사첩목아(塔思帖木兒)라고 하였다.

여왕의 이름은 만
女主名曼

『삼국사기』에서 말하였다.

시조 혁거세(赫居世)의 왕비를 알영(閼英)이라 이름한 이유는 처음에

---

289) 충혜왕(忠惠王) : 고려 제28대 왕(1315~1344). 재위 기간은 1330~1332, 1339~1344. 이름은 정(禎). 충숙왕의 아들. 어머니는 홍규(洪奎)의 딸 명덕태후(明德太后).

290) 충목왕(忠穆王) : 고려 제29대 왕(1337~1348). 재위 기간은 1344~1348. 충혜왕(忠惠王)의 아들. 어머니는 덕령공주(德寧公主).

291) 충정왕(忠定王) : 고려 제30대 왕(1337~1352). 재위 기간은 1348~1351. 충혜왕의 서자. 어머니는 찬성(贊成) 윤계종(尹繼宗)의 딸 희비(禧妃).

292) 공민왕(恭愍王) : 고려 제31대 왕(1330~1374). 재위 기간은 1351~1374. 호는 이재(怡齋)·익당(益堂). 충숙왕의 둘째 아들. 비는 원나라 위왕(魏王)의 딸 노국대장공주(魯國大長公主).

293) 덕흥군(德興君) : 고려 제26대 충선왕(忠宣王)의 셋째 아들. 어머니는 궁인인데 출궁하여 백문거(白文擧)의 집에서 혜를 낳았다. 한때 중이 되었다가 1351년(충정왕 3) 원나라에 건너가 원나라 순제(順帝)에게 아첨하여 왕에 책봉되었다. 당시 고려 여인으로 순제의 제2황후였던 기황후(奇皇后)와 최유(崔濡)·김용(金鏞) 등과 공모하여 연경에 있는 고려인들을 위관(僞官)으로 임명한 후 64년(공민왕 13) 요양성(遼陽省)의 군대 1만 명을 거느리고 최유와 함께 본국에 침입하여 평북 의주(義州)까지 왔으나, 최영(崔瑩)·이성계(李成桂) 등에게 패하여 원나라로 되돌아갔다. 원나라로 쫓겨간 이후에도 부정을 저질러 군(君)의 칭호도 삭탈당하고 영평부(永平府)로 유배되었다.

용이 알영정(閼英井)에서 나타났는데 용의 오른쪽 갈비뼈로 여자 아이 하나를 낳았기 때문이다. 그래서 우물의 이름으로 왕비의 이름을 지었다.[294]

신라 역사에서 선덕왕(善德王)의 이름은 덕만(德曼), 진덕왕(眞德王)의 이름은 승만(勝曼), 진성왕(眞聖王)의 이름은 만(曼)이라 하니, 만(曼)은 혹 당시 여왕의 별호인 듯 하다. 혹은 초(楚)나라 제후의 부인 등만(鄧曼)[295]을 사모하여 이름에 쓴 듯하다. 마치 지금 여항의 여자들이 주(周)나라 태임 왕희(太任王姬)[296]를 사모해서 '희(姬)'자를 이름에 사용한 것과 같은 듯하다.

천연두를 두려워하여 '불화'라고 이름 짓다
畏疫不花

지봉 이수광이 말하였다.

오랑캐의 방언에 송아지(犢)를 '불화(不花)'라고 하는데, 어떤 사람은 "오랑캐가 천연두를 두려워하기 때문에 허다하게 '불화'라고 이름을 짓는다"라고 한다.[297]

---

294) 龍見於閼英井, 右脇**誕**生女**兒**, **老見而異之**, 收養之, 以井名名之.(『三國史記, 卷一, 新羅本紀, 始祖, 赫居世居西干 五年』)→**始祖赫居世妃名閼英井者**, **初**龍見於閼英井, 右脅生一女, 以井名名之也.(『松南雜識』)

295) 등만(鄧曼) : 초무왕(楚武王)의 부인. 어질고 지혜로웠다. 무왕이 수(隨)를 정벌할 때 패할 것을 알고 말렸으나, 무왕이 등만의 말을 듣지 않고 갔다가 끝내 패하여 죽은 사실이 있다.

296) 태임왕희(太任王姬) : 주(周)나라 왕계(王季)의 후비로 문왕(文王)을 낳았다. 주나라가 희(姬) 성을 사용했기 때문에 왕녀를 왕희라 불렀다.

297) 胡語謂犢曰不花, **謂顏色美好者曰伯顏**, **譯以漢語則與我國方音頗近**, 或言胡人**特**畏痘疫, 故多以不花爲名.(『芝峯類說, 卷十六, 語言部, 方言』)→胡語謂犢曰不花. 或

'창' 자의 반쪽과 '우순'의 완전한 어휘[298]

昌半虞全

당나라 소종(昭宗) 敍이 이름을 '曄(엽)'으로 고쳤다. 나은(羅隱)[299]이 전류(錢鏐)[300]를 위하여 올린 표문에서 "왼쪽은 희창(姬昌)[301]의 반쪽 글자이고 오른쪽은 순임금의 온전한 어휘입니다"라고 하였다.[302]

살펴보건대 순화(舜華 : 무궁화)라는 온전한 어휘로 만드니 더욱 절묘하다.

김유신과 이기축의 이름의 유래

庚信起築

신라의 김서현(金舒玄)[303]이 경진(庚辰)일 밤에 형혹성(熒惑星)[304]과 진성(鎭星)[305]이 자기에게 떨어지는 꿈을 꾸고 아내 만명(萬明)이 임신하여 스무 달 만에 아이를 낳았다. 서현이 부인에게 "내가 경진일에 길몽을

言胡人畏痘疫, 故多以不花爲名.(『松南雜識』)

298) '曄'자가 '昌'의 일부인 '日'과 '舜華'의 '華'로 이루어졌다는 의미.

299) 나은(羅隱) : 당나라 말기의 시인. 여항(餘杭) 출신. 자는 소간(昭諫). 시에 재능이 있었는데 특히 영사(詠史)에 능했다. 성격이 오연(傲然)하고 풍간(諷諫)함이 많았기 때문에 누차 과거에 응시했으나 급제하지 못했다.

300) 전류(錢鏐) : 오대(五代)의 오월국(吳越國) 시조인 무숙왕(武肅王). 자는 구미(具美). 나라를 세우고 임안(臨安)에 있었다. 재위 기간은 41년. 손자 충헌왕(忠獻王) 인좌(仁佐)와 충의왕(忠懿王) 숙(俶)에 이르러 송나라가 일어나자 이에 복종했는데, 송나라에서 그 보답으로 전당(錢塘)과 임안(臨安)에 있는 전씨의 분묘를 수리하여 제사를 지내게 하고 표충관(表忠觀)을 세워 그들의 충성을 표창했다.

301) 희창(姬昌) : 주(周)나라 무왕(武王)의 이름.

302) 昭宗更名, 表曰, 上則虞舜之全文, 右則姬昌之半字.(『吳越備史, 卷二, 武肅王』) → 唐昭宗更名曄, 羅隱爲錢鏐表曰, 左則姬昌之半字, 右則虞舜之全文.(『松南雜識』)

303) 김서현(金舒玄) : 신라 때의 장군. 김유신의 아버지로 양주총관(良州摠管)이 되어 백제와의 싸움에서 여러 차례 공을 세웠다. 고구려의 낭비성을 함락시켰다.

304) 형혹성(熒惑星) : 화성(火星)의 별칭. 병란(兵亂)의 조짐을 보이는 별이라고 한다.

305) 진성(鎭星) : 토성(土星)의 별칭.

꾸고 이 아이를 얻었으니, 그 날로 이름을 짓는 것이 마땅하겠지만, 『예기(禮記)』에서 '날과 달의 간지로는 이름을 짓지 않는다'라고 하였소. '庚(경)'과 '庾(유)'는 글자 모양이 비슷하고 '辰(신)'과 '信(신)'은 음이 같소"라고 말하고는 드디어 '유신(庾信)'이라고 이름을 지었다.306)

『백호통(白虎通)』에서 말하였다.

> 은(殷)나라는 실질을 숭상하기에 바로 태어난 날을 자식의 이름으로 짓지만, 자축(子丑)을 사용하지 않았다. 갑을(甲乙)은 천간(天干)이고 자축(子丑)은지지(地支)이니 실질을 근본으로 하기 때문에 갑을을 이름자에 사용한다.307)

어떤 사람은 "신라 김유신은 경신일에 태어났다. 그런데 옛사람은 육십갑자로 이름을 짓지 않았다. 그렇기 때문에 '庾(유)' 자는 '庚(경)' 자와 모양이 비슷하고 '信(신)' 자는 '申(신)' 자와 소리가 비슷해서 '유신(庾信)'이라고 이름을 지었다"라고 말한다.

조선의 계해공신 이기축(李起築)308) 역시 기축일(己丑日)에 태어나 소

---

306) 舒玄庚辰之夜, 夢熒惑鎭二星降於己. 萬明**亦以辛丑之夜, 夢見童子衣金甲, 乘雲入堂中, 尋而**有娠. 二十月而生**庾信, 是眞平王建福十二年, 隋文帝開皇十五年乙卯也. 及欲定名**, 謂夫人曰, 吾以庚辰**夜**吉夢, 得此兒, 宜以爲名. 然禮不以日月爲名, **今**庚與庾字相似, 辰與**信**聲相近, **況古之賢人有名庾信, 以命之**. 遂名庾信**焉**.(『三國史記, 卷四十一, 列傳, 金庾信』)→**羅金**舒玄, 庚辰之夜, 夢熒惑鎭二星降於己, **妻**萬明有娠二十月而生**舘**. **玄**謂夫人曰, 吾以庚辰吉夢, 得此兒, 宜以爲名. 然禮不以日月爲名, 庚與庾字相似, 辰與聲相近. 遂名庾信.(『松南雜識』)

307) 殷以生日名子何, 殷家質, 故直以生日名子也. …… 不以子丑何. 曰甲乙者, 幹也, 子丑者, 枝也, 幹爲本, 本質, 故以甲乙, 爲名也.(『白虎通義, 卷下, 德論下, 姓名』)→殷家尙質, 直以生日名子, 而不以子丑者, 甲乙幹也, 子丑枝也. 本實, 故以甲乙名也.(『松南雜識』)

308) 이기축(李起築) : 조선 후기의 무신(1589~1645). 본관은 전주(全州), 자는 희열(希說). 효령대군(孝寧大君) 이보(李補)의 7대손이다. 광해군 12년(1620) 무과에 급제했다. 계해년(1623) 인조반정에 거사(擧事)의 연락을 맡아 선봉장으로 들어왔다. 그 공으로 정사공신(靖社功臣) 3등에 책록되고, 절충장군(折衷將軍)으로 품계가 올라 금군장(禁軍

리가 같은 글자를 취했다.

생존을 기뻐하여 이름을 하사하다
喜在賜名

조선의 구정(龜亭) 남겸(南謙)[309]은 태조(太祖)의 친구다. 태조가 등극한 후에 임금이 그가 아직 살아 있음을 기뻐하여 '재(在)'라는 이름을 하사하였다.

'수' 자 항렬을 대대로 전하다
水行傳世

송강(松江) 정철(鄭澈)[310]은 대대로 '水(수)' 자가 들어간 항렬을 사용하니 가정(稼亭) 이곡(李穀)과 목은(牧隱) 이색(李穡) 부자가 '禾(화)' 자가 들어간 항렬자를 사용한 경우와 같다. 그런데 근래에 오행(五行)이 들어간 항렬자로 고쳤다. 정조가 "정씨는 '水(수)'자 항렬을 버려서 쇠퇴하였다"라고 하고 정의(鄭漪)[311]라는 이름을 하사하였다. 또한 사장(謝莊)이 '風

將)이 되었고, 이어 수별장(首別將)이 되었다. 한성부판윤에 추증되었다. 시호는 양의(襄毅).

309) 남겸(南謙) : 고려 말 조선 초기의 문신(1351~1419). 남재(南在)의 초명. 본관은 의령(宜寧), 자는 경지(敬之), 호는 구정(龜亭). 아우 은(誾)과 함께 이성계(李成桂)의 세력에 가담해 고려 조정의 신진 사류로서 구세력과 대립했다. 위화도 회군의 공으로 회군공신(回軍功臣)에 봉해졌다. 조선이 개국되자 개국공신 1등에 녹훈되고, 1392년 중추원학사로 대사헌을 겸했고 의성군(義城君)에 봉해졌다. 『구정유고(龜亭遺稿)』가 있다. 시호는 충경(忠景).

310) 정철(鄭澈) : 조선 명종 · 선조 때의 문신 · 시인(1536~1593). 자는 계함(季涵), 호는 송강(松江). 가사 문학의 대가로 국문학사상 중요한 「관동별곡(關東別曲)」 · 「사미인곡(思美人曲)」 등의 가사 작품과 시조 작품을 남겼다. 저서에 『송강집』 · 『송강가사(松江歌辭)』가 있다.

311) 정의(鄭漪) : 조선 후기의 문신(1782~1832). 초명은 진명(鎭命), 자는 청부(淸夫), 본

(풍)'·'月(월)'·'山(산)'·'水(수)'로 명명한 의미인 듯하다.312)

대대로 외자 이름을 쓰다
一字相傳

양천(陽川) 허씨(許氏)는 대대로 외자 이름을 쓰는데, 근래 허석노(許石老)가 두 글자로 이름을 지었다. 살펴보건대 옛사람은 외자 이름을 많이 사용했다. 그렇기 때문에 초한(楚漢)·삼국 시대(三國時代)에 두 자 이름이 드물다.

가까이 내 몸에서 취하다
近取諸身

양촌(陽村) 권근(權近)313)이 "내 이름 근(近)은 내 지손들이 '가까이 내 몸에서 취할 수 있다'라는 뜻이니, 신체를 나타내는 글자를 사용하라"라고 하였다.

외자로 이름을 쓰는 것은 양천(陽川) 허씨(許氏)와 비견된다. 권상신(權尙愼)314)은 처음으로 두자 이름을 사용했지만, 여전히 신체를 나타내는

관은 연일(延日). 정철의 후손. 정조 말에 직장(直長)을 지내고 순조 초에 감찰(監察)·수원판관·동부승지·여주목사·형조참판을 역임했다. 경사(經史)에 통하였고 시와 문장에도 뛰어났으며, 글씨도 잘 썼다.

312) 사장(謝莊): 송나라의 문신으로 양하(陽夏) 출신. 자는 희일(希逸). 사장(謝莊)이 아들의 이름에 '風'·'月'·'山'·'水'자를 붙여 사앙(謝颺)·사비(謝朏)·사종(謝嵸)·사약(謝瀹)이라고 했다.

313) 권근(權近): 고려 말에서 조선 초의 문신·학자(1352~1409). 초명은 진(晉), 자는 가원(可遠)·사숙(思叔), 호는 양촌(陽村). 성리학자이면서 문장에도 뛰어났으며, 왕명으로 하륜(河崙) 등과 함께 『동국사략(東國史略)』을 편찬했다. 저서에 『양촌집(陽村集)』·『오경천견록(五經淺見錄)』 등이 있다.

314) 권상신(權常愼): 조선 후기의 문신(1759~1824). 본관은 안동(安東), 자는 경호(絅好),

글자를 사용한 것이다.

옛 사람을 사모하여 이름 짓다
慕古作名

『한서(漢書)』에서 "사마상여(司馬相如[315])의 초명(初名)은 견자(犬子)인데, 인상여(藺相如[316])를 사모하여 이름을 고쳤다"[317]라고 하였다.
『금화자(金華子)』[318]에서 말하였다.

과거 보는 사람 중에 시(詩)에 능한 자들은 매번 명함을 교환한다고 한다. 향공진사(鄕貢進士) 황거난(黃居難)의 자는 우지(憂地)이니 백거이(白居易)의 자 낙천(樂天)에 비견코자 한 것이다.[319]

고약졸(高若拙[320])의 『후사보(後史補)』[321]에서 "양원(梁園)의 부자집 아

호는 일홍당(日紅堂)·서어(西漁). 홍직필(洪直弼)·정원용(鄭元容)과 함께 『국조대학연의(國朝大學衍義)』를 편찬했다. 저서로 『서어유고』가 있다.

315) 사마상여(司馬相如) : 전한(前漢)의 문인(B.C. 179~B.C. 117). 자는 장경(長卿). 그의 사부(辭賦)는 한위 육조(漢魏六朝) 문인의 모범이 되었다. 작품에 「자허지부(子虛之賦)」 등이 있다.

316) 인상여(藺相如) : 전국 시대 조나라 사람. 진나라의 위협으로부터 조나라를 지킨 공을 세웠다.

317) 司馬相如, **字長卿**, **蜀郡成都人也**. **少時好讀書**, **學擊劒**. 名犬子, **相如旣學**慕藺相如**之爲人也**, **更**名**相如**.(『前漢書, 卷五十七上, 司馬相如傳』) → 司馬相如, **初**名犬子, 慕藺相如, **改**名.(『松南雜識』)

318) 금화자(金華子) : 남당(南唐) 유숭원(劉崇遠)이 찬술한 책. 금화자는 숭원의 자. 당나라 말기 조야(朝野)의 고사를 모두 60여조로 만들었다.

319) 有擧子, **好**爲詩**章**, 每通名刺云. 鄕貢進士黃**居**難字**樂**地, 欲比白居易**字**樂天也.(『類說, 卷二十六, 後史補, 黃居難』) → 有擧子**能**爲詩, 每通名刺云. 鄕貢進士黃**處**難字**憂**地, 欲比白居易樂天也.(『松南雜識』)

320) 『松南雜識』에는 '高若訥'로 오기되어 있음.

321) 후사보(後史補) : 5대 주(周)나라 고약졸(高若拙)의 저서. 당나라와 오대사에 대한 잡기(雜記). 3권.

들 두사랑(杜四郎)의 호는 순압(荀鴨)인데, 두순학(杜荀鶴)[322]을 본받은 것이다. 그가 벽에 쓴 시가 있는데 어떤 사람이 오물을 발라 버렸다. 그 시는 다음과 같다.

삼십년 간 얼굴에 먼지 스치더니	三十年來塵拂面
지금에야 한 번 진흙받에 가래질 할 수 있네	如今始得一枕泥[323]

조선의 이후백(李後白)[324]은 이백(李白)[325]을 사모하여 그렇게 이름 짓고 호를 청련(青蓮)이고 지었다. 대개 이런 사례는 매우 많은 듯하다.

스승을 배반하고 이름을 고치다
去師改名

남하정(南夏正)[326]의 『동소만록(桐巢謾錄)』에 "허씨의 자식 아무개가

---

322) 두순학(杜荀鶴) : 후량(後梁)의 시인. 두목지(杜牧之)의 아들. 자는 언지(彦之), 호는 구화산인(九華山人). 시를 잘 지었으며 특히 궁사(宮詞)에 능했다.

323) 梁園**有**富家子杜四郎, **好接文士**, **愛爲詩篇**, **時**號杜荀鴨, 以比荀鶴. **每**有詩**卽**題壁, **親賓**或汙**漫**之, 卽**云**, 三十年來塵撲面, 如今始得一枕泥.(『類說, 卷二十八, 後史補, 杜荀鴨』) → 梁園富家子杜四郎, 號杜荀鴨, 比**杜**荀鶴. 有詩題壁, 或汙**墁**之, 卽三十年來塵拂面, 如今始得一枕泥**句**.(『松南雜識』)

324) 이후백(李後白) : 조선 중기의 문신(1520~1578). 본관은 연안(延安), 자는 계진(季眞), 호는 청련(青蓮). 청백리에 녹선되고, 종계변무(宗系辨誣), 즉 명나라의 『태조실록』과 『대명회전』에 이성계가 고려의 권신 이인임(李仁任)의 후손으로 잘못 기재된 일을 바로잡은 일에 대한 공으로 1590년 광국공신(光國功臣) 2등으로 연원군(延原君)에 추봉되었다. 문장이 뛰어나고 덕망이 높아 사림의 추앙을 받았다. 저서로 『청련집』이 있다. 시호는 문청(文淸).

325) 이백(李白) : 당나라의 시인(701~762). 자는 태백(太白), 호는 청련거사(青蓮居士). 젊어서 여러 나라에 만유(漫遊)하고, 뒤에 출사(出仕)하였으나 안사의 난으로 유배되는 등 불우한 만년을 보냈다. 칠언 절구에 특히 뛰어났으며, 이별과 자연을 제재로 한 작품을 많이 남겼다. 시문집에 『이태백시집』 30권이 있다.

326) 남하정(南夏正) : 조선 후기의 학자(1678~1751). 본관은 의령(宜寧), 자는 시백(時伯), 호는 동소(桐巢). 학문에 전심하여 경사(經史)와 제자백가(諸子百家)에 통달했다. 특히

그 스승 아무개를 삼년동안 섬기다가 떠나서 이름을 '시(是)'로 바꾸고 자를 '거비(去非)'라고 하였다"327)라는 말이 있다. 이것은 조연(趙涓)328)이 '개(犬)는 주인을 잊지 않는다'라는 이유로 水를 빼고 犬을 써서, 광견(狂狷)329)의 '狷(견)'자로 만들어 자신의 뜻을 보인 일과는 다르다.

꿈의 내용으로 이름을 짓다
記夢取名

세상에 다음과 같은 말이 전한다.

김숭겸(金崇謙)330)은 태어날 때 장절공(壯節公) 신숭겸(申崇謙)331) 꿈을 꾸었기 때문에 숭겸(崇謙)이라고 이름을 지었다. 문학을 일찍 성취

글을 잘 지어 문명을 크게 떨쳤다. 그가 지은 「출사책(出師策)」은 명문장으로 일컬어져 사람들은 그를 흔히 이식(李植)에 비교했다. 숙종 40년(1714) 진사가 되었으나, 세도(世道)가 어지러움을 보고 벼슬을 단념하고 진위(振威)의 동천(桐泉)에서 은거생활을 하며 후진 양성으로 일생을 보냈다. 『사대춘추(四代春秋)』와 『동소만록(桐巢謾錄)』 등이 있다.

327) 나는 옳고[是] 잘못된 스승을 떠난다[去非]는 의미.

328) 조연(趙涓) : 고려 말에서 조선 초기의 문신(1374~1429). 본관은 한양(漢陽), 초명은 경(卿), 자는 여정(汝靜). 음보로 산원(散員)이 되고, 우왕 12년(1386) 문과에 급제한 뒤 1388년 승봉랑(承奉郎)・고공좌랑(考功佐郎) 등을 역임했다. 공양왕 4년(1392) 공조총랑(工曹摠郎)을 거쳐, 이 해 조선이 건국되자 천우위대장군(千牛衛大將軍)이 되었는데, 왕의 의친(懿親)인 까닭에 별운검(別雲劒)이 되어 좌우에서 왕을 호위했다. 성품이 온순하였으며, 문신이면서 야인 정벌에 무공을 떨쳤다. 시호는 양경(良敬).

329) 광견(狂狷) : 뜻이 너무 커서 상규(常規)에서 벗어나는 이상주의와 고집이 너무 세어 융통성이 없음. 모두 중용(中庸)에서 벗어난 행위를 말한다.

330) 김숭겸(金崇謙) : 조선 후기의 시인(1682~1700). 본관은 안동, 자는 군산(君山), 호는 관복암(觀復庵). 19세로 요절했으나 학문에 통달하였고 서법 또한 절묘했다. 그 뜻이 '높고 넓어 시격(詩格)이 호방하고 산수를 사랑하여 발길이 이르지 않은 곳이 없었다'라고 하며 시 수백 편을 남겼다. 저서에 『관복암유고』가 있다.

331) 신숭겸(申崇謙) : 고려의 개국 공신(?~927). 초명은 능산(能山). 평산(平山) 신씨의 시조로, 왕건을 추대하여 왕으로 세우고 태조 10년, 견훤의 군사와 싸우다 전사했다.

하였고 수명도 장절공과 같다. 신정하(申靖夏)[332]는 당나라 이정(李靖)[333]이 금강산 보기를 원하는 태몽을 꾸고 낳았기에 정(靖)이라 이름을 지었는데, 금강산을 유람하다 돌아오지 못하고 죽었다. 육유(陸游)[334]는 태어날 때 진소유(秦少游)[335]의 꿈을 꾸고 '유(游)'라고 이름을 지었는데, 문장은 그보다 한결 뛰어나다. 위료옹(魏了翁)[336]은 진형중(陳瑩中)[337] 꿈을 꾸고 자(字)를 취했는데, 학문으로 따진다면 위료옹이 좀 더 순수하니, 범조우(范祖禹)[338]가 등우(鄧禹)[339]에 대한 것과 함께 모두 '전후신설(前後身說)'이다.

---

332) 신정하(申靖夏) : 조선 후기의 문신(1680~1715). 본관은 평산(平山), 자는 정보(正甫), 호는 서암(恕菴). 김창협(金昌協)의 문인. 숙종 31년(1705) 증광문과에 병과로 급제, 예문관검열·설서(說書)·부교리 등을 역임한 뒤, 1715년 헌납(獻納)으로 있을 적에 유계(兪棨)의 『가례원류(家禮源流)』를 발간하면서 발문을 쓴 정호(鄭澔)가 윤증(尹拯)을 비난한 일 때문에 윤증·유계의 제자들 사이에 일어난 소송사건에 연루되었다. 저서로 『서암집(恕菴集)』이 있다.

333) 이정(李靖) : 당나라의 문신. 삼원(三原) 사람. 자는 약사(藥師). 고조 때 행군총관(行軍總管)에 임명되고 태종 때 형부상서(刑部尙書) 겸 검교중서령(檢校中書令)에 제수된 후 서해도 행군대총관에 이르고 위국공(衛國公)에 봉해졌다. 시호는 경무(景武).

334) 육유(陸游) : 송나라의 시인. 산음(山陰) 사람. 자는 무관(務觀), 별호는 방옹(放翁).

335) 진소유(秦少游) : 송나라의 사(詞) 작가인 진관(秦觀 : 1049~1100). 소유(少游)는 자, 또 다른 자는 태허(太虛), 호는 회해거사(淮海居士). 완약파(婉約派)의 정종으로 일컬어진다.

336) 위료옹(魏了翁) : 송나라의 유학자. 공주(邛州) 포강(蒲江)사람. 자는 화부(華父), 호는 학산(鶴山).

337) 진형중(陳瑩中) : 송나라의 진관(陳瓘)을 말한다. 형중(瑩中)은 그의 자이며 호는 료옹(了翁)이다. 학문이 뛰어났으며 장돈(章惇)의 천거로 태학 박사가 되었으나 나중에는 장돈과 갈등이 있어 쓰이지 못했다. 간관(諫官)이 되었을 때는 채경(蔡京) 등용 불가를 극론하였기에 채경의 원망을 사서 누차 유배를 당하기도 하였음. 시호는 충숙(忠肅).

338) 범조우(范祖禹) : 송나라의 역사가(1041~1099). 자는 순부(淳夫) 또는 몽득(夢得). 저서에 『당감(唐鑑)』·『태사집(太史集)』 등이 있다. 당감공(唐鑑公)이라 칭함.

339) 등우(鄧禹) : 한(漢)나라 광무제(光武帝) 때의 장군. 자는 중화(仲華). 남양(南陽) 신야(新野) 출신. 한 광무제(漢光武帝)를 섬겨 천하를 평정하고 중흥(中興)의 제일공신이 되었는데, 나이 24세에 대사도(大司徒)가 되고 찬후(酇侯)로 봉작되었다. 명제(明帝)가 선대의 공신을 추념(追念)하여 운대(雲臺)에 등우 등 스물 여덟 장군의 초상을 그려두게 했다.

'몽' 자는 이름에 쓰기를 꺼린다
夢字忌名

우리나라에서 '몽(夢)' 자로 이름을 지은 사람은 세상에 이름을 떨치지만 불길한 경우가 많다. 예를 들면 정몽주(鄭夢周)[340]·유몽인(柳夢寅)[341]과 민몽룡(閔夢龍)[342]·이몽학(李夢鶴)[343]·박필몽(朴弼夢)[344] 같은

---

340) 정몽주(鄭夢周) : 고려 말기의 충신·유학자(1337~1392). 초명은 몽란(夢蘭)·몽룡(夢龍), 자는 달가(達可), 호는 포은(圃隱). 오부 학당과 향교를 세워 후진을 가르치고, 유학을 진흥하여 성리학의 기초를 닦았다. 명나라를 배척하고 원나라와 가깝게 지내자는 정책에 반대하고, 끝까지 고려를 받들다가, 선죽교(善竹橋)에서 이방원의 문객 조영규(趙英珪) 등에게 격살되었다. 문집에 『포은집』이 있다.

341) 유몽인(柳夢寅) : 조선 중기의 문신·문학가(1559~1623). 본관은 고흥(高興), 자는 응문(應文), 호는 어우당(於于堂)·간재(艮齋)·묵호자(默好子). 문장가 또는 외교가로 이름을 떨쳤으며 전서·예서·해서·초서에 모두 뛰어났다. 한성부좌윤·대사간 등을 지냈으나 폐모론이 일어났을 때 여기에 가담하지 않고 도봉산 등에 은거하며 성안에 발을 들여놓지 않았다. 이리하여 1623년 인조반정 때 화를 면했으나 관직에서 물러나 방랑 생활을 했다. 그해 7월 현령 유응경(柳應耕)이 "유몽인이 광해군의 복위 음모를 꾸민다"라고 무고해 국문을 받았다. 마침내 역률(逆律)로 다스려져 아들과 함께 사형되었다. 이때 관작의 추탈은 물론 임진왜란의 공으로 봉해진 영양군(瀛陽君)의 봉호도 삭탈되었다. 정조 때 신원되고 이조판서에 추증되었다. 저서로는 야담을 집대성한 『어우야담』과 시문집 『어우집』이 있다.

342) 민몽룡(閔夢龍) : 조선 중기의 문신(1550~1618). 본관은 여흥(驪興), 자는 치운(致雲), 호는 운와(雲窩). 정인홍(鄭仁弘)이 적극 추천하여 예조참의·호조참판을 거쳐 1599년 대사헌에 이르렀다. 대북파가 몰락하면서 관작이 삭탈되었고, 그 이듬해 대북이 집권하여 다시 골북(骨北)과 육북(肉北)으로 갈리자, 육북에 가담, 이이첨(李爾瞻)과 뜻을 같이했다. 그러나 곧이어 소북이 정권을 장악하면서 외직으로 좌천되었다. 1608년 광해군이 즉위하고, 광해군을 지지하던 대북이 집권하면서 중용되어 경기관찰사·좌참찬을 거쳐 이조판서에 올랐다. 1618년 우의정에 올랐는데, 이때 제기된 폐모론(廢母論)을 강력히 주장하여 대비의 호를 삭제하고, 서궁(西宮)에 유폐시키는 데 앞장섰다. 인조반정 후 관작이 추탈되었다.

343) 이몽학(李夢鶴) : 조선 중기의 반란자(?~1596). 본관은 전주(全州). 왕족의 서얼 출신. 임진왜란 중에 장교(將校)가 되었다가, 국사가 어지러움을 보고 모속관(募粟官) 한현(韓絢) 등과 함께 홍산(鴻山) 무량사(無量寺)에서 모의를 하고 동갑회(同甲會)라는 비밀결사를 조직하여 반란군을 규합하여 반란을 일으켰다. 선조 29년(1596) 7월 야음을 틈타 홍산현을 습격하여 함락하고, 이어 임천군(林川郡)·정산현(定山縣)·청양현(靑陽縣)·대흥현(大興縣)을 함락한 뒤 그 여세를 몰아 홍주성(洪州城)에 돌입했다. 그러나 목사 홍가신(洪可臣), 무장 박명현(朴名賢)·임득의(林得義) 등의 훌륭한 방어와 반란군 가운데 이탈하여 관군과 내응하는 자가 속출하여 반란군의 전세가 불리하게 되

사람이다. 또 몽예(夢囈) 남극관(南克寬)[345]은 요절하였고, 몽촌(夢村) 김수(金睟)[346]는 비록 호에 '몽(夢)'를 쓴 경우지만 삭탈되었다.

당나라의 유몽득(劉夢得)[347]도 귀양갔다. 오직 초명(初名)이 몽득(夢得)이었던 범조우(范祖禹)와 섭몽득(葉夢得)[348]만 오복(五福)이 모두 온전했다고 한다.

자, 그의 부하 김경창 · 임억명(林億命) · 태근(太斤) 3인에 의하여 피살되었다.

344) 박필몽(朴弼夢) : 조선 후기의 문신(1668~1728). 본관은 반남(潘南), 자는 양경(良卿). 소론 중의 준소계열(峻少系列)의 주요 인물로 활약했다. 1721년(경종 1) 김일경(金一鏡) · 이명의(李明誼) · 이진유(李眞儒) 등과 함께 상소해, 왕세제(王世弟 : 뒤의 영조)의 대리청정을 주장한 노론 4대신(김창집 · 이이명 · 이건명 · 조태채)의 죄를 성토해 신임옥사를 일으켰다. 1724년 영조가 즉위한 뒤 도승지가 되었으나 실록청에 사사로이 출입한다는 사헌부의 탄핵을 받았으며, 이어 노론의 공격을 받고 갑산(甲山)에 유배되었다. 영조 4년(1728) 소론 급진파인 이인좌(李麟佐)가 청주에서 난을 일으키자 유배지에서 나와 반란에 가담한 태인현감 박필현(朴弼顯)의 군중으로 가 서울로 진군하려 했다. 그러나 도중에 반란이 진압되었다는 소식을 듣고 죽도(竹島)에 숨었으며, 검모포(黔毛浦)로 가 잔당들과 다시 거사하려다가 무장현감 김몽좌(金夢佐)에게 붙잡혔다. 서울로 압송되어 능지처참되었고, 가문은 몰락했다.

345) 남극관(南克寬) : 조선 숙종 때의 문인(1689~1714). 자는 백거(伯居), 호는 몽예(夢囈) · 사시(謝施), 본관은 의령(宜寧). 남구만(南九萬)의 손자. 문장이 뛰어났다. 저서에 『몽예집(夢囈集)』이 있다.

346) 김수(金睟) : 조선 선조 때의 문신(1547~1615). 자는 자앙(子昻), 호는 몽촌(夢村), 본관은 안동(安東). 이황의 문인. 1592년 8월 한성판윤이 되었고, 지중추부사 · 우참찬 등을 거쳐, 1596년(선조 29)호조판서로서 전라도와 충청도에서 명군(明軍)의 군량을 충당하기 위해 군량징수에 힘썼다. 그 뒤 영중추부사에 이르렀으나 광해군 5년(1613) 손자인 비(埤)가 옥사할 때 탄핵을 받고 삭직당했다. 시호는 소의(昭懿)이다.

347) 유우석(劉禹錫) : 당나라의 시인(772~842). 몽득(夢得)은 자. 하북성(河北省) 출신. 795년 박학굉사과(博學宏詞科)에 급제하여 회남절도사(淮南節度使) 두우(杜佑)의 막료가 되었다. 얼마 후 중앙의 감찰어사로 영전되어 왕숙문(王叔文) · 유종원(柳宗元) 등과 함께 정치 개혁을 기도하였으나 805년 왕숙문은 실각되고, 유우석은 낭주사마(朗州司馬)로 좌천되었다. 10년 후 다시 중앙으로 소환되었으나 그때 지은 시가 문제가 되어 다시 연주자사(連州刺使)로 전직되고 그 후 중앙과 지방의 관직을 역임하면서 태자빈객(太子賓客)을 최후로 생애를 마쳤다. 시문집으로 『유몽득문집(劉夢得文集)』 30권과 『외집(外集)』 10권이 있다.

348) 섭몽득(葉夢得) : 송나라의 문신 · 학자. 자는 소온(少蘊), 호는 석림(石林). 철종 소성(紹聖) 연간에 진사 급제하여 중서사인(中書舍人) · 한림학사를 역임했다. 고종 때 상서좌승상을 제수받았고 금나라 군대의 남하를 저지했다. 저서로 『석림연어(石林燕語)』 등이 있다.

성과 이름의 음이 같은 사람
姓名同音

『자가록(資暇錄)』[349]에서 말하였다.

세상에서 성과 이름의 음이 같은 사람을 말할 때는 반드시 두도(杜度)[350]를 언급하니, 한유의 「휘변(諱辨)」에서 인용하였다. 그러나 두조(杜操)의 자가 백도(伯度)인데, 백도의 이름이 위(魏)나라 무제(武帝) : (曹操)와 같았기 때문에 이름을 숨기고 자(字)를 썼는데 후대 사람이 백(伯)자를 뺐다.[351]

대개 한(漢)나라의 조조(晁錯)[352]와 조조(曹操), 송(宋)나라 조조(趙眺)는 우리나라 음으로 부르면 모두 성과 이름의 음이 같다. 조선의 율곡(栗谷) 이이(李珥)도 성과 이름의 음이 같으니 기이하다.

---

349) 자가록(資暇錄) : 당나라의 이광예(李匡乂)가 저술한 책. 3권, 소설류(小說類).

350) 두도(杜度) : 후한(後漢) 경조(京兆) 출신. 초서를 잘 써서 장제(章帝)가 그의 초서체로 상소문을 올리도록 명한데서, 장초(章草)라 불렀다. '杜度'의 중국음은 '두두'이다.

351) 世**徵**姓名同者, 必**稱**杜度. 韓**文公**諱辨**亦**引之. **按杜恕篤論云**, 杜操字伯度, **魏時以**名同武帝, 故**隱而擧字**, **後人削**去伯字.(『類說, 卷二十九, 資暇集, 杜度』)→世言姓名同**音**者, 必**曰**杜度. 韓愈諱辨引之. **然**杜操字伯度, **伯度**名同**魏**武帝, 故去伯字云.(『松南雜識』)

352) 조조(鼂錯) : 한나라 문제(文帝) 때 학자 · 문신. 신불해(申不害) · 상앙(商鞅) 등의 형명학(形名學)을 배웠고, 벼슬은 어사대부(御史大夫)에 이르렀음. 문제 때에 변경의 수비에 관해 자주 진언했다. 제후들의 세력을 억제하기 위해 그 봉지를 삭감하려고 하다가 오초(吳楚)를 비롯한 칠국(七國)이 들고 일어나자, 그 사건을 진압하기 위한 명분에 몰려 참형을 당했다.

'연' 자를 피휘하여 '천' 자를 사용하다
諱淵爲泉

지봉 이수광이 말하였다.

이백(李白)의 시에서 "온 밤을 흥겹게 노래하다가 천명을 전송하다[353]"라고 하였으니 당나라 사람은 고조(高祖)[354]의 이름을 피휘(避諱)하여 '淵(연)'을 '泉(천)'으로 고쳤다.[355]

진(晉)나라가 사마소(司馬昭)[356]의 이름을 피휘하여 명비(明妃)로 고친 것과 같다. 그러나 여온(呂溫)[357]이 적인걸(狄仁傑)[358]을 칭송한 찬(贊)에서,

우연(虞淵)[359]에서 해를 가져다	取日虞淵
함지(咸池)[360]에서 빛을 씻는다	洗光咸池

---

353) 酣歌一夜送泉明.(「送韓侍御之廣德令」)

354) 고조(高祖) : 당나라의 제1대 황제(565~635). 재위 기간은 618~626년. 성은 이(李). 이름은 연(淵). 자는 숙덕(叔德). 수나라 태원유수(太原留守)로 임명되었다가, 고구려 원정의 실패로 수나라가 흔들리자 군사를 일으켜 수나라를 멸망시키고 당나라를 세웠다.

355) 李白詩, **日就東山賒月色**, 酣歌一夜送泉明. 按**泉明卽淵明**, 唐人避高祖諱, **改**淵爲泉.(『芝峯類說, 卷十, 文章部三, 唐詩』)→李白詩, 酣歌一夜送泉明. 按唐人避高祖諱淵爲泉.(『松南雜識』)

356) 사마소(司馬昭) : 위(魏)나라 온현(溫縣) 사람으로 의(懿)의 아들인데, 조모(曹髦)가 재위할 때 대장군이 되어 국정을 전횡하고 스스로 상국(相國)이 되었다. 후에 조모를 시해하고 원제(元帝)와 그 아들을 죽이고 위나라를 빼앗았다.

357) 여온(呂溫) : 당나라의 학자 · 문신. 자는 화숙(和叔) · 화광(化光). 하중(河中) 출신. 저서로 『여형주집집(呂衡州集)』 10권이 있다.

358) 적인걸(狄仁傑) : 당나라의 문신. 태원(太原) 사람. 양국공(梁國公)에 봉하였으므로 그 봉호를 따라 적량공(狄梁公)이라 일컬었다. 자는 회영(懷英). 고종 · 중종 · 예종의 삼조를 섬겨 대리승(大理丞) 예주자사(豫州刺史)가 되어 선정을 베풀었다. 시호는 문혜(文惠)이고 예종 때에 양국공(梁國公)에 봉했다.

359) 우연(虞淵) : 전설에서 해가 진다는 곳. 해가 양곡(陽谷)에서 나와 함지(咸池)에서 목욕하고 우연에 이르면 저녁이 된다고 한다.(『淮南子』)

물에 잠겨 오룡(五龍)에게 주면　　　　潛授五龍
그것을 끼고 날아 오른다　　　　夾之以飛[361]

라고 하였으니 유독 '淵(연)' 자를 피휘하지 않은 것은 어째서인가?

한(漢)나라 괴철(蒯徹)[362]은 무제(武帝)[363]의 이름을 피휘하여 通(통)이라 했고, 이담(李談)[364]은 『사기(史記)』에서 사마천(司馬遷)이 아버지의 이름을 피휘하여 同(동)으로 고쳤다. 지금 청나라 사람의 휘법(諱法)이 가장 심하다. 『강희자전(康熙字典)』에서 황제의 이름이 현엽(玄曄)[365]이라는 이유로 '玄' 자는 바깥 점을 빼고 '𤣥'으로 쓰고, '曄' 자는 가운데 기둥을 빼고 '𣋉'으로 쓴다.

지봉 이수광이 말하였다.

> 우리나라는 금(金)나라와 원(元)나라를 두려워하기 때문에 금(金)을 바로 부르지 못하고 '김'이라고 하니 원종(元從)의 元자를 '原(원)' 자

---

360) 함지(咸池) : 굴원(屈原)의 이소(離騷)에서 나온 말인데, 해가 빠지는 곳을 뜻한다. 이와 반대로 해가 뜨는 곳은 부상(扶桑)이라고 한다.

361) 仁傑**蒙耻奮忠** …… **唐呂溫頌之曰**, 取日虞淵, 洗光咸池, 潛授五龍, 夾之以飛.(『唐書, 卷一百十五, 列傳, 第四十, 狄郝朱』) → **狄梁公贊**, 取日虞淵, 洗光咸池, 潛授五龍, 夾之以飛.(『松南雜識』)

362) 괴철(蒯徹) : 초한 시대(楚漢時代)의 유세가. 한신(韓信)에게 한나라에서 독립하기를 권하였으나, 한신이 듣지 않았다. 한신이 처형 당한 뒤 한신에게 반역을 종용한 죄로 체포되어 심문을 당할 때, "걸주의 개가 요순을 보고도 짖는 것은 주인이 아니기 때문이다. 나도 내 주인이 아니라서 그랬다. 나도 내 주인인 한신을 위하여 충실하게 할 뿐이었다"라고 답변하니 살려 주었다는 유명한 일화가 있다.

363) 무제(武帝) : 전한(前漢)의 제7대 황제(B.C. 156~B.C. 87). 재위 기간은 B.C. 141~B.C. 87. 성은 유(劉). 이름은 철(徹). 묘호는 세종(世宗). 중앙 집권을 강화하고 흉노를 외몽골로 내쫓는 등 여러 지역을 정벌하였으며, 중앙아시아를 통하여 동서 교류를 왕성하게 했다.

364) 이담(李談) : 전국 시대 조(趙)나라 사람. 한단(邯鄲)의 전투에서 전사했다.

365) 현엽(玄燁) : 청나라 제4대 황제 강희제(康熙帝 : 1654~1722)의 이름. 재위 기간은 1662~1722. 묘호는 성조(聖祖). 문무를 장려하였으며, 운하를 정비하고 조세를 감면하여 제국의 기초를 확립했다. 삼번의 난을 평정하여 대만, 몽골, 티베트를 복속하고 러시아의 남하를 막기 위하여 네르친스크 조약을 체결했다.

로 고친 것과 같다. 그렇다면 유독 당(唐)나라와 송(宋)나라를 피휘하지 않은 이유는 무엇인가?[366]

비록 지명에 김해(金海)나 김산(金山)[367] 같은 경우는 진실로 그렇지만, 금천(金川)[368]이나 금구(金溝)[369]의 경우, 똑바로 부르는 것은 어째서인가?

비석에 황제의 이름을 기록하다
碑記帝名

연암 박지원이 말하였다.

성길사(成吉思)는 원나라 태조(太祖)의 이름이다. 와활태(窩濶台)는 태종(太宗)이다. 설선(薛禪)은 세조(世祖)이다. 완택(完澤)은 성종(成宗)이다. 곡율(曲律)은 무종(武宗)이다. 보안독(普顔篤)은 인종(仁宗)이다. 격견(格堅)은 영종(英宗)이다. 홀도독(忽都篤)은 명종(明宗)이다. 역련진반(亦憐眞班)은 중종(中宗)이다.[370]

살펴보건대, 지금 청나라 천명제(天命帝)의 이름은 노화치(魯花赤)이다.

---

366) 我國畏金元, 故金**姓**不**敢**直呼. 如元從之元, 改以原字云. **然**則**獨**於唐宋不諱何耶.(『芝峯類說, 6卷十六, 語言部, 方言』) → 我國畏金元, 故金不直呼, **爲其任**. 如元從之元, 改以原字云. 則於唐宋不諱, 何耶.(『松南雜識』)

367) 김산(金山) : 경상북도 김천 지역의 옛 지명.

368) 금천(金川) : 황해도 동남부에 위치한 군.

369) 금구(金溝) : 전라북도 김제 지역의 옛 지명.

370) **看元史, 自天子號名殊不類, 常恨艱讀, 口外有一廢刹, 元舊也, 斷碑有歷叙元諸帝功德. 有曰**, 成吉思者, 太祖也. 窩濶台者, 太宗也. 薛禪者, 世祖也. 完澤者, 成宗也. 曲律者, 武宗也. 普顔篤者, 仁宗也. 格堅者, 英宗也, 忽都篤者, 明宗也. 亦憐眞班者, 中宗也.(『燕巖集, 卷十四, 別集, 熱河日記, 口外異聞』) → 成吉思者, **元**太祖**名**也. 窩濶台者, 太宗也. 薛禪者, 世祖也. 完澤者, 成宗也. 曲律者, 武宗也. 普顔篤者, 仁宗也. 格堅者, 英宗也, 忽都篤者, 明宗也. 亦憐眞班者, 中宗也.(『松南雜識』)

숭덕제(崇德帝)의 이름은 홍타시(弘它時)이다. 순치제(順治帝)의 이름은 복림(福臨)이다. 강희제(康熙帝)의 이름은 현엽(玄曄)이다. 옹정제(雍正帝)의 이름은 철진(澈禛)이다. 건륭제(乾隆帝)의 이름은 홍력(弘曆)이다. 가경제(嘉慶帝)의 이름은 옹담(顒淡)이다. 도광제(道光帝)의 이름은 민녕(旻寧)이다. 함풍제(咸豊帝)의 이름은 혁정(奕訂)이다. 동치제(同治帝)의 이름은 재순(載淳)이다.

별호

別號

『아희원람(兒戲原覽)』에서 말하였다.

옛날에는 별호가 드물었다. 오직 황보밀(黃甫謐[371])의 호가 현안선생(玄晏先生)이었고 도연명(陶淵明)의 호가 오류선생(五柳先生)이였다. 이백(李白)·두보(杜甫)·한유(韓愈)·유종원(柳宗元)은 다만 관작(官爵)으로만 호칭하였고, 구양수(歐陽脩)·소식(蘇軾)에 이르러서야 비로소 별호(別號)가 생겼다. 요즘 중국 사람들은 호를 가장 숭상한다. 학사(學士)·대부(大夫) 뿐만 아니라 가마꾼이나 장사치들이라도 호로 칭한다.[372]

---

371) 황보밀(皇甫謐) : 진(晉)나라 사람. 자는 사안(士安). 20여 세에 학문에 힘써 몸소 농사를 지으면서 책을 끼고 살아 백가(百家)의 전적을 두루 섭렵하고 저술에 힘써 현안선생(玄晏先生)이라고 자호했다. 문고(文稿)를 교정하기를 좋아했기 때문에 후대에 교정에 관한 일을 말할 때는 의례 현안을 일컬는다.

372) 別號. 古則鮮. 惟皇甫謐號玄晏先生. 陶元亮號五柳先生. 李杜韓柳. 只以官爵稱之. 至歐蘇. 始有之. 今中朝人. 最尙. 學士大夫輿人賈豎皆稱**號**.(『兒戲原覽, 創始』) → 古則鮮, 惟皇甫謐號玄晏先生, 陶元亮號五柳先生, 李杜韓柳, 只以官爵稱之, 至歐蘇, 始有之, 今中朝人, 最尙, 學士大夫輿人賈豎, 皆稱**之**.(『松南雜識』)

또 "거사(居士)라는 호칭은 은(殷)나라 · 주(周)나라에서 시작되었다"라고 하였다.

『순오지(旬五志)』에서 말하였다.

왕적(王績)[373]의 동고자(東皐子)와 두보(杜甫)의 초당선생(草堂先生)과 하지장(賀知章)[374]의 사명광객(四明狂客)과 백락천(白樂天)의 향산거사(香山居士)는 사는 곳의 이름을 따서 호로 삼은 것이다. 도연명(陶淵明)의 오류(五柳)와 정훈(鄭薰)[375]의 칠송(七松)은 소유한 것을 따라 호를 삼은 것이다. 장지화(張志和)[376]의 현진자(玄眞子)와 원결(元結)[377]의 만랑수(漫浪叟)는 숭상하는 것으로 호를 삼은 경우이다.

우리나라의 이행(李荇)[378]의 창택어수(滄澤漁叟)와 김상헌(金尙憲)[379]

---

373) 왕적(王績) : 당나라의 문학가. 자는 무공(無功). 호는 동고자(東皐子). 술을 몹시 좋아하여 주보(酒譜) 『취향기(醉鄕記)』를 저술했다.

374) 하지장(賀知章) : 당나라의 시인(659~744). 자는 계진(季眞) · 유마(維摩). 호는 사명광객(四明狂客). 태상박사를 거쳐 비서감 등을 지냈고, 시인 이백의 발견자로 알려졌으며 풍류인으로 유명하다.

375) 정훈(鄭薰) : 당나라의 문신. 정훈은 자기의 집에 작은 소나무 일곱 그루를 심고서 칠송처사(七松處士)라 자호하고 "후세에 내가 오류선생(五柳先生)과 대우(對偶)가 될 것이다"라고 말했다고 한다. 정훈이 고시관이 되어 안표(顔標)란 사람을 안로공(顔魯公)의 후손으로 잘못 알고 상원(狀元)을 시키니 당시에 "주사의 두뇌가 너무 동홍(冬烘)하다[主司頭腦太冬烘]"라는 조롱이 있었다는 유명한 일화가 있다.

376) 장지화(張志和) : 당나라의 시인. 자는 자동(子同), 초명은 구령(龜齡). 강호에 은거하며 자호를 연파구도(烟波鉤徒) · 현진자(玄眞子)라고 했다. 그의 「어부가」는 후대와 많은 영향을 주었다.

377) 원결(元結) : 당나라의 시인 · 문학가(723~772). 자는 차산(次山). 인격이 고결하고 민중의 고통에 깊은 관심을 보여 백거이(白居易) 등 후세의 사회 시인에게 영향을 주었다. 저서로 『원차산집』 따위가 있다.

378) 이행(李荇) : 조선 중종 때의 문신(1478~1534). 자는 택지(擇之), 호는 용재(容齋) · 창택어수(滄澤漁水) · 청학도인(靑鶴道人). 갑자사화 때 폐비 윤씨의 복위를 반대하다가 유배되었으나, 기묘사화 후 입조(入朝)하여 대제학, 이조 판서, 우의정 등을 지냈다. 저서에 『용재집』이 있다.
* 『松南雜識』에는 '李衍'으로 오기되어 있음.

379) 김상헌(金尙憲) : 조선 중기의 문신(1570~1652). 자는 숙도(叔度), 호는 청음(淸陰) · 석실산인(石室山人). 대제학 · 이조 판서 · 예조 판서 · 공조 판서 · 병조 판서를 지냈다.

의 석실산인(石室山人)은 사는 곳의 이름을 따서 호로 삼은 것이다. 이첨(李詹)[380]의 쌍매당(雙梅堂)과 서익(徐益)[381]의 만죽정(萬竹亭)은 소유한 것을 따라서 호를 삼은 것이다. 김시습(金時習)의 청한자(淸寒子)와 유몽인(柳夢寅)의 어우당(於于堂)은 숭상하는 것으로 호를 삼은 것이다.

감사 윤훤(尹暄)[382]이 일찍이 백사(白沙)라 자호했는데, 오성(鰲城) 이항복(李恒福)[383]도 호를 백사라 했다. 이항복이 윤훤에게 "내가 이미 백사라 호를 지었으니 자네가 고치는 것이 좋겠네"라고 말하였다.

윤훤이 허락하지 않으니, 이항복이 웃으며 "사람이 이름을 귀하게 만들 수 있는 것이지, 이름은 사람을 귀하게 만들 수 있는 것이 아닐세. 누구의 호가 세상에 유명해지는지 한번 보세"라고 말하였다.

지금 보건대, 세상 사람은 이백사(李白沙)만 알 뿐 윤백사(尹白沙) 있는 줄은 알지 못하니, 대개 별호가 알려지고 알려지지 못하는 것은 그 사람의 유명과 무명에 달려있을 따름이다.

나는 다음과 같은 이야기를 들은 적이 있다.

저서에 『야인담록(野人談錄)』·『풍악문답(豐岳問答)』 등이 있고, 『청구영언』 등의 가곡집에 시조 4수가 전한다.

380) 이첨(李詹) : 고려 말에서 조선 초의 문신(1345~1405). 자는 중숙(中叔)·쌍매당(雙梅堂). 고려 말기에 좌대언, 지신사를 지내고 조선 초기에 예문관 대제학을 지냈다. 문장과 글씨에 뛰어났으며, 『삼국사략』을 찬수했다.

381) 서익(徐益) : 조선 중기의 문신(1542~1587). 자는 군수(君受), 호는 만죽(萬竹)·만죽헌(萬竹軒). 의주 목사로 있을 때 이이를 변호하다가 파직당했다. 저서에 『만죽헌집』이 있다.

382) 윤훤(尹暄) : 조선 중기의 문신(1573~1627). 본관은 해평(海平), 자는 차야(次野), 호는 백사(白沙). 성혼(成渾)의 문인. 1625년 평안도관찰사로 부임한 뒤 1627년 정묘호란이 일어나자 부체찰사(副體察使)를 겸직하여 적과 싸웠다. 그러나 안주를 빼앗긴 뒤 성천으로 후퇴하는 등 전세를 불리하게 했다는 죄로 체포되어 의금부에 투옥되었다가 효수되었다.

383) 이항복(李恒福) : 조선 선조 때의 문신(1556~1618). 자는 자상(子常), 호는 동강(東岡)·백사(白沙)·필운(弼雲). 임진왜란 때 병조 판서로 활약했으며, 뒤에 벼슬이 영의정에 이르렀다. 광해군 때에 인목 대비 폐모론에 반대하다 북청(北靑)으로 유배되어 죽었다. 저서에 『백사집(白沙集)』·『북천일기(北遷日記)』·『사례훈몽(四禮訓蒙)』 등이 있다.

율곡(栗谷) 이이(李珥)의 자는 숙헌(叔獻)인데, 현달(顯達)하지 못했을 때 숙헌이라 자를 쓰는 사람이 또 있었다. 그 사람의 꿈에 귀신이 나타나

"네가 감히 동방의 현인과 자를 함께 쓰느냐? 마땅히 고쳐야 할 것이다"라고 말하였다.

그 사람이 끝내 고치지 않자, 다시 며칠만에 귀신이 꿈에 나타나 "네가 자를 고치지 않으니, 내가 너를 죽여야겠다"라고 꾸짖었다.

그는 즉시 놀라 깨어나 자를 고쳤다고 하니, 대개 현인의 자는 귀신도 알고 기록해두었다가 보통사람이 같이 사용함을 허락하지 않은 듯하다.

야사(野史)에 다음과 같은 이야기가 있다.

임백령(林百齡)[384]의 꿈에 귀신이 말하였다.

"네 이름을 괴마(槐馬)라고 고치면 의당 부귀해질 것이다"

임백령은 괴마(槐馬)라는 이름이 매우 점잖지 못하다고 생각하여 고치지 않았는데, 다시 귀신이 꿈에 나타나 꾸짖었다.

"이름을 고치지 않으면 너에게 큰 재앙이 있을 것이다"

임백령은 "이름과 호는 비록 다르지만, 나를 부르는 것은 한가지이다"고 생각하고 마침내 호를 괴마(槐馬)라고 하니 또한 괴이하다.

---

384) 임백령(林百齡) : 조선 중기의 문신(?~1546). 본관은 선산(善山), 자는 인순(仁順), 호는 괴마(槐馬). 해남 출신. 형 임억령(林億齡)과 함께 박상(朴祥)에게 수업했다. 박상은 그에게 『논어』를 가르치며 관각(館閣)의 문장에 능하리라고 했다. 요직을 두루 역임하고, 을사사화를 주도한 공로로 정난위사공신(定難衛社功臣) 1등에 책록되고, 숭선군(崇善君)에 봉해졌으며, 자품은 보국숭록대부에 올랐다. 시호를 처음에는 소이(昭夷)라 했다가, 문정왕후가 좋지 않다고 하여 문충(文忠)으로 고쳤다.

11. 과거류(科擧類)

『한서(漢書)』에서 "문제(文帝)가 삼로과(三老科)·효제과(孝悌科)·역전과(力田科)를 설치하였다"[1]라고 하였고, "무제(武帝)가 현량(賢良)하고 방정(方正)하며 직언으로 극간(極諫)할 수 있는 선비를 천거하라고 조서를 내렸다"[2]라고 하니 이것이 과거(科擧)의 시초라고 한다.

『고려사(高麗史)』에서 "광종(光宗[3])이 주(周)나라 사람 쌍기(雙冀[4])의 건

1) **置**三老孝悌力田**常員**, **令各率其意以道民焉**.(『前漢書, 卷四, 文帝紀 第四』) → **文帝**三老孝悌力田**科**.(『松南雜識』)

2) 詔擧賢良方正**能**直言士.(『前漢書, 卷六十, 第三十』) → 詔擧賢良方正直言**極諫之**士.(『松南雜識』)

3) 광종(光宗) : 고려 제4대 왕(925~975). 재위 기간은 949~975년. 이름은 소(昭), 자는 일화(日華). 태조의 셋째 아들. 노비안검법을 제정하고, 과거 제도를 실시했다.

4) 쌍기(雙冀) : 고려 전기에 과거제도의 설치를 건의한 귀화인(歸化人). 쌍철(雙哲)의 아들이다. 본래 후주인(後周人)으로 후주에서 벼슬해 산둥반도 등주(登州)에 있는 무승군(武勝軍)의 절도순관(節度巡官)·장사랑(將仕郎)·대리평사(大理評事)를 지냈다. 광종 7년(956) 후주의 봉책사(封冊使) 설문우(薛文遇)를 따라 고려에 왔다가 병이 나 그대로 머물게 되었다. 병이 나은 뒤 광종에 눈에 들어 후주로부터 허락을 받은 뒤 원보한림학사(元甫翰林學士)에 임명했다. 958년 과거제도 설치를 건의했다. 그는 그해 5

의를 써서 시(詩)·부(賦)·송(頌)·시무책(時務策)으로 진사(進士)를 뽑고 명경과(明經科)로 생원(生員)을 뽑고 의약(醫藥)·복서(卜筮) 등의 분야에 시험을 보게 하였는데, 최섬(崔暹[5])이 급제하였다"[6]라고 하였다.

반계(磻溪) 유형원(柳馨遠)이 말하였다.

송나라 사람이 "과거종자(科擧種子)는 좋지 않다"라고 하였으니, 과거로 출신한 유생이 다시 시험관이 된다는 말이다.[7]

출신
出身

반계(磻溪) 유형원(柳馨遠)이 말하였다.

우리나라에 기자(箕子)가 팔조법금(八條法禁[8])을 제정하여 교화하던 시기에, 여러 사람 중에서 선발하여 어진 이를 등용할 때 반드시 간명(簡明)하면서도 현실적인 법이 있었지만 거슬러 올라가 증명할 방법이 없다. 삼국 시대에 이르러서는 날마다 침략과 전쟁을 일삼았기에 황잡하여 논할 만한 것이 없다. 그러나 대개 말타기와 활쏘기로

월 처음으로 실시된 과거에서 지공거가 되었다.

5) 최섬(崔暹) : 고려 전기의 문신. 광종 9년(958) 처음 과거를 실시할 때 갑과(甲科)에 급제했다.

6) 光宗, 九年五月, 雙冀獻議, 始設科擧, 試以詩賦頌及時務策, 取進士, 兼取明經醫卜等業.(『高麗史, 卷七十三, 志二十七, 選擧一, 科目一』)→麗史, 光宗, 用周人雙冀議, 以詩賦頌策進士, 取明經醫卜等業, 賜崔暹及第.(『松南雜識』)

7) 『磻溪隨錄, 卷十, 教選之制下, 貢擧事目』.

8) 팔조법금(八條法禁) : 고조선 시대의 법률. 『삼국지(三國志), 위서(魏書), 동이전(東夷傳)』과 『후한서, 동이전』에는 기자(箕子)가 조선에 와서 8조의 교법(教法)을 만들어 인민을 교화시켰다고 기록되어 있다. 8조법금의 전문은 전하지 않고 3개 조만이 『한서, 지리지』에 전한다.

인재를 선발하고 재략(才略)과 전공(戰功)으로 사람을 등용하였다. 신라가 삼국을 병합한 뒤 원성왕(元聖王)[9]에 이르러 비로소 독서출신법(讀書出身法)[10]을 제정하였다. 고려 태조(太祖)는 처음 학교를 건립했지만 아직 과거제도는 없었다. 광종(光宗)이 쌍기의 말을 수용하여 처음 과거로 선비를 선발하니, 이로부터 문풍(文風)이 차츰 일어났다. 그러나 부화한 문장이 일어나더니 마침내 폐습(弊習)이 되었다.

대개 그 법은 당나라의 제도를 모방하여 제술업(製述業)·명경업(明經業)과 의업(醫業)·복업(卜業)·지리업(地理業)·명법업(明法業)·명서업(明書業)·명산업(明算業)·삼례업(三禮業)[11]·삼전업(三傳業)[12]·하론업(何論業)[13] 등 잡과에 대하여 각각 그 업(業)을 시험하여 출신(出身)하도록 허락하였다.[14]

---

9) 원성왕(元聖王) : 신라 제 38대 왕(?~798). 재위 기간은 785~798. 성은 김(金), 이름은 경신(敬信). 상대등(上大等)에 올랐다가 선덕왕이후사가 없이 죽자 왕으로 추대되었다. 788년에 독서삼품과를 두어 인재를 고루 등용하는 한편 790년에는 벽골제를 증축하여 농사에도 힘썼다.

10) 독서출신법(讀書出身法) : 신라 시대의 관리등용방법. 원성왕 4년(788)에 설치된 일종의 과거제도. 이는 국학의 강화에 커다란 의미가 있으니, 신라의 새로운 관리등용방법인 동시에 국학의 졸업생을 상대로 국학에서 배운 학과에 대해 시험을 보는 제도이기도 했다.

11) 삼례업(三禮業) : 고려 시대 과거 가운데 잡업(雜業)의 한 과. 시험방법은 첩경(貼經)과 독경(讀經)으로 치렀는데 『예기(禮記)』를 대경(大經)으로, 『주례(周禮)』와 『의례(儀禮)』를 소경(小經)으로 삼았다.

12) 삼전업(三傳業) : 고려 시대 과거 가운데 잡업(雜業)의 한 과. 시험과목은 춘추삼전(春秋三傳)이 출제되었으며, 『좌전(左傳)』을 대경(大經)으로, 『공양전(公羊傳)』·『곡량전(穀梁傳)』을 소경으로 삼았다.

13) 하론업(何論業) : 고려 시대의 과거 가운데 잡업의 한 과. '何晏注論語'의 준말이다. 기초 교양으로써 이속(吏屬)을 선발하는 시험이었던 듯하다. 시험방법은 다른 잡업과 같이 처음 2일은 첩경(貼經)으로, 3일 이후에는 독경으로 치렀다. 즉, 1일은 진서주장(眞書奏狀), 2일은 끽산(喫算)으로 첩경하고, 3일 이후는 「하론(何論)」·「효경(孝經)」·「곡례(曲禮)」를 읽고 글과 의리의 이해 정도를 보았다.

14) **按**本國, 在箕子設敎八條之時, 其選衆用賢, 必有簡實之法而上焉無徵, 逮至三國, 日事侵爭, 荒蒙無足論. 然其大槩, 選人以騎射, 用人以材戰功, 新羅合後, 至元聖王, 始定讀書出身之法, **讀春秋左傳若禮記文選兼明論語孝經 爲上**, **讀曲禮論語孝經者 爲中**, **讀曲禮孝經者 爲下**, **若博通五經三史諸子百家者**, **擢用之**, **高**麗太祖首建學校

『당서(唐書)』에서 "신언서판(身言書判)을 시험하여 상등 급제자는 관직을 제수하고 중등 급제자는 출신(出身)할 수 있게 하고 하등 급제자는 내쳤다"[15]라고 하였다.

지금 무과(武科)를 '출신(出身)'이라 하는 이유는 처음에 말타기와 활쏘기만으로 사람을 선발했기 때문이다.

풍월주
風月主

신라 역사에서 말하였다.

진덕왕(眞德王) 때 용모가 단정한 남자 아이를 선발하여 '풍월주(風月主)'라 불렀는데, 훌륭한 선비를 구하여 무리를 만들고 효제(孝悌)·충신(忠信)을 권려(勸勵)하였다. 또 화랑(花郎)은 '시험한다'는 의미이니 바로 옛날에 평민 가운데 준수한 사람을 뽑던 의미이다.

而未有科擧之制, 光宗用雙冀言, **冀本五代周人**, **來仕高麗**, 始以科擧選士, 自是文風稍興, 而倡以浮華之文, 遂成弊習, **其法**大抵倣唐**制**, **有**製述**或稱進士**明經**二科**及醫卜地理律書算三禮三傳何論等雜科, 各以其業試之而賜出身.(『磻溪隨錄, 卷十二, 敎選攷說下, 本國選擧制附』)→本國, 在箕子設敎八條之時, 其選衆用賢, 必有簡實之法而上焉無徵, 逮至三國, 日事侵爭, 荒蒙無足論**矣**. 然其大槩, 選人以騎射, 用人以材**畧**戰功, 新羅**竝合**後, 至元聖王, 始定讀書出身之法, 麗太祖首建學校而未有科擧之制, 光宗用雙冀言, 始以科擧選士, 自是文風稍興, 而倡以浮華之文, 遂成弊習, 大抵倣唐製述明經及醫卜地理律**歷**書算三禮三傳何論等雜科, 各以其業試之而賜出身.(『松南雜識』)

15) **以**身言書判**德行才用勞效**, **較其優劣**.(『唐書, 卷四六, 志, 第三六, 百官志』)→**試**身言書判, 上第卽注官, 中第得出身, 下第罷.(『松南雜識』)

도천

道薦

『고려사』에 "목종(穆宗)이 여러 도(道)에 명하여 선비를 천거하게 하였다"라고 하니, 지금 '도천(道薦)'의 시초이다. 또 직접 선비를 시험하였으며, "열 번 응시하고 합격하지 못한 자는 모두 벼슬 줄 것을 허락하였다"16)라고 하니, 지금의 '음사(蔭仕)'와 유사하다.

승보

陞補

『고려사(高麗史)』에 "의종(毅宗)이 처음으로 승보시(陞補試)를 시행하였는데, 시부(詩賦)와 경의(經義)로 선비를 선발하여 국학(國學)에 입학시켰다"17)라고 하였다.

대비

大比

『주례(周禮)』에서 "삼년 마다 대비(大比)를 치른다"18)라고 하였는데, 그 소(疏)에 "삼 년에 한 번 있는 윤달에 천도(天道)가 이루어지기 때문이다[三年一閏, 天道有成]"라고 하였다. 그렇기 때문에 삼 년마다 고을 안에서 대규모로 시험을 치른다.

---

16) **穆宗卽位詔**, **進士明經**, 十擧不第**及書者**, **地理學生滿十年**者, 許脫麻.(『高麗史, 卷七十四, 志二十八, 選擧二, 科目二, 恩例』) → 十擧不第者, 許脫麻.(『松南雜識』)

17) **升補試**. **卽生員試**. 毅宗**元年**, 始置試, 以詩賦經義, **取任裕公等五十五人**.(『高麗史, 卷七十四, 志二十八, 選擧二, 科目二, 升補試』) → 毅宗, 始置**陞補**試, 以詩賦經義取士, **以充國學**.(『松南雜識』)

18) **及**三年則大比.(『周禮注疏, 卷十一』) → 三年則大比.(『松南雜識』)

조흘첩
照訖帖[19]

『당서(唐書), 선거지(選擧志)』[20]에 '명경시첩(明經試帖)'[21]이라는 말이 있다.

『설문해자(說文解字)』에 "첩(帖)은 비단에 서명한 것"이라고 하였으니, '서(署)'란 검서명(檢署名)을 이른다. 지금의 학예강(學禮講)[22] 조흘첩(照訖帖)이 그것이다.

감시
監試

『사문유취(事文類聚)』에 "악(鄂)의 관장(官長) 남궁성(南宮誠)이 시험을 감시(監試)하면서 봉인을 열어 보더니"[23]라고 하였으니, 중국에서도 '감시(監試)'라는 말이 오래전부터 있었다.

『고려사(高麗史)』에 "덕종(德宗) 때 처음으로 국자감시(國子監試)[24]를 시행하여 시(詩)와 부(賦)를 시험 보였는데, 시(詩)는 육운시(六韻詩)와 십운시(十韻詩)였다"[25]라고 하였으며, "선종(宣宗) 때 삼년마다 한 번 시험을

19) 조흘첩(照訖帖) : 조선 시대에 성균관에서 조흘강에 합격한 사람에게 주던 증서. 이것이 있는 사람만이 과거를 볼 수 있었다.

20) 『松南雜識』에는 '漢書'로 오기되어 있음.

21) 『唐書, 卷四十四, 志, 第三十四, 選擧志』.

22) 학예강(學禮講) : 소과(小科)의 복시(覆試)에 응시할 생원(生員) · 진사(進士)에게 『소학(小學)』 · 『가례(家禮)』를 강하는 예비시험.

23) 鄂倅南宮誠監試當坼封.(『古今事文類聚, 前集, 卷二十五, 仕進部, 監試主盟』)

24) 국자감시(國子監試) : 고려 시대에 국자감에서 진사를 뽑던 시험. 시험 과목은 부(賦)와 시(詩)이며, 최종 고시인 예부시(禮部試)를 보조하는 예비 고시로 조선 시대의 소과(小科)에 해당한다. 감시(監試).

25) 國子監試, 卽進士試, 德宗始置, 試以賦及六韻十韻詩.(『高麗史, 卷七十四, 志二十八, 選擧二, 科目二, 國子監試條』) → 德宗, 始設國子監試, 試以賦而詩六韻十韻.(『松南雜識』)

시행하는 법을 제정하였다"[26]라고 하였는데, 지금은 '試'에서 '言(언)'자를 빼고 '식년(式年)'이라 한다.[27]

『당서(唐書)』를 살펴보니 "진사과(進士科)에 잡문(雜文)을 부가하라[進士加雜文]"[28]라고 하였는데, 그 주석에 "대경(大經)[29] 한 종과 『이아(爾雅)』의 시험에 모두 합격한 뒤에 문(文)과 부(賦) 각각 한 편씩 시험 보고, 문(文)과 부(賦)에 합격한 뒤에 책문(策問)을 시험 친다. 모두 다섯 문제로 세 번 시험 친다"[30]라고 하였다.

『명사(明史)』에서 말하였다.

> 과거제도는 자(子)·오(午)·묘(卯)·유(酉)년에는 향시(鄕試)를 시행하고, 진(辰)·술(戌)·축(丑)·미(未)년에는 회시(會試)를 시행한다. 향시는 팔월에, 회시는 이월에 시행하는데, 모두 초 구일(九日)에 첫 번째 시험을 치른다. 사흘 간격으로 한 번씩 시험을 시행하여 모두 세 번 시험을 시행하고 끝낸다. 첫 시험에서는 사서(四書)의 뜻을 묻는 세 문제와 오경(五經)의 뜻을 묻는 네 문제를 시험 보고, 두 번째 시험에서는 논문(論文) 한 편과 판문(判文)[31] 다섯 편, 그리고 조(詔)·고(誥)·표(表) 중에서 한 편을 시험 보았다. 세 번째 시험에서는 책문(策問) 다섯 편을 시험 보았다.[32]

---

26) **宣宗卽位**, **詔進士以下諸業**, **自今許**三年一試.(『高麗史, 卷七十三, 志二十七, 選擧一, 科目一』)→**順宗**, **定**三年一試**法**.(『松南雜識』)

27) 식년(式年) : 자묘오유(子卯午酉) 등의 간지가 들어 있는 해. 3년마다 한 번씩 돌아오는데, 이해에 과거를 보이거나 호적을 조사했다.

28) 『舊唐書, 卷一百十九, 列傳, 第六十九』.

29) 대경(大經) : 국자감(國子監)의 교과와 진사시(進士試)에서 경전을 분량에 따라 대·중·소로 나누었다. 당나라는 『예기(禮記)』와 『춘추좌씨전』을 대경이라고 하였고 송나라는 『시경』·『예기』·『주례』·『춘추좌씨전』을 대경이라고 했다.

30) 一**大**經倂爾雅**帖**, 皆通而後, 試文試賦各一篇, 文賦通**而**後, 試策, 凡五條三試.(『御批資治通鑑綱目, 卷四十三, 上, 書法條』)→一經倂爾雅, 皆通而後, 試文試賦各一篇, 文賦通後, 試策, 凡五條三試.(『松南雜識』)

31) 판문(判文) : 문체 이름. 죄의 이유를 판단해서 쓴 글.

합격 여부는 오로지 '사서의 의미'에 대한 시험으로 결정하였다. 그 문체는 대개 배우(排偶)를 사용하니, 이른바 '팔고문(八股文)[33]'이다. 정시(庭試)는 삼월 초하루에 왕이 궁궐에서 직접 시험을 주관하니, 또한 '전시(殿試)'라고도 한다.

사책과 대책
射策對策

『문헌통고(文獻通考)』[34]에서 말하였다.

한(漢)나라의 제도 중에 선비를 선발할 때에 간책(簡策)[35]에 질문을 써두면 응시자들이 제비뽑기하여 답하는 것을 '사책(射策)'[36]이라고 한다. 정치교화의 성공과 실패를 써서 문제내는 것을 '대책(對策)'[37]

---

32) 子午卯酉年, 鄕試, 辰戌丑未年, 會試, 鄕試以八月, 會試以二月, 皆初九日, 爲第一場, **又三日爲第二場**, **又三日爲第三場**, **初設科擧時**, **初場**, **試經義二道四書義一道**, **二場**, **論一道**, **三場 策一道**, **中式**, **後十日**, **復以騎射書算律五事試之**, **後頒科擧定式**, 初場, 試四書義三道, 經義四道, **四書主朱子集註**, **易主程傳朱子本義**, **書主蔡氏傳及古註疏**, **詩土朱子集傳**, **春秋主左氏公羊穀梁三傳及胡安國張洽傳**, **禮記主古註疏**, **永樂間頒四書五經大全**, **廢註疏不用**, **其後 春秋亦不用張洽傳**, **禮記止用陳澔集說**, 二場, 試論一道判五道詔誥表內科一道, 三場, 試經史時務策五道 (『明史, 卷七十, 志第四十六, 選擧二』) → **科制**, **以**子午卯酉年 鄕試, 辰戌丑未年 會試, **而**鄕試以八月, 會試以二月, 皆初九日 爲第一場. **間兩日一設**, **凡三場而止**, 初場, 試四書義三道, **五**經義四道, 二場, 試論一道判五道, 詔誥表內科一道, 三場, 試經史時務策五道(『松南雜識』)

33) 팔고문(八股文) : 여덟 개의 짝으로 이루어진 한시 문체. 중국 명나라 초기에서 청나라 말기에 이르기까지 과거의 답안을 기술하는 데에 썼다.

34) 문헌통고(文獻通考) : 원(元)나라 때 마단림(馬端臨)이 편찬한 책 이름.

35) 간책(簡策) : 종이 대신 글씨를 쓰던 대쪽.

36) 사책(射策) : 한(漢)나라 때 인재를 선발하던 방법의 하나. 시험관이 문제를 간책에 써서 갑과・을과로 나누어 책상에 놓고 응시자들이 임의로 문제를 골라 답안을 작성하도록 한 후, 그 문제의 난이도와 내용을 살펴서 우열을 정했다.

37) 대책(對策) : 한나라 이래 인재 선발의 한 양식. 정사(政事)와 경의(經義)에 관한 문제

이라고 한다.[38]

생원시
生員試

『고려사(高麗史)』에서 "의종 때에 처음 시행하고 '생원시(生員試)'라고 일컬었다. 또 시부(詩賦)와 경의(經義)를 통해 선비를 선발하였다"[39]라고 하였다. 이삼십 명을 뽑을 때도 있었고, 팔구십 명을 뽑을 때도 있었다.

또 "감시(監試)는 충선왕(忠宣王)이 폐지하였는데, 충숙왕(忠肅王)이 구재삭시(九齋朔試)[40]로 대신하였다가 얼마 지나서 '거자시(擧子試)'[41]라고 칭하였다. 공민왕(恭愍王)이 '나라에 무익하다'라고 폐지하였는데 우왕(禑王) 때에 다시 부활시켰다"[42]라고 하였다.

를 내고 응시생들로 하여금 조목별로 답안을 쓰게 했다.

38) **漢書音義曰**, **甲乙科**, **謂**作簡策難問, **列置案上**, **任**試者, **意**投**射取而**答之, 謂之射策, **一者爲甲**, **次爲乙**, 若錄政化得失顯**而**問**之**, 謂之對策.(『太平御覽, 卷六百二十八, 治道部九, 貢擧上』) → 作簡策難問, 試者, 投**策**答之, 謂之射策. 若錄政化得失顯問, 謂之對策.(『松南雜識』)

39) **升補試**. **卽**生員試. 毅宗**元年**, 始置, **試**以詩賦經義, 取**任裕公等五十五人**. **六年七月**, **取吳世文等二十五人**. **十二年九月**, **命國子祭酒廉直諒司業崔婁伯**, **取尹敦敍等十六人**.(『高麗史, 卷七十四, 志二十八, 選擧二, 科目二, 升補試』) → 毅宗始置, **稱**生員試, **亦**以詩賦經義, 取**士**, **或二三十人**, **或八九十人**.(『松南雜識』)

40) 구재삭시(九齋朔試) : 구재(九齋)는 고려 중엽 이후에 성균관에 두었던 오경재(五經齋)와 사서재(四書齋)를 아울러 이르는 말이다. 이 구재학당에서 매월 초하루에 유생들에게 보이던 시험이 '구재삭시'이다. 충숙왕 때에 국자감시를 폐지하고 이 시험으로 대신하여 진사(進士)를 뽑기도 했다고 한다.

41) 거자시(擧子試) : 고려 충숙왕(忠肅王) 7년(1320)에 진사시(進士試)를 고친 이름.

42) 忠宣王廢之, 忠肅王**四年**, 以九齋朔試代之, **七年**稱擧子試, 恭愍王**十七年**, **王欲選通經者**, **爲試官**, **辛旽欲以監察大夫孫湧爲之宦者**, **李剛達欲以判典校寺事李茂芳權思復爲之**, **王惡其爭**, **乃曰**, **監試所取**, **例皆童蒙**, **非經明行修之士**, 無益國家, 罷之. 辛禑**二年**復之.(『高麗史, 卷七十四, 志二十八, 選擧二, 科目二, 國子監試』) → 忠宣王廢之, 忠肅王, 以九齋朔試代之, **旣而**稱擧子試, 恭愍王**謂**無益國家罷之, 辛禑**時**復之.(『松南雜識』)

오십 명을 선발할 때도 있었고, 팔구십 명을 선발할 때도 있었으니 정원이 없었다.

진사
進士

지봉 이수광은 “지금 생원(生員) · 진사(進士)를 사마(司馬)라고 하는 것은 『예기(禮記), 왕제(王制)』에서 유래하였다”라고 하였다. 또한 “당나라 학사(學舍) 생원(生員)의 명칭을 취하였다”라고 하였다.

과거시험장
棘圍[43]

『당서(唐書)』에서 말하였다.

예부(禮部)에서 시험을 주관하는 날, 삼엄하게 시험장 주위에 가시나무로 에워싸고 병사들로 지키게 하여 볼 일이 없는 사람이나 쓸데없이 들어오는 자들을 막도록 했다.

43) 극위(棘圍) : 과거를 보던 시험장. 당(唐) 오대(五代) 때에 시험장 주위에 가시나무를 둘러쳤던 데서 유래했다.

봉미

封彌[44)]

『고려사(高麗史)』에서 "문종(文宗) 때에 '봉미법(封彌法)'을 시행하니 시험 관리를 허술하게 한다는 황항(黃抗)의 생각에서 기인한 것이다"[45)]라고 하였다.

중국은 당나라 측천무후(則天武后) 때부터 시작되었다.

시관

試官

『통전(通典)』에서 말하였다.

> 측천무후 천수(天授) 2년(691)에 모든 시험 보는 자는 훌륭하거나 못났거나 상관없이 다 벼슬을 제수하였기에 대규모로 시관(試官)[46)]을 두어 그들을 처리케 하였다. 시관(試官)은 대개 여기에서 유래하였다.[47)]

지금은 선비에게 시험보이는 관리를 '시관(試官)'이라고 한다.

---

44) 봉미(封彌) : 과거 때 부정을 방지하기 위하여 수험자의 이름 위에 종이를 붙여 번호를 매기고 도장을 찍던 일.

45) 文宗, **十六年三月**, **國子司業黃抗之考試**, **國學諸生署科甚濫**, **命中書舍人鄭惟産改試**, **惟産請**行封彌之法, **貢闈封彌始此**.(『高麗史, 卷七十三, 志二十七, 選擧一, 科目一』) → 文宗 行封彌法, **因黃抗考試之濫也**.(『松南雜識』)

* 문종 16년 3월에 국학의 여러 학생들이 시험을 쳤는데, 국자사업(國子司業) 황항(黃抗)이 성적 등급의 결정이 몹시 문란하다고 여겨 중서사인(中書舍人) 정유산(鄭惟産)에게 명하여 다시 시험 치게 하니 정유산이 봉미법을 시행하자고 건의했다. 과거시험장에서 이름을 봉하는 것이 이로부터 시작되었다.

46) 시관(試官) : 여기에서 시관(試官)은 정식으로 임명되지 않은 관리를 말함.

47) 天授二年, 凡擧人, 無賢不肖, 咸加擢拜, **大**置試**官**以處之, 試官蓋起於此也.(『通典, 卷十九, 職官』) → 天授二年, 凡擧人, 無賢不肖, 咸加擢拜, **人**置試以處之, 試官蓋起於此也.(『松南雜識』)

면시
面試

『남사(南史)』[48]에서 말하였다.

유지린(劉之遴)[49]은 여덟 살에 문장에 능통하였는데, 임방(任昉)이 "그를 위한 미담(美談)보다는 대면해서 시험 하는 것[面試]이 낫습니다"[50]라고 하였다.

『자치통감(資治通鑑), 당기(唐紀)』에 "현종(玄宗) 때에 장석(張奭)이 장원 급제하자 여론이 들끓으니, 왕이 급제자들을 모두 불러들여 대면하여 시험하였다"[51]라고 하였다.

전시
殿試

『당서(唐書)』에 "측천무후 재초(載初) 원년(690)에 낙성전(洛城殿)에서 공사(貢士)[52]에게 책문(策問)을 시험하니, 공진 앞에서 시험을 시행하는 것

---

48) 『松南雜識』에는 '梁史'로 되어 있음.

49) 유지린(劉之遴) : 양(梁)나라 때의 사람. 자는 사정(思貞). 15세에 수재과(秀才科)에 합격하자 임방(任昉)과 심약(沈約)이 그를 특별하게 생각했다고 한다. 태상경(太常卿)의 벼슬을 지냈다. 상동왕(湘東王) 역(繹)이 유지린의 재주와 학문을 시기하여 몰래 독약을 보내어 암살했다.

50) 爲之美談, 不如面試.(『南史, 卷五十, 列傳第四十,劉虯子之遴』)

51) **倚子**奭爲**之**首, 羣議沸騰, **前薊令蘇孝韞**, **以告安祿山**, **祿山入言於上**, 上悉召入等人, 面試之.(『資治通鑑, 卷二百十五, 唐紀三十一, 玄宗至道大聖大明孝皇帝中之下』)
→**張**奭爲**選**首, 羣議沸騰, 上悉召入等人, 面試之.(『松南雜識』)
* 장석(張奭)은 당 현종의 총신(寵臣) 어사중승(御史中丞) 장의(張倚)의 아들이다. 그는 불학무식하기로 소문이 났는데도 장원으로 부정합격하여 여론이 비등했다. 이에 황제가 직접 불러 시험해보니 종일 한 자도 쓰지 못했다고 한다. 황제는 진노하여 장의(張倚)를 좌천시켰다.

이 여기에서 유래하였다"[53]라고 하였다.

『송사(宋史)』에서 "인종(仁宗) 때 먼 지방의 응시자들 중에 낙방해서 돌아가다가 도중에 죽은 자가 있었다. 그러므로 '전시(殿試)'에서 대부분 합격 시키도록 허락한 것은 여기에서 유래하였다"라고 하였다.

홍분방
紅粉榜

『고려사(高麗史)』에서 "우왕(禑王) 때에 성균관시(成均館試)를 부활시켰다. 윤취(尹就)가 시험을 주관하여 세도가의 젖내 나는 어린아이들로 모두 선발하니 당시 사람들이 빈정대며 '홍분방(紅粉榜)'[54]이라고 하였다"[55]라고 하니, 바로 감시(監試)이다. 본래는 먹 가루를 가지고 가서 그들을 욕보였다. 지금은 새로 급제한 자들의 얼굴에 먹 가루를 칠하는 것이 마침내 통례가 되었다고 한다.

반계(磻溪) 유형원(柳馨遠)이 말하였다.

사과(詞科)와 무과(武科)는 수나라 양제(煬帝)와 무후(武后) 때 처음으로 나쁜 선례가 만들어졌다. 이는 다만 연산군이 황음(荒淫)하여 공안(貢案)[56]을 변조해 어지럽혔는데도 지금까지 고치지 못하는 것과 같

---

52) 공사(貢士) : 지방에서 천거된 인재.

53) **唐**武后**載**初**元年二月十四日**, 策**問**貢**人**于洛城殿, 殿前試人, 自此始也.(『事物紀原, 卷三, 旗旐采章部, 十三』) → 武后初, 策貢**士**于洛城殿, 殿前試人, 自此始也.(『松南雜識』)

54) 홍분방(紅粉榜) : 분홍방(粉紅榜). 나이가 어린 권문 자제가 과거에 급제한 일을 놀림조로 이르던 말. 고려 우왕 11년(1385)의 감시(監試)에서 시관 윤취(尹就)가 뽑은 99인 가운데 세도가의 아이들이 많았는데 분홍 저고리를 입고 입에서는 젖내가 날 정도였다는 데서 생긴 말이다.

55) 辛禑**十一年三月**, 尹就掌試**所取**, 皆勢家乳臭之童. 時人**欺**之, 爲**粉紅**榜.(『高麗史, 卷七十四, 志二十八, 選擧二, 科目二, 國子試試員』) → 辛禑**復設成均試**, 尹就掌試, 皆勢家乳臭之童. 時人**譏**之, **以**爲**紅粉**榜.(『松南雜識』)

을 따름이다.57)

집을 하사하다

賜第

『고려사(高麗史)』에서 "새로 갑과(甲科)에 급제한 자는 밭 이십 결(結)을 하사하고, 그 나머지는 십칠 결(結)을 하사한다"58)라고 하였다.

집을 하사하는 까닭에 '사제(賜第)'라고 하였다.

홍패

紅牌

홍패(紅牌)는 급제했을 때 홍지(紅紙)에 이름을 쓴 것으로 송나라 때부터 이미 그렇게 했다. 우리 조선에도 홍지(紅紙)가 있지만 위에 이름을 쓰지 않았으므로 볼 수 있는 말이 없다. 고려 충렬왕(忠烈王) 때에 조간(趙簡)59)이 일등을 하자 황패(黃牌)를 하사하시니 특별한 성은(聖恩)이었다.

『천보유사(天寶遺事)』에 "새로 급제한 사람은 니금(泥金)60)으로 쓴 증

---

56) 공안(貢案) : 조선 시대 중앙의 각 궁(宮)·사(司)가 지방의 여러 관부에 부과, 수납할 연간 공부(貢賦)의 품목과 수량을 기록한 책. 중앙의 각 궁·사에서는 징수할 공부의 종목, 물품 및 수량, 상납하는 관부의 이름 등을 월별로 기록한 공안을 마련하고 있었다.

57) 詞科武科, 作俑於隋煬武后. 此只如燕山荒淫, 變亂貢案, 至今不能改耳.(『磻溪隧錄, 卷三十二, 選擧考說下, 選擧議論附』)

58) **國制, 製述明經明法明書算業出身, 初年給田**, 甲科二十結, 其餘十七結.(『高麗史, 卷七十四, 志二十八, 選擧二, 科目, 崇奬之典』) → **新及第**甲科, **賜田**二十結, 其餘十七結.(『松南雜識』)

59) 조간(趙簡) : 고려 시대의 문신. 김제현(金堤縣) 사람으로 충렬왕 5년에 과거에 장원으로 급제하여 서적점(書籍店) 녹사로 임명되었다. 이듬해에 왕이 친히 시 짓기로써 문신들을 시험한 일이 있었는데 조간은 이번에도 1위를 차지하였으므로 왕이 그에게 황패(黃牌)를 하사하고 내시(內侍)에 소속시켰다.

60) 니금(泥金) : 황금을 가루 내어 만든 안료(顔料)의 일종. 그림 그리는 것 이외에 조각

서(帖子)를 편지와 함께 집으로 보내니, 이것을 '희신(喜信)'이라 한다"라고 하였다.[61]

아마도 그 당시 '홍패(紅牌)'는 니금(泥金)으로 이름을 썼을 것이다.

유가
遊街

지봉 이수광이 말하였다.

영순군(永順君) 이보(李溥)는 광평대군(廣平大君)의 아들이다. 세조가 온양(溫陽)에 행차하였을 때 시행한 중시(重試)에서 영순군이 장원하였기에 특별히 유가(遊街)[62]를 명하였다.[63]

음악을 연주하며 서로 기뻐하다
聲樂相慶

『천보유사(天寶遺事)』에서 "새로 진사가 급제할 때마다 고향 친척들이 의례 풍악을 울리며 서로 경하한다"[64]라고 하였다.

에 색을 입힐 때에도 많이 사용된다.

61) 新**進士每**及第, 以泥金**書**帖**子附於**家書, **中至鄕曲姻戚, 例以聲樂相慶**, 謂之喜信**也**. (『開元天寶遺事, 卷三, 喜信』)→新及第, 以泥金帖**字付**家書, 謂之喜信.(『松南雜識』)

62) 유가(遊街) : 과거에 급제한 사람이 광대들에게 풍악을 잡히고 좌수(座首) · 선배 · 친척들을 찾아보는 일. 보통 3일 동안 행했다.

63) 永順君溥, 廣平大君**之**子**也**. **世祖朝, 設登俊試, 命列卿大官宗室駙馬皆赴試, 親臨策問, 大臣鄭麟趾 · 鄭昌孫 · 申叔舟爲對讀官. 永順以正一品君入試居第五, 賜恩榮宴于議政府, 壯元金守溫以下各賜鞍馬. 又幸溫陽, 於行在所, 設科取士, 幷設**重試, **永順擢**第一, 特命**加一日**遊街.(『芝峯類說, 卷四, 官職部, 科目』)→永順君溥, 廣平大君之子. **溫幸時**重試第一, 特命遊街.(『松南雜識』)

64) 新進士每及第, **以泥金書帖子附於家書**, **中**至鄕曲**姻**戚, 例以聲樂相慶.(『開元天寶

지금 창방(唱榜)[65]할 때 광대를 따르게 하고 풍악을 잡히는 것은 당나라 때부터 시작되었다.

반계(磻溪) 유형원(柳馨遠)의 기록에서 "창우(倡優)와 기악(伎樂), 갓 급제한 자(新來)의 희롱 등과 같은 습속을 금지해야 한다"[66]라고 하였으니, 옳은 처사다.

정시와 알성
庭試謁聖

반계 유형원은 "담당관리에게 명하여 초에 눈금을 새겨 시간을 재도록 하고 시험하였다. 시험하는 바는 대우문(對偶文)에 불과하여 별안간에 그 합격 여부를 정한다. 그래서 '정시(庭試)나 알성(謁聖)은 소경도 가망이 있다'라는 속담이 있다"라고 하였고, 또한 "국가에 경사가 있을 때에는 의례 특별히 과거를 시행하는데, 이는 사전(赦典)[67] · 가자(加資)[68]와 취지가 같다"[69]라고 하였다.

遺事, 卷三, 喜信』) →新進士每及第, 鄕曲親戚, 例以聲樂相慶.(『松南雜識』)

65) 창방(唱榜) : 과거에 급제한 사람의 이름을 불러 홍패(紅牌) 또는 백패(白牌)를 주는 일.

66) 『磻溪隨錄, 卷之十, 敎選之制下, 諸學選制』.

67) 사전(赦典) : 국가적인 경사가 있을 때, 죄인을 용서하여 석방하는 은전.

68) 가자(加資) : 정3품 통정대부(通政大夫) 이상의 품계로 올려주는 것.

69) 命有司燭刻, 試之, 其所試 不過對偶之文. 而瞥眼之間, 定其取捨. 故諺曰, 庭試謁聖, 盲人亦望. …… 曰國有喜慶**事**, **則**例**爲**別設科**擧**. **是則如何**, **曰設擧取士**. **蓋將以得人才而理國家也**, **何預於慶事有無**. **此**與頒赦加資, 同一意也.(『磻溪隨錄 卷之十, 考選之制下, 貢擧事目』) →命有司燭刻, 試之, 其所試 不過對偶之文. 而瞥眼之間, 定其取捨. 故諺曰, 庭試謁聖, 盲人亦望. 又曰國有喜慶, 例別設科. 與頒赦加資, 同一意也.(『松南雜識』)

병별

丙別

『과방록(科榜錄)』에서 "인조 병자년(1636) 십이월에 원손(元孫)께서 탄생하셨기에 중시(重試)[70]의 대거(對擧)[71]와 별시(別試)를 통합하였다"라고 하였으니, 이것이 '병별(丙別)'[72]의 시초이다. 신유(申濡)[73]와 이세영(李世英)이 합격한 것이 그 예이다. 또, 증감시(增監試)와 광정시(廣庭試)를 증광시(增廣試)라 하니, 나라에 경사가 겹쳤을 때에 시행하였다.

대개 우리나라의 과거 중에 영준시(英俊試)・등준시(登俊試)[74] 등과 같은 명칭은 당나라의 박학시(博學試)・굉사시(宏詞試) 등과 같다.

정암(靜庵) 조광조(趙光祖)가 건의한 '현량과(賢良科)'도 한(漢)나라 때 '직언(直言)'의 과거제도이다. 그러나 명칭을 돌아보고 의미를 생각해 볼 때, 시험관이 주관하고 선비들이 응시함에 서숙(徐淑)[75]같은 사람이 있었는가? 유분(劉蕡)[76]같은 사람이 있었는가?

월암(月巖) 이광려(李匡呂)는 시에서,

---

70) 중시(重試) : 문과(文科) 당하관(堂下官)을 위하여 둔 과거. 10년에 한 번씩 실시하였으며, 이 시험에 합격한 사람은 당상(堂上) 정3품의 품계로 올려주었다.

71) 대거(對擧) : 어느 과거에 대응하여 시행하는 과거.

72) 병별(丙別) : 조선 시대 병년(丙年) 중시(重試)와 함께 행하던 별시(別試).

73) 신유(申濡) : 조선 후기의 문신(1610~1665). 본관은 고령(高靈), 자는 군택(君澤), 호는 죽당(竹堂)・이옹(泥翁). 1630년(인조 8)에 진사가 되고, 1636년에 별시문과에 병과로 급제했다. 사간원정언・사헌부지평・홍문관부교리・이조좌랑・도승지・대사간 등을 역임했다.

74) 등준시(登俊試) : 조선 시대에 현직 관리, 종실, 부마 등을 대상으로 실시한 임시 과거.

75) 서숙(徐淑) : 후한(後漢) 시대의 인물. 광릉(廣陵) 사람. 자(字)는 백진(伯進). 심성이 너그럽고 학식이 풍부했다. 당시 영웅들과 교유하였는데, 항상 장대한 포부를 간직했다. 도료장군(度遼將軍)을 지낼 때엔 변방에까지 명성을 떨쳤다.

76) 유분(劉蕡) : 당나라 인물. 자는 거화(去華). 당 문종 태화(太和) 2년(828)에 '현량방정능직언극간(賢良方正能直言極諫)'에 응시하여 당시 가장 심한 문제인 정치폐단, 특히 환관의 전권을 집중적으로 다루면서 명철한 분석을 통해 두려움 없이 맹렬하게 공격했다. 당나라 제과(制科) 시험 응시자들 중 가장 통렬하게 의견을 개진하고 직언을 두려워하지 않고 권신과 귀족들은 건드린 사람으로 유명하다.

빛나는 은총에 힘입어 생계를 꾸려가니　　好將光寵爲家計
어떤 경륜으로 성은에 보답할까　　何許經綸答聖恩

라고 하였다.

삼천자
三千字

책(策)을 시험 칠 때는 세 문항을 논술케 하는데 후주(後周) 때부터 삼천 자로 제한하였다.

송나라 때 하송(夏竦)[77]은 시에서,

삼천 자로 예악론을 종횡무진 써내어　　縱橫禮樂三千字
홀로 섬돌에서 대책 마치니 해가 아직 남았네　　獨對丹墀[78]日未斜[79]

라고 하였다.

지금의 책(策)은 이러한 규정으로 제한하지 않아서 부연하거나 의심하여 확장하니 취할 만한 것이 없다

또, 행시(行詩)[80]는 처음에 당나라의 장편시를 따랐었는데, 근세로 점점 내려오면서 이전에 없던 형식의 시가 되었다. 부(賦)도 그러하다.

---

77) 하송(夏竦) : 송나라 강주(江州) 덕안(德安) 출신. 자는 자교(子喬).
78) 단지(丹墀) : 붉은 칠을 한 궁전 앞의 섬돌. 대궐. 궁전.
79) 「응정시(應廷詩)」.
80) 행시(行詩) : 과거에서 18구 이상으로 짓던 형식.

강경[81] 실학
講經實學

『신당서(新唐書)』에 "명경과(明經科)는 첩괄(帖括)[82]만 외우면 된다"[83] 라고 하였는데, 주석에서 "요점을 모아서 암송한다"라고 하였다.

한 가지 경전에 『효경(孝經)』과 『이아(爾雅)』를 함께 시험 치는데, 학습한 경전을 가지고 그 양 끝을 가린 후에 중간에 한 행만을 보이게 하고 종이를 오려 첩(帖)을 만든다. 무릇 첩(帖)은 세 글자인데, 수시로 증감하니, 네 글자를 맞추고 다섯 글자를 맞추고 여섯 글자를 맞추면 합격한다.[84] 모두 세 문제씩 세 번 시험 쳐야 합격한다.

우리 조선의 경우 세종 때에 유생(儒生)들이 '단궁(檀弓)'을 '박달나무 활[檀木之弓]'로, '진상(盡傷)'을 '상심을 다하다(盡傷)'라고 잘못 풀이했기 때문에 명경과(明經科)를 설치하였으니, 이것을 '동당(東堂)'[85]이라고 한다.

지금의 '강경(講經)'은 이미 실용적이지도 못하고, 문장을 짓지도 못하기 때문에, 『속수만필(俗數慢必)』에서는 "명경과[實學][86]에 급제하여 오늘 차례대로 강(講)한다"라고 하였다. 이는 정조 때부터 시작되었는데,

---

81) 강경(講經) : 조선 시대에 과거의 강경과에서 시험관이 지정하여 주는 경서의 대목을 외던 일. 명경(明經)과 같은 말.

82) 첩괄(帖括) : 당나라 때 첩경(帖經) 시험을 보는 선비와 응시자들이 경문(經文)을 총괄해서 기록한 것인데 외우기 쉽도록 일정하게 글자 수를 맞추어 놓았다. 일종의 전문적인 첩경시험 대비서라고 할 수 있다.

83) 明經**者但記**帖括.(『唐書, 卷四十四, 志第三十四, 選擧志』) → 明經帖括.(『松南雜識』)

84) 이것은 '첩경(貼經)' 혹은 '첩경(帖經)'이라고 하는 시험 제도이다. 『通考, 選擧考』에 첩경(帖經)에 대한 기록이 있으니 첩경은 경서의 지식을 알아보기 위한 시험방법의 일종이다. 시험관이 경전 가운데 임의로 한 단락을 선택하여 앞 뒤 문장을 전부 가리고 중간의 한 행만 드러낸 뒤, 다시 그 행에서 주요한 세 글자에 종이를 붙여 그것을 알아 맞추게 했다.

85) 동당(東堂) : 고려·조선 시대 과거 본시험의 별칭. 본래는 중국 진나라의 궁전이름으로, 극선(郤詵)이라는 사람이 그 곳에서 급제한 고사에서 유래하여 시험장을 뜻하는 말이 되었다. 이와 달리, 우리나라에서는 본 고시를 의미하는 용어로 사용되어 고려 시대에는 예부시(禮部試)가 조선 시대에는 문과(文科)가 '동당시(東堂試)'로 불렸다.

86) 실학(實學) : 여기에서는 경학(經學)을 일컫는 말이다.

다만 세 종류의 경전 중에 하나의 대목만 강(講)하므로 도리어 여러 해 동안 경학을 익히고 외우는 것보다 못하다. 참으로 이른바 "영웅을 속여서 모두 백발이 되게 만들었다"라는 말이 그것이다.

유초와 성령
類抄聖令

반계 유형원이 말하였다.

과거공부를 하는 선비들은 오직 요약집(抄集) 작성에만 힘쓴다. 경서(經書)와 역사서의 문자를 뽑아 모으는데, 글자의 대우(對偶)와 구절의 서로 가까운 것만을 가려내어 장(章)과 부문을 나누어서 편집의 자료로 삼으니 '유초(類抄)'라고 부른다. 과거문제를 따라 인용하면 절취의 묘미를 얻을 수 있으나, 경서와 역사서 그 자체에 대해서는 전혀 생각을 하지 못한다. 이른바 명경(明經)을 하는 자는 오로지 '말 만들기'에만 신경을 쓴다. 그래서 경전을 가지고 단락마다 각각 한 글자를 뽑아내어 음란하고 웃겨서 기억하기 쉬운 말로 만들어 암송의 자료로 삼으니, 이것을 '성령(聖令)'이라 한다. 장구와 단락의 차례를 엇비슷하게 잊지 않을 수는 있지만 대의(大義)는 전혀 알지 못한다. 이 두 가지가 풍속을 이루어 문장의 요귀(文妖)와 경전의 적(經賊)이 되니, 송나라 말기의 폐단에 머물 뿐만이 아니다. 감시(監試)도 모두 어리고 어리석으며 경박한 무리가 대리 시험으로 합격을 차지한 경우가 많고, 무과급제자는 대개 무지하고 비루한 부류일 뿐이다.[87]

---

87) 科業之士, 惟以抄集爲務, **抄集者**摘節經史文字, 取其**字之**對偶, **句**之相近者, 截章分門, 以資綴緝, 謂之類抄. **若覽此則**隨題引用, 可得裁剪之巧, 而**其**於經史本文, 專不留意, 所謂明經者, 惟以造話爲心. **造話者**以經傳逐段, 各摘其一字, 造爲淫褻可笑易記之話, 以資其誦, 謂之聖令. **若熟乎此**, **則**能不忘其章段次第疑似, 而其於大義,

과신
科神

『요산당기(堯山堂記)』에서 말하였다.

구양수(歐陽脩)가 과거를 주관할 때 붉은 옷을 입은 사람이 뒤에 서서 머리를 끄덕이고 있으면 합격이 되었다. 그래서 "그저 바라건대 붉은 옷의 사람이 한 번만 머리를 끄덕이게 해주소서"라는 말이 있게 된 것이다.[88]

지금 세상에서 "과거(科擧)의 신이 뒤로 따라와 몰래 도와준다"라고 하는 말이 바로 그것이다.

음묵
飮墨

『동파시집(東坡詩集)』의 주석에서 "양나라에서는 진사(進士) 시험에 응시하였다가 불합격한 자에게는 먹물 한 말을 마시게 했다"[89]라고 하였

全所昧昧, 此兩者**皆習以**成俗, **視爲當然**, **其**爲文妖經賊, 不止**爲**宋末之弊而已, 監試又皆童蒙輕佻之輩, 代述者居多, 武科所得, 槩是無知麤鄙之.(『磻溪隨錄, 卷之十二, 教選攷說下, 本國選擧制附』)→科業之士, 惟以抄集爲務, 摘節經史文字, 取其對偶之相近者, 截章分門, 以資綴緝, 謂之類抄. 隨題引用, 可得裁剪之巧, 而於經史本文, 專不留意, 所謂明經者, 惟以造話爲心. 以經傳逐段, 各摘其一字, 造爲淫褻可笑易記之話, 以資其誦, 謂之聖令. 能不忘其章段次第疑似, 而其於大義, 全所昧昧, 此兩者成俗, 爲文妖經賊, 不止宋末之弊而已, 監試又皆童蒙輕佻之輩, 代述者居多, 武科所得, 槩是無知麤鄙之.(『松南雜識』)

88) 朱衣點頭. 歐陽公知貢擧日, 每遇考試卷, 坐後常覺一朱衣人時復點頭, 然後其文入格, 不爾則無復與考, 始疑侍史, 及回視之, 一無所見, 因語其事於同列, 爲之三歎, 嘗有句云, 唯願朱衣一點頭.(『古今事文類聚, 前集, 卷二十五, 仕進部』)→歐陽脩考試, 有朱衣人在時後點頭則入格, 故有但願朱衣一點頭.(『松南雜識』)

89) 梁**試**進士不中程者, **飮以墨水**, **又北齊選擧濫者**, 飮墨水一斗.(『錦繡萬花谷, 前集,

다. 지금 낙방한 사람을 가리켜 '음묵(飮墨)'이라고 하는 것은 여기에서 유래한 것이다.

산곡(山谷) 황정견(黃庭堅)이,

> 곁눈질하는 귀족의 자제는 　　睥睨紈袴兒
> 세 말의 먹물을 마셔야 한다 　　可飮三斗墨[90]

라고 한 말이 이것이다.

지금의 불학무식(不學無識)한 몰자비(沒字碑)[91]에게 "먹을 갈아 뱃속에 부어줘야 한다"라는 말도 여기에서 유래하였다.

지금 무과(武科)의 비벌(鼻罰)[92]은 그 유래를 알지 못하겠다.

평천관
平天冠

『형호근사(荊湖近事)』에 다음과 같은 기록이 있다.

> 송나라 때에 요융(廖瀜)과 반약충(潘若沖)이 번갈이 노래 부르고 화답하였다. 태종(太宗)이 오대(五代) 때 과거장의 폐단을 교훈으로 삼아 사(詞)·부(賦)·논(論)·책(策)으로 선비를 선발하니, 요융(廖瀜)이 "오늘날의 시(詩)가 큰 저자에서 평천관(平天冠)[93]을 팔아도 묻는 사람 하나 없을 것과 한결 같을 줄 어찌 알겠는가?"[94]라고 하였다.

卷二十二, 下第, 坡詩注』)→梁進士不中程者, 飮以墨水一斗.(『松南雜識』)

90) 「종빈로걸고순(從斌老乞苦笋)」.

91) 몰자비(沒字碑) : 풍채는 좋으나 글자를 모르는 사람을 조롱하는 말.

92) 비벌(鼻罰) : 코를 때리는 벌. 鼻罰猶流設扑風.(『茶山詩文集, 松坡酬酢』)

93) 평천관(平天冠) : 제왕과 백관(百官)이 제사 지낼 때 쓰던 관. 여기에서는 과거를 위해 짓는 시가 세상 사람들의 관심 밖이며 무용지물이라는 것을 비유.

타모소
打毦髞

『당서(唐書), 지리지(地理志)』에서 말하였다.

서울에서 낙제한 자들에게 연회를 베푸는 것을 '타모소(打毦毵)'[95] 라 하는데, 또 '도몰료(都沒瞭)'라고도 한다.

운서(韻書)에는 '모소(毦毵)'를 주석하여 '번민(煩悶)'이라고 하였다.

당시(唐詩)에서는,

기분은 술에 취한 듯하고	氣味如中酒
마음은 이별하는 듯하다	情懷似別人[96]

라고 하였다.

소식(蘇軾)의 시에는 "나를 돌아보면 절로 번민 투성이네"[97]라고 하였다.

94) 廖融**詩云, 遠山秋帶雨, 水館夜多風**, 潘若沖**陽朔縣詩云, 門連百越水, 地管數千峯, 郭影雲連樹, 林聲月帶春, 二人**更唱迭和, **詩家之勁敵**, 太宗懲五代**場屋**之弊, 以詞賦策論取士, **融冲之徒, 稍稍引去**, 融曰, 豈知今日之詩**道**一似大市裏賣平天冠, **並**無人問**耶**.(『類說目錄, 卷二十二, 荊湖近事, 大市裏賣平天冠』)→**宋**廖瀜潘若沖, 更唱迭和, 太宗懲五代之弊, 以詞賦策論取士, 融曰, 豈知今日之詩一似大市裏賣平天冠, 無人問.(『松南雜識』)

95) 타모소(打毦髞) : 번민을 떨쳐 없앤다는 뜻. 타모소(打毦毵)라고도 한다.

96) 이곽(李廓)의 「낙제(落第)」. 氣味如中酒, **情**懷似**別**人.(『古今事文類聚, 前集, 卷,二十七, 仕進部, 制科, 唐人下第詩』)→氣味如中酒, **別**懷似**送**人.(『松南雜識』)

97) 顧我自爲都毦髞.(「여반삼실해후음주(與潘三失解後飮酒)」)

연방과 계방
蓮桂榜

우리나라에서는 진사(進士)를 '연방(蓮榜)'[98]이라 하는데 수(隋)나라 양제(煬帝)가 병인년 가을에 설치했기 때문인가? 혹 급제자들이 자은사탑(慈恩寺塔)에 이름을 쓰니, 연꽃이 바로 불개(佛蓋)[99]라고 한 때문인가? 『유양잡조(酉陽雜俎)』에 "이고(李固)가 부용경(芙蓉鏡) 아래에서 급제하리라"[100]라고 하였으니, 옛날에 높은 성적으로 합격한 진사를 '급제(及第)'라고 했기 때문에 그렇게 말한 것인가?

'계방(桂榜)'은 진(晉)나라의 극선(郤詵)이 대책(對策)에서 일등을 하고서 "계수나무 숲에서 나뭇가지 하나를 얻었을 뿐[桂林一枝]"[101]이라고 말한 것과 송나라 때 두의(竇儀)의 다섯 형제가 나란히 급제한 것을 두고 "붉은 계수나무 다섯 가지의 꽃[丹桂五枝芳]"[102]이라고 한 칭송이 그 예이다.

어사화
御賜花

『당서(唐書)』에서 "의종(懿宗)이 급제자에게 금합(金盒) 하나에 꽃을 꺾어 주라 명하고, 곡강연(曲江宴)에서 '꽃관을 머리에 쓰고 술을 마시게

---

98) 연방(蓮榜) : 조선 시대에 소과(小科)인 생원과 · 진사과의 향시(鄕試) · 회시(會試)에 합격한 사람의 명부.

99) 불개(佛蓋) : 법당(法堂) 안에 있는 작은 집으로 부처가 앉아 있는 곳.

100) **相國**李**公**固言, **元和六年**, **下第遊蜀**. **遇一老姥言**, **郎君**, **明年**, 芙蓉鏡下及第.(『酉陽雜俎續集, 卷二, 支諾皐中』) → 李固**爲**芙蓉鏡下及第.(『松南雜識』)

101) 郄詵**遷雍州刺史**, **東堂會送**, **武帝問詵**, **卿自以爲何如**, **詵對曰**, **臣擧賢良**對策**爲天下**第一, **猶**桂林一枝.(『太平御覽, 卷四百六十六, 人事部, 嘲戱』) → 郗詵對策第一**曰**桂林一枝.(『松南雜識』)

102) 儀學問優博, 風度峻整, 弟儼侃偁僖, 皆相繼登科, 馮道與禹鈞有舊, 嘗贈詩有 靈椿一株老, 丹桂五枝芳.(『宋史, 卷二百六十三, 列傳, 第二十二, 竇儀』) → 竇儀昆弟及第, 爲丹桂五枝芳.(『松南雜識』)

하라'[103]고 선포하였다"라고 하였다.

지금 문관이 꽃 서른 세 송이를 꽂는 것은 파루종(罷漏鐘)[104]을 삼십삼천(三十三天)[105]에 맞추어 서른 세 번 치는 수에 맞춘 것이고, 무관이 스물 여덟 송이를 꽂는 것은 인정종(人定鐘)[106]을 이십팔수(二十八宿)에 맞추어 스물 여덟 번 치는 수에 맞춘 것이라고 한다. 그러나 언제 이것이 시작되었는지 또 무슨 뜻이 있는지는 알 수 없다. 지금은 사모(紗帽) 옆으로 겹겹이 돌아가면서 어사화를 꽂아서 만든다. 『고려사』에는 "강감찬(姜邯贊)에게 황금꽃 여덟 가지를 꽂아주었다"[107]라고 하니 숫자가 다르다.

탐화랑
探花郞

옛 사(詞)에서 계수나무를 읊기를,

장원(壯元)은 붉은색 꽃	狀元紅是
노란 꽃은 방안(榜眼)	黃爲榜眼[108]

103) 開宴賜花. 唐懿宗宴進士於曲江, 命折花一金合, 遣中官馳至宴所, 宣口勅曰, 便令戴花飮酒, 世以爲榮.(『山堂肆考, 卷八十四, 科第』) → 懿宗命折花一金合, 宣曲曰宴江便令戴花飮酒.(『松南雜識』)

104) 파루종(罷漏鐘) : 조선 시대에 서울에서 통행금지를 해제하기 위해 오경 삼점(五更三點)에 종각의 종을 33번 쳤다.

105) 삼십삼천(三十三天) : 육욕천 · 십팔천 · 무색계 사천(四天)과 일월 성숙천(日月星宿天), 상교천(常憍天) · 지만천(持鬘天) · 견수천(堅首天) · 제석궁천(帝釋宮天)을 통틀어 이르는 말. '도리천'을 달리 이르는 말. 가운데 제석천과 사방에 여덟 하늘씩이 있다 하여 이렇게 이른다.

106) 인정종(人定鐘) : 조선 시대에 밤에 통행을 금지하기 위하여 종을 치던 일. 매일 밤 10시경에 28번을 쳤는데 이에 따라 성문을 닫았다.

107) 王親迎于迎波驛, 結綵棚, 備音樂, 宴賜將士, 以金花八枝, 親揷邯贊頭.(『高麗史節要, 卷三, 顯宗元文大王, 己未十年』) → 姜邯贊金花八枝.(『松南雜識』)

108) 방안(榜眼) : 전시(殿試)의 갑과(甲科)에 둘째로 급제한 사람.

흰 꽃은 탐화랑(探花郎) 白探花郎[109]

이라고 하였다.

『세시기(歲時記)』에서 말하였다.

> 진사(進士)가 살구꽃 동산에 처음 모이는 것을 '탐화연(探花宴)'이라고 하는데, 젊고 준수한 두 사람을 탐화사(探花使)로 삼는다. 만약 다른 사람이 먼저 이름난 꽃을 꺾어 가면 두 탐화사는 벌을 받는다.[110]

지금 과거 합격자 중 삼등을 '탐화랑(探花郎)'[111]이라고 하는 것은 여기에서 유래하였다.

진사에 급제하다
雁塔

『당서(唐書)』에 다음과 같은 기록이 있다.

> 정관(貞觀 : 627~649) 연간에 자은사(慈恩寺)에 탑을 세우고 기러기를 묻었다. 위조(韋肇)[112]가 급제하고 우연히 안탑(雁塔)[113]에 이름을 썼

---

109) 송나라 중수(仲殊)의 「계화(桂花)」.

110) **秦中**歲時記, 進士杏花園初會, **謂之**探花宴, 以少俊二人, 爲探花使, **遍遊名園**, 若**他**人先**折**得名花, 則二使**皆有**罰.(『歲時廣記, 卷一, 春, 探花使』) → 歲時記**曰**, 進士杏花園初會**曰**探花宴, 以少俊二人, 爲探花使, 若**它**人先得名花, 則二使**被**罰.(『松南雜識』)

111) 탐화랑(探花郎) : 과거의 갑과(甲科)에서 세 번째로 급제한 사람을 이르는 말.

112) 위조(韋肇) : 당나라의 문신. 경조(京兆) 출신. 대력(大曆) 연간에 중서사인(中書舍人)이 되었다. 여러 번 정치의 득실을 상소하다가 경조소윤(京兆少尹)으로 좌천되었다. 그 뒤 비서소감(祕書少監)·이부시랑(吏部侍郎)이 되었다.

113) 안탑(雁塔) : 진사(進士) 급제를 이르는 말. 안탑(雁塔)은 지금의 섬서성(陝西省) 장안

는데 그것이 마침내 고사(故事)가 되었다.

과거합격
龍虎榜[114)]

『당서(唐書)』에서 "한유(韓愈)·구양첨(歐陽詹)[115)] 등 합격자를 용호방(龍虎榜)이라 한다"라고 하였다. 지금은 '문룡(文龍)·무호(武虎)'라고 구분하여 말하니 그 명칭을 빌려 쓰기는 하지만 원래의 뜻은 상실되었다. 그러나 최립(崔岦)[116)]의 『간이집(簡易集)』에는 '무과(武科)'를 '호과(虎科)'라고 한 경우가 많다. 또 무관의 흉배[117)]에 호랑이를 그리는데 세속에서는 '무(武)'를 '호반(虎班)'이라고 훈석한다.

급제자의 의관을 다투어 취하다
爭取舊衣

당나라 장적(張籍)[118)]의 「송이여급제시(送李餘及第詩)」[119)]에,

현(長安縣) 남쪽 자은사(慈恩寺)에 있다. 소안탑(小雁塔)과 대안탑(大雁塔)이 있다. 당나라 때 새로 진사가 된 사람이 곡강(曲江)에서 벌어진 연회가 끝난 뒤, 탑 아래에 자신의 이름을 기록하는 일에서 유래한 것으로 이와 관련한 전설이 매우 많다.

114) 용호방(龍虎榜): 과거의 갑과(甲科)에 합격함을 뜻한다. 당나라 정원(貞元) 연간에 시행된 과거에서 한유(韓愈)·구양첨(歐陽詹)·이강(李絳) 등 23인 등이 급제하였는데 모두가 뛰어났기에 '용호방(龍虎榜)'이라고 불렀다.

115) 구양첨(歐陽詹): 당나라의 문신. 진강(晉江) 출신. 자는 행주(行周). 벼슬은 국자사문조교(國子四門助教)였다. 저서에 『구양행주집(歐陽行周集)』이 있다.

116) 최립(崔岦): 조선 중기의 문신·문인(1539~1612). 본관은 통천(通川), 자는 입지(立之), 호는 간이(簡易)·동고(東皐). 최립은 당대 일류의 문장가로 인정을 받아 중국과의 외교문서를 많이 작성했다. 임진왜란 때 명나라와의 관계가 빈번해지자 문장으로 보국(保國)했다.

117) 흉배(胸褙): 조선 시대에 문무관이 입는 관복의 가슴과 등에 학이나 범을 수놓아 붙이던 사각형의 표장(表章).

돌아올 때는 새 고첩만을 가지고 오니　　歸去惟將新誥牒
후배들이 그 옛 의관을 다투어 취해가네　　後來爭取舊衣裳[120]

라고 하였으니 대개 새로 급제한 진사(進士)가 남에게 옷을 주는 풍속은 오래되었다. 고첩(誥牒)은 바로 지금의 홍패(紅牌)[121]다.

광범문에서 벼슬주기를 기다리다
光範門

한유(韓愈)의 「상재상서(上宰相書)」에 "삼가 광범문(光範門)에 엎드려……"[122]라고 하였는데, 그 주석에서 "당나라의 제도에 새로운 급제자들이 광범문에 엎드려서 관작을 하사한다는 명이 이르기를 기다린다"라고 하니, 지금의 분관(分官)[123]과 비슷하다.

---

118) 장적(張籍): 당나라의 문인. 오군(吳郡) 출신. 자는 문창(文昌). 덕종(德宗) 정원(貞元) 15년에 진사에 급제했다. 헌종(憲宗) 원화(元和) 원년에 태상시태축(太常寺太祝)에 임명되었지만 10년 동안 승진을 못하고 집안이 가난하고 안질까지 있어서 맹교(孟郊)가 "구할장태축(究瞎張太祝)"이라고 놀렸다. 후에 수부원외랑(水部員外郎)·국자사업(國子司業)을 지내서 장사업(張司業) 또는 장수부(張水部)라고도 일컬어진다. 당시의 많은 명사와 교유가 있었고 특히 한유(韓愈)가 그를 소중히 여겼다. 악부시(樂府詩)에 뛰어났고 백거이(白居易)를 추숭했다. 왕건(王建)과 이름을 나라히 하여 '장왕(張王)'이라 일컬어진다. 저서에 『장사업집(張司業集)』이 있다.

119) 원제목은 「송이여급제후귀촉(送李餘及第後歸蜀)」.

120) 『松南雜識』에는 '冠'으로 오기되어 있음.

121) 홍패(紅牌): 문과(文科) 회시(會試)에 급제한 사람에게 내어주는 붉은 종이에 쓴 교지(敎旨).

122) 伏光範門下.(『韓集擧正, 卷六, 第十六卷, 上宰相書』) → 三伏光範門.(『松南雜識』)

123) 분관(分官): 조선 시대에 새로 문과에 급제한 사람을 승문원(承文院)·성균관(成均館)·교서관(校書館)의 삼관에 배치시켜 권지(權知)라는 이름으로 실무를 익히게 하는 일. 분관(分官)을 할 때는 급제자의 이름을 한 줄로 적어서 박사(博士) 세 사람으로 하여금 채점하게 하여 석 점은 괴원(槐院: 승문원), 두 점은 국자(國子: 성균관) 한 점은 운각(芸閣: 교서관)으로 보낸다. 이것을 다시 승문원의 도제조(都提調)와 검토하고 수정하여, 이조에서 임금께 아뢰어 삼관(三官)에 배치시킨다. 그리고 점수를 얻지 못한 사람은 후방(後榜)을 기다리는데 이를 미분관인(未分官人)이라고 한다.

늙도록 과거에 응시하다
老婦柘枝

『잡지(雜志)』에서 말하였다.

황통(黃通)[124]은 번번이 과거에서 낙방하였다. 나이가 거의 육십이 되어서도 과거에 응시하자 어떤 이가 "늙은 할미가 자지무(柘枝舞)[125]를 추고, 나머지 사람들은 손재주를 보인다"[126]라고 조롱하였다.

일설에는 척발무(拓拔舞)[127]가 자지무(柘枝舞)로 와전되었다고 한다.[128] 지금은 늙도록 과거를 포기하지 않는 사람을 조롱하는 말로 사용한다.

유생들의 통행금지를 면제하다
科儒弛禁

왕승(王承)[129]이 동해군(東海郡) 태수로 있을 때, 관리가 야간통행 금지

124) 황통(黃通) : 송나라의 문신. 소무(邵武) 출신. 자는 개부(介夫). 가우(嘉祐) 연간에 진사(進士)가 되었고 대리승(大理丞)에 제수되었다. 항상 호탕하게 노래를 잘 하고 휘파람을 길게 불었다.

125) 자지무(柘枝舞) : 옛날의 가무(歌舞)의 일종. 『몽계필담(夢溪筆談), 악률(樂律)』에 송(宋)의 구준(寇準)이 매우 좋아하여 손님을 모아 두고 반드시 이것을 추었는데 항상 해가 질 때까지 춤을 춘 까닭에 당시에 '자지전(柘枝顚)'이라고 했다.

126) 黃通累擧不第, **作官數任**, 年將耳順, **猶**應擧, **或**嘲**之**曰, 老婦舞**拓拔**, 剩**員**呈手藝.(『山堂肆考, 卷八十五, 科第, 老婦效舞』)→黃通累擧不第, 年將耳順應擧, 嘲曰老婦舞**柘枝**, 剩**負**呈手藝.(『松南雜識』)

127) 척발무(拓拔舞) : 척발(拓拔, 拓跋)은 북위(北魏)의 성이다. 선비족(鮮卑族)의 말로 토(土)를 척(拓)이라 하고 후(后)를 발(拔)이라 한다. 위(魏)나라는 황제(黃帝)의 후손이라 자칭했다. 그래서 황제가 흙의 덕으로 왕이 되었다고 하여 척발(拓拔)을 씨(氏)로 하고 또 춤이름으로 삼았다. 또 북위의 척발씨들이 춤을 잘 추었던 까닭에 '척발무(拓拔舞)'라고 한다.

128) 대부분의 기록에서 '拓拔舞'라고 하였으니, 『松南雜識』의 '柘枝舞'는 오류로 보인다.

129) 왕승(王承) : 진(晉)나라의 문신. 자는 안기(安期). 청허(淸虛)하고 욕심이 적었다. 관

를 위반한 사람을 잡아 왔기에 어디에서 왔는지 물어 보니 그 사람이 "스승의 집에서 공부하고 돌아오는데 날이 저문 것을 깨닫지 못했습니다"라고 대답하였는데, 왕승이 "열심히 공부하려는 사람(甯越)을 매질하는 것은 바로잡아 교화하는 근본이 아니다"[130]라고 하였다.

대개 영월(甯越)[131]은 옛날의 근면한 학자이다. 지금 과거 공부하는 유생은 문과나 무과를 막론하고 모두 통행금지에서 면해주니, 정조 때부터 시작되었다.

무과
武科

반계(磻溪) 유형원(柳馨遠)이 말하였다.

문(文)·무(武)는 본래 두 가지가 아니었다. 옛날에는 학관(學官)에서 선비를 양성하였는데 육예(六藝)[132]를 익히게 한 후 어질고 능력 있는 사람을 발탁해서 그의 재주를 평가하여 직책을 맡겼다. 때문에 국내에 있으면 지방을 맡아 다스리는 관리가 되고, 변방으로 나가면 군사를 거느리고 적을 막는 장수가 된다. 선비는 모두 실학(實學)을 해야

직은 종사랑중(從事郎中)에 이르렀다. 『진서(晉書)·왕승전(王承傳)』

130) 王安期作東海郡, 吏錄一犯夜人來, 王問何處來, 云從師家受書還, 不覺日晚, 王曰, 鞭撻寗越, 以立威名, 恐非致理之本.(『世說新語, 卷上之下, 政事第三』) → 王承, 錄犯夜, 人云, 從師不覺日暮. 承曰, 鞭撻寗越, 非正化之本.(『松南雜識』)

131) 영월(甯越): 전국 시대의 학자. 중모(中牟) 출신. 영월(寧越)·영척(甯戚)이라고도 쓴다. 밭갈고 농사짓는 수고를 괴롭게 여겨서 그의 친구에게 어떻게 하면 이런 고생을 벗어날 수 있느냐고 물었다. 그러자 그의 친구는 학문을 하는 것 만큼 좋은 것이 없다고 하며 30년 학문을 하면 현달할 수 있다라고 했다. 그러자 영월이 "그렇다면 15년 동안 남이 쉬려 할 때 나는 쉬지 않고 남이 누우려 할 때 나는 눕지 않겠다"고 하며 열심히 공부하여, 과연 15년 뒤에 서주(西周) 위공(威公)의 스승이 되었다.

132) 육예(六藝): 고대 중국 교육의 여섯 가지 과목. 예(禮)·악(樂)·사(射)·어(御)·서(書)·수(數)를 이른다. 육학(六學).

하는데, 배우지 아니한 자는 진실로 군사와 백성의 윗자리에 둘 수 없다. 무과(武科)는 본래 당나라 측천무후(則天武侯) 때 나쁜 선례가 만들어졌고, 우리나라의 경우는 고려 말 공양왕(恭讓王) 때 시작되었다. 이제는 마땅히 그것을 폐지하고 오직 금위영(禁衛營)[133]에서만 활 쏘는 기술과 강서(講書)로 시험하여 선발해야 한다.[134]

도시

都試[135]

『당서(唐書)』에서 말하였다.

대종(代宗) 때 택로절도부사(澤潞節度副使) 이포진(李抱眞)[136]이 호적에 올라 있는 백성 중에서 세 명마다 한 명씩 장정을 선발하여 그의 조세와 부역을 면제시켜주고 활과 화살을 지급하여 농한기에 활쏘기

133) 금위영(禁衛營) : 서울을 지키며 호위하는 군문(軍門)으로 훈련도감(訓練都監)·어영청(御營廳)과 더불어 삼군문(三軍門)의 하나이다.

134) **夫**文武, 本非二道, 古者, 養士於學, 講習六藝, 拔其賢能, 量材而任之職. 是以, 居則爲鄕遂字牧之吏, 出則爲師旅禦侮之帥. 蓋士皆實學, 而不學者, 固不可加之軍民之上也. **若夫專業彎弓走馬者, 是一卒之事, 豈可設擧取此等人, 任以長人之職哉**. 武科本作俑於唐武氏, **其本末無足論**, 本國則**武科**始於麗末恭讓王時, 今廢**武科**, 只於禁衛**之選定式**, 以射藝講書, **差其分數**, 試取之云.(『磻溪隨錄, 卷二十一, 兵制, 五衛及諸衛』) → 文武, 本非二道, 古者, 養士於學, 講習六藝, 拔其賢能, 量材而任之職. 是以, 居則爲鄕遂字牧之吏, 出則爲師旅禦侮之帥. 蓋士皆實學, 而不學者, 固不可加之軍民之上也. 武科本作俑於唐武氏, 本國則始於麗末恭讓王時, 今**宜**廢**之**, 只於禁衛, 以射藝講書, 試取之云.(『松南雜識』)

135) 도시(都試) : 병조(兵曹)·훈련원(訓練院)의 당상관 또는 지방의 관찰사·병마절도사가 무사를 선발하는 시험으로, 해마다 봄과 가을에 실시한다.

136) 이포진(李抱眞) : 당나라의 문신. 자는 태현(太玄). 택주(澤州)·회주(懷州)의 자사(刺史)를 거쳐 택회로관찰유후(澤懷潞觀察留後)가 되었다. 덕종(德宗) 때 소의군(昭義軍)을 거느리고 주도(朱滔)를 격파했다. 후에 방사(方士)의 말에 현혹되어 단약을 많이 먹고 죽었다.

를 익히게 하였다가 연말에 시험(都試)하였다.137)

장황(章潢)138)이 "한(漢)나라 때는 도시(都試)를 하는 날에 군현(郡縣)의 관리들이 모두 모인다"139)라고 하였으니, 바로 곽광(霍光)140)이 교위(校尉)141)를 조발(調發)하였다는 것이다.142) 지금의 도시과(都試科)는 여기에서 유래한다.

중국에서 급제한 우리나라 사람
東人唐第

당나라 장경(長慶 : 821~824) 초기에 김운경(金雲卿)143)이 최초로 신라인

137) 澤潞節度**副**使抱眞, **以山東有變**, **上黨爲兵衝**, **而荒亂之餘**, **土瘠民困**, **無以贍軍**, 籍民**每**三丁, 選一壯者, 免其租徭, 給弓矢, 使農隙習**戰**, 歲暮都試.(『資治通鑑, 卷二百二十三, 唐紀三十九, 代宗睿文孝武皇帝上之下』) → 澤潞節度使**李**抱眞, 籍民三丁, 選一壯者, 免其租徭, 給弓矢, 使農隙習**射**, 歲暮都試.(『松南雜識』)

138) 장황(章潢) : 명나라의 학자. 『도서편(圖書編)』 127권을 편찬했다.

139) 章氏曰 …… 漢都試之日, 郡縣之官盡會.(『文獻通考, 卷一百五十一, 兵考三, 兵制』) → 章氏曰, 漢都試之日, 郡縣之官盡會.(『松南雜識』)

140) 곽광(霍光) : 한(漢)나라의 무신. 평양(平陽) 출신. 자는 자맹(子孟). 무제(武帝) 때 봉상도위(奉常都尉)가 되어 황제의 신임을 얻었다. 무제가 숙자 그의 유조를 받들어 김일제(金日磾) 등과 소제(昭帝)를 보좌하여 대사마(大司馬)·대장군(大將軍)에 배임되었고 박릉후(博陵侯)에 봉해졌다. 황제가 어려서 정치가 그의 손에서 좌우되었다. 소제가 죽자 창읍왕(昌邑王) 하(賀)를 황제로 즉위시켰다가 음란하다는 이유로 그를 폐위시키고 선제(宣帝)를 즉위시켰다. 이후 20여 년간의 정치가 그의 손에서 좌우되었다. 선제가 즉위 초에 고묘(高廟)에 배알할 때 그가 참말을 타고 오자 황제가 그를 두려워했다. 이때문에 그가 죽은 후 그 일족이 몰살되었다.

141) 교위(校尉) : 관직명. 한(漢)나라 때 사예(司藝) 및 중루둔기(中壘屯騎)·보병(步兵)·월기(越騎)·장수(長水)·호기(胡騎)·사성(射聲)·호분(虎賁) 등의 교위를 두었다. 동한 때는 둔기·월기·보병·장수·사성의 오교위(五校尉)를 두었는데 모두 숙위병(宿衛兵)을 맡았다. 역대의 국가에서 이것을 따라 교위를 두었는데 황족 중에 믿을만한 사람에게 맡기는 경우가 많았다.

142) 章氏曰 …… 漢都試之日, 郡縣之官盡會.(『文獻通考, 卷一百五十一, 兵考三, 兵制』) → 章氏曰, 漢都試之日, 郡縣之官盡會.(『松南雜識』)

143) 김운경(金雲卿) : 신라 하대의 문신. 당나라에 가서 빈공과에 급제하고 곤주 도독부

으로서 빈공과(賓貢科)[144]에 응시하여 두사례(杜師禮)의 방(榜)에 이름이 기록되었다. 또 김이어(金夷魚)[145]·김가기(金可紀)[146]·최치원(崔致遠)·박인범(朴仁範)[147]·김악(金渥)[148]도 모두 당나라 과거에 급제하였다.

고려 때는 열여덟 살의 최언위(崔彦撝)[149]와 이인복(李仁復)[150]·조렴(趙廉)[151]이 모두 원나라의 과거에 급제하였다.

명나라 장수 이여송(李如松)은 본래 이산(理山)[152]의 독로강(禿老江)[153]

사마(袞州都督府司馬)·치주 장사(淄州長史) 등을 지낸 뒤 841년 선위사(宣慰使)로 문성왕에 대한 책봉칙서(冊封勅書)를 가지고 귀국했다.

144) 빈공과(賓貢科): 중국 당나라 때 외국인에게 보이던 과거(科擧). 신라의 최치원 등이 급제했다. 빈공(賓貢).

145) 김이어(金夷魚): 신라 후기의 문인. 이오(夷吾)라고도 한다. 9세기 중엽 당나라에 숙위학생으로 가서 빈공과에 급제하고 장교(張喬) 등 당나라 문인들과 널리 교유했다.

146) 김가기(金可紀): 신라 시대의 학자. 원성왕 때 당나라에 건너가 빈공과에 급제했다. 학식이 높고 문장이 뛰어나 이름을 떨쳤다. 한때 사신으로 귀국했으나 다시 당나라에 건너가 도술에 전심하여 종남산(終南山) 자오곡(子午谷)에 은둔하여 화초와 과수를 재배하며 『선경(仙經)』과 『도덕경(道德經)』을 즐겨 읽었다.

147) 박인범(朴仁範): 신라 후기의 학자. 시문(詩文)에 능하여 898년 승려 도선(道詵)의 비문을 지었다. 『동문선(東文選)』에 그의 시 작품 10수가 전한다.

148) 김악(金渥): 신라 후기 당나라에 간 유학생. 헌강왕 2년(876) 당나라 빈공과(賓貢科)에 급제했다.

149) 최언위(崔彦撝): 통일 신라 말에서 고려 초의 문신(868~944). 초명은 신지(愼之)·인연(仁渷). 헌강왕 11년(885) 당나라에 유학하여 문과에 급제, 효공왕 13년(909) 귀국한 뒤 집사성시랑서서원학사(執事省侍郎瑞書院學士)를 지냈다. 고려 왕조가 세워지자 고려에 가서 태자 사부(師傅)가 되고 문한(文翰)·한림원령(翰林院令)·평장사를 지냈다.

150) 이인복(李仁復): 고려의 학자·문신(1308~1374). 본관은 성주(星州), 자는 극례(克禮), 호는 초은(樵隱), 시호는 문충(文忠). 백이정(白頤正)에게 배우고, 주자학에 밝았다. 1342년 원나라에 가서 제과(制科)에 급제, 대령로금주판관(大寧路錦州判官)의 벼슬을 받고 돌아와 기거주(起居注)가 되었다. 문집으로 『초은집(樵隱集)』이 있다.

151) 조렴(趙廉): 고려의 문신(1290~1343). 본관은 순창(淳昌). 충숙왕(忠肅王) 때 문과에 급제하고, 1340 안축(安軸) 등과 함께 원나라의 제과에 급제, 요양등로 총관(遼陽等路)·지부사(知府事)가 되었다. 귀국 후 전리 좌랑(典理佐郞)을 지내고 정언(正言)으로 있을 때 지공거(知貢擧) 한종유(韓宗愈)의 부정을 탄핵했다. 좌사의대부(左司義大夫)·밀직부사(密直副使)를 역임했다. 시호는 문정(文貞).

152) 이산(理山): 함경도 강계(江界)에 있는 산 이름.

153) 독로강(禿老江): 『신증동국여지승람(新增東國輿地勝覽)』에는 독로강(禿魯江)으로 되어 있다. 함경도 강계(江界)의 서쪽 1리 지점에 있는 강으로 위원군(渭源郡)의 경계를

사람이다. 그의 조부가 살인을 저지른 뒤에 아들 이성량(李成樑)[154]을 데리고 철령위(鐵嶺衛)[155]에 들어갔다. 또 청나라 초기의 명장 용골대(龍骨大)[156]와 마부대(馬夫大)[157]는 모두 우리나라 비인(庇人)[158] 사람이라고 한다.

『원사(元史)』를 살펴보니 순제(順帝)의 황후 기씨(奇氏)는 바로 고려 기자오(奇子敖)[159]의 딸이다.

『명사(明史)』를 살펴보니 성조(成祖)의 세현비(世賢妃) 권씨(權氏)는 조선의 공녀(貢女)이며, 그녀의 아버지 권영균(權永均)은 광록경(光錄卿)[160]이 되었다.

조선 사람으로 중국에 벼슬한 사람은 여기에서 그친다고 한다.

지나서 압록강에 들어간다.

154) 이성량(李成樑) : 조선 초기의 무신. 자는 여계(汝契). 고조인 영(英)은 조선에서 명나라에 내부(內附)하여 철령위지휘첨사(鐵嶺衛指揮僉事)를 제수받았다. 이성량은 빼어나고 군센 기상이 있어 대장이 될 만한 재주가 있었지만 집안이 가난하여 제대로 된 관직에 배임되지 못하다가 나이 40에 요동 험산의 참상(參將)이 되고 부총병(副總兵)을 거쳐 좌도독(左都督) · 태자태보(太子太保) · 세음본위지휘사(世廕本衛指揮使)가 되고 이어서 논공으로 영원백(寧遠伯)에 봉해졌다. 그의 아들 여송(如松) · 여백(如栢) · 여정(如楨) · 여장(如樟) · 여매(如梅)는 모두 총병관(總兵官)이 되었고 여재(如梓) · 여오(如梧) · 여주(如柱) · 여남(如楠)도 참장(參將)에 이르렀다.

155) 철령위(鐵嶺衛) : 안변(安邊) 남쪽 83리 지점에 있는 고개 이름. 고려 때 관문(關門)을 설치하고 철관(鐵關)이라 불렀다.

156) 용골대(龍骨大) : 청나라의 장군. 본래의 이름은 영고이대(英固爾岱). 병자호란 때, 우리나라에 쳐들어 왔고, 그 후에도 수차례 우리나라의 형편을 살피고 갔다.

157) 마부대(馬夫大) : 청나라의 장군. 병자호란 때 우리나라를 침입했다. 청나라의 전신인 후금(後金) 때부터 사신으로 여러 차례 조선을 왕래했다. 1635년에는 후금의 친서(親書)를 가지고 조선에 오기도 했다.

158) 비인(庇人) : 충청도(忠淸道) 홍주(洪州)에 있는 고을 이름.

159) 기자오(奇子敖) : 고려 충혜왕 때의 세도가. 본관은 행주. 1340년 막내딸이 원나라 순제(順帝)의 후궁으로 뽑혔다가 황후가 되어 태자를 낳자 원나라는 그를 영안왕(榮安王)으로, 부인을 왕대부인으로 봉하고, 선조(先祖) 3대를 왕의 호로 추존(追尊)했다. 시호는 장헌(莊獻).

160) 광록경(光祿卿) : 고려 때 문관 관계(官階)의 한 가지. 문종(文宗) 때 종3품으로 정했다가. 충렬왕(忠烈王) 이후에 없어지고, 공민왕 5년(1356)에 환원하여 종2품의 상(上)으로 하였고, 동왕 11년(1362)에 폐지했다가 18년(1369)에 정2품의 상(上)으로 했다.

12. 문방류(文房類)

고려 견지

高麗繭紙

지봉(芝峰) 이수광(李睟光)이 말하였다.

우리나라의 경면지(鏡面紙)[1] · 죽엽지(竹葉紙)는 중국 사람들이 진귀하게 여긴다. 또 고려 견지(繭紙)[2]를 비싸게 쳐준다.[3]

---

1) 경면지(鏡面紙) : 반들반들하고 광택이 나는 종이의 한 가지. 경광지(鏡光紙)라고도 한다.

2) 견지(繭紙) : 아주 질긴 조선 종이의 한가지. 견면지(繭綿紙)라고도 한다.

3) **我國**鏡面紙, **有**葉紙. 中朝**人甚**珍**之**, **余於庚寅赴京時**, **禮部侍郎韓世能送竹葉紙一張曰**, **此卽俺以天使往貴國時所得**, **若賚來此樣紙**, **欲得之云**, **其紙品潔淨**, **微有青色**, **似竹精紙而厚**, **曾所未見者也**. **按宛委餘編云**, **今世所**重高麗繭紙.(『芝峯類說, 卷十九, 服用部, 器用』)→鏡面紙, **竹**葉紙. **爲**中朝**所**珍, **又**重高麗繭紙.(『松南雜識』)

또 우리나라에는 중국이 따라올 수 없는 것이 네 가지가 있으니 '부녀자가 절개를 지키는 것'·'천한 사람들도 상례를 치르는 것'·'맹인이 점을 잘 치는 것'·'무사의 편전(片箭)'[4]이다. 우리나라의 산물 중에 중국에 없는 것 네 가지가 있으니 경면지(鏡面紙)·황모필(黃毛筆[5])·화문석(花紋席)[6]·양각삼(羊角蔘)[7]이다.[8]

설화지와 이맥고
雪花麥藁

『오대사(五代史)』의 당(唐)나라 역사에 대한 다음과 같은 기록이 있다.

명종(明宗) 때 백성이 병역을 고달프게 생각하였다. 그래서 이따금 부모의 병을 빙자하여 넓적다리를 베어내거나 시묘살이를 하여 부역을 면제받았다. 호부(戶部)에서 해마다 견부(蠲符)[9]를 발급하고 주현(州縣)에서 생산되는 종이를 내도록 할당하니 '견지(蠲紙)'라고 부른다.[10]

---

4) 편전(片箭) : 짧고 작은 화살 혹은 아기살을 말한다.
5) 황모필(黃毛筆) : 족제비의 꼬리털로 만든 붓.
6) 화문석(花紋席) : 꽃무늬를 놓아서 짠 돗자리.
7) 양각삼(羊角蔘) : 일각삼(一角蔘)이라고도 한다.
8) 我國**之人**, 有中朝所不及者四. **曰**婦女守節, **曰**賤人執喪, **曰**盲者能卜, **曰**武士片箭**也**. **我國之**產, 有中朝所**未**有者四. **曰**鏡面紙, **曰**黃毛筆, **曰花紋席**, **曰**羊角參**也**.(『芝峯類說, 卷十六, 語言部雜說』)→我國有中朝所不及者四, 婦女守節, 賤人執喪, 盲者能卜, 武士片箭. **所**產有中朝所**不**有者四, 鏡面紙, 黃毛筆, 花紋席, 羊角參.(『松南雜識』)
9) 견부(蠲符) : 부모의 초상으로 부세(賦稅)를 면제받을 때, 주현(州縣)에서 발급하는 증명서.
10) 五代**之際**, 民苦**于**兵, 往往因親疾**以**割股, **或旣喪而**割乳廬墓, 以**規**免**州縣**賦役, 戶部歲給蠲符, **不可勝數**, **而**課州縣出紙, 號爲蠲紙.(『新五代史, 卷五十六, 雜傳, 第四十四』)→五代**唐史**, **明宗時**, 民苦兵, 往往因親疾割股廬墓, 以免賦役, 戶部歲給蠲符, 課州縣出紙, 號蠲紙.(『松南雜識』)

지봉 이수광이 말하였다.

온주(溫州)의 견지(繭紙)는 깨끗하기가 고려지(高麗紙)와 같다. 또 고려에서는 만지(蠻紙)를 바치는데 부세를 감면받는 까닭에 견지(繭紙)라고 한다.[11]

살펴보건대 옛날에는 죽간(竹簡)을 사용하였고 진시황(秦始皇)이 처음으로 겸백(縑帛)[12]을 사용하니 지(紙)라고 하였다. 한(漢)나라 화제(和帝) 때의 환관 채륜(蔡倫)[13]이 나무껍질·마(麻)의 끝부분·낡은 베·어망으로 종이를 만들었다. 또 좌백(左伯)[14]도 종이를 만들었다.[15]

우리나라에서는 만마동(萬馬洞)[16]의 설화지(雪花紙)[17]를 상품으로 치는데 또 닥나무의 고장이다. 뽕나무 껍질로도 종이를 만든다. 북도(北道)에서는 귀리짚(耳麥藁)으로 종이를 만드는데, 황색으로 물들여야 쓸 수 있다.

---

11) 溫州繭紙, 潔白**堅滑**, **類**高麗紙, 又**云高**麗**歲**貢蠻紙, **書卷多用爲䌷**, **蓋䌷乃粧貼**, **以其紙品堅厚故也**. **按繭紙云者**, **以**蠲其賦**役**故**名**.(『芝峯類說, 卷十九, 服用部, 器用』) →溫州繭紙, 潔白**猶**高麗紙, 又麗貢蠻紙, **而**蠲其賦**稅**故, **謂繭紙**.(『松南雜識』)

12) 겸백(縑帛) : 견직물.

13) 채륜(蔡倫) : 후한(後漢)의 문신. 계양(桂陽) 출신. 자는 경중(敬仲). 재주와 학식이 있었다. 화제(和帝) 때 중상시(中常寺)가 되어 돈독하고 신중함으로 칭찬을 받았고 상방령(尙方令)이 되었다. 원초(元初) 용정후(龍亭侯)에 봉해졌다. 그가 처음으로 종이 만드는 법을 창제하였기에 종이를 '채후지(蔡侯紙)'라고 했다.

14) 좌백(左伯) : 후한(後漢)의 동래(東萊) 출신. 자는 자읍(子邑). 종이를 잘 만들어서 모홍(毛弘)과 이름을 나란히 했다.

15) 倫乃**造意用**樹膚麻頭及**敝**布魚網**以爲紙**.(『後漢書, 卷一百八, 宦者列傳 第六十八, 蔡倫傳』) → **漢和帝時**, **宦者蔡**倫, 乃**以**樹膚麻頭及**弊**布魚網**造之**.(『松南雜識』)

16) 만마동(萬馬洞) : 전라도 전주 남쪽의 마을.

17) 설화지(雪花紙) : 종이의 일종으로 강원도 평강(平康)에서 나며 빛이 매우 희다.

용전지와 백로지
龍箋鷺紙

세상에서 화룡지(畵龍紙)[18]를 용전지(龍箋紙)라고 하고, 분당지(粉唐紙)[19]를 방지(榜紙)라고 하고, 태사지(太史紙[20])를 태연지(抬連紙)라고 한다. 벼·곡물로 만든 종이를 모변지(毛邊紙)라 하고, 등나무로 만든 종이를 계등(溪藤)이라 하고, 이끼로 무늬를 만든 것을 태지(苔紙)라 한다. 또 백로지(白鷺紙)는 종이가 깨끗한 것을 이른다.

『박물지(博物志)』에서 말하였다.

해태(海苔)[21]로 종이를 만드니 그 결이 거꾸로 기울어졌기 때문에 '측리(側理)'라고 한다.[22]

서화황지
書畵黃紙

지봉 이수광이 말하였다.

황지로 만든 책을 '황권(黃卷)'이라 하는데 황벽(黃蘗)[23]으로 물들여서 책벌레를 막는다. 또 자황(雌黃)[24]은 종이와 색이 비슷한 까닭에

18) 화룡지(畵龍紙) : 용 모양의 무늬를 그려 넣어 만든 종이.
19) 분당지(粉唐紙) : 중국에서 나는 종이의 한 가지로 빛이 희고 얇다. 방지(榜紙)라고도 한다.
20) 태사지(太史紙) : 종이의 한 가지로 실록(實錄)을 꾸미는 데 쓰인다.
21) 해태(海苔) : 김을 의미한다.
22) **以**海苔爲紙, 其理**縱橫邪**側, **因以爲**名.(『廣博物志, 卷三十, 藝苑五, 紙墨筆硯書』) →海苔爲紙, 其理**倒**側**故**, 名**側理**.(『松南雜識』)
23) 황벽(黃蘗) : 황벽나무. 운향과의 낙엽 활엽 교목. 높이는 10~15미터이며, 잎은 마주나고 달걀 모양의 긴 타원형이다.
24) 자황(雌黃) : 상록 교목의 하나. 높이는 18미터 정도로 나무껍질은 거칠고 검붉은 누

그것으로 오자를 지운다. 당·송 이래로 조칙(詔勅)은 모두 황색 종이를 사용하는 까닭에 사가(私家)에서는 피하여 사용하지 않는다. 지금은 등조(謄詔)[25]를 '등황(謄黃)'이라고 한다.[26]

『남사(南史)』에 "송나라 명제(明帝) 때, 군사들에게 직위를 내릴 때 격판(檄板)이 부족하여 황찰(黃札)을 사용하였다"[27]라고 하였다.

향산(香山) 백거이(白居易)의 시에 "황지의 임명장에 내 이름은 없네"[28]라고 하였다.

오사란

烏絲欄

『당국사보(唐國史補)』에서 말하였다.

송박간지(宋亳間紙)는 비단으로 만들고 경계선이 있어서 '오사란(烏絲欄)'이라고 한다.[29]

런빛이다.

25) 등조(謄詔) : 황제가 내린 조서를 예부(禮部)에서 등사하는 일.

26) **古者寫畫書**, **皆**用黃紙, **故**謂黃卷, **或曰用**黃蘗**染紙**, 以辟蟫**也**. **宋景文筆記曰**, 雌黃與紙色**相類**. 故用以滅誤, 唐宋**以**來, 詔勅用**黃紙**, 故私家避不**敢**用**云**. 今**中朝亦用黃**, **謂**謄詔曰謄黃.(『芝峯類說, 卷十九, 服用部, 器用』) → 用黃紙, 謂黃卷, **染**黃蘗以辟蟫. **且**雌黃與紙**同**色, 故用以滅誤, 唐宋來詔勅**皆**用, 故私家避不用. 今謄詔曰謄黃.(『松南雜識』)

27) 明帝**卽位**, **四方反叛**, **進興世龍驤**將軍領水軍, **拒南賊**, **時臺軍據赭圻**, **朝廷遣吏部尙書褚彦回**, **就赭圻行選**, **是役也**. **皆先戰授位**, **檄**板不供, **由**是**有**黃**紙**札.(『南史, 卷二十五, 列傳, 第十五, 張興世』) → **宋史**, 明帝**時**, 板不供, **於**是黃札.(『松南雜識』)

28) 黃紙除書無我名.(『白香山詩集, 卷十七, 劉十九同宿』)

29) 宋亳間, 有織成界道**絹素**, 謂之烏絲欄.(『唐國史補, 卷下』) → **國史補曰**, 宋亳間**紙**, 有織成界道, 謂之烏絲欄.(『松南雜識』)

『여정집(麗情集)』[30]에 "곽소옥(霍小玉)[31]이 꿰매고 수를 놓은 주머니 안에서 주락(珠絡)[32]을 취하고 월희(越姬)[33]의 오사란과 비단 세 자를 꺼내어 왕생(王生)에게 주었다"[34]라고 하였다.

산곡(山谷) 황정견(黃庭堅)[35]의 시에 "바로 붉은 소맷자락을 둘러 검은 줄칸을 그리네"[36]라고 하였다.

지봉 이수광이 말하였다.

> 지금 승정원에서 줄이 인쇄된 종이를 '오사란(烏絲欄)'이라고 한다.[37]

---

30) 여정집(麗情集) : 20권. 송나라의 장군방(張君房)이 편찬했는데, 고금의 정감(情感)과 관계 있는 일을 기록했다.

31) 곽소옥(霍小玉) : 당나라 대력(大曆 : 766~779) 연간의 기생. 본래 곽왕(霍王)의 여종 출신이었는데 '정(鄭)'으로 성을 바꾸었다. 농서(隴西)의 이익(李益)과 사랑을 약속하였다. 나중에 이익이 약속을 저버리고 오지 않자 그리움이 쌓여 병이 되었다. 어느날 황삼(黃衫)을 입은 사람이 이익을 데려 오자 한번 보고 애통해하다가 죽었다. 소설 『곽소옥전(霍小玉傳)』이 있다.

32) 주락(珠絡) : 구슬로 그물처럼 만든 머리 꾸미개.

33) 월희(越姬) : 춘추 시대 초나라 사람. 소왕(昭王)의 아내이며 월왕(越王) 구천(勾踐)의 딸이다. 소왕이 진(陳)나라를 구하러 갈 때 월희도 따라 갔는데 왕이 병이 들자 붉은 구름이 해를 끼고 있는 것이 마치 까마귀가 나는 것 같았다. 주사(周史)가 왕의 신상에 해가 생길 조짐이라고 하며 장상(將相)을 바꾸라고 하자 왕이 장상은 고굉(股肱)과도 같아서 바꿀 수 없다고 하고 듣지 않았다. 그러자 월희가 왕의 덕에 감격하여 스스로 죽기를 자처하였다. 왕이 그것을 허락하자 마침내 자결하였다.

34) 霍小玉取珠絡縫**綉**囊中, 出越姬烏**孫**欄素叚三尺, 以授王生.(『古今事文類聚, 別集, 卷十四, 文房四友部, 紙, 烏絲欄』) → 霍小玉取珠絡縫**綃**囊中, 出越姬烏**絲**欄素叚三尺, 以授王生.(『松南雜識』)

35) 황정견(黃庭堅) : 북송의 시인 · 서예가(1045~1105). 자는 노직(魯直), 호는 산곡(山谷). 기이하고 파격적인 시를 써 송시(宋詩)에 새로운 바람을 일으켰다. 강서시파의 원조이며, 뛰어난 서예가로 송대 사대가의 한 사람으로 꼽힌다. 시집으로 『산곡시내외집(山谷詩內外集)』이 있다.

36) 正圍紅袖寫烏絲.(『山谷集, 卷九, 王定國二首』)

37) 今承**文**院, **事大文書出草**. 用細墨印札. 謂**之**烏絲闌**紙**, **是也**.(『芝峯類說, 卷十九, 服用部, 器用』) → 今承**政**院, 用細墨印札. 謂烏絲闌.(『松南雜識』)

문서함
金泥玉檢

지봉 이수광이 말하였다.

옥첩검(玉牒檢)[38]의 주석에서 "검(檢)은 '연미(燕尾)'[39]"라고 하니, 지금 세상에서는 서첩첨(書帖簽)이라고 한다. 『한서(漢書)』의 "검은 비단 주머니(皂囊)[40]에 문서를 넣고 봉인한다"의 주석에서 "지금 세상에서 '배(排)'라고 한다"라는 말이 바로 이것이다.[41]

『한서(漢書), 무제기(武帝紀)』의 주석에 "금니(金泥)·옥검(玉檢)은 옥으로 검속(檢束)하는 것을 말한다"[42]라고 하였다.

홍계화서
紅契花書

운서(韻書)에서 "권(券)은 어음쪽이니, 나무판에 약속하는 글을 써서

---

38) 옥첩검(玉牒檢) : 옥첩(玉牒)이란 옛날 하늘에 고하던 문서로 죽간에 써서 그것을 봉하고 옥으로 장식하는 까닭에 옥첩(玉牒)이라 한다. 무릇 제왕이 봉선(封禪)의 예(禮)를 행할 때 이것을 쓴다. 검(檢)이란 문서함의 덮개이다. 옥으로 그 위를 새기고 그것을 묶은 후에 진흙으로 메우고 제목을 쓴 다음 그것을 봉인한다.

39) 연미(燕尾) : 제비꼬리 모양의 쇠붙이.

40) 조낭(皂囊) : 검은색 비단으로 만든 주머니에 주(奏)·소(疎) 등의 문서를 담고 봉해서 올리는 것. 『後漢書, 蔡邕傳』에서 "具對經術, 以皂囊封上. 〈漢官儀曰, 凡章表皆啓封, 其言密事, 得皂囊也〉"라고 하였다.

41) **漢書金泥**玉檢註, 檢**曰**燕尾, 今世書帖簽也. **後**漢書**阜**囊**施**檢**註**, 今俗謂之排, 是**矣**.(『芝峯類說, 卷七, 文字部, 字義』)→玉**牒**檢註, 檢**爲**燕尾, 今世書帖簽也. 漢書**皂囊拖**檢, 今俗謂之排, 是**也**.(『松南雜識』)

42) 孟康曰, 王者功成治定, 告成功於天, 刻石紀號, 有金策·石函·金泥·玉檢之封焉.(『前漢書, 卷六, 武帝紀, 第六』)→武帝紀注, 封禪金策石函金泥玉檢, 謂以玉爲檢束也.(『通雅, 卷三十二, 器用』)→漢武帝紀註, 金泥玉檢, 謂以玉爲檢束.(『松南雜識』)

칼로 쪼개는데 개이빨처럼 들쭉날쭉하다"[43]라고 하였다.

『주례(周禮), 소재(小宰)』에서 "대부 이자에 관한 송사를 들으면 양자가 가지고 있는 문서에 따라 판결한다"라고 하였는데, 그 주석에서 "별(別)은 둘(兩)이라는 뜻이니, 각자가 문서를 하나씩 가지고 약속을 써둔다"라고 하였다.[44]

『열자(列子)』[45]에서 이른바 "송나라 사람이 남이 내버린 어음쪽을 주워서 새긴 것을 세어보았다"라고 한 것이다.[46] 북위(北魏) 시대에는 행대(行臺)[47]에서 증서를 세로로 찢어서 반을 발급하였다.

한유의 시에,

훗날 서로 맞춰 보자는 기약	異日期對擧
어음쪽처럼 합해지기를	當如合分支[48]

이라고 하니, 지금의 쪼갠 병부(兵符)[49]와 환전표(換錢標)이다.

지금 인디지(印打紙)를 '홍계(紅契)'[50]라 하고, 수결(手訣)을 '화압(花押)'[51]이라고 하니 바로 '화서(花書)'이다. 당나라 오화판사(五花判事)[52]와 위척(韋

43) **說文**, 契也, **又綣也**. 謂以木牘, 爲要約之書. 以刀剖之, 屈曲犬牙.(『韻府羣玉, 券』) →契也. 謂以木櫝, 爲要約之書. 以刀剖之, 屈曲犬牙.(『松南雜識』)

44) 聽稱責以傅別. 〈傅, 傅著約束於文書, 別, 別爲兩, 兩家各得一也.〉(『周禮注疏, 卷三, 小宰』) →別註, 別爲兩, 兩家各得一. 傅著約束.(『松南雜識』)

45) 『松南雜識』에는 '韓子'로 오기되어 있음.

46) 宋人有遊於道得人遺契者, 歸而藏之, 密數其齒, 告隣人曰, 吾當可待矣.(『列子, 說符』) →韓子所謂 宋人得遺契而數其齒, 是也.(『論語, 稽求篇, 卷七』) →韓子所謂宋人得遺契而數其齒.(『松南雜識』)

47) 행대(行臺) : 대성(臺省)이 밖에 있는 것을 행대(行臺)라 한다. 위진(魏晉) 시대에 처음 설치되었는데 정벌과 토벌을 전담했다. 북위(北魏)에서는 상서대행대(尙書大行臺)라고 하여 별도로 관속(官屬)을 두었고, 북제(北齊)의 행대(行臺)는 또한 민사(民事)를 통괄했다.

48) 「기최이십육립지(寄崔二十六立之)」.

49) 병부(兵符) : 행군의 부신(符信).

50) 홍계(紅契) : 중국에서 계세(契稅) 수속을 밟은 관인이 찍힌 매매 증서.

51) 화압(花押) : 수결(手訣) 및 함자(銜字)의 각칭(各稱).

陟)의 오운체(五雲體[53])가 이것이다.

이름을 쓴 것을 '첨서(簽書)'라 하고, 명함을 '수본(手本)'[54]이라 한다. 옛날에는 '자(刺)'라고 하였다.

운서(韻書)에서 말하였다.

> 옛날에는 종이가 없어서 대나무에 성명을 썼기에 '자(刺)'라고 한다.

『후한서(後漢書), 곽태전(郭太傳)』[55]에서 "선비들이 앞 다투어 그를 따르니 명함이 언제나 그의 수레에 가득했다"[56]라고 하니, 지금의 '투자

---

52) 오화판사(五花判事) : 당대(唐代) 중서성(中書省)의 관원 간에 군국(軍國)의 대사에 대한 의견이 엇갈리면 각각의 소견과 이름을 서명하던 것.

53) 오운체(五雲體) : 오타체(五朶體)라고도 한다. 당나라의 위척(韋陟)이 초서(草書)로 서명을 하던 글자체이다. 위척(韋陟)이 매번 시비(侍婢)로 하여금 편지를 쓰게 하고 오가는 답장에 일찍이 스스로 편지를 쓰지 않고 뜻만을 받을 따름이었다. 그러나 말뜻의 경중이 바로 척의 뜻에 부합되었고 서체는 씩씩하면서도 예리하여 모두 해법(楷法)이 있었고 위척은 오직 서명만을 했다. 그가 말하기를 "내가 쓰는 것은 '척(陟)'자 뿐이다"라고 하였는데 마치 오타운과 같아서 당시 사람들이 그것을 많이 본받아서 '순공오타체(郇公五朶體)'라고 했다. 당나라의 문제(文帝)가 여러 신하들로 하여금 상주문(上奏文)에는 초서(草書)를 쓰게 했지만 서명은 초서를 쓰지 못하게 했다. 그러나 위척이 마침내 초서로 수결을 했다.

54) 수본(手本) : 명・청 시대에 문생(門生)이 좌사(座師)를 뵙거나 하관(下官)이 고관(高官)을 뵐 때 사용하던 명첩(名帖). 청나라 때 사용되던 수본(手本)은 홍(紅)・백(白)의 두 종류가 있었는데 또한 '홍품(紅稟)'・'백품(白稟)'이라고 일컬어졌다. 홍품 중 하나는 관함(官銜)과 성명(姓名)을 나타나는데 사용되어 '관함수본(官銜手本)'이라 하고 하나는 이력을 쓰는데 사용되어 '이력수본(履歷手本)'이라 하고 또 하나는 경하할 때 사용되었다. 백품(白稟)은 보통 일을 서술할 때 사용되었다.

55) 곽태(郭太) : 후한(後漢) 시대의 학자. 계휴(界休) 출신. 자는 임종(林宗). 분전(墳典)에 두루 통했고 제자가 수천 명이었다. 일찍이 낙양(洛陽)을 유람할 때 하남윤(河南尹) 이응(李膺)과 매우 교분이 있어 이름이 경사(京師)에 떨쳐졌다. 후에 향리로 돌아가려고 하수 가에 이르니 유생들이 타고 온 수레가 수천 대나 되었다. 그러나 유독 이응만이 함께 배를 타고 건너니 여러 손님들이 그것을 바라보고 신선과 같다고 생각했다. 일찍이 그가 비를 맞아 두건의 한 모퉁이를 꺾이자 당시 사람들이 그것을 흉내내며 '임종건(林宗巾)'이라고 했다. 해내(海內)의 인사들을 잘 품제(品題)했고 위언(危言)이나 복론(覆論)이 없었던 까닭에 당고(黨錮)의 화가 일어났을 때도 유독 화를 면했다.

56) 郭林宗傳, **林宗名益顯**, 士爭歸之, **載**刺常盈車.(『古今事文類聚, 別集, 卷二十七,

(投刺)'[57]가 이것이다. 생각건대 수본(手本)이 홍본(紅本)이 된 이유는 『명사(明史)』에서 "유근(劉瑾[58])이 때때로 손도장을 찍어 붉게 표시하였다"라고 한 것 때문이다. 왕에게 아뢰는 명함은 백본(白本)이다.

흑판과 책표지
粉盤牙籤

오월사(吳越史)에 "전류(錢鏐[59])가 분반(粉盤)을 두고 기록할 것이 있으면 곧 거기에 썼다"[60]라고 하였다. '분반(粉盤)'은 지금의 '분판(粉板)'[61]이니 바로 '연참(鉛槧)'[62]이다.

또 '아첨(牙籤)'은 '별자(彆子)'[63]라고도 한다. '원고(文藁)'를 '초본(草本)'이라 한다. 종이 만드는 것을 '초지(抄紙)'[64]라 하고, 배접(褙接)[65]을 '격

人事部, 載刺盈車』) → 郭林宗傳, 士爭歸之, **裁**刺常盈車.(『松南雜識』)

57) 투자(投刺) : 명함을 보내어 배알을 준비하는 것.

58) 유근(劉瑾) : 명나라의 환관. 홍평(興平) 출신. 어려서 황제의 내정에 들어가 무종(武宗)이 즉위하자 종고사(鐘鼓司)가 되어 날마다 매와 개와 가무로 황제와 친압하여 점차로 신임을 얻어 사예감(司禮監)을 장악하고, 바른 선비를 배척하고 불궤(不軌)한 일을 도모하다 발각되어 저자에서 책형(磔刑)을 당하고 가산은 적몰(籍沒)되었다.

59) 전류(錢鏐) : 오대(五代) 때, 오월(吳越)을 개국한 왕. 임안(臨按) 출신. 자는 구미(具美). 어려서는 소금을 매매하는 도적이었다. 후당(後唐) 건부(乾符) 연간에 진장(鎭將) 동창표(董昌表)의 편장(偏將)이 되어 왕영(王郢)을 꺾고 황소(黃巢)를 격파하였다. 또 유한굉(劉漢宏)을 평정하여 진해군절도사(鎭海軍節度使)에 배임되었다. 동창(董昌)이 반란을 하자 조서를 받들어 그를 토벌하였다. 천복(天復) 연간에 월왕(越王)에 봉해지고 천우(天祐) 초에 오왕(吳王)에 봉해졌다. 양(梁)나라 태조(太祖)가 즉위하자 또 오월왕(吳越王)에 봉해졌다. 얼마 뒤 스스로 오월국왕(五月國王)이라하고 임안(臨按)을 점거하였다. 재위 41년 만에 죽으니 시호는 무숙(武肅)이다.

60) 鏐置粉盤**臥內**, 有所記則**書于中**.(『演繁露續集, 卷五, 談助, 粉盤』) → **錢**鏐置粉盤, 有所記則**畫之**.(『松南雜識』)

61) 분판(粉板) : 흑판(黑板).

62) 연참(鉛槧) : 참(槧)이란 나무를 깎아서 나무조각(牘)으로 만든 것이다. 연(鉛)이란 백분으로 만든 분필이다. 이 둘을 합쳐서 연참(鉛槧)이라 한다.

63) 별자(彆子) : 첨대. 책장이나 포개어 쌓은 물건의 틈에 끼워서 표하는 데 쓰는 얇은 댓조각.

잠(裲襠)'이라 하고, 선이 인쇄된 종이[印札][66]를 '납계(納界)'라고도 한다.

초호양모
貂毫羊毛

운서(韻書)에서 "붓은 몽염(蒙恬)[67]이 처음 만드니, 산뽕나무로 붓대를 만들고 사슴털로 속심을 만들며 토끼와 양털로 바깥털을 만들었다"[68]라고 하였다.

우리나라는 북도(北道)의 오소리털과 족제비털을 상품으로 친다. 또 족제비털로 속심을 만들고 개털로 바깥털을 만들면 빳빳하고 갈라지지 않기에 큰 글자를 쓰는 데에 적합하며 파리머리처럼 작은 글자[蠅頭]도 뜻대로 쓸 수 있다. 또 날다람쥐의 털은 족제비 털에 버금가는데, 오직 장인의 솜씨에 달려있기는 하지만, 왕희지(王羲之)[69]의 쥐수염 붓과 비교해도 차이가 없다.

풍고(楓皐) 김조순(金祖淳)[70]은 「호모필설(虎毛筆說)」에 "호랑이 털 붓을

---

64) 초지(抄紙) : 죽 모양의 묽은 펄프에서 종이를 떠내는 것. '종이뜨기'라고 한다.

65) 배접(褙接) : 종이, 헝겊 또는 얇은 널조각 따위를 여러 겹 포개어 붙임.

66) 인찰(印札) : 가로세로로 여러 개의 평행선을 그어 바둑판처럼 정간(井間)을 치는 일. 또는 그 정간을 친 종이. 계주(界主), 정간(井間)이라고도 한다.

67) 몽염(蒙恬) : 진(秦)나라의 장군(?~B.C. 209). 무(武)의 아들. B.C. 221년 제(齊)나라를 멸망시킬 때 큰 공을 세웠다. B.C. 215년 흉노 정벌 때 활약이 컸으며, 이듬해 만리장성을 완성하였다. 북쪽 변경을 경비하는 총사령관으로서, 상군(上郡 : 陝西省 膚施縣)에 주둔하였다. 시황제(始皇帝)가 죽자, 환관 조고(趙高)와 승상 이사(李斯)의 흉계로 투옥되었다가 자살했다.

68) 蒙恬始造, **卽秦筆耳**. **以枯**木爲管, 鹿毛爲**柱**, 羊毛爲**被**.(『佩文韻府, 蒼毫』) → 蒙恬始造, **柘**木爲管, 鹿毛爲**材**, 羊毛爲**皮**.(『松南雜識』)

69) 왕희지(王羲之) : 동진(東晉) 시대의 시인·서예가(307~365). 산동성(山東省) 임기현(臨沂縣) 출신. 자는 일소(逸少). 우군장군(右軍將軍)의 벼슬을 하여 왕우군(王右軍)이라고도 한다. 해서·행서·초서의 3체를 예술적 완성의 영역까지 끌어올려 서성(書聖)으로 불린다. 작품에 「난정서(蘭亭序)」·「상란첩(喪亂帖)」·「황정경(黃庭經)」·「악의론(樂毅論)」 등이 있다.

쓰는 사람은 그것이 다른 털보다 부드럽고 탄력 있는 점을 아낀다"[71]라고 하였다. 성수침(成守琛)[72]은 흰염소털 붓에 심 없는 붓을 즐겨 썼으니 역시 글씨를 잘 쓰고 못 쓰는 것은 손에 달려 있다. '관모(管帽)'는 붓두껑이다.

쥐 수염 붓 · 담비 꼬리 붓
鼠鬚栗尾

『본초강목(本草綱目)』에서 말하였다.

담비는 밤과 소나무 껍질을 즐겨 먹기 때문에 사람들이 '율서(栗鼠)'라고 한다.[73]

『이아(爾雅)』의 주석에서 말하였다.

족제비는 '생(鼪)'이니 쥐를 잘 잡아먹기에 세상에서 '서랑(鼠狼)'이라고 한다. 검푸르면서 작다. 그것의 꼬리에서 털을 취하여 붓을 만들 수 있으니 세상에서 이른바 '쥐 수염 붓 · 담비 꼬리 붓(鼠鬚栗尾)'

---

70) 김조순(金祖淳) : 조선 후기의 문신(1765~1832). 초명은 낙순(洛淳), 자는 사원(士源), 호는 풍고(楓皐). 순조의 장인으로 대제학을 지냈으며, 안동 김씨 세도 정치의 기반을 마련했다. 문장에 능하고 죽화(竹畫)를 잘 그렸다. 저서에 『풍고집』이 있다.

71) 用之**者**, 惜其柔韌於他毫也.(『楓皐集, 虎毛筆說』) → 用之, 惜其柔韌於他毫也.(『松南雜識』)

72) 성수침(成守琛) : 조선 명종 때의 학자(1493~1564). 자는 중옥(仲玉), 호는 청송(聽松) · 죽우당(竹雨堂) · 파산청은(坡山淸隱) · 우계한민(牛溪閒民), 본관은 창녕(昌寧). 조광조의 문인으로 조광조가 처형되고 많은 선비들이 화를 입자 벼슬을 단념하고 학문을 탐구하여 문하에 많은 석학을 배출했다. 저서에 『청송집(聽松集)』이 있다. 시호는 문정(文貞).

73) 鼦. 本草, 此鼠好食栗及松皮, 人呼爲栗鼠.(『康熙字典, 鼠部』)

이다.[74]

은대롱붓
銀管

『계륵집(鷄肋集)』에서 말하였다.

한정사(韓定辭)[75]의 시에,

성대한 덕은 은대롱 붓으로 기술하기에 좋고	盛德好將銀管述
고운 시는 설아(雪兒)[76]의 노래에 붙일 만하다	麗詞堪付雪臾歌[77]

라고 하였다. 그 주석에 "양(梁) 원제(元帝)가 상동왕(湘東王)이 되었을 때, 세 등급의 붓을 사용하였다. 충효를 겸전(兼全)한 자는 황금대롱 붓으로 기록하고, 덕행이 정수(精粹)한 자는 은대롱 붓으로 기록하고, 문장이 화려한 자는 반죽(斑竹)대롱 붓으로 기록하였다"[78]라고 하였다.

---

74) 鼬鼠. 鄭樵曰, 俗呼鼠狼, 江東呼爲鼪.(『爾雅注疏, 卷十一考證, 釋獸, 第十八』)
鼬鼠, 健於捕鼠, 似貂, 赤黃色大尾, 今俗謂之鼠狼, 廣雅曰, 鼠狼鼬是也, 一名鼪, 莊子所謂騏驥驊騮捕鼠不如貍狌, 今栗鼠, 似之蒼黑而小, 取其毫**於**尾, 可以製筆, 世所謂鼠鬚栗尾者也.(『埤雅, 卷十一, 鼠』) → 鼬鼠爲鼪. 能啖鼠, 俗呼鼠狼, 蒼黑而小, 取其毫**與**尾, 可以製筆, 世所謂鼠鬚栗尾者也.(『松南雜識』)
* 규장각본 『松南雜識』의 내용으로 보충한 항목임.

75) 한정사(韓定辭) : 당나라 인물로 알려 졌을 뿐, 신상에 대한 상세한 기록이 없다.
* 『松南雜識』에는 '韓定'으로 오기되어 있다.

76) 설아(雪兒) : 당나라 이밀(李密)이 총애하던 여인의 이름으로, 손님들의 시문 중에 좋은 것이 있으면 설아에게 주어 노래하게 하였다.

77) 「수마욱(酬馬彧)」.

78) **崇霞臺上神仙客**, **學辨癡龍藝最多**, **盛**德好將銀筆述, 麗詞堪與雪兒歌 …… **梁元帝爲**湘東王**時**, **好學著書**, **常記錄忠臣義士及文章之美者**, **筆有**三品, **或以金銀雕飾**, **或用斑竹爲管**, 忠孝全者, **用**金管書之, 德行淸粹者, **用**銀管書之, 文章**贍**麗者 **以**斑管書之.(『太平廣記, 卷二百, 文章, 韓定辭』) → **韓定之盛詩**, 德好將銀筆述, 麗詞堪與雪

대단한 수옥의 판단력
大水判

풍고(楓皐) 김조순(金祖淳)이 말하였다.

장도악(張道渥)[79]이 이 붓으로 써 내려가면 마치 나는 듯하였다. 붓대롱 끝의 세 가닥 세로선을 가리키며 말하였다.
"이런 모양의 것이 좋습니다. 작은 것은 쓸 수가 없습니다."[80]

장도악은 청나라의 글씨를 잘 쓰는 사람이다.

낙랑의 기름과 그을음 먹
樂浪油煤

소식(蘇軾)의 시에서 "진귀한 재료를 낙랑에서 취한다"[81]라고 하였으니, 대개 우리나라의 먹재료를 진귀하게 여겼나보다.

소나무 그을음 먹과 돌먹
松烟石煤

서위(徐渭)[82]의 『노사분석(路史分釋)』에서 말하였다.

兒歌, **註**, 湘東王, **以**三品**筆**, **錄**忠孝**廉**全者 金管書之, 德行淸粹者, 銀管書之, 文章**華**麗者, 斑**竹**管書之.(『松南雜識』)

79) 장도악(張道渥) : 청나라의 서예가. 혼원(渾源) 출신. 자는 빙옥(氷屋)・수옥(水屋), 호는 죽와봉자(竹畦封紫). 글씨를 잘 쓰고 시에 뛰어났으며 천성이 구애됨을 꺼려서 사람들이 장풍자(張風子)라고 불렀는데 이것이 호가 되었다.

80) 『楓皐集, 大水判』.

81) 珍材取樂浪.(『東坡全集, 卷十四, 孫莘老寄墨 四首』)

당나라 때 고구려에서 소나무 그을음으로 만든 먹을 바치니, 사슴뿔로 만든 아교를 섞어서 먹을 만드는데 '유미(隃麋)'라고 한다. 유미(隃麋)는 한(漢)나라의 고을이름으로 그곳에서 석묵(石墨)[83]이 나는데, 고구려와는 관계가 없다.[84]

석유묵(石隃墨)은 생각건대 지금 사용되는 석묵(石墨)인 듯하다. 지금의 신주(神主)를 쓰는 먹은 사슴뿔로 만든 아교를 섞어 만드는데, 신도(神道)[85]가 물고기 기름 냄새를 싫어하기 때문이라고 한다.

『외국기(外國記)』에서 "부제국(浮提國)에서 헌신통(獻神通)과 선서(善書) 두 사람이 팔꿈치 사이에서 금항아리를 꺼냈는데, 그 속에는 옻처럼 새까만 먹물이 들어있다. 이것을 땅에 뿌리자 글자가 되었다"[86]라고 하였으니, 또한 먹의 별종이다.

---

82) 서위(徐渭) : 명나라의 예술가. 절강(浙江) 산음(山陰) 출신. 자는 문장(文章) · 천지(天池). 천재가 탁월하였고, 시 · 문 · 서 · 화에 모두 뛰어났다. 만년에 또 청등(青藤)이라 자호(自號)하고 항상 "나는 글씨를 제일 잘 쓰고, 시는 그 다음, 문은 세 번째, 화는 네 번째이다"라고 하니 식자(識者)들이 옳다고 여겼다. 저서에 『노사분석(路史分釋)』 · 『필원요지(筆元要旨)』 · 『서문장집(徐文長集)』 등이 있다.

83) 석묵(石墨) : 흑연(黑鉛). 순수한 탄소로 이루어진 광물의 하나.

84) 徐渭路史**一條**云, 唐時高麗貢松煙墨, 和麋鹿膠, 造**墨**, **名**隃麋, **此說杜選陋甚**. **按**隃麋漢縣名, 地出石墨, **卽今隴州之汧陽**, **見於漢官儀**, **其來舊矣**, **非始於唐**, **且**與高麗無涉.(『香祖筆記, 卷一, 旨允行』)→徐渭路史云, 唐時高麗貢松烟墨, 和麋鹿膠造**石**隃麋, 隃麋漢縣名, **其**地出石墨, 與高麗無涉.(『松南雜識』)

85) 신도(神道) : 귀신을 높여 이르는 말.

86) 浮提國, **獻神通善書二人**, **出肘間**金壺, **壺**中**有**墨汁, 如**淳**漆, 灑地**及石**, 成**篆隸科斗之**字. 拾遺記.(『古今事文類聚別集, 卷十三, 書法部, 草書, 灑墨成字』)→浮提國, 金壺中墨汁如漆, 灑地成字.(『松南雜識』)

부용당먹과 오옥먹
蓉堂烏玉

『아희원람(兒戲原覽)』에서 "형해(刑奚)가 처음 먹을 만들었다"87)라고 하였는데, 위탄(韋誕)88)이 만든 먹은 한 방울이 옻처럼 검다.

우리나라는 해주(海州)의 부용당(芙蓉堂) 먹이 좋고, 공산(公山)의 오옥(烏玉)89)은 품질은 비록 좋지 않지만 크기는 홀(圭)만큼 크다.

국화석과 현옥석
菊石玄玉

『아희원람(兒戲原覽)』에서 "자로(子路)90)가 처음 벼루를 두고 썼다"91) 라고 하였다.

『설부(說郛)』92)에서 말하였다.

> 조선의 방언으로 연(硯)을 벼루(皮盧)라고 한다.93)

---

87) 墨. 刑奚造.(『兒戲原覽, 創始』) → 刑奚**始**造墨.(『松南雜識』)

88) 위탄(韋誕) : 삼국 시대 위(魏)나라 경조(京兆) 출신. 단(端)의 아들. 자는 중장(仲將). 문재(文才)가 있어서 사장(辭章)을 잘하였고 또 글씨를 잘 썼다. 한(漢)나라 건안(建安) 연간에 군상계리(郡上計吏)가 되고 낭중(郎中)에 배임되었다. 먹을 잘 만들었다.

89) 오옥(烏玉) : 오옥묵(烏玉墨). 먹의 한 가지.

90) 자로(子路) : 중국 춘추 시대 노나라의 유학자(B.C. 543~B.C. 480). 성은 중(仲). 이름은 유(由). 자(字)는 자로. 공자의 제자로 십철(十哲)의 한 사람. 정사(政事)에 뛰어났으며 공자를 제일 잘 섬겼다고 한다.

91) 硯. 子路始置.(『兒戲原覽, 創始』) → 子路始置硯.(『松南雜識』)

92) 설부(說郛) : 총서 이름. 120권. 명나라 도종의(都宗儀)가 편찬했다. 절(節)마다 명 이전의 소설사지(小說史志)를 기록하고 매번 개요를 썼다. 원본은 이미 없어지고 유서에 초략된 것이 전한다. 굉치(宏治) 연간에 욱문박(郁文博)이 보완하여 100권을 만들었고, 청나라의 요안(姚安)과 도정(陶珽)이 120권으로 증보하였다.

93) 方言 …… 硯**曰**皮盧.(『說郛, 五十五, 大事記, 歲目, 雞林類事』) → **東人**方言, **以**硯**爲**皮盧.(『松南雜識』)

중국에서는 단주(端州)의 구욕석(鴝鵒石)[94]과 원앙와(鴛鴦瓦) · 봉주(鳳咮)[95] · 용미(龍尾)[96]를 상품으로 친다. 우리나라에서는 남포(藍浦)[97]의 수심석(水心石)과 국화석(菊花石) · 성주산(聖住山)[98]의 현옥(玄玉)을 진귀한 물건으로 여긴다고 한다.

소식(蘇軾)의 「연개명(硯蓋銘)」에서,

벼루(硯)에 돌(石)은 여전히 남아 있는데[99]	硯石猶在
고개(峴)에 산(山)은 이미 무너졌구나[100]	峴山已頹
강녀(姜女)는 벌써 떠났고[101]	姜女旣去
맹자(孟子)는 오지를 않네[102]	孟子不來[103]

라고 하였다. 근래 어떤 사람의 「동연명(桐硯銘)」에서 "나무와 돌이 같이 보이네"[104]라고 하였다.

---

94) 구욕석(鴝鵒石) : 벼루돌의 종류. 단주(端州)의 물 깊숙한 곳에서 나오는 벼루돌로 돌 위의 둥근 모양이 적(赤) · 백(白) · 황(黃)의 여러 색깔 무늬가 있는 것이 구욕(鴝鵒 : 구관조)의 눈과 같다고 하여 그런 이름이 붙었다.

95) 봉주(鳳咮) : 벼루돌의 이름. 용배산(龍焙山)을 나는 봉황이 고개를 숙여 물은 마시는 형상과 같다. 그 봉황의 부리에 해당하는 곳에 옥같이 고운 창흑색(蒼黑色)의 돌이 난다. 그 돌로 만든 벼루를 소식(蘇軾)이 봉주(鳳咮)라고 이름 붙였다.

96) 용미(龍尾) : 용미연(龍尾硯). 강서성(江西省) 무원현(婺源縣) 용미산(龍尾山)에서 나는데 돌이 매우 단단하고 곱다.

97) 남포(藍浦) : 충청남도 보령지역의 옛 지명.

98) 성주산(聖住山) : 충청남도 보령시 미산면과 성주면에 겹쳐 있는 산.

99) '硯'자에서 '見'자를 제거하고 '石'자만 남겨둔다는 의미.

100) '峴'자에서 '山'자를 제거하고 '見'자만 남겨둔다는 의미. 앞 구의 '石'과 합하면 '硯'자가 된다.

101) 실제의 의미는 "姜자에서 女자가 벌써 떠났고"이다. 즉 '姜'자에서 '女'자를 제거하고 '羊'자만 남겨 둔다는 의미.

102) 실제의 의미는 "孟자에서 子자가 오지 않네"이다. '孟'자에서 '子'자를 제거하고 '皿'자만 남겨둔다는 의미. 앞 구의 '羊'과 합하면 '盖'자가 된다. 4구의 글자를 조합하면 제목인 '硯盖'가 되며, 일종의 문자유희에 해당한다.

103) 蘇子瞻離合硯盖字云, 硏石猶在, 峴山已頹, 姜女旣去, 孟子不來.(『古詩紀, 卷一百五十六, 別集, 第十二, 志遺, 上古, 魏伯陽』) → 東坡硯盖銘曰, 硏石猶在, 峴山已頹, 姜女旣去, 孟子不來.(『松南雜識』)

복괘연
卜卦硯

근래에 연경(燕京)에서 교정복괘연(橋亭卜卦硯)을 사온 사람이 있는데, 그것은 송나라 첩산(疊山) 사방득(謝枋得)[105]의 벼루다. '風'자처럼 생겼는데, 벼루 머리에는 소전체(小篆體)로 '橋亭卜卦硯(교정복괘연)'이란 다섯 글자가 가로로 써 있다. 양쪽 귀퉁이에는 정문해(程文海)[106]의 명사(銘辭)가 새겨져 있다.

우리나라에도 정철조(鄭喆祚)[107]란 사람이 있었다. 그는 벼루 수집광이었기에 사람들이 '석치(石癡)'라고 불렀는데, 그대로 자호로 삼았다.

연적
硯滴

『서경잡기(西京雜記)』에서 말하였다.

광천왕(廣川王) 거질(去疾)[108]이 진(晉) 영공(靈公)의 무덤을 파서 옥두꺼비 하나를 얻었다. 뱃속이 텅 비어서 물 나식 홉은 들어갔다. 왕이 가져다 물 담는 서적(書滴)[109]으로 만들었다.[110]

---

104) 木石同見 : '木 · 石 · 同 · 見' 4글자를 조합하면 제목인 '桐硯'이 된다. 이 역시 문자 유희에 해당한다.

105) 사방득(謝枋得) : 송나라의 학자 · 문인(1226~1289). 신주(信州) 출신. 원병(元兵)과 싸우다 패하여 성명을 바꾸고 숨어 살다가, 원이 통일한 후 현재(賢才)로 추천을 받자 굶어서 죽었다. 저서에 『문장궤범(文章軌範)』이 있다.

106) 정문해(程文海) : 원나라의 문신. 자는 거부(鉅夫). 무종(武宗)의 휘를 피해서 자(字)로 행세하였다. 넓은 재주와 뛰어난 학식으로 4대를 섬겨서 명신으로 불렸으며, 조맹부(趙孟頫) 등을 발탁하였다.

107) 정철조(鄭喆祚) : 조선 영조 때 화가. 자는 성백(城伯), 호는 석치(石痴).
*『松南雜識』에는 '鄭弼祚'로 오기되어 있음.

108) 거질(去疾) : 춘추 시대 진(晉) 경공(頃公)의 이름.

지금 두꺼비 모양의 연적은 여기에서 유래되었다.

어압에 극 자를 전서로 쓴다
御押篆極

내가 송강(松江) 정철(鄭澈) 집안에서 은 술잔을 보았는데, "본래 명나라 신종(神宗)이 조선 선조에게 내려준 것을, 선조가 정철에게 하사하였다"라고 말하였다. 술잔의 뒷면에는 '宇宙(우주)'란 두 글자가 전서(篆書)로 새겨져 있었다. 조선에서는 어압(御押)[111]에 모두 '極(극)'자를 쓰는데, 왕마다 그 획을 바꿀 뿐이라고 한다.

도장에 인을 새기다
圖書象贇

운서(韻書)에서 "贇의 음은 인이니, 짐승 이름이다"라고 하였다.

"인(贇)과 용이 웅크리고 앉아 있다[贇踞龍蹲]"의 주석에서 "젖먹이 호랑이를 인(贇)이라 한다"라고 하였다.

양승경(梁升卿)[112]이 중서성(中書省) 위에 인(贇)의 형상을 세웠기에 지

109) 서적(書滴) : 연적(硯滴).

110) 晉靈公冢甚瑰壯, 四角皆以石爲玃犬, 捧燭石人男女四十餘皆立侍, 棺器無復形兆, 屍猶不壞, 孔竅中, 皆有金玉, 其餘器物, 皆朽爛不可別, 唯玉蟾蜍一枚, 大如拳, 腹空容五合水, 光潤如新, 王取以爲書滴.(『西京雜記, 卷六』) → 廣川王去疾, 發晉靈公冢, 得玉蟾蜍一枚, 腹空容五合水, 王取以爲盛水滴. 西京雜記.(『古今事文類聚, 別集, 卷十四, 文房四友部, 硯, 得玉蟾蜍』) → 廣川王去疾, 發晉靈公塚, 得玉蟾蜍一枚, 腹空容五合水, 王取以爲盛水滴.(『松南雜識』)

111) 어압(御押) : 임금의 수결(手決).

112) 양승경(梁升卿) : 당나라의 문신 · 서예가. '낙옥수주(落玉垂珠)'라 불리는 소전(小篆)으로 유명하다.
*『松南雜識』에는 '楊升卿'으로 오기되어 있음.

금 투서(套書)[113]와 도서(圖書)[114]의 윗부분에 인을 새긴다.

서계침재
書契鋟梓

역사에서 "복희씨(虙犧氏)가 처음으로 나무에 새겨 글자를 썼다"라고 하였다. 옛날에는 문자가 없었기 때문에 새끼줄을 묶어 일을 기록하였다. 진·한 이전의 서적은 죽간(竹簡)에 새긴 것이다. 한나라 이후에는 비단에 전사(傳寫)하였으며, 오대(五代) 때에는 풍도(馮道)[115]가 처음으로 목판에 글을 새겨 간행하였다.

김생의 서체
金生書體

역사에서 "사황씨(史皇氏)[116]의 삼형제 중에서 한 명은 천축국(天竺國)의 글자를 만들었고, 한 명은 천궁(天宮)[117]의 글자를 만들었고, 막내는 바로 창힐(倉頡)[118]로, 중국의 글자를 만들었다"라고 하였다.

신라의 역사에서 말하였다.

113) 투서(套書) : 도장(圖章), 투서(套署).
114) 도서(圖書) : 인장(印章)의 다른 이름.
115) 풍도(馮道) : 후주(後周)의 문신. 경위(景威) 출신. 자는 가도(可道). 오대의 혼란시기에 네 성씨 열 명의 군주를 섬겨서 20여 년간 재상을 지냈다.
116) 사황씨(史皇氏) : 황제(黃帝)의 사관. 처음으로 문자를 만들었다고 한다. 일설에는 창힐이라고도 함.
117) 천궁(天宮) : 천제(天帝)의 궁전. 천인(天人)의 궁전.
118) 창힐(倉頡) : 중국 고대의 전설적인 제왕인 황제(黃帝)의 사관(史官). 최초로 문자를 창제한 사람으로 전해진다. 태어날 때부터 성덕(聖德)이 있었는데, 자라서 새나 짐승의 발자국을 보고 문자를 창안하였다고 한다.

원성왕(元聖王)[119] 때 충주(忠州) 김생면(金生面) 사람인 김생[120]은 다른 기예는 익히지 않고, 불교를 좋아하여 벼슬하지 않았다. 나이 여든살이 넘어서도 글씨 쓰기를 그치지 않았으며, 예서(隸書)・행서(行書)・초서(草書)는 모두 입신의 경지에 들었다. 송나라 한림 양구(楊球) 등이 크게 놀라서 "오늘 왕희지(王羲之)의 친필을 보게 될 줄은 생각도 못했다"라고 하였다.[121]

『주사(麈史)』[122]에서 "왕희지의 글씨는 그렇게 편(偏)과 방(旁)을 익히지 않았다"[123]라고 하였다. 대개 붓을 적셔 글씨를 쓰면 절로 천기에 부합되니, 꼭 점과 획은 논할 필요 없다.

조선의 백하(白下) 윤순(尹淳)[124]・원교(圓嶠) 이광사(李匡師)[125]의 서첩

---

119) 원성왕(元聖王) : 신라 제38대 왕. 재위 785~798년. 이름은 김경신(金敬信). 선덕왕을 계승하여 왕위에 추대된 왕의 족자(族子) 주원(周元)이 홍수로 알천(閼川)을 건너오지 못하자, 이를 하늘의 뜻으로 믿은 대신들에 의해 왕위에 올랐다. 독서삼품과를 두어 인재를 등용하였다. 김제(金堤) 벽골제(碧骨堤)를 증축, 농사를 장려하였다.

120) 김생(金生) : 신라의 명필(711~791). 자는 지서(知瑞), 별명은 구(玖). 일생을 서예에 바쳤으며, 예서(隸書)・행서(行書)・초서(草書)에 능하여 '해동(海東)의 서성(書聖)'이라 불렸다.

121) 金生, **父母微**, **不知其世系**. **生於景雲二年**, **自幼能書**, **平生**不攻他藝, 年踰八十, **猶**操筆不休. 隸**書**行草皆入神, **至今往往有眞蹟**, **學者傳寶之**. **崇寧中**, **學士洪灌隨進奉使入**宋, **館於汴京**. **時**翰林**待詔**楊球・**李革**, **奉帝勅至館**, **書圖蔟**. **洪灌以金生行草一卷**, **示之**, **二人**大駭曰, 不圖今日得見**王**右軍**手書**.(『三國史記, 卷第四十八, 列傳, 第八, 金生』) → **元聖王時**, **忠州金生面**, 金生, 不攻他藝, **好佛不仕**, 年踰八十, 操筆不休. 隸行草皆入神**妙**, 宋翰林楊球**等**大駭曰, 不圖今日得見右軍**眞蹟也**.(『松南雜識』)

122) 주사(麈史) : 송나라의 왕득신(王得臣)이 편찬한 잡가류 서적. 3권.

123) 王右軍書, 多不講偏旁.(『麈史, 卷二, 書畫』)

124) 윤순(尹淳) : 조선 후기의 문신. 서예가(1680~1741). 자는 중화(仲和), 호는 백하(白下)・학음(鶴陰), 본관은 해평(海平). 증광문과에 급제, 예조판서를 거쳐 1735년 원자보양관(元子輔養官)・경기도관찰사를 지내고 평안도관찰사 때 관하순찰 중 벽동(碧潼)에서 순직했다. 송나라 미남궁체(米南宮體)를 잘 쓰는 당대의 명필이었다.

125) 이광사(李匡師) : 조선 후기의 서예가(1705~1777). 자는 도보(道甫), 호는 원교(圓嶠)・수북(壽北), 본관은 전주(全州). 정제두(鄭齊斗)에게서 양명학을 배워 아들 영익(令翊)에게 전수하였으며, 윤순(尹淳)에게서 글씨를 배워 진(眞)・초(草)・전(篆)・예(隸)에 모두 능하였고 원교체(圓嶠體)라는 특유한 필체를 이룩하였다.

은 중국의 상점에서 팔리는 것이 있다. 석봉(石峯) 한호(韓濩)[126]의 글씨는 지금의 사자관체(寫字官體)[127]이다. 가곡(稼谷) 조정강(趙正綱)[128]의 필첩이 중국으로 들어갔으니, 이사(李斯)보다는 아래지만 왕희지보다 낫다는 평가를 받는다고 한다. 송원(松園) 김이도(金履度)[129]·전주(全州) 이삼만(李三晩)[130]도 세상에 이름이 났다고 한다.

---

126) 한호(韓濩) : 조선 중기의 서예가(1543～1605). 자는 경홍(景洪), 호는 석봉(石峯)·청사(淸沙), 본관은 삼화(三和). 왕희지(王羲之)·안진경(顔眞卿)의 필법을 익혀 해(楷)·행(行)·초(草) 등 각 서체에 모두 뛰어났다. 가평군수를 거쳐 1604년 존숭도감서사관(尊崇都監書寫官)을 지냈다. 그 동안 명나라에 가는 사신을 수행하거나 외국사신을 맞을 때 연석(宴席)에 나가 정묘한 필치로 명성을 떨쳤다.

127) 사자관체(寫字官體) : 조선 시대 승문원·규장각에 소속된 관원인 사자관의 서체. 사대교린문서(事大交隣文書)와 자문(咨文)·어첩(御牒)·어제(御製)·어람(御覽) 등의 문서를 정서(正書)하였다. 특히, 승문원은 사대교린문서를 관장하여 사대문서 및 부본(副本)들은 선사자(善寫者)가 서사(書寫)하여야 하였으므로 당상관이나 문신이 아니더라도 사자(寫字)에 특이한 재능이 있는 자로 하여금 서사하게 하였다. 서사관의 임무가 막중하므로 이들에 대해서는 수령을 거치지 않더라도 4품이상계로 승천(陞遷)될 수 있는 특전을 주었다. 개국 초에는 사자관이 없었고, 문신 중에서 글씨 잘 쓰는 자로 하였는데, 뒤에 문신으로서 글씨 잘 쓰는 자에게 군직(軍職)의 직함을 주고 매일 근무하게 하였는데, 이해룡(李海龍)·한호(韓濩)가 곧 그 시작이었다.

128) 조정강(趙正綱) : 조선 후기의 서예가(1666～1696). 자는 기지(紀之), 호는 남록(南麓), 본관은 임천(林川). 정랑을 지냈으며, 송설체를 잘 썼다.

129) 김이도(金履度) : 조선 후기의 문신(1750～1813). 자는 계근(季謹), 본관은 안동. 부수찬(副修撰)·정언(正言)·승지 등을 역임하였다. 순조 즉위 후 벽파(僻派)가 득세하자 시파(時派)로 몰려 전라도 영암에 유배되었다. 이후 병조·공조 판서에 이어 다시 한성부판윤이 되고 의정부참찬·대사헌·수원부유수를 역임하였다.

130) 이삼만(李三晩) : 조선 후기의 서예가(1770～1845). 자는 윤원(允遠), 호는 창암(蒼巖)·완산(完山), 본관은 전주. 어렸을 때 당대의 명필 이광사(李匡師)의 글씨를 배웠으며, 집안 일은 돌보지 않고 서예에만 몰두하였다. 병중에도 하루에 천 자씩 썼다는 일화가 있다. 그의 글씨는 그다지 알려지지 않았다가 어느 상인이 우연한 기회에 장부에 쓴 그의 글씨를 감정사에게 보인 것이 계기가 되어 필명을 떨치게 되었다 한다. 특히 초서에 능했으며, 그의 서체를 창암체라고 부르기도 한다.

진체 · 촉체
晉體蜀體

세상에 다음과 같은 말이 전한다.

왕희지(王羲之)는 진(晉)나라 사람이기 때문에 그 글씨를 '진체(晉體)'라고 하고, 송나라 조맹부(趙孟頫[131])의 글씨는 촉(蜀) 지방 무산(巫山)[132]의 열두 봉우리의 수려함을 보고 본떴기 때문에 그 글씨를 '촉체(蜀體)'라고 한다. 청나라 옹방강(翁方綱[133]) · 옹수곤(翁守坤) 부자(父子)의 글씨체는 획법이 없이 묘한 형상을 취했기 때문에 '옹체(翁體)'라고 한다.

용서 · 조적
龍書鳥迹

『설부(說郛)』에서 말하였다.

포희씨(庖犧氏)가 처음으로 용서(龍書[134])를 만들고, 염제(炎帝)가 가화(嘉禾)[135]를 본떠 팔수서(八穗書)를 만들었다. 황제의 사관 창힐(蒼頡)

---

131) 조맹부(趙孟頫) : 원나라의 화가 · 서예가(1254~1322). 자는 자앙(子昻), 호는 집현(集賢) · 송설도인(松雪道人). 송나라 태조의 후손이면서도 원나라를 섬겨 영달하였으므로, 후세에 명분상의 비난을 면하지 못하였다. 그림은 산수 · 화훼 · 죽석 · 인마 등에 모두 뛰어났고, 서예는 특히 해서 · 행서 · 초서의 품격이 높았으며, 당시 복고주의의 지도적 입장에 있었다. 시호는 문민(文敏).

132) 무산(巫山) : 중국 사천성(四川省) 소재. 무협(巫峽)이라고도 부른다. 서쪽의 구당협(瞿塘峽), 동쪽의 서릉협(西陵峽)와 더불어 삼협(三峽)이라 한다. 12봉이 솟아 있고, 기암 · 절벽으로 이루어져 경치가 아름답다.

133) 옹방강(翁方綱) : 청나라의 학자 · 서화가. 자는 정삼(正三), 호는 담계(覃溪). 내각학사를 지냈으며, 글씨를 잘 썼고 금석문에 능통하였다.

134) 용서(龍書) : 복희씨 때 용마가 하수에서 짊어지고 나왔다는 그림. 하도(河圖).

135) 가화(嘉禾) : 이삭이 많이 달리는 상서로운 벼로 줄기 하나에 아홉 개의 이삭이 폈다고 한다.

이 새의 발자국 모양을 본떠서 전서(篆書)를 만들었고, 전욱(顓頊)[136]이 과두(蝌蚪)[137]를 만들었다. 은나라 무광(務光)이 도해전(倒薤篆)[138]을 만들었고, 주나라 선왕(宣王)[139] 때 사관 주(籒)가 대전(大篆)을 만들었다. 이사(李斯)[140]가 소전(小篆)을 만들고, 왕차중(王次仲)[141]이 팔분(八分)를 만들고, 정막(程邈)[142]이 예서(隸書)를 만드니, 모두 진시황제 때 사람이다. 한나라 두조(杜操)[143]가 초서(草書)를 만들었는데, 한나라 장제(章帝)[144]가 좋아했기에 '장초(章草)'라고 한다. 채옹(蔡邕)[145]은 관청

---

136) 전욱(顓頊) : 중국 고대의 전설에 나오는 오제의 하나. 황제(黃帝)의 손자로, 20세에 임금의 자리에 올라 처음 고양(高陽)에서 나라를 일으켰으므로 고양씨(高陽氏)라 불렸다.

137) 과두체(蝌蚪體) : 옛 글씨체의 한 가지. 글자의 모양이 올챙이처럼 생긴데서 유래함.

138) 도해전(倒薤篆) : 은나라 무광(務光)이 탕(湯)임금의 선위를 사양하고 청령(淸泠)에 살면서 염교(薤)를 재배하여 먹고 살았다. 청풍이 불 때면 그 잎이 쓰러지는 것을 보고 글자를 만들었다고 한다. 도해전체(倒薤篆體).

139) 선왕(宣王) : 주나라 제11대 왕(재위 B.C. 827~B.C. 782). 이름은 정(靜). 아버지 여왕(厲王)이 백성에게 쫓겨났을 때, 현신(賢臣) 소공(召公)의 보호를 받아 10여 년이나 자리를 비웠다가 즉위하였다. 선정을 베풀어 국위를 회복하였으나, 만년에는 만족(蠻族)의 침입을 막아내지 못하고, 백성을 괴롭혔으므로 세후들이 등을 돌렸다. 이로 인해 나라가 쇠퇴하였다.

140) 이사(李斯) : 진나라의 정치가(?~B.C. 208). 법가 사상을 이용하여 여러 나라를 병합하였다. 시황제의 승상으로서 군현제 실시, 문자 · 도량형 통일 등 통일 제국의 확립에 공헌했다. 시황제가 죽은 뒤, 이세(二世) 황제를 옹립하고 권력을 잡았으나 조고의 참소로 실각하여 처형되었다.

141) 왕차중(王次仲) : 진(秦)나라의 서예가. 상곡(上谷) 출신. 약관에 창힐의 고문을 변모시켜 예서를 만들었다. 시황이 왕차중의 문자가 간편하여 번다한 사무에 능률이 있다고 여겨 불렀으나 나가지 않았다고 한다.

142) 정막(程邈) : 진(秦)나라의 관리. 자는 원잠(元岑). 옥리로 있다가 진시황에게 죄를 얻었었는데, 소전의 범위를 확대시켜 예서 3,000자를 지어 올리자 시황이 훌륭하게 여겨 다시 등용했다고 한다.

143) 두조(杜操) : 후한(後漢) 때의 서예가. 자는 백도(伯度). 초서를 만들었으며, 그 법을 최원(崔瑗) · 최실(崔實) 부자에게 계승하였다. 위나라 때에 피휘하여 이름을 '度'로 바꾸었다.

144) 장제(章帝) : 후한(後漢) 때의 제3대 황제(57~88). 이름은 유달(劉炟). 묘호는 숙종(肅宗). 학자들을 백호관(白虎觀)에 모아 오경(五經)의 이동(異同)을 토론하게 하였고, 도량이 넓은 정치를 폈으며, 서역경략(西域經略)을 시도하였다. 재위 기간은 75~88년.

145) 채옹(蔡邕) : 후한 때의 문인 · 서예가(133~192). 자는 백개(伯喈). 시문에 능하며, 수학 · 천문 · 서도 · 음악 따위에도 뛰어났다. '영자팔법(永字八法)'을 고안하였다. 저서

의 아전들이 흰 흙을 빗자루에 묻혀 글씨 쓰는 것을 보고 비백서(飛白書)[146]를 만들었다.[147]

살펴보건대 공자의 구택(舊宅) 벽 속에서 나온 경전은 과두고문(蝌蚪古文)이니, 공자의 시대에는 모두 과두체(蝌蚪體)를 쓴 것 같다.

팔분

八分

『법서원(法書苑)』[148]에서 말하였다.

채염(蔡琰)[149]이 "신의 아비가 예서(隷書)의 팔분을 버리고 이분을 취

에 『채중랑집(蔡中郎集)』·『독단(獨斷)』 등이 있다.

146) 비백서(飛白書) : 서법의 한 가지. 필세가 붓을 나는 듯이 들고 써서 획의 가운데를 비게 하는 필체. 채옹이 홍도문(鴻都門)을 지나다가 일꾼들이 빗자루에 흰 흙을 묻혀 글자를 쓰는 것을 보고 만든 글자라고 한다. 한·위 때 궁궐의 편액에 이 서체를 많이 사용하였다.

147) 一, 太昊庖犧氏獲景龍之瑞, 始作龍書. 二, 炎帝神農氏因上黨羊頭山始生嘉禾八穗, 作八穗書, 用頒行時令. 三, 黃帝史蒼頡象鳥跡爲文, 作篆書, ……. 六, 科斗書者, 因科斗之名, 故飾之以形, 不知年代, 或云顓頊高陽氏所作 ……. 十, 殷湯時仙人務光作倒薤書 ……. 十五, 大篆書, 周宣王臣史籀所作也 ……. 十八, 小篆者, 周時所作, 漢武帝得汾陰鼎, 卽其文也 ……. 二十五, 小篆者, 李斯刪古文, 始皇以祈禱名山, 皆此書 ……. 二十七, 古隷書者, 秦程邈獄中變大篆所作, 始皇嘉焉拜侍御史, 徒隸之書, 今正書也. 二十八, 徒隸之書, 因程邈幽囚爲徒隸書也, ……. 四十一, 章草書者, 漢齊相杜伯度援藁所作, 因章帝好焉, 韋誕謂之艸聖. 四十二, 飛帛書者, 蔡邕待詔, 見門下吏堊帚成字所作. ……. 四十四, 八分書者, 王次仲所作魏鍾繇謂之章程書(『說郛, 卷八十六上, 六義圖解, 五十六種書法』) → 包羲氏始作龍書, 炎帝因嘉禾, 作八穗書, 黃帝史倉頡寫鳥迹, 爲迹篆, 顓頊作蝌蚪書, 殷時務光作倒薤書, 周宣王史籀作大篆, 李斯作小篆, 王次仲作八分, 程邈作隷書, 皆秦始皇時人. 漢杜伯度作草書, 章帝善之, 謂章草, 蔡邕見門吏飛帛, 作飛帛書.(『松南雜識』)

148) 『松南雜識』에는 '法苑'으로 오기되어 있음.

149) 채염(蔡琰) : 후한 때의 여류 문인. 자는 문희(文姬). 채옹의 딸. 어려서부터 총명한 재주로 시문에 능하였고, 음률에도 정통하였다.

하고, 이사(李斯) 소전(小篆)의 이분을 버리고 팔분을 취했기 때문에 팔분(八分)이라고 이름하였습니다"[150]라고 말하였다.

조선에서는 유한지(兪漢芝)[151]의 팔분체(八分體)가 유명하다. 미수(眉叟) 허목(許穆)[152]의 전서(篆書)도 충전(蟲篆)[153]에서 나왔다고 한다.

서체행세
書體行世

『유양잡조(酉陽雜俎)』에서 말하였다.

서체 중에는 현침서(懸針書)[154] · 수로서(垂露書)[155] · 진 황제의 파총서(破塚書)[156] · 금작서(金鵲書)[157] · 호조서(虎爪書)[158] · 도해서(倒薤書) · 언파

150) 蔡文姬曰, 臣父割隸字八分, 取二分, 割李篆字二分, 取八分故, 名八分. 法書苑(『古今事文類聚, 別集, 卷十三, 書法部, 篆書, 論八分書』) → 法苑, 蔡文姬曰, 臣父割隸字八分, 取二分, 割李篆字二分, 取八分故, 名八分.(『松南雜識』)

151) 유한지(兪漢芝): 조선 후기의 서예가·문인(1760~?). 자는 덕휘(德輝), 호는 기원(綺園), 본관은 기계(杞溪). 한준(漢雋)의 사촌동생으로 영춘현감(永春縣監)을 지냈다. 전서와 예서를 잘 써서 이름이 높았다. 신위(申緯)는 "청풍군수 윤제홍(尹濟弘)의 산수화와 영춘현감 유한지의 전서·예서가 한때 뛰어났다"라고 하였고, 김정희(金正喜)는 "조윤형(曺允亨)과 유한지는 예서에 조예가 깊었으나 문자기(文字氣)가 적다"라고 평하였다.

152) 허목(許穆): 조선 숙종 때의 문신·학자(1595~1682). 자는 문보(文甫)·화보(和甫), 호는 미수(眉叟). 제자백가와 경서 연구에 전념하였으며 특히 예학(禮學)에 밝았다. 저서에 『경설(經說)』·『동사(東事)』 등이 있다.

153) 충전(蟲篆): 충서(蟲書). 새와 벌레의 모양을 본뜬 글씨체. 진(秦) 때의 팔체서(八體書)의 하나. 필획에 장식성이 풍부하여 기발이나 부신(符信)에 주로 씀.

154) 현침서(懸針書): 전서(篆書)에서 필획의 선단(先端)이 침처럼 뾰족해서 침을 내려 걸어 놓은 것 같다고 해서 붙인 이름.

155) 수로서(垂露書): 서체에서 세로로 내리 긋는 획의 끝을 삐치지 않고 방울져 떨어지는 이슬처럼 붓을 눌러서 그치는 법.

156) 파총서(破塚書): 급총(汲塚)에 나온 서체. 진(晉) 때 급군(汲郡) 사람인 부준(不準)이

서(偃波書)[159] · 신번서(信幡書)[160] · 비백서 · 주서(籒書) · 제서(制書) · 일서(日書) · 월서(月書) · 풍서(風書) · 충서(蟲書) · 엽서(葉書) · 해서(楷書) · 종예(鍾隸) · 고예(鼓隸) · 용호전(龍虎篆) · 기린전(麒麟篆) · 어전(魚篆) · 충전(蟲篆) · 조전(鳥篆) · 서전(鼠篆) · 토서(兎書) · 초서(草書) · 낭서(狼書) · 견서(犬書) · 계서(鷄書) · 진서(震書) · 행압서(行押書) · 경서(景書) 등 45종류가 있다. 소인문(召人文)과 상주문(上奏文)에는 호조체(虎爪體)를 쓰는데, 일반인은 배우지 못하게 하니 위조를 막기 위해서이다. 사장(謝章)과 조서(詔書)에는 예각서(蜹脚書)를 쓰고 부신(符信)에는 조서(鳥書)를 쓰고, 조하(朝賀)와 혼인에는 신서(愼書)를 쓴다.[161]

대개 많은 서체 중에서 세상에 쓰이는 것은 다만 한두 가지 뿐이다. 또 옥저전(玉筯篆)[162]은 당나라 이양빙(李陽氷)[163]이 만들고, 영락전(纓絡

위 양왕(魏 襄王)의 무덤을 도굴하여 얻었다는 서체.

157) 『松南雜識』에는 '金顚書'로 오기되어 있음.

158) 호조서(虎爪書) : 상서대(尙書臺)에서 사람을 소환할 때 사용한 서체로 쉽게 익히지 못하게하니 위조를 방지하기 위해서이다.

159) 언파서(偃波書) : 글자 모양이 서로 이어져 있는 듯해서 붙인 이름. 조령(詔令)을 반포할 때 위조를 방지하기 위해 쓰인다.

160) 신번서(信幡書) : 신번은 의장(儀仗)의 하나. 관호(官號) 등을 표시하여 부신으로 삼았던 깃발에 쓴 글씨.

161) **百**體中, 有懸針**書** · 垂露書 · 秦**王**破冢書 · 金鵲書 · 虎爪書 · 倒薤書 · 偃波書 · 信幡書 · 飛帛書 · 籒書 · **謬篆書** · 制書 · **列書** · 日書 · 月書 · 風書 · **署書** · 蟲**食**葉書 · **胡書** · **蓬書** · **天竺書** · 楷**書** · **橫書** · **芝英隸** · 鍾隸 · 鼓隸 · 龍虎篆 · 麒麟篆 · 魚篆 · 蟲篆 · 鳥篆 · 鼠篆 · **牛書** · 兎書 · 草書 · **龍草書** · 狼書 · 犬書 · 雞書 · 震書 · **反左書** · 行押書 · **檝書** · 景書 · **半草書**, **一云繆**, 召奏, 用虎爪, 爲不可學, 以防詐僞, **誥下**, **用偃波書**, 謝章詔板, 用蜹脚書, 節信, 用鳥書, 朝賀, 用愼書.(『酉陽雜俎, 卷十一, 廣知』) → **書**體中, 有懸針垂露書 · 秦**皇**破冢書 · 金**鶻**書 · 虎爪書 · 倒薤書 · 偃波書 · 信幡書 · 飛帛書 · 籒書 · 制書 · 日書 · 月書 · 風書 · 虫書 · 楷 · 鍾隸 · 鼓隸 · 龍虎篆 · 麒麟篆 · 魚篆 · 虫篆 · 鳥篆 · 鼠篆 · 兎書 · 草書 · 狼書 · 犬書 · 鷄書 · 震書 · 行押書 · 景書**等四十五種**, **而**召奏, 用虎爪, 爲不可學, 以防詐僞, 謝章詔板, 用**蜹**脚書, 節信, 用鳥書, 朝賀**及婚姻**, 用愼書.(『松南雜識』)

162) 옥저전(玉筯篆) : 소전의 필획이 모두 젓가락과 같은 모양을 하고 있어서 옥저전이라고 한다.

163) 이양빙(李陽氷) : 당나라의 서예가. 자는 소온(少溫). 소전을 전공하여 이사의 역산비

篆)은 유덕승(劉德昇)[164]이 별자리를 보고 만들었고, 유엽전(柳葉篆)[165]은 위관(衛瓘)[166]이 만들었고, 수노전(垂露篆)은 조선(曹善)이 만들었고, 수침전(垂鍼篆)은 조희(曹喜)[167]가 만들었다.

금전서
金剪書

『당서(唐書)』에서 "금전서(金剪書)는 사마승정(司馬承禎)[168]이 만든 전서(篆書)이다"[169]라고 하였다.

과편체
蝌蝙體

『사류(事類)』에 "서기성(徐箕成)은 글자획에 골격이 있기 때문에 '과편체(蝌蝙體)'라고 한 주석에 '蝌'자의 음은 '과'로 뼈있는 벌레이다"라고 하였다.

(嶧山碑)를 모방하고, 이사 이후에 오직 내가 있다고 자처하였다.

164) 유덕승(劉德昇) : 한나라의 서예가. 자는 군사(君嗣). 알려진 행적이 없다.

165) 유엽전(柳葉篆) : 획이 버들잎과 비슷하여 붙인 이름.

166) 위관(衛瓘) : 진(晉)나라의 서예가 · 문인. 자는 백옥(伯玉). 문학이 굉박(宏博)하고 문예가 정밀하였다. 초서에 뛰어났다.

167) 조희(曹喜) : 한나라의 서예가 · 문신. 자는 중칙(中則). 비서랑을 지냈고, 전예(篆隸)에 공이 많아 이름에 세상에 떨쳤다.

168) 사마승정(司馬承禎) : 당나라의 도사(道士). 자는 자미(子微), 호는 백운자(白雲子). 정일선생(貞一先生)으로도 칭해진다. 전서와 예서에 뛰어났으며, 황제의 명으로 세 가지 서체로 『노자』를 썼다.

169) 『당서』에는 없는 내용으로, 당나라의 심분(沈汾)이 편찬한 『續仙傳, 卷下, 隱化八人, 司馬承禎』에서 인용된 것임.

천령부
蚩泠符

경문공(景文公) 송기(宋祁)[170]가 「삼천룡동(三泉龍洞)」이란 시를 지으니, 전조(田漕)[171]가 이것을 돌에 새겨서 석본(石本)을 공에게 바쳤다. 그러자 송기(宋祁)가 "요즈음 문장은 졸렬한데 돌에 새기기를 좋아하는 것을 '천령부(蚩泠符)'라 한다"[172]라고 말하였다. 그 주석에 "천령(蚩泠)은 소충전(小蟲篆)이다"라고 하였다.

초행
草行

동파(東坡) 소식(蘇軾)이 "해서에서 행서가 생겼고, 행서에서 초서가 생겼다"[173]라고 하였다.

『후한서(後漢書), 위항전(衛恒傳)』에서 "초서는 한나라 때에 이미 있었는데, 작자의 성명은 알 수 없다"라고 하였다.

『서원(書苑)』에서 "한나라 두조(杜操)는 초서를 잘 썼다"라고 하였다.

장회관(張懷瓘)[174]의 『서단(書斷)』에서 "위나라 초기에 종요(鍾繇)[175]와

---

170) 송기(宋祁) : 송나라의 문신·역사가. 공부상서(工部尙書)·한림학사승지(翰林學士承旨) 등을 역임하였으며 구양수(歐陽脩)와 함께 『당서(唐書)』를 찬수하였다. 문집으로 『송경문집(宋景文集)』이 있다. 시호는 경문(景文).

171) 『松南雜識』에는 '馬漕'로 오기되어 있음.

172) 宋景文, **題**三泉龍洞詩, **西洛田**漕**爲**刻石, **以石**本**寄公**, **公荅書有云**, **江左有**文拙, 而好刻石, 謂**詅嗤**符, **非此謂乎**.(『說郛, 卷二十四下, 傳講雜記, 詅癡符』)→宋景文, **作**三泉龍洞詩, **馬**漕刻石本, **以獻景文曰**, **近世**文拙而好刻石**者**, 謂蚩**泠**符.(『松南雜識』)

173) 眞生行, 行生草.(『東坡全集, 卷九十三, 書後二十八首, 書唐氏六家書後』)

174) 장회관(張懷瓘) : 당나라의 서예가·문신. 한림공봉(翰林供奉)을 지냈다. 행서·소전·팔분체에 뛰어났다. 『서단(書斷)』을 지었는데, 고금의 서체와 능서인(能書人), 서체의 원류를 매우 상세하게 기술하였다.

175) 종요(鍾繇) : 위나라의 서예가. 자는 원상(元常). 호소와 글씨를 배울 때 16년간 문밖을 나서지 않았으며 이불에 획을 그어 뚫어졌다 한다. 세가지 서체가 있는데, 명석(銘

호소(胡昭)[176] 두 사람이 행서법을 만들었으니, 정서를 조금 변형시킨 것이다"[177]라고 하였다.

진서의 형태를 겸한 것을 '행진(行眞)'이라 하고, 초서의 형태를 띠고 있는 것을 '행초(行草)'라고 한다. 초서는 한(漢)·위(魏)에서 생긴 듯하다.

옛날의 예서가 지금의 해서
古隸今楷

진(秦)나라 정막(程邈)이 시황제(始皇帝)의 옥리(獄吏)가 되어 하급관리를 돕기 위해서 글씨를 만들었다. 그래서 예서(隸書)라고 하니, 지금의 해자(楷字)이다. 살펴보건대 조고(趙高)가 원서(爰書)[178]를 만드니 바로 '전옥서(傳獄書)'이다. 옥리의 서체는 모두 이것을 사용한다. 지금 진정서(陳情書)를 원사(爰辭)라고 부르는 것이 여기에서 유래하였다.

영자세자
永字細字

『법원(法苑)』에서 말하였다.

왕희지가 서예 공부를 한 15년 동안 오로지 '永(영)'자만 공부하였

石)의 정서(正書), 장정서(章程書), 행압서상문(行押書相聞)이 있다.

176) 호소(胡昭) : 위나라의 서예가. 자는 공명(孔明). 평생 벼슬하지 않고 오직 경전에만 몰두하였다. 유덕승에게 사사하여 예·행·초서에 능하였다.

177) 案行書者, 後漢潁川劉德昇所作也, 卽正書之小僞, 務從簡易, 相間流行, 故謂之行書. 王愔云, 晉世以來, 工書者, 多以行書著名, 昔鍾元常善行押書.(『書斷, 卷上, 古文, 行書』)→魏初, 鍾胡二家, 爲行書之法, 正書之小僞者.(『松南雜識』)

178) 원서(爰書) : 심문 내용을 기록한 문서.

다. 팔법(八法)[179]의 필세가 모든 글자에 통할 수 있기 때문이니, 바로 '영자팔법(永字八法)'이다.[180]

『강남야사(江南野史)』[181]에서 말하였다.

응용(應用)[182]이 터럭처럼 가는 글씨를 잘 썼는데, 콩 알 하나에 『심경(心經)』을 쓴 적도 있었다. 또 삼(麻)씨에 '國泰民安(국태민안)' 네 자를 썼다.[183]

지금 세상에 전하기를, 원교(圓嶠) 이광사(李匡師)가 바늘로 참깨에 '龜(구)' 자의 모든 획을 빠짐없이 썼다고 한다.

육서와 팔체
六書八體

『주례(周禮)』에서 "육예(六藝)[184]의 다섯 번째는 육서(六書)이다"라고

179) 팔법(八法) : '永'자를 쓰는 8가지 필획. 측(側 : 점)·륵(勒 : 짧은 가로 획)·노(努 : 세로 획)·적(趯 : 갈고리)·책(策 : 위로 비스듬히 그은 가로 획)·약(掠:긴 삐침)·탁(啄 : 짧은 삐침)·책(磔 : 기울어진 삐침)이다.

180) 『古今事文類聚別集, 卷十二, 書法部, 御書, 永字八法』에서 "王逸少, 工書十五年中, 偏工永字, 以其八法之勢, 能通一切字也. 永字, 八畫也."의 출전을 『法苑』으로 밝히고 인용하였다.

181) 강남야사(江南野史) : 송나라의 용곤(龍袞)이 편찬한 책. 총 10권. 남당(南唐)의 사적을 기전체(紀傳體) 형식으로 기술하였다.

182) 응용(應用) : 남당(南唐)의 서예가.

183) 應用善寫細字, **微**如毛髮, 嘗於一豆上, 寫心經. 又於粒麻上, 寫國泰民安四字.(『古今事文類聚, 別集, 卷十二, 書法部, 御書, 善書細字』)→應用善寫細字, 如毛髮, 嘗於一豆上, 寫心經. 又於粒麻上, 寫國泰民安四字.(『松南雜識』)

184) 『주례』에서 교육의 육예(六藝)는 첫째 오례(五禮), 둘째 육악(六樂), 셋째 오사(五射), 넷째 오어(五馭), 다섯째 육서(六書), 여섯째 구수(九數)라고 하였다.

하였는데, 그 주석에서 "상형(象形)·회의(會意)·전주(轉注)·처사(處事)·가차(假借)·해성(諧聲)이다"라고 하였다.

또 『한서(漢書), 예문지(藝文志)』에서 "육체(六體)는 고문(古文)·기자(奇字)·전서(篆書)·예서(隸書)·무전(繆篆)·충서(蟲書)이다"라고 하였다.

또 『설문해자(說文解字)』에서 "팔체(八體)는 바로 대전(大篆)·소전(小篆)·각부(刻符)·충서(蟲書)·모인(摹印)·서서(署書)·수서(殳書)·예서(隸書)이다"[185]라고 하였다.

오른쪽으로 쓰는 글과 왼쪽으로 쓰는 글
右行左行

『법원주림(法苑珠林)』[186]에서 말하였다.

글자를 만든 세 사람이 있었다. 맏이는 범(梵)으로 그 글씨는 오른쪽에서 왼쪽으로 써나간다. 둘째 구로(佉盧)의 글씨는 왼쪽에서 오른쪽으로 써 간다. 막내는 창힐(蒼頡)로 그의 글씨는 위에서 아래로 써 내려간다.[187]

『정운(正韻)』에서 "佉의 음은 '구'"라고 하였다.

185) 「설문해자서(說文解字叙)」.

186) 법원주림(法苑珠林) : 당나라의 승려 도세(道世)가 편찬한 불가서. 도세(道世)의 자는 원운(元惲)으로 서명사(西明寺)의 승려. 124권.

187) 法苑珠林**云**, 造書凡三人, 長**名**曰梵, 其書右行, 次**曰**佉盧, 其書左行, 少者**蒼**頡, 其書下行.(『池北偶談, 卷二十三, 造書』) → 法苑珠林**曰**, 造書凡三人, 長曰梵, 其書右行, 次**書**佉盧, 其書左行, 少者**倉**頡, 其書下行.(『松南雜識』)

한비몽서
汗碑蒙書

지금의 삼전도비(三田渡碑)[188]이다. 글자 획은 우리나라 언문 문양 같은데 오랑캐 동전 뒷면에 있는 글자이다. 아무도 이해하는 사람이 없으니 혹시 구루비(岣嶁碑)[189]를 판별한 미수(眉叟) 허목(許穆)이나 알까?[190] 그 비는 이끼가 끼지 않고 마멸되지도 않는다. 수양버들이 왔다갔다하는 것 같은 그림자가 있으며, 그 색이 푸르러서 옥인지 돌인지 구분이 안 된다.[191]

반절
反切

『운회(韻會)』에서 말하였다.

---

188) 삼전도비(三田渡碑) : 인조 17년(1639)에 삼전도에 세워진 청 태종 공덕비. 서울 송파구 삼전동 소재. 비양(碑陽) 왼쪽에 몽고문, 오른쪽에 만주문으로, 그리고 비음(碑陰)에는 해서로 새겼으며 비액(碑額)은 전서(篆書)로서 "大淸皇帝功德碑(대청황제공덕비)"라고 적혀 있다. 비문(碑文)은 이경석(李景奭)이 짓고 오준(吳竣)이 해서로 썼으며, 여이징(呂爾徵)이 전(篆)하였다. 이 비석은, 청 태종이 조선을 침입하여 한강 상류 삼전도에 주둔하고 항복 받은 사실을 영원히 기념하려고 세웠다.

189) 구루비(岣嶁碑) : 하(夏)의 우임금이 치수를 할 때 공적을 새겼다고 전하는 석비. 호남성(湖南省) 형산현(衡山縣) 운밀봉(雲密峯)에 있다. 형산비(衡山碑), 우비(禹碑)라고도 한다.

190) 허목은 자기만의 독특한 고전체(古篆體)를 즐겨 썼다. 당시의 판서 이정영(李正英)은 그의 광서괴행(狂書怪行)을 고치려고 왕에게 까지 그의 고전(古篆)을 쓰지 못하도록 금해 달라고 청했다. 그러나 허목은 개의치 않고 우비(禹碑)에서 배운 서체라고 자칭하면서 여전히 고전으로 쓰기를 즐겨했다고 한다. 허목은 「형산비(衡山碑)」를 보고 「형산비기(衡山碑記)」를 지었다. 그는 이 글에서 "공자(公子) 낭선군(朗善君)이 명을 받들어 연경(燕京)에 사신으로 가서 형산신우비(衡山神禹碑)의 77자를 얻어 왔다. 그 글자는 용사(龍蛇)·조수(鳥獸)·초목(草木)의 모양과 비슷한데, 빛나고 신괴(神怪)하여 어떻게 형용할 수가 없었다"라고 하였다.

191) **其色碧而**玉石亦不可分云.(규장각본 『松南雜識』)
玉石亦不可分.(동서문화원 영인본 『松南雜識』)

하나의 음이 이리저리 굴러 서로 부르는 것을 '반(反)'이라 하며, '번(飜)'으로 쓰기도 한다. 자음으로 모음을 호응케하고, 모음으로서 자음을 호응케 한다. 같은 운의 글자가 서로 조합하여 소리를 이루니 그것을 절(切)이라고 한다.[192)]

『성리대전(性里大全)』에서 "승려 요의(了義)가 처음 서른 여섯 자로 번절모(飜切母)를 만들면서 조물주의 공교로움을 빼어냈다"[193)]라고 하였다. 지금의 자모반절(子母反切)은 대개 여기에서 나온 듯하다.

언서
諺書

지봉 이수광이 말하였다.

조선 언서의 글자모양은 전부 범어(梵語)의 글자를 모방하였으니, 처음 세종의 예지(叡智)에서 비롯되었다. 이 글자가 만들어지자 만방의 말을 기록하지 못하는 것이 없으니 이른바 '성인이 아니면 할 수 없다'는 것이다.[194)]

살펴보건대, 세종이 병인년(1446)에 측간에 갔다가 측주(厠籌)[195)]가 종

192) 一音展轉相呼, 謂之反. 亦作翻, 以子呼母, 以母呼子也. 一韻之字, 相摩以成聲, 謂之切.(『韻府羣玉, 九屑』)→一音展轉相呼, 謂之反. 亦作翻, 以子呼母, 以母呼子也. **切謂**一韻之字, 相摩以成聲, 謂之切.(『松南雜識』)

193) **上官氏萬里曰**, **自**胡僧了義, 以三十六字, 爲翻切母, 奪造化之巧.(『性理大全書, 卷八, 皇極經世書二』)→胡僧了義, 以三十六字, 爲翻切母, 奪造化之巧.(『松南雜識』)

194) 我國諺書字樣, 全倣梵字, 始於世宗**朝**, **設局撰出**, **而制字之巧**. **實自**睿算**云**, **夫諺**書出而萬方語音, 無不可通者, 所謂非聖人不能**也**.(『芝峯類說, 卷十八, 技藝部, 書』)→我國諺書字樣, 全倣梵字, 始於世宗睿算, **此**書出而萬方語音, 無不可通者, 所謂非聖人不能.(『松南雜識』)

횡으로 된 것을 보고 반절(反切)을 창제하였다. 처음 시행될 때 '훈민정음(訓民正音)'이라고 하였다.

당시에 명나라 한림 황찬(黃瓚)이 죄를 짓고 요동(遼東)으로 귀양 가 있자, 왕이 성삼문(成三問)·최항(崔恒)·신숙주(申叔舟) 등을 보내 질문케 하였다. 모두 열세 번 왕래하면서 열 다섯 줄의 언문을 만들었다고 한다. 여러 음에 모두 통하고 오직 혀로 감탄하는 소리를 형용할 수 없을 뿐이다.

살펴보건대 지금 당나라 언문은 어느 시대에 시작되었는지는 모르나 조선의 언문과는 다르고, 또 입성(入聲)이 없다.

『청천집(靑泉集)』[196]에서 "일본에도 언문이 있는데, 관청의 소송에는 모두 언문으로 통용한다"[197]라고 하였으니, 대개 각각 자국의 글로 일상생활에 편리하도록 한 것이다. 같은 글자로 기록한 것은 경전(經傳)과 사서(史書)일 뿐이다.

강목대자
綱目大字

『강목(綱目)』[198]이 조선 문종 때에 처음 들어왔다. 『강목』을 인쇄하니 『사정전훈의(思政殿訓義)』인데 '綱'자는 세조의 친필이라고 한다.[199]

---

195) 측주(厠籌): 변소에서 밑씻개로 사용하는 대나무 조각.

196) 청천집(靑泉集): 조선 후기의 문신·학자 신유한(申維翰)의 시문집.

197) 『靑泉先生續集, 卷之八, 海游聞見雜錄下, 方譯』에 일본의 언어문자에 대한 기록이 있으나 위의 내용과 일치하지 않음.

198) 자치통감강목(資治通鑑綱目): 송나라 때 주자가 펴낸 사서(史書). 사마광의 『자치통감』을 강목으로 나누어 편집한 것으로, 강(綱)에서는 주자가 사실(史實)을 요약하고, 목(目)에서는 제자인 조사연이 사평(史評)을 하였다. 59권.

199) 『연려실기술(燃藜室記述)』에서 말하였다.

세종 17년 을묘에 윤회(尹淮)·권도(權蹈)·설순 등에게 명하여 문신(文臣) 사십여 명을 집현전에 모아서 『자치통감훈의(資治通鑑訓義)』를 편찬하였다. 이때 임금이 친

이두
吏讀

『주례(周禮)』의 주석에 "정중(鄭衆)[200]이 반드시 끊어 읽었다"라고 하였는데, 지금 구두(句讀)의 시초이다.

신라의 역사에 "설총(薛聰)[201]이 우리나라 말로 이찰(吏札)을 만들어 관청에서 사용하였다"라고 하였다. 이것이 이두(吏讀)이니 '讀'의 음은 '두'로, 구가 끊어지는 곳의 조어(措語)이다. 대개 당시에는 어록이 소설과 같아서 어류(語類)를 쉽게 이해할 수 있었으나, 지금은 분명히 알 수 없다. 그러나 백성들의 고소장과 관청의 문서에는 아직도 관용적 투식어로 사용된다.

합구성
合口聲

지봉 이수광이 말하였다.

> 평(平)·상(上)·거(去)·입(入)이 사성(四聲)인데, 갑(甲)·엽(葉)·감

히 교정을 보았는데, 어떤 때는 밤이 깊을 때까지 하였다. 윤회에게 이르기를, "요즘 이 책을 읽어서 글 읽는 것이 유익함을 깨달았다. 총명은 날마다 더해지고 졸음은 훨씬 줄어들었다."라고 하였다. 곧 호삼성(胡三省)의 음주(音注)를 의거하고 또 다른 책을 참고로 해서 주석과 음과 구두를 정밀하고 상세하게 하여 『사정전훈의자치통감강목(思政殿訓義資治通鑑綱目)』이라고 이름 하였다.

200) 정중(鄭衆) : 한나라 때의 학자. 자는 중사(仲師). 경제 때 대사농(大司農)을 지냈기에 사농(司農)으로 불림. 『춘추』와 『역경』에 밝았다.

201) 설총(薛聰) : 신라 경덕왕(景德王) 때의 학자. 자는 총지(聰智), 호는 빙월당(氷月堂). 경주 설씨(慶州薛氏)의 시조. 원효대사(元曉大師)의 아들. 신라 십현(十賢)의 한 사람. 한림(翰林)을 지냈고 주로 왕의 자문역을 맡아보았다. 유학과 문학을 깊이 연구하여 유학의 발전에 기여했으며, 그가 창제한 중국 문자에 토를 다는 방법은 당시 중국 학문 수용에 큰 도움이 되었다.

(甘)·함(含) 등은 '합구성(合口聲)'[202]이라고 부른다. 조선의 최세진(崔世珍)[203]은 중국어에 가장 능통하여 『사성통해(四聲通解)』를 저술하여 세상에 전하였다. 내가 연경에 갔을 때 안남국(安南國)[204] 사람이 합구성 쓰는 것을 보았다. 중국 남방의 사람들도 간혹 합구성을 쓴다. 우리나라의 음과 서로 비슷한데 중국의 관청에서는 절대로 합구성을 쓰지 않는다. 왕세정(王世貞)[205]이 말하기를 "양자강 이북의 사람들이 북쪽 오랑캐 말에 점점 물이 들었으니, 심약(沈約)[206]이 사성(四聲)에서 마침내 하나를 제외한 것이 그 예이다"라고 하였다.[207]

지금 오랑캐의 언문(諺文)에는 입성(入聲)이 없다.

202) 합구성(合口聲) : 입술을 둥글게 하여 발음하는 소리. 중국 음운학에서 운모를 분류할 때 쓰던 용어.

203) 최세진(崔世珍) : 조선 초기의 학자(1473~1542). 자는 공서(公瑞), 본관은 괴산(槐山). 역과(譯科)에 합격, 중인(中人)으로서 특전을 받아 1503년 별시문과에 급제. 한학교수(漢學教授)를 겸하여 『사성통해(四聲通解)』를 완성했고, 1527년 『훈몽자회(訓蒙字會)』를 완성했다. 당대에 중국어·운서(韻書) 연구의 대가였으며, 이문(吏文)에서도 독보적인 존재로서 사대문서 작성과 사신의 내방에 중요한 역할을 했다. 『훈몽자회』 범례에서 한글 자모음(子母音)의 이름을 처음으로 정하고, 순서와 받침 등을 정리하여 국어학 발달에 중요한 업적을 남겼다.

204) 안남(安南) : 중국인이 베트남을 가리켜 부른 명칭. 안남이라는 명칭은 679년 중국이 하노이에 안남도호부(安南都護府)를 둔 것에서 시작되었다.

205) 왕세정(王世貞) : 명나라의 문학자(1526~1590). 자는 원미(元美), 호는 봉주(鳳洲). 엄주산(弇州山) 출신. 가정칠재자(嘉靖七才子)의 한 사람.

206) 심약(沈約) : 남조 시대의 학자(441~513). 자는 휴문(休文). 음운학의 거두로 사성(四聲)을 처음 연구하고, 시의 팔병설(八病說)을 제창하였다. 저서에 『진서』·『송서』·『제기(齊紀)』·『사성운보(四聲韻譜)』 등이 있다.

207) 平上去入爲四, 而如甲葉甘含之類, 謂之合口聲. 本朝崔世珍最曉漢音, 著四聲通解, 以傳於世. 余赴京時, 見安南國人用合口聲, 中朝南方人亦間用之, 與我國之音相近, 而中朝官話, 則絶不用合口聲. 王世貞言, 大江以北, 漸染胡語, 沈約四聲, 遂闕其一, 是也.(『芝峯類說, 卷七, 文字部, 字音』)

구두와 음토
句讀音吐

『육전(六典)』[208]에서 말하였다.

당나라 통사사인(通事舍人)[209]이 선포할 때 대부분 글을 몰랐다. 선포하여 읽을 때 번번이 구두를 잘못 끊었기 때문에 습유(拾遺)를 고용하여 동그란 구를 찍게 하고 낮은 소리로 돕게 하니 파마(把麻)라고 한다.[210]

바로 동파 소식의 시에서 "기이하고 험하여 구두를 끊기 어렵다"[211]라고 한 말이 이것이다.

『당서(唐書)』에서 "노균(盧鈞)[212]의 음토(音吐)가 크고 분명하다"[213]라고 하였다. 지금 방언에서 조어(措語)를 '토(吐)'라고 하니, 바로 그것이다. 지금 전교문(傳教文)과 축문(祝文)에 구두로 끊기만 하고 음토는 없으니 또한 한·당의 고례(古例)를 본받은 것이다.

---

208) 육전(六典) : 당육전(唐六典). 당나라 현종이 짓고 이임보(李林甫)가 주(註)를 단 관직 제도에 관한 책. 『주례(周禮)』를 모범으로 삼았으며, 행정 기구·관직·정원·직무 등을 열거하였다.

209) 통사사인(通事舍人) : 조명(詔命)과 정주(呈奏) 문서를 담당한 관리.

210) 唐通事舍人宣語, 多不知書. **至**宣讀輒失句**讀**. 故用拾遺**圈**句, **低聲**以助之謂把麻. 六典.(『古今事文類聚, 新集, 卷二十一, 謂之把麻』)→六典曰, 唐通事舍人宣語, 多不知書. 宣讀輒失句**度**. 故用拾遺**團**句, 以助之, 謂之把麻.(『松南雜識』)

211) 奇嶮或難句.(『東坡全集, 卷九, 詩六十七首, 密州宋國博以詩見紀在郡雜詠次韻答之』)

212) 노균(盧鈞) : 당나라의 문신. 자는 자화(子和).

213) 鈞**年八十**, **升降如儀**, 音**吐**鴻暢.(『唐書, 卷一百八十二, 列傳, 第一百七』)→**盧**鈞音**土**鴻暢.(『松南雜識』)

화음속음
華韻俗音

지봉 이수광이 말하였다.

『두시언해(杜詩諺解)』는 바로 성종 때 유신(儒臣)인 조위(曹偉)[214] 등이 편찬하였고, 『훈몽자회(訓蒙字會)』[215]는 중종 때 최세진(崔世珍)이 만든 것인데 방음(方音)이 이미 요즈음과는 맞지 않는 것이 많다. 또 만방의 언어가 다르지 않은 것이 없건만 오로지 웃음소리와 아기 우는 소리는 오랑캐나 중국이나 같지 않음이 없는 이유는 대개 자연스러움에서 나오고 인위적으로 만드는 일이 없기 때문이다.[216]

살펴보건대 『규장전운(奎章全韻)』[217]은 정조 때 반포 한 것인데 지금 과거제도의 압운(押韻)이 또한 『화동정음(華東正音)』[218]과 다르다. 우리나

---

214) 조위(曺偉) : 조선 성종 때의 학자(1454~1503). 자는 태허(太虛), 호는 매계(梅溪). 김종직의 문인으로, 도승지를 역임하고 대사성으로 지춘추관사가 되어 『성종실록』을 편찬할 때 김종직의 「조의제문(弔義帝文)」을 실어 무오사화 때 유배되어 죽었다. 저서에 『매계집』이 있다.

215) 훈몽자회(訓蒙字會) : 조선 중종 22년(1527)에 최세진이 지은 한자 학습서. 3,360자의 한자를 33항목으로 종류별로 모아서 한글로 음과 뜻을 달았다. 중세 국어의 어휘를 알 수 있는 귀중한 자료이다. 3권 1책.

216) 杜詩諺解, 卽成**廟**朝儒臣曹偉等所撰. 訓蒙字會, 中廟朝, 崔世珍所爲而方音已與今**世**不諧**者多, 可知俗音之易變矣**. 且萬方言語無不異者, **而唯**笑音**與**兒啼, 夷夏無不同者, 蓋出於自然**而**無作爲之事故也.(『芝峯類說, 卷十六, 語言部, 方言』)→杜詩諺解, 卽**我**成**宗**朝儒臣曺偉等所撰. 訓蒙字會, 中廟朝, 崔世珍所爲而方音已與今不諧. 且萬方言語無不異者, **惟**笑音兒啼, 夷夏無不同者, 蓋出於自然無作爲之事故也.(『松南雜識』)

217) 규장전운(奎章全韻) : 왕명(王命)에 따라 규장각에서 편찬한 운서(韻書). 사성(四聲)에 따라 소리의 높낮이를 구분하였으며, 한글로 한자의 음을 달았다. 정조 20년(1796)에 간행하였다. 2권 1책.

218) 화동정음(華東正音) : 조선 영조 때 음운학자 포암(圃菴) 박성원(朴性源)이 지은 운서(韻書)로 본래의 명칭은 '화동정음통석운고(華東正音通釋韻考).' 영조 23년(1747)에 2권 1책으로 간행되었다. 정조 11년(1787)에는 정조의 「어제정음통석서」를 권두에 실

라의 성음(聲音)은 팔도가 다르다. 오로지 영남의 성음은 우리나라의 옛 음이지만 양서(兩西)는 중국이나 야인(野人)과 통하기 때문에 중국의 음, 오랑캐의 소리와 섞였다고 한다.

삼운통고
三韻通考

지봉 이수광이 말하였다.

『운회(韻會)』[219]는 모두 일만 이천 육백 오십 이 자이다. 『예부운략(禮部韻略)』[220]은 겨우 구천 오백 구십 자인데 『용감수감(龍龕手鑑)』은 십육만여 자에 이르니 거란 때 번승(番僧)[221]이 지은 것이다.[222] 『삼운통고(三韻通考)』는 왜(倭)에서 나왔는데 『약운(畧韻)』에 비하면 더욱 글자 수가 적다.[223]

어 비각(秘閣)에서 간행했다. 권두의 서(序)에 따르면 훈민정음 창제 당시에는 한자음 초종성(初終聲)의 발음이 중국 본토의 발음과 같았으나 세월이 흐름에 따라 한자음의 발음이 혼란해져 이를 바로잡고자 한다고 했다. 그는 역관인 이언용(李彦容)의 도움을 받아 고려 때부터 전해오던 『삼운통고(三韻通考)』에 최세신(崔世珍)의 『사성통해(四聲通解)』의 음에 의거, 글자 밑에 중국음을 달고 또 중국음에 따라 우리나라 한자음의 오음청탁을 바로잡았다. 즉 한자음이 같은 대표자마다 오른쪽에는 중국음을 표기하고 왼쪽에는 우리음을 병기했다.

219) 운회(韻會) : 고금운회(古今韻會). 원나라 때 황공소(黃公紹)가 편찬한 책. 고운(古韻)을 2백 6운(韻)으로 분류하였다. 총 30권.

220) 예부운략(禮部韻略) : 송의 정도(丁度) 등이 편찬한 운서. 5권으로 공거조식(貢擧條式) 1권이 부록되어 있는데, 예부의 과시(科試)에 응하는 자들을 위해서 성운(聲韻)의 요략(要略)을 밝힌 것이다.

221) 행균(行均)을 이른다.

222) 이규경(李圭景)은 『오주연문장전산고(五洲衍文長箋散稿)』에서 "『용감수경(龍龕手鏡)』은 총 2만 6천 4백 30자에 주(註)가 16만 3천 1백여 자"라고 하였다.

223) 韻會, 凡一萬二千六百五十二字, 禮部韻, 只九千五百九十字, 而龍龕手鑑, 至十六萬餘字, 契丹時, **遼**僧所撰也. 三韻通考, 出於倭**國**, 比畧韻尤少.(『芝峯類說, 卷七, 經書部三, 書籍』) → 韻會, 凡一萬二千六百五十二字, 禮部韻, 只九千五百九十字, 而龍龕手

지봉 이수광이 "『삼운통고(三韻通考)』는 일본에서 나왔다"라고 하였는데, 대개 운법(韻法)은 육경(六經)에서 비롯되었다. 양한(兩漢)의 유자(儒者) 치고 운(韻)을 쓰지 않는 사람이 없다가 심약(沈約)에 이르러 사성(四聲)에 구애되었는데, 조선의 최세진(崔世珍)이 그대로 따라 『사성통해(四聲通解)』를 편차(編次)하였다.

양(梁)나라 무제(武帝)가 "무엇을 사성(四聲)이라고 하는가?"라고 묻자 주사(周捨)[224]가 "천자성철(天子聖哲)이 그것입니다"[225]라고 대답하였다.

양관(楊綰)이 네 살 때 '燈盞柄曲(등잔병곡)'이라고 불렀던 것[226]이 그 예이다. 또 자서(字書)는 『이아(爾雅)』를 효시로 하고 『설문해자(說文解字)』에서 연역(演繹)되었으며 『옥편(玉篇)』[227]으로 완비되었다. 『옥편』은 진(陳)의 고야왕(顧野王)[228]이 편찬하였고, 『설문해자』[229]는 한나라의 허신(許愼)이 만들었고, 『이아』는 주공(周公)이 짓고 자하(子夏)가 조술(祖述)하였다.

鑑, 至十六萬餘字, 契丹時, 番僧所撰也. 三韻通考, 出於倭, 比畧韻尤少.(『松南雜識』)

224) 주사(周捨) : 양 무제 때의 문신. 태자 첨사(太子詹事)를 지냈다.

225) 천(天)은 평성, 자(子)는 상성, 성(聖)은 거성, 철(哲)은 입성임.

226) 양관(楊綰)은 당나라 대종(代宗) 때의 문신으로 자는 공권(公權)이다. 어렸을 때부터 매우 총명하여, 4세 때 야연(夜宴)에서 친척들이 좌중의 물건을 각각 들고 그것을 사성으로 호응하여 부르게 하였지만 아무도 대답하지 못했는데, 양관은 쇠등잔대에 대해서 '燈盞柄曲(등잔자루가 굽었네)'이라고 말하였다.

227) 옥편(玉篇) : 543년에 고야왕이 편찬한 자전. 『설문해자』를 본떠 만든 것으로, 글자는 예서(隸書)로 통일하였으며 부수(部首)를 542부로 하였다. 원본은 전하지 않으며, 당나라의 손강(孫强)이 내용을 더하고 송나라의 진팽년(陳彭年) 등이 다듬고 고친 것이 오늘날 전한다. 30권.

228) 고야왕(顧野王) : 남북조(南北朝) 시대의 학자(519~581). 자는 희빙(希憑). 양(梁)나라와 진(陳)나라에서 벼슬하였으며, 천문·복서(卜書)·기자(奇字)에 능통하였다. 많은 저서 가운데 『옥편(玉篇)』은 특히 유명하다.

229) 설문해자(說文解字) : 후한 때, 허신이 편찬한 자전. 문자학의 기본적인 고전의 하나로, 한자 9,353자를 수집하여 540부(部)로 분류하고 육서(六書)에 따라 글자의 모양을 분석, 해설하였다. 15권.

역판

曆板

세상에 다음과 같은 말이 전한다.

역서(曆書)는 글자의 크기와 서행(書行)의 분량이 처음부터 끝까지 한결같아야 하기에 모두 신필(神筆)의 손에서 나온 것으로 인쇄한다. 그것은 본래 김자점(金自點[230])의 글씨였던 까닭에 그가 주살된 뒤에는 목판을 부수고 글씨를 새로 썼는데, 끝내 옛날처럼 되지는 못했다고 한다.

소나무를 그리니 새가 날아들다

畵松鳥入

사황씨(史皇氏)[231]가 그림을 만들어 냈으니 우리나라 말로 '그림자'이고, 그 그림자를 모사(模寫)한다는 의미이다. 「명화기(名畫記)」[232]에서 "장승요(張僧繇)[233]가 안락사(安樂寺)에 두 마리의 용을 그렸는데, 눈동자를 찍은 것은 벽을 뚫고 하늘로 올라가고 눈동자를 찍지 않은 것은 그대로 남아 있었다"[234]라고 하였다.

230) 김자점(金自點) : 조선 중기의 문신(1588~1651). 자는 성지(成之), 호는 낙서(洛西). 인조반정 때에 공을 세워 벼슬이 영의정에 이르렀다. 효종이 즉위한 후 파직당하자, 이에 앙심을 품고 조선이 북벌(北伐)을 계획하고 있음을 청나라에 밀고하여 역모죄로 처형되었다.

231) 사황씨(史皇氏) : 황제(黃帝)의 신하 창힐(倉頡)을 말한다. 새 발자국을 보고 처음 문자를 만들었다고 전해진다.

232) 명화기(名畫記)는 『유설』의 편명인데, 『松南雜識』에는 '수형기(水衡記)'로 오기되어 있다. 「水衡記」는 「名畫記」 앞 조목의 편명임.

233) 장승요(張僧繇) : 남조(南朝)의 무인. 양오(梁吳) 출신. 벼슬은 우군장군(右軍將軍)이다. 그림을 잘 그렸다.

234) 張僧繇, 於金陵安樂寺, 畫四龍, 不點睛, 每云點之輒飛去. 人以爲誕妄, 因請點之,

『명황잡록(明皇雜錄)』에서 말하였다.

개원(開元)[235] 연간에 크게 가뭄이 들었다. 풍소정(馮紹正)[236]이 전각(殿閣)의 벽에 한 마리 흰 용을 그리니 조금 뒤에 백룡(白龍)이 연못에서 나오고 비가 왔다.[237]

북제(北齊)의 양자화(楊子華)[238]가 벽에 말을 그리니 밤마다 발굽질하고 질경대며 길게 우는 소리가 들렸다.[239]

『해외기(海外記)』에서 말하였다.

송나라 태종(太宗) 때 이지(李至)[240]가 소 그림을 바쳤는데, 낮에는 그림 밖에서 풀을 뜯고 밤에는 그림 속으로 돌아와 누웠다.

승려 찬영(贊寧)[241]이 말하였다.

"남해(南海) 왜국(倭國)에서 나는 방(蚌)이 있으니, 이것의 눈물을 물감에 섞어 물건에 바르면 낮에는 보이지만 밤에는 보이지 않는다. 옥

須臾雷霆破壁, **二龍乘雲**上天, **二龍**不點睛者, 見在.(『類說, 卷七, 名畫記, 畫龍不點睛』)→張僧繇, 於安樂寺, 畫**二龍而**點睛**者**, **穿**壁上天, 不點睛者見在.(『松南雜識』)

235) 개원(開元) : 당나라 현종 때의 연호. 713~741년.

236) 풍소정(馮紹正) : 당나라의 문신. 소정(紹政)이라고도 한다. 그림을 잘 그렸는데, 특히 매·닭·꿩을 핍진하게 그렸다.

237) 開元中大旱, **上於新池創一殿**, **召**馮紹正, **四**壁**各圖一龍**, **西壁**一素龍**蜿蜒**, **若奮風雲**, **隨筆而生**, **壁上鱗甲皆熱有白氣**, **自簷廡出**, 池中**波濤洶湧**, **俄有**白龍, **乘雲而起**, **風**雨**大作**.(『類說, 卷十六, 明皇雜錄, 四壁畫龍』)→開元中大旱, 馮紹正, **於殿**壁, **畫**一素龍. **俄**白龍, **自**池中**行**雨.(『松南雜識』)

238) 양자화(楊子華) : 북제 세조(世祖) 때의 무신. 그림을 잘 그렸기에 '화성(畵聖)'으로 일컬어졌다.

239) 北齊楊子華, 畫馬**於**壁, **每夕**, **必踶嚙**長鳴. **如索水草**.(『類說, 卷五十八, 畫後品, 畫聖』)→北齊楊子華, 畫馬壁**間**, **夜聞**蹄**嚙**長鳴.(『松南雜識』)

240) 이지(李至) : 송나라의 문신. 진정(眞定) 출신. 자는 언기(言幾). 태종 때 우간의대부(右諫議大夫)를 지냈다.

241) 찬영(贊寧) : 송나라의 승려. 영은사(寧隱寺)의 승려. 남산율(南山律)에 익숙하여 당시 사람들이 율호(律虎)라 불렀다. 법호는 원명대사(圓明大師).

초산(沃焦山)에 돌이 있는데, 그 돌을 가루로 만들어 물건에 물들이면 낮에는 보이지 않고 밤에는 보인다"[242]

신라 시대 승려 솔거(率居)가 황룡사(皇龍寺) 벽에 소나무를 그렸는데, 참새가 왕왕 날아들었다.

호렵도
胡獵圖[243]

『권유록(倦遊錄)』[244]에서 말하였다.

풍서(馮瑞)가 일찍이 유개(柳開)[245]의 시,

명교(鳴骹)[246]가 똑바로 천 길을 오르니	鳴骹直上一千尺
바람없이 고요한 하늘에 또 마른 소리 나네	天靜無風聲正乾
푸른 눈의 오랑캐 삼백 기	碧眼胡兒三百騎
모두 황금 고삐 잡고 구름을 향한다	盡提金勒向雲看

를 쓰고, 객에게 "이 시는 병풍으로 그릴 만하다"라고 하였다.[247]

---

242) 海外記, 宋太宗時, 李至獻畫牛, 晝則齧草欄外, 夜則歸臥欄中. 莫曉其理僧贊寧曰, 此幻藥所畫南海倭國, 有蚌淚和色著物, 晝見夜隱. 又沃蕉山有石, 磨色染物, 晝隱夜見.(『山堂肆考, 卷一百六十六, 作畫, 晝見夜隱』)

243) 호렵도(胡獵圖) : 오랑캐가 사냥하는 장면을 그린 그림.

244) 권유록(倦遊錄) : 송나라 장사정(張師正)의 저서.

245) 유개(柳開) : 송나라의 문신 · 문인. 자는 중도(仲塗). 대명(大名) 출신. 한유(韓愈) · 유종원(柳宗元)을 흠모하여 고문에 전념하였기에 한유에 비견되었다. 여경사(如京使)를 역임하였으며 동교야부(東郊野夫) · 보망선생(補亡先生)이라고 자호하였다. 저서로 『하동집(河東集)』이 있다.

246) 명교(鳴骹) : 명적(鳴鏑), 명전(鳴箭). 쏘면 공기에 부딪혀 소리가 나는 화살.

247) 馮**太傳**端, 嘗書**云**, 鳴骹直上一千尺, 天靜無風聲**更**乾, 碧眼胡兒三百騎, 盡提金勒

그러더니 마침내 원나라의 침입을 초래했다.

우리나라의 김홍도(金弘道)[248]가 처음 그림으로 그리니, 오도현(吳道玄)[249]의 '만마도(萬馬圖)'와 명성을 겨룰 만하다고 한다.

묵죽

墨竹

『동파집(東坡集)』의 주석에서 "황전(黃筌)[250]의 묵죽(墨竹)은 적막한 가운데 홀로 뜻을 얻었다"라고 하였다.

『화죽보(畵竹譜)』[251]에서 "오대(五代) 때 어떤 부인이 밤에 누대 위에 앉아 있었는데, 달빛이 난간에 비치자 난간 밖의 대 그림자가 자리에 가득했다. 그래서 먹으로 그것을 모사(模寫)하니, 묵죽의 시초이다"라고 하였다.

우리나라의 석양정(石陽正) 이정(李霆)[252]이 대나무 그림을 잘 그렸다. 그래서 미수(眉叟) 허목(許穆)[253]은 기(記)에서 "설죽(雪竹)은 차갑고, 우죽

向雲看. 謂**坐**客曰, 可圖於屛障. **乃**柳如京塞上詩**也**. 倦游錄 (『古今事文類聚, 前集, 卷四十, 古今文集, 詩話, 圖塞上詩』) → 倦游錄曰, 馮端, 嘗書柳如京塞上詩, 鳴骹直上一千尺, 天靜無風聲**正**乾, 碧眼胡兒三百騎, 盡提金勒向雲看. 謂客曰, 可圖於屛障.(『松南雜識』)

248) 김홍도(金弘道) : 조선 영조 때의 화가(1745～?). 자는 사능(士能), 호는 단원(檀園)·단구(丹邱)·서호(西湖)·고면거사(高眠居士).

249) 오도현(吳道玄) : 당나라의 화가. 자는 도자(道子).

250) 황전(黃筌) : 송나라의 문신. 성도(成都) 출신. 자는 요숙(要叔). 서화(書畵)를 잘하기로 이름났다.

251) 화죽보(畫竹譜) : 원(元) 가구사(柯九思)의 저서. 1책. 대나무 그림에 대한 책.

252) 이정(李霆) : 조선 중종 때의 화가(1541～1622). 자는 중섭(仲燮), 호는 탄은(灘隱). 세종의 현손(玄孫)으로 묵죽(墨竹)에 능하였으며 시와 글씨에도 뛰어났다. 석양정(石陽正)에 봉해졌다가, 뒤에 석양군(石陽君)으로 승격되었다. 묵죽화에 있어서 그는 유덕장(柳德章)·신위(申緯)와 함께 조선 시대 3대 화가로 꼽힌다. 작품에 「풍죽도(風竹圖)」·「죽도(竹圖)」·「난도(蘭圖)」 등이 있다.

253) 『松南雜識』에는 '간이(簡易) 최립(崔岦)'으로 오기되어 있음.

(雨竹)은 축축하고, 풍죽(風竹)은 스산하다"[254]라고 하였다.

또 겸재(謙齋) 정선(鄭敾)[255]과 현재(玄齋) 심사정(沈師正)[256]의 그림은 오묘한 것이 당나라 수준에 도달하니 세상에서 말하는 '겸현(謙玄)'이 그들이다.

원교(圓嶠) 이광사(李匡師)는 비록 글씨로 세상에 이름이 났지만, 세상에서는 "그의 글씨는 그의 그림보다 못하고, 그의 그림은 그의 문장보다 못하고, 그의 문장은 그의 인품보다 못하다"라고 말하였다.

용면산장도
龍眠

송나라 이공린(李公麟)[257]의 자(字)는 백시(伯時)로, 「용면산장도(龍眠山莊圖)」를 그렸다. 세상에서 보배로 여기는데, 지금 어떤 그림을 막론하고 고개지(顧愷之)[258]와 짝하여 사용하기를 꺼리지 않으니, 또한 괴이하다.

254) 雪竹寒, 雨竹濕, 風竹蕭蕭**若鳴**.(『記言, 別集, 卷之九, 記, 權使君墨竹屛記』)→雪竹寒, 雨竹濕, 風竹蕭蕭.(『松南雜識』)

255) 정선(鄭敾) : 조선 후기의 화가(1676~1759). 자는 원백(元伯), 호는 겸재(謙齋) · 겸초(兼艸) · 난곡(蘭谷). 국내의 명승고적을 찾아다니면서 진경사생화를 많이 그려 한국적 산수화풍을 세웠다. 작품에 「여산초당도(廬山草堂圖)」 · 「입암도(立巖圖)」 · 「금강산만폭동도(金剛山萬瀑洞圖)」 등이 있으며, 저서에 『도설경해(圖說經解)』가 있다.

256) 심사정(沈師正) : 조선 후기의 화가(1707~1769). 자는 이숙(頤叔), 호는 현재(玄齋) · 묵선(墨禪). 영모(翎毛)와 산수에 능하였으며, 김홍도와 더불어 조선 후기를 대표하는 화가로 꼽힌다. 작품에 「강상야박도(江上夜泊圖)」 · 「모란도(牧丹圖)」 · 「맹호도(猛虎圖)」 등이 있다.

257) 『松南雜識』에는 '李公鱗'으로 오기되어 있음.

258) 고개지(顧愷之) : 진(晉)나라의 무신 · 화가. 호두장군(虎頭將軍)을 역임하여 호두(虎頭)라고 칭한다. 재(才) · 서(書) · 치(癡)의 삼절(三絶)로 일컬어졌다.

말하는 사람은 손가락을, 듣는 사람은 팔짱 낀 모습을 그리다
語指聽拱

지봉 이수광이 말하였다.

간이(簡易) 최립(崔岦)의 제화(題畵)[259]에 "말하는 사람은 입으로 표현하지 않고 손가락으로 표현하며, 듣는 사람은 귀로 표현하지 않고 팔장 낀 모습으로 표현하니, 오묘하다"라고 하였다.[260]

살펴보건대 「산수가(山水歌)」[261]에서 "먼 곳은 연하고 가까운 곳은 진하다"[262]라고 하였으니, 또한 산수화 안의 풍경이다.

조언약(趙彦若)[263]의 시에서,

꽃은 붉어지면서 뜻을 나타내고	花隨紅意發
잎은 푸르러지면서 정이 새롭네	葉就綠情新[264]

라고 하였다.

소식(蘇軾)의 시에서,

겉모양으로만 그림을 논하니	論畵以形似
소견이 어린아이와 같구나	見與兒童鄰[265]

259) 제화(題畵) : 그림에 적은 시(詩)나 문장.
260) 崔簡易題畫曰, 語者不形於口而形於指, 聽者不形於耳而形於拱, 妙矣.(『芝峯類說, 卷十, 技藝部, 畫』)
261) 당나라의 오융(吳融)의 「제관화산수장가(題觀畫山水障歌)」.
262) 遠又淡, 近又濃.(『聲畫集, 卷四, 山水, 題觀畫山水障歌』)
263) 조언약(趙彦若) : 북송의 문신. 자는 원고(元考).
264) 「전채화(剪綵花)」.
265) 「서언릉왕주부소화절지 이수(書鄢陵王主簿所畫折枝 二首)」.
* 『松南雜識』에는 '見與兒童憐'으로 오기되어 있음.

라고 한 것이 그 말이다.

지상선도
地上仙圖

『고려사』에서 말하였다.

희종(熙宗)[266] 때 최당(崔讜)[267]이 자기 서재에 '쌍명(雙明)'이라 편액을 붙이고, 아우 최선(崔詵) 및 장자목(張自牧)[268] · 고형중(高瑩中) · 현덕수(玄德秀)[269]와 기로회(耆老會)를 만들었다. 당시 사람들이 '지상선(地上仙)'이라 부르며 그림으로 그리고 돌에 조각했다.[270]

그러므로 '향산구로(香山九老)'[271]와 '낙사기영(洛社耆英)'[272]만이 아름

---

266) 희종(熙宗) : 고려의 제21대 왕(1181~1237). 이름은 영(韺), 초명은 덕(悳), 자는 불피(不陂). 최충헌을 제거하고자 하였다가 실패하고 도리어 폐위당하였다. 재위 기간은 1204~1211년.

267) 최당(崔讜) : 고려 후기의 문신(1135~1211). 본관은 창원(昌原). 유청(惟淸)의 아들. 1171년 이부원외랑(吏部員外郎) · 상서좌승(尙書左丞) · 중서시랑평장사(中書侍郎平章事) · 수태위 문하시랑 동중서문하평장사(守太尉門下侍郎同中書門下平章事)를 역임하였다. 시호는 정안(靖安).

268) 장자목(張自牧) : 고려 후기의 문신. 명종 25년(1195) 예부시랑으로 국자감시(國子監試)를 주관하여 시부(詩賦)로 신서(申敍), 십운시(十韻詩)로 이응분(李應賁) 등, 명경(明經)으로 13인을 시취(試取)하였다.

269) 현덕수(玄德秀) : 고려 명종 때의 장군(?~1215). 1174년 조위총(趙位寵)의 난이 일어나자 자비령 이북 40여 성이 다 이에 응하였으나, 아버지 담윤(覃胤)과 함께 연주(延州)를 끝까지 지켰다. 벼슬은 병부 상서에 이르렀다.

270) 讜, …… **閑居**, 扁其齋曰**雙**明, 與弟**守太傅**詵, 及**太僕卿致仕**張自牧 · **東宮侍讀學士**高瑩中 · **判秘書省致仕白光臣 · 守司空致仕李俊昌 · 戶部尙書致仕**玄德秀 · **守司空致仕李世長 · 國子監大司成致仕趙通等**, 爲耆老會. **逍遙自適**, 時人謂之地上仙, 圖形刻石**傳於世**.(『高麗史, 卷九十九, 列傳十二, 崔惟淸』) → **熙宗時**, **崔**讜, 扁其齋曰**雙**明, 與弟詵及張自牧 · 高瑩中 · 玄德, 爲耆老會, 時人謂之地上仙, 圖形刻石.(『松南雜識』)

271) 향산구로(香山九老) : 당나라 시인 백낙천(白樂天)이 나이가 많고 벼슬에서 물러난 8

다움을 독차지한 것은 아니다. 또 강릉(江陵)의 옛 풍속에 '청춘경노회(青春敬老會)'가 있었다.

수구이어
數九以御

『아희원람(兒戲原覽)』에서 "황제(黃帝)가 예수(隷首)를 시켜 수(數)를 만들게 했다"[273]라고 하였다.

살펴보건대 『수학계몽(數學啓蒙)』에서 말하였다.

첫째는 '방전(方田)'[274]이니, 밭두둑의 경계를 계산한다. 둘째는 '속포(粟布)'[275]이니, 교역상의 상이한 가치를 계산한다. 셋째는 '쇠분(衰分)'[276]이니, 귀천의 등급이 다르고 녹봉과 세금의 수량이 다른 것을 계산한다. 넷째는 '소광(少廣)'[277]이니, 승적(乘積)[278]과 승멱(乘冪)[279]

인과 낙양(洛陽)에 모여 놀고 이에 대한 서(序)를 지은 일이 있는데, 이 모임을 향산구로회(香山九老會)라고 한다. 향산(香山)은 백낙천의 호.

272) 낙사기영(洛社耆英) : 송나라 문언박(文彦博)이 서도(西都)에서 유수(留守)로 있을 때 부필(富弼)의 집에서 구양수(歐陽修) · 매요신(梅堯臣) 등 연로하고 어진 사람들을 모아놓고 술자리를 베풀어 서로 즐겼던 일이 있다. 이때 빈객과 주인이 모두 열 두 사람이었다. 당시 사람들이 이를 두고 '낙양기영회' 혹은 '낙사기영회'라고 하였는데, 이때 조직한 시사(詩社) 이름이 낙사(洛社)이다.

273) 籌數. 黃帝使隷首作.(『兒戲原覽, 創始』)

274) 방전(方田) : 면적 계산법.

275) 속포(粟布) : 속(粟)은 쌀이고 포(布)는 돈인데, 돈으로 쌀을 교역할 때 많고 적은 수량을 환산하는 법. 서로 다른 물건을 교역할 때 서로 다른 가치를 산정하는 것. 비례계산법.

276) 쇠분(衰分) : 분배, 비례의 계산법. 등급별로 배분하는 방법. 원래 쇠(衰)는 일정한 비율로 줄거나 줄임을 분(分)은 전체의 반을 의미한다. 각 등에 차수(差數)를 곱하여 합한 결과를 포차(抛差)라고 말하며 이 포차를 원수에 빼서 그 나머지를 실수로 하고 각 등급의 각 호수를 합한 호수(共戶)를 법수로 하여 나누면 그 결과가 곧 말호(末戶)의 한 호에 해당되는 분량을 얻는다. 이 율을 각 호수에 곱하면 말호에 배분된 양을 얻는다.

277) 소광(少廣) : 알고 있는 장방형의 면적이나 장방체의 체적으로 한 변의 길이를 구하

으로 모난 모양과 둥근 모양을 계산한다. 다섯째는 '상공(商功)'[280]이니, 공정(功程)의 누적된 결과를 계산한다. 여섯째는 '균수(均輸)'[281]이니, 먼 곳과 가까운 곳의 거리에 따른 비용을 계산한다. 일곱째는 '영뉵(盈朒)'[282]이니, 실제 수를 감추어 섞고 서로 드러나게 한 수를 계산한다. 여덟째는 '방정(方程)'[283]이니, 섞여 있는 정부(正負)[284]를 계산한다. 아홉째는 '구고(句股)'이니, 높이와 깊이, 그리고 넓이와 거리를 계산한다.[285]

해양
垓壤

『설문해자(說文解字)』에 "一(일)은 東西(동서)가 되고 十(십)은 南北(남북)이 되니, 여기에는 사방과 중앙이 갖추어져 있다"[286]라고 했는데, 요즘

는 계산법. 길이의 많은 것을 잘라 너비의 작은 것을 보충하는 방법.

278) 승적(乘積) : 둘 이상의 수 또는 식을 두 번 혹은 그 이상 몇 번 되짚어 합쳐 얻어진 결과.

279) 승멱(乘冪) : 둘 이상의 같은 수나 식을 서로 곱한 수.

280) 상공(商功) : 체적을 측량하여 공정(工程)의 비용을 계산하는 방법. 제방을 수축하고 도랑을 내는 법.

281) 균수법(均輸法) : 거리에 따른 물류운송비를 계산하는 법. 균(均)은 고르게 한다는 뜻이고 수(輸)는 보낸다는 뜻으로 원근의 각지에서 물자를 수송하는 노역과 비용을 고르게 하는 법.

282) 영뉵(盈朒) : 현재의 2원 1차 연립방정식의 해법. 원래는 만(滿)·부족(不足)의 의미인데, 실제수(원수)를 감추어 두고 얼마의 비율이면 원수에 얼마가 남고(盈), 또 다른 비율로 하면 얼마가 모자란다(朒)는 식으로 만들어 그 비율을 색출하는 계산법.

283) 방정(方程) : 정(程)은 화(禾)이고 방(方)은 가로 세로의 줄을 똑바르게 만드는 것으로 어지러워 셈을 하기가 어려운 수를 가로 세로의 줄을 세워 구하는 방법.

284) 정부(正負) : 부수(負數)는 영(零)에서 어떤 수를 감한 수. 정수(正數)의 반대.

285) 一曰方田, 以御田疇界域, 二曰粟米, 以御交質變易, 三曰衰分, 以御貴賤廩稅, 四曰少廣, 以御積冪方圓, 五曰商功, 以御功程積實, 六曰均輸, 以御遠近勞費, 七曰盈朒, 以御隱雜互見, 八曰方程, 以御錯糅正負, 九曰句股, 以御高深廣遠.(『隋書, 卷十六, 備數, 志第十一, 律歷上』)

일단위는 세로선으로 표기하고 십단위는 가로선으로 표기하는 격이다.

또 『주역(周易)』에서 "수(數)는 일(一)에서 생기고 십(十)에서 이루어진다"라고 하였으며, 또 "십 발(髮)은 정(程)이 되고, 십 정(程)은 분(分)이 되고, 십 분(分)은 촌(寸)이 된다"[287]라고 하였다.

운서(韻書)에서 "육십 사 서(黍)가 일 규(圭)가 되고 십 규(圭)가 일 합(合)이 된다"라고 하였다.[288]

『풍속통(風俗通)』에서 말하였다.

> 만(萬)은 억(億)을 낳고, 억은 조(兆)를 낳고, 조는 경(京)을 낳고, 경은 자(秭)를 낳고, 자는 해(垓)를 낳고, 해는 양(壤)을 낳고, 양은 구(溝)를 낳고, 구는 간(澗)을 낳고, 간은 정(正)을 낳고, 정은 재(載)를 낳는다.[289]

『전한서(前漢書)』에서 "장창(張蒼)이 장정(章程)을 정했다"라고 하였는데, 그 주석에서 "장(章)은 수를 헤아리는 기술이고, 정(程)은 무게를 달고 길이를 재고 부피를 재는 방법이다"[290]라고 하였다.

'篬(침)'은 주석에서 '장인바치의 먹자(墨尺)'라고 하였다. 바로 『대학(大學)』에서 이른바 '혈구(絜矩)'가 곡자(曲尺)로 재는 것을 말하니, 지금의 '먹줄자'이다.

---

286) 一爲東西, 十爲南北, 則四方中央**備**矣.(『說文解字, 卷三上, 十』) → 一爲東西, 十爲南北, 則四方中央**具**矣.(『松南雜識』)

287) 十髮爲程, 十程爲分, 十分爲寸.(『說文解字, 卷七上, 程』)

288) 六十四黍爲一圭, 十圭爲一合.(『韻府羣玉卷三, 黍圭』)

289) 風俗通**云**, **千生萬**, 萬生億, 億生兆, 兆生京, 京生秭, 秭生**垓**, **垓生**壤, 壤生**溝**, **溝生**澗, 澗生正, 正生載.(『康熙字典, 禾部』) → 風俗通**曰**, 萬生億, 億生兆, 兆生京, 京生秭, 秭生壤, 壤生澗, 澗生正, 正生載.(『松南雜識』)

290) 章, 歷數之章術**也**, 程**者**, 權衡丈尺斗斛之**平**法**也**.(『前漢書, 卷一下, 高帝紀, 第一下』) → 章**謂**歷數之術, 程**謂**權衡丈尺斛斗之法.(『松南雜識』)

지척
咫尺

『설문해자(說文解字)』에서 말하였다.

"주(周)나라 제도에 촌(寸)·척(尺)·지(咫)·심(尋)은 모두 사람의 신체로 기준을 삼았다."[291]

"부인(婦人)의 손 길이가 팔촌(八寸)이니 이를 '지(咫)'라고 하는데, 주대(周代)의 척도이다."[292]

사자일전
四字一錢

『지봉유설(芝峯類說)』에서 말하였다.

의방(醫方)에서 "자(字)가 네 개면 일 전(錢)이 된다"라고 했으니, 자(字)가 한 개면 곧 이푼반(二分半)이다. 또 향(香)을 '일자(一字)'라고 하니, 산곡(山谷) 황정견(黃庭堅)의 시에서 "싸늘한 향 연기 피어오른다"[293]라고 한 말이 이것이다. 또 당시(唐詩)에서 "몇 번이나 아침이 되면 일자로 다녔던가?"[294]라고 하였으니, 여기서는 대개 나란히 간다는 의미이다.[295]

---

291) 周制寸尺咫尋, **常仞諸度量**, 皆以人之體爲法.(『說文解字, 卷八下, 尺』) → 周制寸尺咫尋, 皆以人之體爲法.(『松南雜識』)

292) 中婦人手, 長八寸, 謂之咫, 周尺也.(『說文解字, 卷八下, 咫』)

293) 香字冷薰籠.(『山谷內集詩注, 卷十, 淸人怨戲效徐庾慢體 三首』)

294) 幾度朝回一字行.(『劉賓客文集, 卷二十八, 送別四十六首, 洛中逢韓七中丞之吳興口號 五首』)

295) **按**醫方, 四字爲一錢, 一字乃二分半也. 又謂香曰一字. 山谷詩香字冷薰籠是也. 又唐詩**云**, 幾度朝回一字行. 此蓋**言**并行也.(『芝峯類說, 卷七, 文字部, 字義』) → 醫方,

일십
壹拾

『운회(韻會)』에서 "十은 지금 관문서(官文書)에 가차(假借)하여 '拾(십)'이라고 쓴다"라고 하니, 壹(일)・貳(이)・參(삼)・肆(사)・伍(오)・陸(륙)・柒(칠)・捌(팔)・玖(구) 역시 가차하여 사용하는 것이다. 또 『설문해자(說文解字)』에서는 '廿(입 : 스물)'・'卅(삽 : 서른)'・'卌(십 : 마흔)'이라 했다.

『정자통(正字通)』에서 말하였다.

진(秦)나라 법에 모든 수사(數詞) 중에 단순한 모양의 글자는 복잡한 모양의 글자로 바꾸어 쓰니, '一'을 '壹'로 쓴 것이 그 예이다. 진(秦)나라의 모든 비석에서 오직 一・二・三만 바꾸어 쓰고 '四' 이후로는 원래 글자를 그대로 사용하였는데, 서불(徐市)[296]이 처음으로 '捌(팔)'자를 사용했다. 지금은 一에서 十까지 모두 바꾸어 쓰니, 진나라의 옛 법이 아니다.[297]

사륙
四六

지봉 이수광이 말하였다.

四字爲一錢, 一字乃二分半也. 又謂香曰一字. 山谷詩香字冷薰籠是也. 又唐詩, 幾度朝回一字行, 此蓋幷行也.(『松南雜識』)

296) 서불(徐市) : 진(秦)나라의 방사(方士). 시황(始皇)의 명을 받들어 동남(童男)・동녀(童女) 3천 명을 데리고 불사약(不死藥)을 구하러 떠난 뒤에 돌아오지 않았다고 한다.

297) 秦法, 凡數目字文單者, 取茂密字易之, 一作壹, **二作貳**, 是也. **按**秦諸碑, 惟一二三, 改易, 四以下, **則**仍用本文, **捌字**徐氏始收**附**, 今**之**十字, 竝改**者**, 非秦之舊也.(『正字通』) → 秦法, 凡數目字文單者, 取茂密字易之, 一作壹, 是也. 秦諸碑, 惟一二三, 改易, 四以下, 仍用本文, 徐氏始收**付捌字**, 今**則一**十字, 竝改, 非秦之舊也.(『松南雜識』)

진(秦)나라 이전의 문장은 오래되어 숭상할 수 없다. 대저 문장은 전한(前漢)에 이르러 특히 융성하였고, 시는 당나라에 이르러 크게 완성되었고, 사륙(四六)은 송나라에 이르러 더욱 구비되었다. 지금 중국인은 문장은 진(秦)·한(漢)을 숭상하고 시는 당나라 곡조를 숭상한다. 명나라는 자못 송·원의 기습(氣習)을 변화시켜 스스로 일종의 체격(體格)을 이루었으나, 오직 사륙(四六)은 송나라보다 조금도 뛰어나지 못하다. 그래서 '명나라에는 사륙이 없다'고 한다. 또 병려문(騈儷文)은 후한(後漢)에서 시작되어 위(魏)·진(晉) 시대에서 파급되었고, 육조(六朝) 때에 이르러 성행하였다. 당송 이후에는 고(誥)·칙령(勅令)·상소(上疏)에 모두 병려문을 사용하여 법식으로 삼았다. 섬세한 문장과 아름다운 구절이 솜씨가 좋기는 하지만 지나치게 수식하여 문장의 폐습도 심하였다. 한(漢)나라 사람들이 사부(詞賦)를 장기·바둑이나 점술과 같은 등급으로 여기는 것은 이 때문인 듯하다.[298)]

지봉 이수광이 말하였다.

『한서(漢書), 예문지(藝文志)』에서 "황제(黃帝)는 명(銘)이 새겨진 금궤(金几)를 가지고 있었다"라고 하였고, 고일서(古逸書)에 황제(黃帝)의 '건기명(巾機銘)'이 실려 있다. 순(舜) 임금은 잠(箴)을 짓고, 우(禹) 임

---

298) 騈偶之文, 源始於東京, 而濫觴於魏晉, 至六朝極矣. 唐宋以後, 則凡誥勅**表箋書啓檄文露布上樑**疏語, 莫不用此爲式, 絺章繪句, 工則工矣. 然過於雕刻, 文弊亦甚, 漢人齒詞賦於博奕卜筮, 其以是歟. 先秦以上之文古矣, 不可尙已. 大抵文至於西京而特盛, 詩至於唐而大成, 四六至於宋而尤備, 今中朝人, 文尙秦漢, 詩尙唐調, 頗變宋元之習, 而自成一種體格, 唯四六則不能小過於宋. 故謂明無四六云.(『芝峯類說, 卷八, 文章部一, 文體』)→先秦以上之文, 古矣, 不可尙已. 大抵文至於西京而特盛, 詩至於唐而大成, 四六, 至於宋而尤備, 今中朝人, 文尙秦漢, 詩尙唐調, 頗變宋元之習而自成一種體格, 唯四六則不能小過於宋. 故謂明無四六云. 又騈偶之文, 源始於東京, 而濫觴於魏晉, 至六朝極矣, 唐宋以後, 則凡誥勅疏語, 莫不用此爲式, 絺章繪句, 工則工矣. 然過於雕刻, 文弊亦甚, 漢人齒詞賦於博奕卜筮, 其以是歟.(『松南雜識』)

금은 잠규(箴規)를 들었으며, 요(堯)·순(舜)은 대야와 그릇에 명을 새겼으니, 이것이 잠(箴)과 명(銘)의 시초이다. 송(頌)은 상(商)나라에서 시작되었는데, '갱재가(賡載歌)'[299]는 송(頌)과 비슷하다. 진시황(秦始皇)의 「낭야대명(瑯琊臺銘)」은 두 구에 하나의 운을 달았고, 「부각석명(罘刻石銘)」과 「회계산비(會稽山碑)」는 세 구에 하나의 운을 다니, 후대에 송(頌)을 짓는 법이 되었다. 유협(劉勰[300])은 "한(漢)나라의 유흠(劉歆[301])이 태상(太常)에게 보낸 글이 바로 편지의 기원이다"라고 하였다. 유신(庾信)[302]의 「춘부(春賦)」는 사실 시(詩)이고, 이백(李白)의 「명고가(鳴皐歌)」는 사실 부(賦)이고, 육조(六朝)에서 당나라까지의 문장은 사실 사륙(四六)이다. 당나라의 문장은 한유(韓愈)에 이르러 변하여 고문(古文)으로 되었고, 당나라의 시는 한유에 이르러 변하여 문장이 되었다.[303]

---

299) 갱재가(賡載歌) : 순(舜)임금이 노래를 지어 부르자 고요(皐陶)가 노래를 이어 화답하였다. 그래서 갱재가는 군신간에 화답하는 노래를 말한다.

300) 유협(劉勰) : 남북조 시대 양나라의 문학자(465~521). 자는 언화(彦和). 뒤에 불교에 귀의하여 혜지(慧地)라고 이름을 고쳤다. 경론에 박식하였다. 저서에 『문심조룡(文心雕龍)』이 있다.

301) 유흠(劉歆) : 전한 말기의 학자. 자는 자준(子駿)·영숙(穎叔). 유향(劉向)의 아들로 아버지와 함께 궁중의 비장서(祕藏書)를 교열하고, 부친의 사후 유업을 계승하였으며, 중국 최초의 분류 도서 목록인 『칠략』을 완성하였다.

302) 유신(庾信) : 남북조 시대의 문인(513~581). 자는 자산(子山). 처음 남조의 양나라에서 벼슬을 하다가 후에 북주(北周)에서도 벼슬을 하였다. 그의 화려한 문체는 서릉(徐陵)과 함께 서유체(徐庾體)로 불리었으며, 저서로 『유자산문집』 20권이 있다.

303) **文有各體**, **而惟箴銘最久**. **按舜作箴**, **禹聽箴規**, **堯舜銘盤盂**, **此其始也**. **然**漢藝文志**曰**, 黃帝有金几之銘. **古**逸書, **亦**載黃帝巾機銘, **蓋銘尤古矣**. 頌始於商, **而皐陶元首明哉**. **股肱良哉**. **庶事康哉等語**, **已**似頌體, **頌之時義亦遠矣**. **史記張儀相秦**, **爲檄告楚相云云**. **蓋檄之始也**. 秦始皇瑯琊臺銘, 二句一韻之, 罘刻石銘, 會稽山碑, 皆三句一韻. 後世作頌之法. **蓋始於此云**, 劉勰曰, 漢劉歆移太常, 此**移文**之所起**也**. **孔德璋北山移文**, **倣此**, 庾信春賦, **駱賓王蕩子從軍賦**. 其實詩也, 李白鳴皐歌, **王維送友人歸山歌**, 其實賦也, 六朝至唐之文, 其實四六也. 唐之文**體**, 至昌黎**始**變而古矣. 唐之詩體, **至**昌黎**始**變而文矣.(『芝峯類說, 卷八, 文章部一, 文體』) → 漢藝文志, 黃帝有金几之銘. 逸書, 載黃帝巾機銘, **舜作箴**, **禹聽箴規**, **堯舜銘盤盂**. **此銘箴之始也**. 頌始於商**而賡載歌**似頌體, 秦始皇瑯琊臺銘, 二句一韻之, 罘刻石銘, 會稽山碑, 皆三句一韻. 後世作頌之法. 劉勰曰, 漢劉歆移太常, 此**文移**之所起, 庾信春賦, 其實詩也, 李

담석
儋石

『남사(南史)』에서 "유의(劉毅)의 집에 담석(儋石)이 없다."[304]라고 하였는데 그 주석에 "제(齊)나라 사람들은 작은 옹기를 '담석(儋石)'이라 부르는데, 두 말 들이이다. 어떤 사람은 '담(儋)은 한 사람이 짊어지는 것이다'고 한다"라고 하였다.

자서(字書)에서 "진시황의 형석(衡石)"[305]이라고 하였는데 그 주석에서 "백이십 근(斤)이 일 석(石)이다"라고 하였으니, '석(石)'이라는 명칭은 여기서 나왔다.

염구산서
冉求算書

『소창적독(小倉赤牘)』에서 "염구산서는 일본에 있고 중국에는 없다"라고 하였다.

젓가락으로 창고의 곡식을 계산함
食箸算囷

『서경잡기(西京雜記)』에서 말하였다.

조원리(曹元理)는 계산을 잘하였는데 진광한(陳廣漢)이 그에게 말하

白鳴皐歌, 其實賦也, 六朝至唐之文, 其實四六也. 唐之文, 至昌黎變而古矣. 唐之詩體, 昌黎變而文矣.(『松南雜識』)

304) 劉毅家無擔石.(『南史, 卷一, 宋本紀上 第一』)

305) 형석(衡石) : 저울.

였다.

"나의 동쪽 서쪽 두 창고의 쌀을 계산하기가 성가시군요."

조원리가 젓가락을 십여 차례 움직이더니 말하였다.

"조금도 틀리지 않을 것입니다."

그런데 서쪽 창고의 쌀이 한 되 가량 모자랐다. 바로 한 되 만한 쥐가 있었던 것이다.[306]

『당서(唐書), 장작전(張鷟傳)』에서 "젓가락을 빨리 놀려 계산했다"라고 하니, 장량(張良)이 젓가락을 빌려 여덟 가지 어려운 일을 말하고,[307] 계연(計硏)[308]과 상홍양(桑弘羊)[309]이 신묘하게 암산한 것과 같다.

---

306) 元理, **嘗從其友人**陳**廣漢**, 廣漢曰, 吾**有**二囷米. **忘其石數**, **子爲吾計之**. **元理**, 以食筯, **十餘**轉**曰**, **東囷七百四十九石二升七合**, **又十餘轉曰**, **西囷六百九十七石八斗**, **遂大署囷門**, **後出米**, **西囷六百九十七石七斗九升**, **中有一鼠**, **大堪一升**, **東囷**不差圭合.(『西京雜記, 卷四』)→**曹**元理**善算**. 陳廣漢曰, 吾**東西**二囷米. **煩算之**, **曹**以食筯, 十**數**轉**云**, **若干**不差, 圭合**西囷**, **差一升**. **乃有大鼠可容一升**.(『松南雜識』)

307) 한(漢)나라 고조가 항우(項羽)와 천하를 다툴 때 형양(滎陽)에서 항우에게 포위를 당하였다. 고조가 대단히 우려하여 역이기(酈食其)에게 초나라의 힘을 약화시키는 방책을 묻자, 역이기가 6국의 후를 세우면 된다고 건의하였다. 이 계획에 대하여 고조가 장량(張良)에게 물어보았다. 그런데 이때 마침 고조가 식사를 하는 도중이었으므로, 장량이 "청컨대 앞의 젓가락를 빌려서 헤아려 보고 싶습니다."라고 대답하였다. 장량은 이어서 여덟 가지 불가(不可)함을 내세워 역이기의 계획에 반대하였다.

308) 계연(計硏) : 춘추 시대 월(越)나라의 경제가(經濟家). 월왕 구천(句踐)이 오왕(吳王) 부차(夫差)에게 패한 뒤에 이를 복수할 생각을 품고는 범려(范蠡)와 계연을 등용하자, 계연이 월나라를 경제적으로 부강시킬 계책을 진달하니, 구천이 그 계책을 써서 나라를 부강하게 하여 마침내 오나라에 복수를 하였다.

309) 상홍양(桑弘羊) : 전한(前漢) 무제(武帝)・소제(昭帝) 때의 관리. 치속도위(治粟都尉)가 되어 염철법(鹽鐵法)을 평준화하여 국용(國用)을 이롭게 하였는데, 뒤에 자신의 공로를 자랑하면서 상관걸(上官桀)과 더불어 모반을 꾀하였다가 죽임을 당했다.

망해도
望海圖

홍계희(洪啓禧[310])는 산술(算術)에 정통하였다. 창고의 벽을 재어 보고는 곡식이 불어나고 줄어든 것을 알았으며, 나무의 그림자를 곱하고 나누어 잎의 수를 알아냈다. 또 바다를 바라보고 걸음으로 재서 물의 깊이와 거리, 사물의 다소(多少)·유무(有無)를 계산했다고 한다.

『주역』을 배우려면 수를 먼저 알아야 한다
學易先數

심류(沈鎏)는 역학(易學)에 조예가 깊었다. 삼십년 동안 홀로 지내며 『주역(周易)』을 풀이했는데, 주해서(註解書) 삼십여 권이 있다. 어떤 선비가 그에게 배우려 하니, 그가 먼저 물었다.

"수(數)를 아는가?"

"겨우 구구법(九九法)이나 압니다."

심류가 웃으며 말하였다.

"천지 만물이 모두 수(數)에 있다. 수로 획(畫)을 이루고, 획으로 글자를 이루고, 글자로 문장을 이루고, 문장으로 학문을 이루거늘, 겨우 구구법만으로 『주역』을 배우려고 하는가?"

살펴보건대, 상수(象數)의 학문은 진단(陳摶[311])에게서 시작되었고 소

310) 홍계희(洪啓禧) : 조선 후기의 문신(1703~1771). 본관은 남양(南陽), 자는 순보(純甫), 호는 담와(淡窩). 유학자로 자처했으나 그보다는 시무에 밝고 경세치용(經世致用)에 많은 관심을 보인 개혁 실천주의자였다. 글씨에 능했으며, 저서로는 『삼운성휘(三韻聲彙)』가 있다. 그리고 편저로는 『균역사실(均役事實)』·『준천사실(濬川事實)』·『균역사목변통사의(均役事目變通事宜)』·『국조상례보편(國朝喪禮補編)』·『해동악장(海東樂章)·『명사강목(明史綱目)』·『경세지장(經世指掌)』·『주문공선생행궁편전주차(朱文公先生行宮便殿奏箚)』·『사곡록(寺谷錄)·『창상록(滄桑錄)』 등이 있다.

311) 진단(陳摶) : 송나라의 학자. 자는 도남(圖南). 오대(五代) 시절에 화산(華山)에서 도

옹(邵雍)[312]에 이르러 내성외왕(內聖外王)[313]을 겸비된 뒤에야 존귀하게 되었다.

문장에는 역사체가 있다
文有史體

왕세정(王世貞)이 "『진서(晉書)』와 『남북사(南北史)』는 패관소설이다. 『송사(宋史)』와 『원사(元史)』는 단란조보(斷爛朝報)[314]이다. 그러나 『송사』의 번다함 보다는 차라리 『원사』의 간결함이 좋다"라고 하였다.

지봉 이수광은 "사가(史家)의 문장은 기사체(記事體)이다. 의론(議論)이 성하면 문체가 점차 약해지는 현상을 역사서에서 볼 수 있다"라고 하였다.[315]

를 닦고 살면서 곡식 대신 기(氣)를 먹고 한 번 자기 시작하면 100일도 넘게 일어나지 않고 잤다고 한다. 송의 태종(太宗)은 그에게 희이선생(希夷先生)이라는 호를 하사하였음.

312) 소옹(邵雍) : 북송의 학자(1011~1077). 자는 요부(堯夫). 『주역』의 상수학(象數學)에 능통하였음. 벼슬에 나가지 않고 소문산(蘇門山) 백천(百泉)에서 독서하며 사는 집을 안락와(安樂窩)라 하고 자호를 안락선생(安樂先生)이라 하였다. 또한 낙양(洛陽)에 살 때에는 공중누각(空中樓閣)을 짓고 자호를 무명공(無名公)이라고 하기도 하였다. 시호는 강절(康節).

313) 내성외왕(內聖外王) : 안으로는 성인의 덕을 갖추고 밖으로는 왕자(王者)의 풍도를 갖춘 것, 즉 학술과 덕행을 겸비했다는 뜻.

314) 단란조보(斷爛朝報) : 단란은 결함이 많아서 완전하지 못한 것을 뜻하고, 조보는 정부에서 매일 반포하는 공고문(公告文)을 말한다. 송나라 왕안석(王安石)이 선유의 주석들을 일체 폐기하여 쓰지 않고, 『춘추』를 축출하여 학관에 배열하지 못하게 하면서, 심지어는 단란 조보라고 희롱하며 지목하기까지 하였다. 불완전한 역사서를 의미한다.

315) 王世貞曰, 晉書南北史, 稗官小說也. 宋元史, 爛朝報也. 與其爲宋史之繁, 不若爲遼史之簡. **余謂**史家之文, 記事體也. 議論盛而文體漸降, 于史可見.(『芝峯類說, 卷六, 經書部二, 諸史』)→王世貞曰, 晉書南北史, 稗官小說也. 宋元史, **斷**爛朝報也. 與其爲宋史之繁, 不若遼史之簡**也**. **芝峯曰**, 史家之文, 記事體也. 議論盛而文體漸降, 于史可見.(『松南雜識』)
* 왕세정의 말도 『지봉유설』에서 인용한 것으로 보임.

나는 생각건대, 좌구명(左丘明)[316]・사마천(司馬遷)[317]의 역사기술, 굴원(屈原)[318]과 송옥(宋玉)[319]의 사부(詞賦), 유향(劉向)[320]의 『전국책(戰國策)』과 조조(鼂錯)[321]의 책략, 가의(賈誼)[322]와 동중서(董仲舒)[323]의 소차(疏箚), 장주(莊周)의 우언(寓言), 양웅(揚雄)의 『법언(法言)』, 한유(韓愈)의 비문(碑文), 유종원(柳宗元)의 기문(記文), 소식(蘇軾)의 논(論), 두보(杜甫)의 율시, 이백의 장편, 진관(秦觀)[324]의 사(詞), 육지(陸贄)[325]의 주의(奏議), 주희(朱熹)의 경전 주

---

316) 좌구명(左丘明) : 춘추 시대 노(魯)나라 사람. 『춘추좌씨전(春秋左氏傳)』을 지었다고 전해진다.

317) 사마천(司馬遷) : 한(漢)나라 무제 때 문신 겸 역사가. 자는 자장(子長). 유람하기를 좋아하여 일찍이 남으로는 강회(江淮)에 노닐고 북으로는 문사(汶泗)를 건너 산천을 유람하면서 호한(浩瀚)한 기운을 얻어 이를 문장으로 발휘하여 『사기』를 지었다.

318) 굴원(屈原) : 전국 시대 초(楚)나라의 시인으로 삼려대부(三閭大夫)에 이르렀다. 회왕(懷王)이 그 재능을 중히 여겼으나 근상(靳尙)의 무리에게 참소를 당하여 회왕과 멀어지게 되자 「이소(離騷)」를 지었다. 양왕(襄王) 때 다시 참소로 강남(江南)으로 귀양을 가니, 굴원이 「어부사(漁父辭)」 등 여러 편을 지어 자신의 뜻을 보이고는 멱라수에 빠져서 죽었다.

319) 송옥(宋玉) : 전국 시대 초(楚)나라의 문신 겸 문학가. 굴원(屈原)의 제자이다. 부(賦)에 능했는데 사태(詞態)가 교려(巧麗)하여 한위(漢魏) 육조(六朝)의 미려(靡麗)한 풍조를 열었다. 「구변(九辯)」 등 16편의 작품을 남겼다.

320) 유향(劉向) : 한(漢)나라 사람. 주안왕(周安王)으로부터 진 시황(秦始皇)까지의 전국 시대 여러 나라 사실을 국가별로 기록한 『전국책(戰國策)』을 지었다.

321) 조조(鼂錯) : 한(漢) 문제(文帝) 때 정치가. 신불해(申不害)・상앙(商鞅) 등의 형명학(形名學)을 배웠고, 벼슬은 어사대부에 이르렀음. 문제에게 변경의 수비에 관해 자주 상언(上言)하였고, 특히 변경에 집과 농기구를 고루 갖출 것과 죄인은 사면하고 무죄한 자는 벼슬을 주어 그 사람들을 이주하도록 권유하자고 청하였는데, 왕이 그의 말대로 시행하였다.

322) 가의(賈誼) : 한(漢) 문제(文帝) 때의 문신. 낙양(洛陽) 출신. 어려서부터 문재(文才)가 있어 문제의 총애를 받았다. 당시에 모두들 천하가 이미 다스려졌다고 하였으나 가의는 홀로 그렇지 않다고 하고 당시의 사세(事勢)를 두고 통곡할 만한 것 한 가지, 눈물을 흘릴 만한 것 두 가지, 길이 탄식할 만한 것 여섯 가지를 열거하여 상소하였다.

323) 동중서(董仲舒) : 한(漢)나라의 학자. 소시에 『춘추(春秋)』를 전공하여 경제(景帝) 때에 박사(博士)가 되었는데 장막을 드리우고 강송(講誦)을 하였기에 그 얼굴을 볼 수 없었고 3년 동안 정원을 내다보지 않고 독실히 학문하니 학사(學士)들이 모두 존중하였다. 무제(武帝) 때에 누차 대책(對策)을 올려 무제의 중망(重望)을 입었다.

324) 진관(秦觀) : 송 철종(宋哲宗) 때의 문장가. 자는 소유(少游). 문장이 뛰어나 소식(蘇軾)의 천거로 태학박사(太學博士)가 되어 비서성(秘書省) 서적을 교감하였고 실록편수관으로 실록을 편수하였는데, 소인들의 미움을 받아 말단 지방관으로 좌천되어 수

석, 김성탄(金聖歎)[326]의 비평은 천고(千古)에 탁월한 솜씨라 할 만하다.

관각문학과 산림문학
館閣山林

구양수(歐陽修)가 "산림처사(山林處士)의 문장은 그 기상이 고고(枯槁)하고 대각(臺閣)의 문장은 그 기운이 풍부하고 화려하다"라고 하였다. 또, 은사(隱士)는 계고(稽古)해야 하건만 임포(林逋)[327]는 병려문과 율시를 짓기 시작하여 시문(詩文)을 그르쳐 놓았다.

조선의 문장가로 반드시 상촌(象村) 신흠(申欽)·월사(月沙) 이정구(李廷龜)·계곡(谿谷) 장유(張維)·택당(澤堂) 이식(李植)을 거론하니, 이들은 관각문학의 기상이 특이하다. 금석문(金石文)은 오로지 간이(簡易) 최립(崔岦)만이 능하였고, 남명(南冥) 조식(曺植)의 문장은 산림처사의 것인 듯하다.

직금직견
織錦織絹

남명 조식이 문하의 제자들에게 "나는 비단을 짰지만 아직 한 필을 완성하지 못하였고, 퇴계 이황은 명주를 짜서 벌써 한 필을 완성하였

난을 겪다가 객지에서 죽었다.

325) 육지(陸贄) : 당나라의 문신. 자는 경여(敬輿), 시호는 선공(宣公). 벼슬은 동평장사(同平章事)에 이름. 그가 조정에 있을 때 주의(奏議)한 '육선공주의(陸宣公奏議)'는 주의의 전범이 되었다.

326) 김성탄(金聖嘆) : 청나라 때의 문예 비평가. 본명은 장채(張采), 자는 성탄(聖嘆). 『장자』·『이소(離騷)』·『사기』·『두시』·『수호전』·『서상기』 등을 평론하였다.

327) 임포(林逋) : 송나라의 시인. 서호에 살았으므로 서호처사(西湖處士)라 한다. 처자도 없이 매화와 학만을 좋아하였으므로 당시에 사람들이 '梅妻鶴子'라고 하였다. 서화(書畫)와 시를 잘하여 그의 매화시가 세상에 회자(膾炙)되었다 한다. 시호는 화정(和靖).

다"라고 하였다.

세상에서 전하기를 "사후의 농암(農巖)[328]! 생전의 서파(西坡)[329]!"라고 하니, 매승(枚乘)[330]과 사마상여(司馬相如)[331]의 재주가 다른 것과 같은 의미이다.

또, 지천(遲川) 최명길(崔鳴吉)[332]은 사업(事業)으로는 세상에 명성이 났으나 문장으로는 칭송 받지 못하니 그 문장이 비루하고 그 논설이 장황해서 끝이 없다. 소식(蘇軾)이 "문사는 의미만 전달되면 된다"라고 하니, 불필요한 수식이 없으며 실생활에 반드시 필요한 문장이었던 듯하다.

문장에는 여러 가지 체제가 있다
文屬多體

지봉 이수광이 말하였다.

문장의 종류에는 잠(箴)・명(銘)・송(頌)・찬(贊)・조(詔)・제(制)・고

328) 농암(農巖) : 조선 중기의 학자・문신(1651~1708)인 김창협(金昌協)의 호. 자는 중화(仲和). 숙종 8년(1682)에 문과에 급제하고 집의・대사성을 지냈으나, 아버지 김수항이 기사환국 때 사사(賜死)되자 벼슬을 버리고 은거하며 성리학 연구에 몰두하였다. 당대의 문장가이며 서예에도 능하였다. 저서에 『농암집』・『사단칠정변(四端七情辨)』 등이 있다.

329) 서파(西坡) : 조선 숙종 때의 문신(1645~1703)인 오도일(吳道一)의 호. 자는 관지(貫之). 대제학과 한성부 판윤 등을 지내고 병조 판서에 올랐으나 민언량(閔彦良)의 옥사에 연루되어 유배되었다. 저서에 『서파집(西坡集)』이 있다.

330) 매승(枚乘) : 전한의 저명한 시인・사부(辭賦) 작가. 자는 숙(叔). 「칠발(七發)」이 유명하다.

331) 사마상여(司馬相如) : 전한의 문인. 자는 장경(長卿). 그의 사부(辭賦)는 한위 육조(漢魏六朝) 문인의 모범이 되었다. 작품에 「자허지부(子虛之賦)」 등이 있다.

332) 최명길(崔鳴吉) : 조선 중기의 문신(1586~1647). 자는 자겸(子謙), 호는 지천(遲川)・창랑(滄浪). 병자호란 때에 화평(和平)을 주장하고 항서(降書)를 써서 청나라에 항복하였다. 성리학과 문장에 뛰어나고 글씨에도 일가를 이루었다. 저서에 『지천집』・『경서기의(經書記疑)』 등이 있다.

(誥) · 칙(勅) · 책(冊) · 사(赦) · 문(文) · 표(表) · 전(箋) · 계(啓) · 장(狀) · 서(書) · 소(疏) · 차(箚) · 봉사(封事) · 의(議) · 주(奏) · 자(咨) · 게첩(揭帖) · 격(檄) · 노포(露布) · 서(序) · 기(記) · 지(志) · 전(傳) · 발(跋) · 인(引) · 책(策) · 논(論) · 의(義) · 제문(祭文) · 축(祝) · 사(詞) · 애사(哀辭) · 뇌문(誄文) · 청사(靑詞)[333] · 치어(致語)[334] · 상량문(上樑文) · 시(詩) · 부(賦) · 사(辭)가 있다. 청사(靑詞)는 도장(道場)의 제문이니 청표(靑表)라고도 한다.[335]

산곡(山谷) 황정견(黃庭堅)의 시(詩)에서 "청축에 향로의 향을 쏘인다"고 하였는데, 그 주석에서 "안에서 청사(靑詞)를 꺼내서 향을 쏘인다"라고 하였다.[336]

살펴보건대 시(詩)의 갈래에는 가(歌) · 요(謠) · 언(諺) · 어(語) · 음(吟) · 인(引) · 사(詞) · 행(行) · 곡(曲) · 구(謳) · 편(篇) · 송(誦) · 금조(琴操)가 있다.

---

333) 청사(靑詞) : 도교(道敎)에서 하늘에 빌거나 신장(神將)을 부르는 부록(符籙). 푸른 종이에 붉은 글씨로 쓴다. 인신하여 제사에 쓰이는 문체. 송나라 문인들의 문집 중에는 이 문체가 항상 들어 있다.

334) 치어(致語) : 궁정의 예술인이 연출을 시작할 때, 외치던 송사(頌辭).

335) 文之屬, 有箴·銘·頌·贊·詔·誥·制·勅·冊·赦文·表·箋·啓·狀·書·疏·箚·封事·議·奏·咨·揭帖·檄·露布·序·記·志·傳·跋·引·策·論·義·祭文·祝詞·哀辭·誄·靑詞·致語·上樑文·賦辭焉. …… 道場醮祭之文**曰**靑詞, 亦曰靑表.(『芝峯類說, 卷八, 文章部一, 文體』) → 文之屬, 有箴·銘·頌·贊·詔·制·誥·勅·冊·赦文·表·箋·啓·狀·書·疏·箚·封事·議·奏·咨·揭帖·檄·露布·序·記·志·傳·跋·引·策·論·**疑**·義·祭文·祝詞·哀辭·誄**文**·靑詞·致語·上樑文·**詩**·賦辭焉. 靑詞·道場醮祭文, 亦曰靑表.(『松南雜識』)

336) 靑祝**擕**御爐香. ……〈**靑祝謂**內出靑詞以香熏之.〉(『山谷內集詩注, 卷三, 次韻韓川奉祠西太乙宮 四首』) → 山谷詩, 靑祝御爐香, 註, 內出靑詞以香熏之.(『松南雜識』)

판 · 대
判對

『당서(唐書), 백관지(百官志)』[337]에서 "신(身) · 언(言) · 서(書) · 판(判)"[338]이라 하였는데, 판(判)[339]은 곧 이원굉(李元紘)[340]의 '남산(南山) 판결'이 이것이다. 지금의 소지(所志)는 판결(判決)을 제사(題辭)하는 것이다. 또 '대(對)'는 판결의 대문(對文)인데, 즉 조량정(晁良貞)[341]의 '아내에게 구타당한 사건'[342]에 대한 대문(對文)이니, 지금 '공사(供辭)'[343]와 '살옥발미(殺獄跋尾)'[344]가 그것이다.

연주
連珠

진(晉)나라의 부현(傅玄)[345]이 연주에 대하여 다음과 같이 설명하였다.

---

337) 『松南雜識』에는 '選擧志'로 오기되어 있음.

338) 신언서판(身言書判) : 당나라 때 인재선발을 담당하는 관리가 각 항목별로 표준을 정해 놓은 것이다. 인재를 발탁하는 방법에는 네 가지가 있는데, '신(身)'은 신체와 용모의 훌륭함을 보는 것이고, '언(言)'은 언사의 변정(辯正)을 보며, '서(書)'는 해서체를 얼마나 훌륭하게 쓰는지를 보며, '판(判)'은 문장 이치의 우수함을 보는 것이다.

339) 판(判) : 문체의 이름. 죄를 판단하는 이유의 글이다.

340) 이원굉(李元紘) : 당나라 때의 관리. 자는 대강(大綱). 그가 옹주사호(雍州司戶)로서 태평공주(太平公主)와 사원의 분쟁에 대한 판결을 할 때 사원의 손을 들어 주었다. 이에 태평공주의 위세를 두려워한 옹주장사(雍州長史) 두회정(竇懷貞)이 번복을 급히 명령하였는데, 원굉이 판결문 뒤에 "남산은 옮길 수 있을지 모르겠으나, 이 판결은 결코 움직일 수 없다"고 크게 썼다.

341) 조량정(晁良貞) : 당나라의 관리.
* 『松南雜識』에는 '白香山'으로 되어 있다. 『고금사문유취(古今事文類聚)』에 「被妻毆判」 다음 문장의 작자가 백거이(白居易)인데, 착오가 있었던 것으로 보인다.

342) 아내가 남편을 때리는 광경을 목도한 이웃이 고발하여 아내를 도형(徒刑) 3년에 처하였으나, 이 여인은 남편이 친고(親告)하지 아니하였으므로 승복할 수 없다고 한 사건.

343) 공사(供辭) : 범죄 사실 진술의 기록.

344) 살옥발미(殺獄跋尾) : 사람을 죽인 옥사에 대하여 시체를 검사한 관원이 검안서에 적은 의견.

'연주(連珠)'는 후한(後漢) 장제(章帝) 시대에 처음 생겨났으니, 반고(班固)·가규(賈逵)[346]·부의(傅毅)[347] 세 사람이 조서를 받고 지었다. 그 문체는 문사가 아름답고 표현이 간결하다. 일의 정황을 지적해 말하지 않고 반드시 비유를 통해 뜻을 전달하기에 현명한 자도 어렴풋이 알아채니, 옛날 비흥(比興)[348]의 의의이다. 마치 구슬을 꿴 것처럼 역력하여 보기 쉽고 좋아할만하게 만들고자 하였다. 그래서 '연주(連珠)'라고 하였다.[349]

그 문체에 대해 말한다.

대개 듣자니 아리따움을 몸에 지니고 있지만 예쁜 눈썹 때문에 질투를 받고, 고결한 인품이 사물을 비추건만 절등한 아름다움 때문에 시기를 받는다고 한다. 이러한 까닭에 반첩여(班倢伃)[350]가 총애에서 밀려나니 요염한 자색이 없어서가 아니다. 양웅(揚雄)[351]이 쓸쓸히 산

345) 부현(傅玄) : 진(晉)나라 때의 학자·문인. 자는 휴혁(休奕). 박학하고 문장을 잘 지었으며 음률(音律)에 대한 이해가 깊었다. 저서로 『부자수십만언(傅子數十萬言)』이 있다.

346) 가규(賈逵) : 후한 때의 학자. 자는 경백(景伯). 오경(五經)과 좌전(左傳)·곡량전(穀梁傳)을 외워서 가르쳤다고 한다.

347) 부의(傅毅) : 후한 때의 학자. 자는 무중(武中). 박학하고 문장을 잘 지었다. 명제(明帝)가 어진 인재를 대우하려는 뜻이 없자, 선비들 중에 은거하는 이들이 많았기에, 부의가 일찍이 「칠격(七激)」을 지어 풍자하였다. 장제(章帝) 때에 난대령사배낭중이 되어서 반고·가규와 함께 교서(校書)를 담당하였다.

348) 비흥(比興) : 『시경』의 세 가지 표현 기법 중 두 가지.

349) 晉傅玄叙**連珠**云, **所謂連珠者**, 興於漢章帝之世, 班固賈逵傅毅**三子**, 受詔作之, **而蔡邕張華之徒**, **又廣焉**, 其**文**體**詞**麗而言約, 不指**說**事情, 必假喩以達其旨, **而**賢者微悟, **合於**古比興之義, 欲使歷歷如貫珠, 易**覩**而可悅, 故謂之連珠.(『古今事文類聚, 別集, 卷十一, 文章部, 興於漢世』) → 晉**書**傅玄叙云, 興於漢章帝之世. 班固賈逵傅毅. 受詔作之, 其體**辭**麗而言約. 不指**諸**事情. 必假喩以達其旨, 賢者微悟. 古**比**興之義. 欲使歷歷如貫珠. 易**觀**而可悅. 故謂之連珠.(『松南雜識』)

350) 반첩여(班倢伃) : 한(漢)나라 때 성제(成帝)의 궁녀. 조비연의 참소로 쫓겨나 「원가행(遠歌行)」을 지었다.

351) 양웅(揚雄) : 한나라의 학자로 오래도록 황문시랑(黃門侍郎)이라는 보잘것없는 관직에 머물러 있었다.

것도 어찌 빛나는 재주가 부족해서였겠는가?"[352]

회문시
回文詩

피일휴(皮日休)[353]가 "회문시는 진(晉)나라 온교(溫嶠)[354] 때부터 시작되었다. '연구(聯句)'는 한(漢)나라 때의 「백량대(柏梁臺)」에서 시작하였다"[355]라고 하였다.

『채조시화(蔡條詩話)』에서 "집구(集句)는 송나라 초기부터 있었는데, 석연년(石延年)[356]에게 이르러 문장으로 유희를 한 뒤에 크게 유행하였다"[357]라고 하였다.

---

352) 蓋**聞**艷麗居身而以**蛾**眉入妬, 貞華炤物而以絶**等**見猜, 是以, 班姬辭寵, 非無妖艶之色, 揚子寂寞, 豈乏炫**耀**之才.(『古今事文類聚, 別集, 卷十一, 文章部, 連珠』)→蓋**間**艷麗居身而以**娥**眉入妬. 貞華炤物而以絶**花**見猜. 是以, 班姬辭寵. 非無妖艶之色. 揚子寂寞, 豈乏炫**燿**之才.(『松南雜識』)
* 양(梁) 오균(吳均)의 연주(連珠).

353) 피일휴(皮日休) : 당나라 때의 시인. 자는 습미(襲美)·일소(逸少), 호는 취음선생(醉吟先生)·간기포의(間氣布衣). 만당(晩唐)의 시인으로 육구몽과 함께 피육(皮陸) 2대 시인이라고 불렸다. 저서에 『피자문수(皮子文藪)』가 있다.

354) 온교(溫嶠) : 진(晉)나라의 명장. 자는 태진(太眞). 소준(蘇峻)이 반란을 일으키자 도간(陶侃)을 맹주(盟主)로 추대하고 출정하여 석두(石頭)에서 격파하였는데, 이때 소준의 죄상(罪狀)을 낱낱이 열거하자 7천 군사가 눈물을 뿌리며 배에 올랐다고 한다.

355) 「잡체시서(雜體詩序)」.

356) 석연년(石延年) : 송나라의 시인. 자는 만경(曼卿).

357) 集句, 自國初有之, **未盛也**, 至石曼卿, **人物開敏**, 以文爲戲然後, 大著. **蔡條詩話**.(『古今事文類聚, 別集, 卷十, 文章部, 石曼卿集句』)→集句, 自國初有之, 至石曼卿, 以文爲戲然後, 大著.(『松南雜識』)

사언시 · 오언시
四言五言

『서경(書經), 순전(舜典)』의 「내천가(勑天歌)」[358]가 사언시의 시초이다. 이릉(李陵)[359]의 「여소무시(與蘇武詩)」에 "손을 이끌고 다리 위에 올라"[360]라고 한 것이 오언시의 시초이다. 또, 백량대(柏梁臺) 연구시(聯句詩)가 칠언시의 시초이다.

동문화송
東文華誦

간이(簡易) 최립(崔岦)의 작문이 당대에 매우 뛰어났으나, 우리나라 사람 중에는 알아주는 이가 없다. 신묘년(1591)에 올린 주의(奏議)가 중국으로 들어가 집집마다 전하여 암송하고 사람마다 베껴 쓰고서야 우리나라 사람들이 비로소 알게 되었으니, 진실로 이른바 "거울을 보고서야 자기 얼굴이 아름다운 줄 안다"는 격이다. 『엄주집(弇州集)』에서 "조선의 최립이 문자를 조금 안다"라고 하였다.

연암 박지원이 말하였다.

> 엄주(弇州) 왕세정(王世貞)이 최립에게 "돌아가서 한유(韓愈)의 「획린해(獲麟解)」를 오백 번 읽는다면, 마땅히 문장의 첩경(捷徑)을 알게 될

---

358) 제순(帝舜)이 노래를 지어 말씀하기를 "하늘의 명을 삼갈진댄 때마다 삼가고 기미마다 삼가야 한다"라고 하고, 마침내 노래하기를 "고굉(股肱)이 기뻐하여 일하면 원수(元首)의 다스림이 홍기(興起)되어 백공(百工)이 기뻐할 것이다"라고 하였다[帝庸作歌曰, 勑天之命, 惟時惟幾. 乃歌曰, 股肱喜哉, 元首起哉, 百工熙哉].(『書經, 虞書, 益稷』)

359) 이릉(李陵) : 전한(前漢)의 무장. 자는 소경(少卿). 이광리가 흉노를 쳤을 때 출정, 흉노의 배후를 기습하여 이광리를 도왔으나 귀로에 무기 · 식량이 떨어지고 8만의 흉노군에게 포위되어 항복했다.

360) 攜手上河梁.(『文選註, 卷二十九, 雜詩, 與蘇武詩 三首』)

것이오"라고 하였다. 최립이 매우 한스러워하면서 엄주를 만난 한 가지 일을 깊이 숨기고, 작문을 할 때 편벽되고 난삽하고 기이하며 독특하게 하려고 힘을 쓴 것은 이반룡(李攀龍)[361]을 배워서 그렇다. 이반룡은 엄주가 두려워한 인물이었으므로 이것으로 크게 한번 눌러 보려고 했을 따름이다.

주지번(朱之蕃)[362]이 "왕세정이 평생 두려워한 사람은 창명(滄溟) 이반룡 한 사람 뿐입니다. 시구를 찾을 때마다 반드시 이반룡의 시 「진관(秦關)」,

창용(倉龍) 멀리 걸려 진나라 하늘에 비 내리는데	蒼龍遠掛秦天雨
석마(石馬) 길게 우니 한나라 동산에 바람 부네	石馬長嘶漢苑風

를 읊었습니다"라고 하였다고 한다.[363]

---

361) 이반룡(李攀龍) : 명나라의 문학가(1514~1570). 자는 우린(于鱗), 호는 창명(滄溟). 왕세정(王世貞)・사진(謝榛)・종신(宗臣)・오국륜(吳國倫)・양유예(梁有譽)・서중행(徐中行)과 시단을 이루었는데 '후칠자(後七子)'라고 일컬어진다. 극단적인 복고를 추구하였다.

362) 주지번(朱之蕃) : 명나라의 문신・문학가・서예가. 금릉(金陵) 출신. 자(字)는 원개(元介). 호는 난우(蘭嵎). 서화를 잘하였으며 저서로는 『봉사고(奉使稿)』가 있다.

363) 弇州曰, **有意於作者, 但讀書不多. 聞見未廣, 可**歸讀**昌黎**文**中**獲麟解五百遍, 當識作文蹊**徑**耳. 簡易大**慙**恨, 深諱見弇州一事而爲文務**爲**僻澁奇崛者, 學李于鱗, **于鱗**爲弇州所畏. 故欲以此雄壓耳. **許筠之儐**朱**太史**之蕃**也. 問朱曾見弇州否. 朱曰, 曾於癸巳春, 往太倉請益於弇州. 公時以南司寇致仕, 貌不踰中人, 眼光如星, 築堂花園. 聚門徒飮酒賦詩, 弇州日飮五六斗不醉. 有求詩文者, 令侍婢吹彈而磨墨伸紙, 如有風雲鬼神. 又問**弇州**有畏憚否, 朱曰, 公**平生所畏**服**, 惟滄溟一人. 每覓句, 必先**高**咏, 于鱗秦關詩曰, 蒼龍遠掛秦天雨, 石馬長嘶漢苑風. **如何不畏**.(『燕巖集, 卷之十四, 別集, 熱河日記, 避暑錄』)→弇州**謂簡易**曰, 歸讀**韓**文獲麟解五百遍, 當識作文蹊**逕**耳. 簡易大恨, 深諱見弇州一事而爲文務僻澁奇崛者, 學李于鱗, 爲弇州所畏. 故欲以此雄壓耳. 朱之蕃**曰**, 弇州平生所畏, 惟滄溟一人**耳**. 每覓句, 必先咏, 于鱗秦關詩曰, 蒼龍遠掛秦天雨, 石馬長嘶漢苑風**云**.(『松南雜識』)

부한단
賦邯鄲

우리 선조 운강공(雲江公)[364]이 일찍이 좌사(左思)[365]의 부(賦)를 본받아 「동국삼도부(東國三都賦)」를 지었는데, 당시에 널리 유행하였다. 임식(林植)[366]도 시를 잘 짓는다는 명성이 났기에, 당시 사람들이 그에 대해 "시(詩)는 임숙무(林叔茂)요, 부(賦)는 한단(邯鄲)[367] 이구나!"라고 하였다.[368]

학술문장
學術文章

노포(老圃)의 『신안수록(新安隨錄)』에서 말하였다.

---

364) 운강(雲江) : 조선 중기의 문신인 조원(趙瑗 : 1544~1595)의 호. 자는 백옥(伯玉). 조식(曺植)의 문인. 1575년 정언(正言)이 되어 이 해 당쟁이 시작되자, 그에 대한 탕평의 계책을 상소하여 당파의 수뇌를 파직시킬 것을 주장하였다. 이듬해 이조좌랑이 되고, 1583년 삼척부사로 나갔다가, 1593년 승지에 이르렀다. 저서로 『독서강의(讀書講疑)』가 있으며, 유고로는 『가림세고(嘉林世稿)』가 있다.

365) 좌사(左思) : 서진(西晉)의 시인. 자는 태충(太沖). 부(賦)에 뛰어나 이름난 작품을 많이 남겼는데, 특히 10년 동안 구상하여 지은 「삼도부(三都賦)」는 '낙양(洛陽)의 지가(紙價)를 올리다'라는 고사로 유명하다. 작품에 「제도부(齊都賦)」·「영사시(詠史詩)」·「초은시(招隱詩)」 등이 있다.

366) 임식(林植) : 조선 중기의 문신·학자(1539~1589). 본관은 평택(平澤), 자는 숙무(叔茂), 호는 송파(松坡). 성균관전적·이조좌랑·병조정랑·홍문관교리·예조정랑 등을 역임하고, 외직으로 영변판관과 구성부사를 거쳐 강계부사가 되었다. 그 뒤 모함을 받아 파직당하여 고향 결성(結城)에 돌아간 뒤 조정에서 여러 번 불렀으나 나아가지 않고, 부해정(浮海亭)이라는 정자에 은거하며 일생을 마쳤다. 시문에 능하였으며, 서북지방의 명승을 대상으로 읊은 시가 전한다. 저서로는 『송파유고』 1권이 있다.

367) 한단(邯鄲) : 조원(趙瑗)을 이르는 말.

368) 效左太沖賦東國三都賦, 成膾炙一時, **時**林植叔茂, 亦有能詩聲, 時人爲之語曰詩林叔茂賦邯鄲.(『拙修齋先生文集, 卷之十一, 雜著, 行實, 曾大父雲江公行實』) → **嘗**效左太沖賦東國三都賦, 成膾炙一時, 林植叔茂, 亦有能詩聲, 時人爲之語曰詩林叔茂賦邯鄲.(『松南雜識』)

이서당(李西塘)이 일찍이 말하였다.

옛날에 서계(西溪) 박세당(朴世堂)[369]을 방문하였을 때 우리나라의 문장을 언급하게 되자 박세당이 말하였다.

"근래의 문집 중에는 눈을 번쩍 뜨게 할 만한 것이 없는데 오로지 졸수재(拙修齋) 조성기(趙聖期)[370]의 학술과 문장은 본에 따라 호리병을 그리는(依樣畫葫蘆)[371] 비루함이 없고 자득에서 나왔습니다. 그 극치에 이른 솜씨가 화담(花潭) 서경덕(徐敬德)[372]에 비하여 모자라지 않으나 '기(氣)'를 '리(理)'라고 하는 문제점이 없다면 도리어 더 뛰어날 것입니다. 문장은 비록 작법(作法)을 달가워하지는 않지만 종이와 붓을 잡고 바로 쓰면 순식간에 수천 마디가 도도하게 끝이 없습니다. 그 유동(流動)하는 정신과 웅혼한 기력은 두려워만 하고 감당할 수는 없습니다."

369) 박세당(朴世堂) : 조선 숙종 때의 문신 · 학자(1629~1703). 자는 계긍(季肯), 호는 서계(西溪). 1660년 문과에 장원, 수찬(修撰) 등을 거쳐 이조 · 형조의 판서를 지냈다. 실학자로서 박물학의 학풍을 이룩하였으며, 『사변록(思辨錄)』을 지어 종래의 경설(經說)을 개작하여 물의를 일으키고, 숙종 29년(1703)에는 『사서집주(四書集註)』가 주자의 학설을 비방하였다 하여 관직에서 추방되었다.

370) 조성기(趙聖期) : 조선 숙종 때의 학자(1638~1689). 자는 성경(成卿), 호는 졸수재(拙修齋). 평생을 독서와 학문에만 전심하였다. 시문에 능통하고 성리학을 집대성하였으며, 경제학에도 밝았다. 한문 소설 『창선감의록(彰善感義錄)』을 지었으며, 저서에 『졸수재집』이 있다

371) 의양화호로(依樣畫葫蘆) : 옛 양식에 따라 호리병을 그린다는 의미. 곧 옛사람의 것을 본뜨기만 하고 창안해내지 못함을 이른다. 송 태조(宋太祖)가 일찍이 한림학사(翰林學士) 도곡(陶穀)을 조롱하여 이르기를 "듣건대 한림학사는 제서(制書)를 초(草)할 때에 모두 옛사람이 저술해 놓은 구본(舊本)을 보고 사어(詞語)만 바꾸어서 쓴다고 하니, 이것이 바로 세속에서 말하는 옛사람의 양식에 따라서 호리병을 그린다는 것이니 무슨 힘을 쓴 것이 있겠는가"라고 한 말에서 유래하였다.

372) 서경덕(徐敬德) : 조선 중종 때의 학자(1489~1546). 자는 가구(可久), 호는 복재(復齋) · 화담(花潭). 이기론(理氣論)의 본질을 연구하여 이기 일원설을 체계화하였으며, 수학 · 역학도 깊이 연구하였다. 저서에 『화담집』이 있다.

직금제송
織錦製頌

신라사(新羅史)[373]에서 말하였다.

진덕왕(眞德王)이 「태평송(太平頌)」을 직접 짓고 비단을 짜서 무늬를 만들어 당나라에 바쳤다. 그 가사에,

위대한 당나라 큰 왕업을 여니	大唐開洪業
높디높은 황제의 계책 훌륭하도다	巍巍皇猷昌
전쟁을 그치니 군사들이 안정되고	止戈戎衣定
문치를 닦아 여러 성왕의 뒤를 이었네	修文繼百王
천하를 통치하니 고귀한 비 내리고	統天崇雨施
만물을 다스리니 물체가 빛을 머금었네	理物體含章
깊은 인덕은 해와 달과 짝하고	深仁諧日月[374]
천운을 어루만져 태평성대로 향한다	撫運邁時康
나부끼는 깃발은 어찌 그리 빛나며	幡[375]旗何赫赫
징소리 북소리는 어찌 그리 우렁찬가	鉦鼓何鍠鍠
명령을 어기는 오랑캐는	外夷違命者
칼날 아래 엎어져 천벌을 받으리	剪覆被天殃
순후한 풍속은 음양을 응집하고	淳風凝幽顯
먼 곳과 가까운 곳에서 다투어 상서로움 바치네	遐爾競[376]呈祥
사계절 옥촉(玉燭)처럼 조화롭고	四時和玉燭
칠요(七曜)[377]는 만방을 순환하네	七曜巡萬方
산악의 정기가 재상을 내리니	維嶽降宰輔
황제가 충성스럽고 어진 이에게 벼슬주네	惟帝任忠良

373) 『三國史記, 新羅本紀, 第五, 眞德王 四年』.
374) 『松南雜識』에는 '用'으로 되어 있음.
375) 『松南雜識』에는 '播'으로 되어 있음.
376) 『松南雜識』에는 '並'으로 되어 있음.
377) 칠요(七曜) : 日・月과 火・水・木・金・土의 五星을 가리킨다.

삼황오제(三皇五帝)의 한결같은 덕을 이루어	三五成一德
우리 당(唐)나라 황실을 밝게 하도다	昭我唐家皇

라고 하였다.

『당시품휘(唐詩品彙)』에서 "고고(高古)하고 웅혼(雄渾)하여 당나라의 여러 작품들과 비교해도 손색이 없다"라고 하였다.

살펴보건대, 부견(苻堅) 때에 두도(竇滔)가 변방에 있었다. 그의 아내 소혜(蘇蕙)는 자(字)가 약난(若蘭)인데 회문시(回文詩)를 지어 비단에 수를 놓으니 '직금도(織錦圖)'라고 한다.[378]

옥봉시집
玉峯詩集

옥봉(玉峯) 이씨(李氏)는 우리 선조 운강공(雲江公) 조원(趙瑗)의 소실로서 임진왜란 때에 절개를 세웠다. 시집(詩集)이 있는데, 본가에는 전해오지 않는다. 허균(許筠)[379]이 중국에 갔을 때, 중국 사람들이 그녀의 시를 암송하여 전하기에 『국조시산(國朝詩刪)』[380]에 실었다. 또한, 시가 당풍(唐風)에 가까워 고상한 사람의 맑고 밝은 격조가 있으며, 부녀자의 아리

378) 두도가 아내 소혜(蘇蕙)를 데리고 임지로 가려 했는데, 애첩 조양대(趙陽臺)와 불화가 있던 소혜가 거절하였다. 그러자 두도는 애첩만을 데리고 부임하고, 아내와 소식을 완전히 끊어 버렸다. 그러자 소혜는 회문시를 지어 비단으로 짜서 두도에게 보내니 그것이 「소약난직금회문시(蘇若蘭織錦回文詩)」이다.

379) 허균(許筠) : 조선 시대의 문신·소설가(1569~1618). 자는 단보(端甫), 호는 교산(蛟山)·성소(惺所)·학산(鶴山)·백월거사(白月居士). 서자를 차별 대우 하는 사회 제도에 반대하였으며, 광해군의 폭정에 항거하기 위하여 서인을 규합하여 반란을 계획하다 발각되어 참형을 당하였다. 우리나라 최초의 국문 소설인 「홍길동전」을 지었으며, 시문집으로 『성소부부고(惺所覆瓿藁)』 등이 있다.

380) 국조시산(國朝詩刪) : 허균이 조선 전기의 한시(漢詩)를 뽑아 엮은 책. 숙종 21년(1695)에 박태순(朴泰淳)에 의하여 간행되었다. 2권 1책.

땁고 애교 있는 자태는 없다.

세간에 전하는 말로는 "강에 투신하여 동정호(洞庭湖)로 흘러들었는데, 어부가 낚아 올려서 혹시 보물이 들었나 싶어 그 치마 끈을 풀어보니 족보와 시집이 들어있었다. 그래서 중국에서 암송되다가 조선으로 되돌아 왔다"라고 한다.

경번도사
景樊道士

연암(燕岩) 박지원(朴趾源)이 말하였다.

청나라 사람 회암(悔菴) 우동(尤侗)[381]의 「죽지사(竹枝詞)」,

양화도 어귀에 살구꽃 붉고	楊花渡口杏花紅
팔도의 가요는 동국의 가락이네	八道歌謠東國風
여도사 비경(飛瓊)[382]이 제일 생각나니	最憶飛瓊女道士
광한궁(廣寒宮)에 올라서 상량문을 지었다네	上樑曾到廣寒宮

의 주석에 허난설헌(許蘭雪軒)[383]이 여도사가 되어 일찍이 광한궁(廣寒宮) 백옥루(白玉樓)의 상량문(上樑文)을 지었다고 한다.[384]

381) 우동(尤侗) : 청나라의 문학가. 호는 회암(悔菴), 자는 전성(展成).

382) 비경(飛瓊) : 허비경(許飛瓊). 전설 속에 나오는 여자 신선으로, 서왕모(西王母)의 시녀(侍女)라고 한다. 여기서는 허난설헌(許蘭雪軒)을 가리킨다.

383) 허난설헌(許蘭雪軒) : 조선 중기의 여성 시인(1563~1589). 본명은 초희(楚姬), 자는 경번(景樊). 난설헌은 호. 천재적인 시재(詩才)를 발휘하였으며, 특히 한시에 능하였다. 한시에 「유선시(遊仙詩)」, 가사 작품에 「규원가」·「봉선화가」 등이 있고, 유고집에 『난설헌집』이 있다.

384) 尤悔菴**侗**外國竹枝詞, **首著貴國**, **其**曰, 楊花渡口杏花紅, 八道歌謠東國風, 最憶飛瓊女道士, 上梁曾到廣寒宮. 註**云**, **閨秀**許景樊, **後**爲女道士. 嘗作廣寒宮白玉樓上梁

고시격을 띤 지금의 시
今詩古格

참봉(參奉) 이광려(李匡呂)[385] · 헌적(軒適) 여춘영(呂春永)[386] · 취송(翠松) 이희사(李羲師)[387] · 이용휴(李用休)[388]는 모두 시의 특성이 고아하다. 근래에 월암(月巖) 남종현(南鍾玄)의 시는 신광수(申光洙)[389] · 채득순(蔡得淳)의 시체를 변화시켰으니 현재를 돌려 옛날로 돌아가게 하였다고 할 만하다. 당시에 암송되기까지 하였다. 문장도 시와 같았으나 세상에 그의 문장을 아는 이가 없어서 마침내 산일되고, 수습하지 못하니 안타깝다.

시로 명성이 높은 사람들
詩以名高

손곡(蓀谷) 이달(李達)[390] · 백대붕(白大鵬)[391] · 어무적(魚無迹)[392] · 정초

文.(『燕巖集, 卷之十四, 別集, 熱河日記, 避暑錄』) → **清人**尤悔菴**洞**外國竹枝詞曰, 楊花渡口杏花紅, 八道歌謠東國風, 最憶飛瓊女道士, 上梁曾到廣寒宮. 註, 許景樊, 爲女道士, 嘗作廣寒宮白玉樓上梁文**云**.(『松南雜識』)

385) 이광려(李匡呂) : 조선 후기의 실학자(1720~1783). 자는 성재(聖載), 호는 월암(月巖) · 칠탄(七灘), 본관은 전주(全州). 학식과 덕행이 높았고 문장이 뛰어나 당시 사림의 제 1인자였다고 한다. 저서로 『이참봉집(李參奉集)』이 있다.

386) 여춘영(呂春永) : 조선 후기의 학자(1734~1812). 호는 헌적(軒適). 저서로 『헌적집(軒適集)』이 있다.

387) 이희사(李羲師) : 조선 후기의 시인(1728~1811). 저서로 『취송시고(醉松詩稿)』가 있다.

388) 이용휴(李用休) : 조선 후기의 학자(1708~1782). 자는 경명(景命), 호는 혜환재(惠寰齋), 본은 여주(驪州). 기(沂)의 아들이며, 잠(潛)의 조카로 실학의 대가 가환(家煥)의 아버지이다. 작은아버지 익(瀷)의 문하에서 배웠다. 그는 문인의 사명과 창작하는 방법을 진지하게 생각하였고, 당대 30여년을 문장가로서 남인계의 문권을 잡았다. 저서로는 『탄만집』 · 『혜환시초』 등과 『혜환잡저』가 있다.

389) 신광수(申光洙) : 조선 영조 때의 문신(1712~1775). 자는 성연(聖淵), 호는 석북(石北) · 오악산인(五嶽山人). 서화(書畫)에 뛰어났으며, 저서에 『부해록(浮海錄)』 · 『석북집』 등이 있다.

390) 이달(李達) : 조선 선조 때 한시의 대가. 자는 익지(益之), 호는 손곡(蓀谷). 최경창 · 백광훈과 함께 당시(唐詩)에 능하여 '삼당(三唐)'이라 불렸다.

부(鄭樵夫)393) 등은 모두 시로 명성이 높다. 또, 귀봉(龜峯) 송익필(宋翼弼)394)·고청(孤青) 서기(徐起)395)·정산(鼎山) 박형(朴泂)396)·남계(楠溪) 이중호(李仲虎)397)·유하(柳下) 홍세태(洪世泰)398) 등은 학문으로 이름이 높다.

시 때문에 옥에 갇히다
詩案成獄

신라사399)에서 "진성왕(眞聖王) 때에 당시의 정치를 비방하는 글이 조

391) 백대붕(白大鵬) : 조선 선조 때의 시인(?~1592). 자는 만리(萬里). 전함사(典艦司)의 노복(奴僕) 출신으로, 통신사(通信使) 허성을 따라 일본으로 가서 호방하고 의협한 기상의 시(詩)로써 이름을 날렸다. 임진왜란 때 상주(尙州)에서 전사하였다.

392) 어무적(魚無迹) : 조선 전기의 시인. 자는 잠부(潛夫), 호는 낭선(浪仙). 아버지는 사대부였으나 어머니가 관비(官婢)였으므로 관노(官奴)의 신분이 되었다. 아버지의 영향을 받아 천인으로서는 드물게 한문을 익힐 수 있었고 특히 시에 뛰어났다. 매화나무에까지 세금을 부과하는 폭정을 규탄한 「작매부(斫梅賦)」를 쓴 탓에 원의 노여움을 사서 도망다니다가 객사하였다. 「유민탄(流民嘆)」과 「신력탄(新曆嘆)」이 유명하다.

393) 정초부(鄭樵夫) : 조선 후기 순조·헌종 때의 시인 정봉(鄭鳳)의 호. 양근초부(楊根樵夫)라고도 한다. 나무를 팔아 생활하고, 당시(唐詩)의 근본을 체득하여 일세에 이름을 떨쳤으며, 소박한 풍의 칠언절구가 많이 애송되었다.

394) 송익필(宋翼弼) : 조선 선조 때의 학자(1534~1599). 자는 운장(雲長). 호는 귀봉(龜峯)·현승(玄繩). 성리학과 예학에 능하였다. 저서에 『귀봉집』이 있다.

395) 서기(徐起) : 조선 선조 때의 학자(1523~1591). 자는 대가(待可), 호는 이와(頤窩)·고청초로(孤青樵老). 제자백가와 기술 이론에 통달하고, 각지를 유랑하며 민속을 연구하였다. 만년에 계룡산에 들어가 후학 양성에 힘썼다.

396) 박형(朴泂) : 조선 중기의 학자(?~1604). 자는 형지(泂之), 호는 정산(鼎山), 본관은 반남(潘南). 박주(朴洲)라고도 한다. 이중호(李仲虎)의 문인. 서얼 신분이어서 일찍이 벼슬을 단념하고 가르침에 힘썼는데 그의 제자가 수백 명에 이르렀다. 명종·선조 때의 거의 모든 조신(朝臣)들은 어려서 그의 가르침을 받았다.

397) 이중호(李仲虎) : 조선 중기의 학자(1512~1554). 자는 풍후(風后), 호는 이소재(履素齋), 본관은 전주(全州). 유우(柳藕)의 문인으로 일찍이 학문에 뛰어난 재능을 보였다. 관직에 나아가지 않고 도학과 성리학에 전념하였으며 시문에도 뛰어났다. 저서로 『심성도설(心性圖說)』·『성리명감(性理明鑑)』이 있다. 시호는 문경(文敬).

398) 홍세태(洪世泰) : 조선 숙종 때의 시인(1653~1725). 자는 도장(道長), 호는 유하(柳下)·창랑(滄浪). 『해동유주』를 편찬하였으며, 문집 『유하집』이 있다.

399) 『三國史記, 新羅本紀, 第十一, 眞聖王』.

정의 길에 게시된 일이 있다"[400]라고 하니, 이것이 우리나라 괘서(掛書)[401]의 시초이다.

어떤 자가 "이 일은 필경 뜻을 얻지 못한 문인(文人)의 짓이니, 대야주(大耶州)[402] 의 은자인 왕거인(王巨仁)의 소행일 것입니다"라고 하였다. 감옥에 가두고 처형하려고 하자, 왕거인이 분하고 원통하여 감옥의 벽에,

우공(于公)이 통곡하자 삼 년 동안 가물었고	于公[403]慟哭三年旱
추연(鄒衍)이 슬픔을 머금자 오월에도 서리가 내렸네	鄒子[404]含悲五月霜
지금 나의 깊은 슬픔도 도리어 옛날과 같은데	今我幽愁還似古
하늘은 아무 말도 없이 푸르기만 하구나	皇天無語但蒼蒼

라고 쓰자 곧 석방되었다.[405]

이것은 이 시로 살아난 경우이다.

고려 예종(睿宗) 때에 고효충(高孝冲)이 「두 여자에 대한 감상(感二女)」

---

400) **時有無名子**, **欺**謗時政, **構辭**榜於朝路.(『三國史記, 卷第十一, 新羅本紀, 第十一, 眞聖王, 二年』)→**有**謗時政, 榜於朝路.(『松南雜識』)

401) 괘서(掛書) : 이름을 밝히지 않고 내어 건 글. 국가에 반역(叛逆)을 도모하거나 남을 모함하기 위하여 궁문(宮門), 성문(城門), 관청의 문 따위에 써 붙였다.

402) 대야주(大耶州) : 지금의 합천(陜川).

403) 우공(于公) : 한(漢)나라 때의 관리. 동해군(東海郡) 출신. 재판을 공정히 하는 것으로 이름이 높았다. 어느 때 동해군의 한 효부가 시어머니를 살해했다는 누명을 쓰고 옥에 갇히자 우공이 그를 위해 힘써 쟁송하였으나, 뜻을 이루지 못하고 효부는 억울하게 죽음을 당하였다. 그러자 동해군이 3년 동안 가물었다. 그 후 새로운 태수가 부임하자 우공이 앞장서 효부의 누명을 벗기고 무덤에 제사지내니 비로소 비가 왔다고 한다.

404) 추자(鄒子) : 전국 시대 제나라의 정치가인 추연(鄒衍). 임치(臨淄) 출신. 연나라 소왕(昭王)의 사부였으나 소왕이 죽고 혜왕(惠王)이 즉위하여 참소를 믿고 그를 옥에 가두었다. 그러자 추연이 하늘을 우러러 통곡하자 5월인데도 서리가 내렸다고 한다.

405) 或**告王**曰, **此**必文人不得**志者所爲**, **殆是**大耶**州**隱者巨仁**耶**. **王命拘巨仁京**獄, 將刑**之**, **巨仁**憤怨, 書**於**獄壁曰, 于公慟哭三年旱, 鄒**衍**含悲五月霜, 今我幽愁還似古, 皇天無語但蒼蒼. **其夕**, **忽雲霧震雷雨雹**, **王懼**, **出巨仁放歸**.(『三國史記, 卷第十一, 新羅本紀, 第十一, 眞聖王, 二年』)→或曰, 必文人不得**意**, 大耶隱者巨仁**所爲**. **下**獄將刑, 憤怨, 書獄壁曰, 于公慟哭三年旱, 鄒**子**含悲五月霜, 今我幽愁還似古, 皇天無語但蒼蒼. **仍發放**.(『松南雜識』)

과 「사무익(四無益)」 시를 지었는데 과거 시험을 보러 갔다가 하옥되었다.[406)]

고종(高宗) 때에 노성(盧成)이,

어진 선비들은 가슴을 치는 때이며	賢士槌胸日
어린 놈들은 뜻을 얻어 노래하는 때로다	倡雛得意秋

라는 구절을 짓자 정성(鄭珹)이 최항(崔沆)에게 참소(譖訴)하였으므로 처형하였다.[407)]

조선의 남이(南怡)[408)]가,

백두산 돌은 칼을 갈아 다 닳게 하고	白頭山石磨刀盡
두만강 물은 말이 모두 마시게 하네	豆滿江波飮馬無
남아가 스무살에 나라를 평정치 못하면	男兒二十未平國
후세에 누가 대장부라고 칭하랴	後世誰稱大丈夫

---

406) 당시 예종은 노래하는 악기(樂妓)를 좋아하였는데 기생 영롱(玲瓏)과 알운(遏雲)은 명창이어서 왕의 총애를 받았다. 국학생(國學生) 고효충(高孝沖)이 「두 여자에 대한 감상」이란 제목으로 시를 지어 이를 풍자하였다. 이것을 중서사인 정극영(鄭克永)이 왕에게 고하니 왕이 불쾌하게 여겼다. 이때에 마침 고효충이 과거를 보러 시험장에 왔는데 왕이 퇴장을 명령하고 옥에 가두었다. 호종단이 상소를 올려 고효충을 위해 적극 구원하니 마침내 석방되었다.(『高麗史, 列傳, 卷十, 劉載』)

407) 정성(鄭珹)이 최항(崔沆)에게 다음과 같이 참소하였다.

"하동(河東) 감무 노성(盧成)이 그 고을 사람 이규(李珪), 이창(李昌)과 결의 형제가 되어 협주 부사(陜州副使) 설인검(薛仁儉), 남해 현령(南海縣令) 정고(鄭皐), 급제 유여해(兪汝諧), 중명취(明就) 등을 불러다가 노상 술을 마시며 즐길 뿐만 아니라 국정을 비방합니다. 그리고 그들이 연회할 때에는 '천자의 문이라 다른 손님은 못 들어온다(天子之門諸賓莫入)'라고 각 문에 써 붙이고, 외객은 못 오게 하고, 각각 회포를 시로써 주고받고 합니다. 그중에는 "賢士槌胸日, 倡雛得意秋"라는 시구(詩句)가 있습니다." 최항은 노해서 노성, 이규, 이창을 저자거리에서 목을 베어 죽이고 설인검, 정고 등을 섬으로 귀양 보냈다. 그래서 그때의 사람들이 정성(鄭珹)을 '사람을 잡아먹는 놈(食人者)'이라고 손가락질하였다.(『高麗史, 列傳, 卷四十二, 叛逆三, 崔沆』)

408) 남이(南怡) : 조선 시대의 무신(1441~1468). 1467년 이시애의 난을 진압하여 이름을 떨치고 28세에 병조 판서가 되었으나, 유자광의 무고로 죽었다.

라는 시를 지었는데, 끝내는 '平(평)'자를 '得(득)'자로 고쳐서 옥사(獄事)를 일으켰다. 마치 곡단(曲端)[409]의 시에서,

관중의 사업은 일으키지 못한 채	不向關中興事業
강 위의 어부로 세월만 보낸다네	却來江上泛漁舟

라고 한 것과 같다.

점필재(佔畢齋) 김종직(金宗直)이 지은 「조의제문(弔義祭文)」은 무덤에까지 화를 입혔다.[410]

어우(於于) 유몽인(柳夢寅)[411]은 「과부(孀婦)」 시에서,

일흔 살의 늙은 과부	七十老寡婦
해마다 홀로 규방을 지키네	獨歲守閨壼
옆 사람이 재가를 권유하니	傍人勸之嫁
잘 생긴 사내 얼굴 무궁화 같구나	善男顏如槿
백발에 봄같이 화장을 한다면	白首爲春容
어찌 연지분이 부끄럽지 않으리	寧不愧脂粉[412]

409) 곡단(曲端) : 송나라의 무신으로 병법에 능하여 금나라 군대를 잘 제어하였는데, 장준(張浚)이 그를 시기하여 그의 시가 황제를 기롱했다고 모함하였기에 마침내 옥사(獄死)하였다.

410) 김종직이 죽은 후인 연산군4년(1498) 그가 생전에 지은 「조의제문(弔義帝文)」을 사관(史官)인 김일손(金馹孫)이 사초(史草)에 적어 넣은 것이 원인이 되어 무오사화(戊午士禍)가 일어났다. 이미 죽은 그는 부관참시(剖棺斬屍)를 당하였으며, 그의 문집이 모두 소각되고, 김일손・권오복(權五福) 등 많은 제자가 죽음을 당하였다.

411) 유몽인(柳夢寅) : 조선 중기의 문장가(1559~1623). 자는 응문(應文), 호는 어우당(於于堂)・간재(艮齋)・묵호자(默好子). 설화 문학의 대가였으며, 글씨에도 뛰어났다. 인조반정으로 벼슬을 내놓고 전전하다가 역모로 몰려 사형당했다. 저서로는 『어우야담(於于野談)』・『어우집』 등이 있다.

412) 七十老**孀**婦, **單居**守**空**壼, **慣讀女史詩**, **頗知妊姒訓**, 傍人勸之嫁, 善男顏如槿, 白首**作**春容, 寧不愧脂粉.(『於于集, 卷二, 詩, 金剛錄, 題寶蓋山寺壁』) → 七十老**寡**婦, **獨歲**守**閨**壼, 傍人勸之嫁, 善男顏如槿, 白首**爲**春容, 寧不愧脂粉.(『松南雜識』)

라고 하였고, 석주(石洲) 권필(權韠)[413]은,

> 궁에 버들 푸르디 푸르고 꾀꼬리 어지러이 나는데　　宮柳青青鸎亂飛
> 성에 가득 벼슬아치 봄볕에 알랑대네　　滿城冠盖媚春輝
> 조정에선 앞 다투어 태평세월 말하니　　朝廷競道升平樂
> 그 누가 직언을 처사에게서 나오게 했는고　　誰遣危言出布韋

라는 시를 지었다. 이들은 시 때문에 죽었다.

계사를 헐뜯고 맹자를 비방하다
毁繫詆孟

연암 박지원이 말하였다.

정효(鄭曉)[414]의 『고언(古言)』에서 "구양수(歐陽修)[415]는 「계사(繫辭)」[416]를 헐뜯었고,[417] 사마광(司馬光)[418]은 『맹자(孟子)』를 비난하였으며, 왕안

---

413) 권필(權韠) : 조선 중기의 문인(1569~1612). 자는 여장(汝章), 호는 석주(石洲). 정철의 문인으로 시와 문장이 뛰어났다. 광해군의 처남 유희분(柳希奮)이 정권을 휘두르자 임숙영(任叔英)이 대책문(對策文)에서 그의 무도함을 공박했다가 광해군의 노여움을 샀다. 그 뒤 권필도 유희분을 공박하는 뜻에서 「궁류시」를 지어, 궁류는 유희분을, 포의는 임숙영을 비유하였다가, 유배당해 유배지로 가던 도중 동대문 밖에서 죽었다. 저서에 『석주집』과 한문소설 「주생전(周生傳)」 등이 있다.

414) 정효(鄭曉) : 명나라 때의 학자. 해염(海鹽) 출신. 자(字)는 공보(空甫). 상서(尙書) 김헌민의 부탁을 받고 『구변도지(九邊圖志)』를 지었으며, 경학에 통달하였다. 저서에 『우공도설(禹貢圖說)』·『오학편(吾學編)』 등이 있고, 문집이 남아 있다.

415) 구양수(歐陽脩) : 송나라의 정치가·문인(1007~1072). 자는 영숙(永叔), 호는 취옹(醉翁)·육일거사(六 一居士). 당나라 때의 화려한 시풍을 반대하여 새로운 시풍을 열고, 송대 문학의 기초를 확립하였으며, 당송 팔대가 가운데 한 사람으로 꼽힌다. 저서에 『신오대사』·『신당서』·『모시본의(毛詩本義)』 등이 있다.

416) 계사(繫辭) : 문왕(文王)과 주공(周公)이 『역(易)』의 괘(卦)와 효(爻)의 아래에 써넣은 설명의 말.

417) 구양수(歐陽修)는 『역동자문(易童子問)』 3권 37장을 지어 『주역』의 「계사(繫辭)」·「문

석(王安石)[419]은 『춘추(春秋)』를 비난하였다. 정이(程頤)와 정호(程顥)는 『대학(大學)』의 고문(古文)을 바꾸거나 옮겼으며, 주희(朱熹)는 자하(子夏)의 『시서(詩序)』[420]를 쓰지 않았다. 모두 이해할 수 없다"라고 하였다.[421]

지봉 이수광이 말하였다.

송나라 때 보전(莆田) 사람 정후(鄭厚[422])가 "맹자는 현인이 아니다. 주(周)나라의 땅을 밟고 주나라의 곡식을 먹으면서도 항상 주나라를 무시하는 마음이 있었고, 공자를 배우면서도 그를 배반하였다. 만약 당시에 제환공과 진문공의 행동을 창도할 수 있는 사람이 있었다면 문왕(文王)·무왕(武王)·성왕(成王)·강왕(康王)의 업적을 바랄 수 있겠는가? 맹가(孟軻)는 한갓 혓바닥으로 자신의 이익과 봉록을 도모했을 뿐이다. 오늘은 양혜왕(梁惠王)에게 유세하고 내일은 제선왕(齊宣王)에게 유세하여 모두 자신의 말에 빠뜨려 탕왕(湯王)·무왕(武王)의 정치

언(文言)』이하는 공자(孔子)의 말이 아니라고 하였다. 이 책은 현존하며 『구양문충공전집(歐陽文忠公全集)』에 들어 있다.

418) 사마광(司馬光) : 북송 때의 학자·정치가(1019~1086). 자는 군실(君實), 호는 우부(迂夫)·우수(迂叟). 사마온공(司馬溫公)이라고도 한다. 신종 초에 왕안석의 신법(新法)에 반대하여 은퇴하고 철종 때에 재상이 되자, 신법을 폐하고 구법(舊法)으로 통치하였다. 저서에 『자치통감』·『사마문정공집(司馬文正公集)』 등이 있다. 『의맹(疑孟)』 1권 11편을 지어 『孟子』를 비난하였다.

419) 왕안석(王安石) : 북송의 정치가·학자(1021~1086). 자는 개보(介甫), 호는 반산(半山). 부국강병을 위한 신법(新法)을 제정하여 실시하였다. 당송 팔대가의 한 사람이기도 하다. 저서에 『주관신의(周官信義)』·『임천집』이 있다.

420) 제(齊)·노(魯)·한(韓) 등 3가(家)의 시(詩)에도 서(序)가 있었으나 전하지 않고, 보통 현존하는 『모시서(毛詩序)』를 줄여서 『시서(詩序)』라고 한다.

421) 鄭曉古言**云**, 歐陽永叔, 毁繫辭, 司馬**君實**詆孟子, 王介甫非春秋, 二程**子**改古大學, 晦菴**先生**不用子夏詩序, 皆不可解云.(『燕巖集, 卷之十五, 別集, 熱河日記, 銅蘭涉筆』)
→鄭曉古言, 歐陽永叔, 毁繫辭, 司馬**溫公**詆孟子, 王介甫非春秋, 二程改古**文**大學, 晦菴不用子夏詩序, 皆不可解云.(『松南雜識』)

422) 정후(鄭厚) : 송나라 때의 학자. 보전(莆田) 출신. 자는 경위(景韋), 호는 향상선생(鄉湘先生)·상향선생(湘鄉先生)이다. 저서에 『상향문집(湘鄉文集)』이 있다.

를 행하게 하니, 맹가는 모진 사람이며 변사(辯士)로, 장의(張儀)와 소진(蘇秦)같은 영웅이다"라고 말하였으며, 심지어는 "당시 유세가들은 도굴꾼이고, 맹자는 시(詩)와 예(禮)로 말하여 인의(仁義)를 팔아 먹는다"라고 하고, "시정간의 장사하는 아낙네"에 비유하여 성현을 추악하게 헐뜯는 것이 극에 달했건만, 송나라 유학자들이 배척하지 않은 이유는 무엇 때문인가?[423)]

살펴보건대, 이구(李覯)[424)]가 『맹자』를 읽지 않은 것도 이때문이다. 지봉이 또 말하였다.

명나라 때 주계우(朱季友)가 바친 저서는 염락관민(濂洛關閩)[425)]의 학설을 전적으로 배척하였으므로 태종(太宗)이 노하여 "유학의 적이

---

423) 宋莆田鄭厚曰, 孟子非賢人. 履周之地, 食周之粟, 常有無周之心. 學仲尼而叛之也. 使當時有**能**倡威文之學**者**, 文武成康之業, 庸可幾乎, 而軻徒以口舌**求合**, 自謀利祿. 今日說梁惠, 明日說齊宣, 皆陷之, 使爲湯武之爲, 軻忍人也辯士也, 儀秦之雄也. 至譬之於詩禮發**家**市井販婦, 其醜詆聖賢極矣, 而宋儒不之斥何也.(『芝峯類說, 卷七, 經書部三, 著述』)→宋莆田鄭厚曰, 孟子非賢人**也**. 履周之地, 食周之粟, 常有無周之心. 學仲尼而叛之也. 使當時有倡威文之學, 文武成康之業, 庸可幾乎. 而軻徒以口舌. 自謀利祿. 今日說梁惠, 明日說齊宣, 皆陷之, 使爲湯武之爲, 軻忍人也辯士也, 儀秦之雄也. 至譬之於詩禮發**塚**市井販婦, 其醜詆聖賢極矣, 而宋儒不之斥何也.(『松南雜識』)
*『지봉유설』의 내용이 불완전하여 다음의 글을 참조하여 바로 잡았음.
軻非周民乎, 履周之地, 食周之粟, 常有無周之心, 學仲尼而叛之者也, 周德之不競, 亦已甚矣. 然其虛位, 猶拱而存也, 使當時有能倡桓公之擧, 則文武成康之道業, 庸可幾乎, 爲軻者, 徒以口舌求合, 自媒利祿, 盍亦使務是而已乎, 奈何今日說梁惠, 明日說齊宣, 說梁襄, 說滕文, 皆啗之, 使爲湯武之爲, 此軻之賊心也. …… 要之, 戰國縱橫捭闔之士, 皆發冢之人, 而軻能以詩禮也. 是故孟軻誦仁義, 猶老錄公之誦法也, 老錄公誦法, 賣法者也, 軻誦仁義, 賣仁義者也, 安得爲仲尼之徒歟.(『說郛, 卷八下, 藝圃折中, 鄭厚』)

424) 이구(李覯) : 송나라 때의 학자. 남성(南城) 출신. 자는 태백(泰伯). 변설(辨說)에 뛰어나고 글을 잘하였다. 『상어(常語)』 3권을 지었는데, 그 속에 『맹자』를 비난한 말이 많이 있다.

425) 염락관민(濂洛關閩) : 송나라 이학(理學)의 사대파. 염계(濂溪) 주돈이(周敦頤), 낙양(洛陽) 정이(程頤)·정호(程顥), 관중(關中) 장재(張載), 민중(閩中) 주희(朱熹)를 가리킨다.

다!”라고 하고, 책을 불태우고 태형(笞刑)에 처하였다.[426]

조선의 윤휴(尹鑴)[427]도 『중용(中庸)』의 주자(朱子) 주석을 고쳐서 사문난적(斯文亂賊)이 되었다고 한다.

벽운하
碧雲騢

지봉 이수광이 말하였다.

『벽운하(碧雲騢)』는 매요신(梅堯臣)[428]이 지은 책인데, 매성유의 이름에 가탁하여 거공(巨公)을 비난하였다.[429]

---

426) 皇明**太宗朝**, **士人**朱季友獻所著**書**, 專斥濂洛關閩之說. **上**怒曰, **此儒之**賊也. **謗先賢毁正道**, **非常之罪**, **治之不可拘常例**. **卽勅行人押季友還饒州**. **會布政府縣官及鄕之士**, **明諭其罪**, 笞**以示**罰, **而搜檢其家所著書**. **會衆焚之**.(『芝峯類說, 卷七, 經書部三, 著述』) → 皇明朱季友獻所著, 專斥濂洛關閩之說. **世宗**怒曰, 儒賊也. **焚書**笞罰.(『松南雜識』)

427) 윤휴(尹鑴) : 조선 효종·현종 때의 학자(1617～1680). 자는 희중(希仲), 호는 백호(白湖)·하헌(夏軒). 경서를 독창적으로 해석하였으며, 이황과 이이의 학설을 절충하여 ‘사단 칠정 인심 도심설(四端七情人心道心說)’을 내세웠다. 벼슬은 우참찬과 이조판서에 이르렀으며, 경신출척(庚申黜陟) 이후 귀양 갔다가 처형되었다.

428) 매요신(梅堯臣) : 송나라의 시인(1002～1060). 자는 성유(聖兪), 호는 원릉(宛陵). 안휘성(安徽省) 선성(宣城) 출신. 지방의 관리로 전전하다가 친구 구양수(歐陽修)의 추천으로 중앙의 관리인 국자감직강(國子監直講)이 되었다. 소순흠(蘇舜欽)·구양수 등과 같이 성당(盛唐)의 시를 본으로 하여 당시 유행하던 서곤체(西崑體)의 섬교(纖巧)한 폐풍을 일소하고, 새로운 송시(宋詩)의 개조(開祖)가 되었다. 그는 정의(情義)가 두텁고 권귀(權貴)에 아첨하지 않으며 담론과 음주를 즐기고 명사와의 교유가 많았다. 시집으로 『원릉집(宛陵集)』 60권이 있고, 『손자(孫子)』 13편의 주(註)와 『당재기(唐載記)』 26권의 저작도 있었다.

429) 碧雲**騢**者, 梅聖兪所撰. **其中數款**, **皆毁范文正甚力**. **謂公薄於宗族**, **交結宦寺以得官**. **余怪之**, **後閱他書**, **有言聖兪平生不悅於范公**. **故爲此書以傳世**, **其人薄行如此**, **宜一生之坎軻也**.**嗚呼向非文正之表表大節**, **則人豈有不信者乎**. **故曰**, **盡信書則不如無書**. **又說郛曰**, **魏泰托聖兪名作書**, **號碧雲騢**, 以詆當世巨公, **亦似然矣**.(『芝峯類說,

정개청(鄭介淸)[430]의 「동도배절의론(東都排節義論)」도 『벽운하』를 은근히 반박하였다.

주자강목
朱子綱目[431])

양신(楊愼)[432]이 "『강목(綱目)』은 주자의 문인(門人) 조사연(趙師淵)[433]이 스승의 명을 받들어 편찬한 것이다"라고 하였다. 그런데 주자는 "내가 일찍이 『강목』을 지었다"라고 말했다 한다. 살펴보건대 『주서(朱書), 답우연지서(答尤延之書)』[434]를 보면 알 수 있다.

『가례원류(家禮源流)』[435]는 노서(魯西) 윤선거(尹宣擧)[436]와 시남(市南)

卷七, 經書部三, 著述』) → 碧雲𩃬者, 梅聖兪所撰, 以詆當世巨公.(『松南雜識』)

430) 정개청(鄭介淸) : 조선 시대의 문신 · 학자(1529~1590). 자는 의백(義伯), 호는 곤재(困齋). 고성(固城) 정씨의 시조로, 역학과 율려에 정통하였으며, 저서에 『수수기(隨手記)』·『곤재우득록(困齋愚得錄)』이 있다.

431) 주자강목(朱子綱目) : 책이름. 『자치통감강목(資治通鑑綱目)』을 말한다. 송나라 때 주희(朱熹)가 『자치통감』을 따라 강목(綱目) 별로 지었다. 크게 쓴 것은 '강(綱)'이고, 나누어 주석을 단 것은 '목(目)'이다. '강'은 『춘추』의 방식을 따라 여러 역사서의 좋은 부분들을 취하였고, '목'은 『춘추좌전』의 방식을 따라 여러 유자들의 좋은 말들을 모았다. 오직 「범례(凡例)」 한 권만 주희가 직접 쓴 것으로, '강'의 부분은 모두 그의 문인들이 「범례」에 의거하여 이룬 것이다.

432) 양신(楊愼) : 명나라의 학자. 신도(新都) 출신. 자는 용수(用修), 호는 승암(升庵). 암기가 매우 뛰어나고 저술이 풍부하다. 그의 저서는 시문(詩文) 외에 잡저(雜著)가 100여 종에 이른다. 저서로 『승암문집』 81권이 있다.

433) 조사연(趙師淵) : 송나라의 학자. 자는 기도(幾道), 호는 눌재(訥齋). 황암(黃巖) 출신. 주자의 문인.

434) 우연지(尤延之) : 송나라의 학자 우무(尤袤)의 자.
*『松南雜識』에는 '于延之'로 오기되어 있음.

435) 가례원류(家禮源流) : 조선 현종 때, 유계(兪棨)가 가례에 관한 여러 글을 분류 · 정리한 책. 『주자가례』의 본문을 기본으로 삼고, 『의례(儀禮)』·『주례(周禮)』·『대례(戴禮)』 등에서 관계되는 글을 뽑아 주(註)를 붙여 '원(源)'이라 하고 후세 여러 유생(儒生)의 예절에 관한 글을 '유(流)'라 하여, 예설(禮說)의 본원(本源)과 갈래를 밝혔다. 14권 8책.

436) 윤선거(尹宣擧) : 조선 중기의 학자(1610~1669). 자는 길보(吉甫), 호는 미촌(美村) · 노서(魯西) · 산천재(山泉齋). 생원시와 진사시에 급제하였으며 성균관에 입학하였다.

유계(兪棨)437)가 함께 편찬하였는데, 복건(服虔)438)의 주석을 쓰지 않았기 때문에 어떤 사람들은 곽상(郭象)의 표절에 비유하니 알 수 없다. 또 제갈공명(諸葛孔明)은 『한비자』를 즐겨 읽었고 주자는 조조(曹操)의 서체를 본받았으니 또한 알 수 없다.

반계수록
磻溪隨錄

반계(磻溪) 유형원(柳馨遠)이 『반계수록(磻溪隨錄)』을 남겼는데, 그 전부(田賦)439)와 군무(軍務)440)에 대한 기술에서 경륜의 치밀함을 볼 수 있다. 이러한 까닭으로 연암 박지원은 "유형원은 군량을 대기에 충분한 사람이건만 바다 모퉁이에서 소요하고 있다."441)라고 하였다. 정조의 화성 축조에 많이 채용되었다고 한다.

동몽선습
童蒙先習

『동몽선습(童蒙先習)』442)은 소요당(逍遙堂) 박세무(朴世茂)443)가 지었다.

노후에는 금산(錦山)에 은거하며 성리학에 힘써 그 이름이 알려졌다. 유계(兪棨)와 공편(共編)한 『가례원류』는 그가 죽은 뒤 노소 당쟁의 불씨가 되었다. 저서로 『노서유고(魯西遺稿)』·『계갑록(癸甲錄)』 등이 있다.

437) 유계(兪棨) : 조선 중기의 문신(1607~1664). 자는 무중(武仲), 호는 시남(市南). 병자호란 때 척화를 주장하였으며, 복상(服喪) 문제 때 서인으로서 3년설을 극구 반대하였다. 저서로 『가례원류』·『여사제강(麗史提綱)』 등이 있다.

438) 복건(服虔) : 전한 말기의 학자. 자는 자신(子愼).

439) 전부(田賦) : 토지에 부과하는 조세.

440) 군무(軍務) : 군사(軍事)에 관한 일.

441) 足繼軍食, 而逍遙海曲.(『燕巖集, 卷之十四, 別集, 熱河日記, 玉匣夜話』)

442) 동몽선습(童蒙先習) : 조선 중종 때 학자 박세무(朴世茂)가 저술하여 현종 11년(1670)

문장이 매우 좋을 뿐만 아니라 알기 쉬운 것을 뽑아서 어린아이에게 양능(良能)을 가르치니 공이 적지 않다.

또 이최현(李㝡賢)의 『속천자(續千字)』는 비록 잘 만들어졌지만 처음 배울 때에 '混沌乾坤(혼돈건곤)'이라는 글자가 '천지일월(天地日月)'보다 못한 까닭으로 없어졌으니, 주흥사(周興嗣)의 『천자문(千字文)』[444]만이 유독 훌륭하게 여겨진다.

이덕무(李德懋)[445]의 『사소절(士小節)』[446]은 『예기(禮記), 곡례(曲禮)』의 세세한 행동에서 나왔는데 그것을 실행하면 근칙(謹飭)하는 선비가 될 수 있으니 의당 '동국의 소학(小學)'이라고 말할 만하다.

에 간행하였다. 『천자문』을 익히고 난 후의 학동들이 배우는 초급교재로, 오륜(五倫)을 설명하고, 중국의 삼황오제(三皇五帝)에서부터 명나라까지의 역대사실(歷代史實)과 한국의 단군에서부터 조선 시대까지의 역사를 약술하였다. 이 책의 중요성을 깨달은 영조는 교서관(校書館)으로 하여금 발간하여 널리 보급하도록 하였다. 초간본은 전하지 않고 영조 35년(1759)의 중간본만 전하며, 1742년 영조가 쓴 서(序)와 1770년에 송시열이 쓴 발(跋)이 있다.

443) 박세무(朴世茂) : 조선 초기의 문신(1487~1554). 자는 경번(景蕃), 호는 소요당(消遙堂). 사관(史官)이 되었을 때 김안로(金安老)의 미움을 사서 1539년 마전군수(麻田郡守)로 좌천되었으며, 선정을 베풀다가 관직에서 물러났다. 1544년 승문원참교(參校)를 지내고, 이어 안변부사(安邊府使)·군자감정(軍資監正) 등을 역임하였다. 예조판서에 추증, 괴산(槐山) 화암서원(花巖書院)에 배향되었다. 글씨를 잘 썼으며, 저서에 『동몽선습(童蒙先習)』이 있다.

444) 천자문(千字文) : 1권. 남조(南朝) 양(梁)의 주흥사(周興嗣)가 글을 짓고 동진(東晉) 왕희지(王羲之)의 필적 중에서 해당되는 글자를 모아 만들었다고 한다. 사언고시(四言古詩) 250구, 총 1,000자가 각각 다른 글자로 구성되어 있다. 내용은 '天地玄黃'에서 시작하여 '焉哉乎也'로 끝난다. 당나라 이후 급격히 보급되었다. 이 책이 한국에 전해진 연대는 확실치 않으나 백제 때 왕인(王仁)이 『논어(論語)』 10권과 함께 이 책 1권을 일본에 전했다는 기록으로 보아 이보다 훨씬 전에 들어온 것으로 추측된다.

445) 이덕무(李德懋) : 조선 후기의 학자(1741~1793). 자는 무관(懋官), 호는 형암(炯庵)·아정(雅亭)·청장관(靑莊館). 박학다식했으며 개성이 뚜렷한 문장으로 이름을 떨쳤으나, 서출(庶出)이라 크게 등용되지 못했다. 청나라에 건너가 학문을 닦고 돌아와 북학 발전의 기초를 마련하였다. 박제가·이서구·유득공과 함께 '사가(四家)'라 일컬어진다. 저서에 『청장관전서』가 있다.

446) 사소절(士小節) : 8권 2책. 내용은 선비들의 수신(修身)·제가(齊家)에 관한 교훈 등을 예를 들어가면서 시속(時俗)에 적절하게 설명한 것으로, 사전(士典) 5권, 부의(婦儀) 2권, 동규(童規) 1권으로 되어 있다.

육경의 언해
六經諺解

『육경언해(六經諺解)』는 조선의 유숭조(柳崇祖)[447]가 지었는데 주석으로 풀이하니 원기(元氣)가 묽어졌고 언문(諺文)으로 풀이하니 은미한 의(義)가 역시 어두워졌다고 한다.

아홉 경전의 글자 수
九經字數

지봉 이수광이 말하였다.

『역(易)』·『서(書)』·『시(詩)』·『예기(禮記)』·『주례(周禮)』·『춘추(春秋)』가 '육경(六經)'이고 예기삼례(禮記三禮)와 춘추삼전(春秋三傳)을 합하면 '구경(九經)'이 된다. 일설에는 『효경(孝經)』·『논어(論語)』·『맹자(孟子)』·『역(易)』·『서(書)』·『시(詩)』·『주례(周禮)』·『예기(禮記)」·『춘추(春秋)』가 '구경(九經)'이라고도 한다. '경(經)'은 항상 실천해야 하는 책이다.

살펴보건대, 한대(漢代)의 유학자가 지은 칠서위(七書緯)[448]는 경(經)을

447) 유숭조(柳崇祖) : 조선 전기의 학자. 자는 종효(宗孝), 호는 진일재(眞一齋)·석헌(石軒), 본관은 전주(全州). 장령 때 연산군의 실정을 극간하다가 1504년 갑자사화로 원주(原州)에 유배되었다. 중종반정으로 풀려나와 판결사에 특진하였다. 공조참의에 이어 황해도관찰사 등을 지냈다. 도학정치의 실현을 시도한 최초의 학자로 성균관에 재직한 18년 동안 성리학에 전념했다. 경사에도 정통하였으며 조광조(趙光祖) 등 대학자를 배출하였고, 이조판서에 추증되었다. 문집에 『진일재문집』, 저서에 『대학강목잠(大學綱目箴)』·『성리연원촬요(性理淵源撮要)』·『경서언해(經書諺解)』 등이 있다. 시호는 문목(文穆).

448) 칠서위(七書緯) : 경서(經書)에 가탁(假托)하여 미래를 설명한 것으로, 역위(易緯)·

해석하고 그것을 예언적으로 풀이하였으니 즉 "법진(法眞)이 내외학(內外學)[449]에 널리 통했다"라는 말이 이것이다.

『역(易)』은 이만 사천 일백 칠십 자, 『서(書)』는 이만 오천 칠백 자, 『시(詩)』는 삼만 구천 이백 삼십 네 자, 『예기(禮記)』는 구만 구천 십 자, 『주례(周禮)』는 사만 오천 팔백 육 자, 『춘추좌전(春秋左傳)』은 이십구만 육천 팔백 사십 오 자, 『논어(論語)』는 일만 일천 칠백 오 자, 『맹자(孟子)』는 삼만 사천 육백 팔십 오 자이며, 『효경(孝經)』·『중용(中庸)』·『대학(大學)』 모두 『예기(禮記)』 안에 포함되어 있다. 또 사마천(司馬遷)의 『사기(史記)』는 오십 이만 육천 오백 자이다.

살펴보건대 일본에 진(秦)의 분서갱유(焚書坑儒) 이전에, 서불(徐市)[450]이 싣고 온 구경(九經)이 있다고 한다.

세상에 다음과 같은 이야기가 전한다.

서양인 마테오 릿치(利馬竇)가 중국에 들어왔을 때 처음 『서전(書傳)』을 보고 '역사의 기록'이라고 하고, 『시전(詩傳)』을 보고 '옛날의 가요'라고 하고, 『주역(周易)』을 보고 '점술서'라고 하고, 『예기(禮記)』를 보고 '잡설의 기록'이라고 하고, 『춘추(春秋)』를 보고 '일기'라고 하고, 『논어』와 『맹자』를 보고 "이것은 바로 경(經)이다"라고 하였다.

『격치총서(格致叢書)』[451]에서 말하기를 "일본에 『고문상서(古文尚書)』가

서위(書緯)·시위(詩緯)·예위(禮緯)·악위(樂緯)·춘추위(春秋緯)·효경위(孝經緯) 등이 있음.

449) 내외학(內外學) : 동한(東漢) 때 유학자들이 육경(六經)을 외학(外學)으로 하고 칠위(七緯)를 내학(內學)으로 하였다.

450) 서불(徐市) : 진(秦)의 방사(方士) 서복(徐福)이다.

451) 격치총서(格致叢書) : 명나라 호문환(胡文煥)이 편찬한 책. 『대학(大學)』의 격물치지(格物

있으니 바로 서복(徐福)이 바다로 떠날 때 지니고 간 것이다"라고 하였다.

구양수(歐陽公)의 시에서,

서복이 떠날 때는 분서(焚書)를 하지 않았기에　　徐福行時書未焚
일서(逸書) 백편이 아직도 남아있다　　逸書百遍今尙存
엄격히 중국에 전하지 못하게 하여　　令嚴不許傳中國
온 세상에 진본을 아는 사람이 없다네　　擧世無人識道眞

라고 하였다. 근년에 사람들이 그 책에 대해서 왜(倭)의 사신에게 물으니 없다고 대답하였다고 한다.[452)]

致知)에서 책이름을 따왔다. 전체 346종이다. 분경훈(分經訓) · 총경훈(總經訓) · 소학(小學) · 운학(韻學) 등 37류로 분류되었는데 모두 고금의 명물(名物)을 고증(考證)한 책이다.

452) **按**易 · 書 · 詩 · 周禮 · 禮記 · 春秋, 爲六經. **易 · 書 · 詩 · 周禮**禮記**儀**三禮 · 春秋三傳, 爲九經. 一說, 孝經 · 論語 · 孟子 · 易 · 書 · 詩 · 周禮 · 禮記 · 春秋, 爲九經, 經者, 常行之典也. 按易二萬四千一百七字, 書二萬五千七百字, 詩三萬九千二百三十四字, 禮記九萬九千一十字, 周禮四萬五千八百六字, 春秋左傳, 二十九萬六千八百**四十**五字, 論語一萬一千七百五字, 孟子三萬四千六百八十五字, 庸, 學, 幷入於禮記中爾. ……**邵傳曰**, 馬史**亡景帝**, **武帝二紀**. **禮樂等書**, **乃元成間褚先生補作**. **非遷之書也**. **觀者宜審之,葛洪西京雜記言洪家世有劉子駿漢書百卷**. **考校班固所作**. **殆是全取劉書**, **有小異同耳**. **按班彪傳曰**, **彪續司馬遷爲數十篇**, **未成而卒**, **帝命其子固續之云**. **班書總九十九篇之中**, **項籍諸傳**, **則就**馬史**本文而稍加刪削**. **又踵其父**, **以成一家言**. **若果取劉歆漢書而爲之**, **則固之全文**, **蓋無幾矣**. **然葛洪後經百千載**, **無一人言及于此**, **而皆以爲出於班手何耶**. 格致叢書曰, 日本有古文尙書, 乃徐福入海時所携也. 歐陽公詩曰, 徐福行時書未焚, 逸書百篇, 今尙存. 令嚴不許傳中國, 擧世無人識道眞, 頃年, 人問倭使, 則答以無有云.(『芝峯類說, 卷七, 經書部三, 書籍』)→易 · 書 · 詩 · 禮記 · 周禮 · 春秋, 爲六經. **合**禮記 · 三禮 · 春秋三傳, 爲九經. 一說, 孝經 · 論語 · 孟子 · 易 · 書 · 詩 · 周禮 · 禮記 · 春秋, 爲九經. 經者, 常行之典也. **按漢儒所著七書緯**, **所以釋經而緯之**, **卽法眞之通內外學**, **是也**. 易二萬四千一百七字, 書二萬五千七百字, 詩三萬九千二百三十四字, 禮記九萬九千一十字, 周禮四萬五千八百六字, 春秋左傳, 二十九萬六千八百五字, 論語一萬一千七百五字, 孟子三萬四千六百八十五字, **孝經** · 庸 · 學, **並**入於禮記中爾. …… **又**馬史**五十二萬六千五百字**. **按日本有秦焚前徐市所載來九經云**. **世傳西洋人**利馬竇**入中國**, **初見書傳**, **曰史記也**. **詩傳**, **曰古歌謠也**. **周易**, **曰占方書也**. **禮記**, **曰雜說記也**. **春秋**, **曰日記也**. **論孟**, **曰此乃經也**. 格致叢書曰, 日本有古文尙書, 乃徐福入海時所携也. 歐陽公詩曰, 徐福行時書未焚, 逸書百篇, 今尙存. 令嚴不許傳中國, 擧世無人識道眞. 頃年, 人問倭使, 則答以無有云.(『松南雜識』)

之通内外學是也易二萬四千一百七十字書二萬五千七百字詩三萬九千二百三十四字禮記九萬九千一十字周禮四萬五千八百六字春秋左傳二十九萬六千八百五字論語一萬一千七百五字孟子三萬四千六百八十五字孝經庸學並入於禮記中爾又馬史五十二萬六千五百字秦焚前徐市所載來九經云世傳西洋人利瑪竇入中國初見書傳曰史記也詩傳曰古歌謠也周易曰占方書也禮記曰雜說記也春秋曰日記也論孟曰此乃經也格致叢書曰日本有古文尚書乃徐福入海時所携也歐陽公詩曰徐福行時書未焚逸書百篇今尚存令嚴不許傳中國擧世無人識道真頃年人問倭使則答以無有云

童蒙先習

朴逌遙堂世茂作之非但文章甚工撮要知訓良能於童蒙有功不細矣又李㝡賢續千字雖工而於初學時渾沌乾坤字不如天地日月故廢而周興嗣獨專爲美矣李德懋之小節出於曲禮細行而行之可爲謹飭之士宜謂東國小學矣

六經諺解

我朝柳崇祖作而註以釋之元氣旣漓諺以解之微義亦晦云

九經字數

芝峯曰易書詩禮記周禮春秋爲六經合禮記三禮春秋三傳爲九經一說孝經論語孟子易書詩周禮、記春秋爲九經者常行之典也按漢儒所著七書緯所以釋經而緯之卽法眞

芝峯曰碧雲磤者梅聖俞所撰以詆當世巨公云鄭介淸東都排節義論亦暗磤碧雲也

朱子綱目

楊愼曰綱目朱子門人趙師淵奉師命所編而朱子曰某嘗作綱目云按見朱書答于延之書可知矣家禮源流魯西與市南所共編而以不爲服氏註或比諸郭象掠所不可知也又孔明喜讀韓非書朱子喜法曹操體亦不可知也

磻溪隨錄

磻溪柳馨遠有隨錄而其田賦軍務可見經綸之績啓是以燕岩朴趾源曰足繼軍糧而遁迯海曲矣我 正廟華城之役多采用云

非春秋二程改古文大學晦菴不用子夏詩序皆不可解云擲 以下大
[illegible]欲攻[illegible]著[illegible][illegible][illegible]以及[illegible][illegible]自陷陸學[illegible]非大
學補亡章亦不可解遂之峯曰宋莆田鄭厚曰孟子非聖人也
履周之地食周之粟常有無周之心學仲尼而叛之也使當時
有倡威文之舉文武成康之業庸可幾乎而軻徒以口舌自謀
利祿今日說梁惠明日說齊宣皆陷之使爲湯武之爲軻忍人
也辯士也儀秦之雄也至譬之於詩禮發塚而井販婦其醜詆
聖賢極矣而宋儒不之斥何也按李泰伯不讀孟子亦以此也
文曰皇明朱季友獻所著專斥濂洛關閩之說世宗怒曰儒賊
也焚書笞罰本朝尹鑴亦以改中庸註爲斯文亂賊云
碧雲磯

語但蒼、仍蒙放此以詩生者也麗睿宗時高孝冲作感二女四無益詩赴制下獄高宗時盧成作驕士拋胄日娼雛得意秋之句鄭瑊諸於崖流殺之我朝南怡有詩云白頭山石磨刀盡豆滿江波飲馬無男兒二十未平國後世誰稱大丈夫遂死平爲得字成獄猶由端不向閑中興事業却來江上泛漁舟同矣仍畢齋作弔義帝文禍及泉壤柳於于夢寅孀婦詩曰七十老寡婦獨處守閨壼傍人勸之嫁善男顏如槿自首爲春容寧不愧脂粉權石洲韠詩曰宮柳靑靑鶯亂飛滿城冠蓋媚春暉朝廷競賀昇平樂誰遣危言出布韋此以詩死者也

毀繫詆孟

燕岩曰鄭曉古言歐陽永叔毀繫辭司馬溫公疑孟子王介甫

今詩古格

李參奉匡呂呂軒適春永李翠松義師　李用休皆詩性古雅而近世南月巖鍾玄詩變申光洙蔡得體可謂迴今返古至有傳誦當世爲文亦如詩世無知文遂散逸不收噫

詩以名高

李蓀谷達白大鵬魚無迹鄭樵夫皆以詩名高又宋龜峯翼弼徐孤青起朴愚山洞李楠溪仲虎洪柳下世泰亦以學名高

詩案成獄

羅史眞聖主時有謗時政榜於朝路此東方掛書之始也或曰必文人不得意大野隱者巨仁所爲下獄將刑憤冤書獄壁曰于公慟哭三年旱鄒子含悲五月霜今我幽愁還似古皇天無

皇唐詩品彙云古高雄渾與唐諸作相上下云 按苻堅時竇滔在邊其妻蘇蕙字若蘭作回文詩織於織錦謂織錦圖

玉峯詩集

玉峯李氏我先祖雲江公小室也壬亂立節有詩集本家不傳許筠入中國、、人誦而傳之載凰朝詩刪詩亦逼唐有高人瀏亮之調無婦女婉媚之態諺傳投江漂入洞庭湖漁人釣出疑其懷寶解其裙帶有世系與詩集故誦於中國返於我國云

景樊道士

燕岩曰清人尤悔庵洞外國竹枝詞曰楊花渡口杏花紅八道歌謠東國風最憶飛瓊女道士上標曾到廣寒宮 註許景樊爲女道士嘗作廣寒宮白玉樓上樑文云

老圃新安隨錄曰李西塘嘗言昔訪朴西溪論及我東文章西溪曰近来文集無可開眼者獨拙修齋學術文章無依樣畵葫之陋而專出於自得其窮格之工似不讓於徐花潭而無認氣爲理之病則反復勝焉文章雖不屑繩墨而操紙筆立書頃刻數千言滔滔不窮其精神之流動氣力之雄渾可畏而不可當

織錦製頌

羅史眞德主自製太平頌織錦爲紋以獻于唐其辭曰大唐開洪業巍巍皇猷昌止戈戎衣定修文繼百王統天崇雨施理物體含章深仁諧日月撫運邁時康幡旗何赫赫鉦鼓何鍠鍠外夷違命者剪覆被天殃淳風凝幽顯遐邇竝呈祥四時和玉燭七曜巡萬方維嶽降宰輔惟帝任忠良三五成一德昭我唐家

崔簡易岦屬文迥出當世東人無有知者及辛卯奏議入中國
家家傳誦人人謄寫東人始知之眞所謂對鏡而乃知其貌之
美者弇州集云東國崔岦稍解文字燕岩曰弇州謂簡易曰縣
讀韓文獲麟解五百遍當識文蹊逕耳簡易大恨深諱見弇州
一事而爲文務僻澁奇崛者學李于鱗爲弇州所畏故欲以此
雄壓耳朱之蕃曰弇州平生所畏惟滄溟一人耳每覓句必先
詠于鱗秦關詩曰蒼龍遠掛秦天雨石馬長嘶漢苑風云

賦邯鄲

我先祖雲江公嘗效左太冲賦作東國三都賦成膾炙一時
林植叔茂亦有能詩聲時人爲之語曰詩林叔茂賦邯鄲

學術文章

體詞麗而言約不指諸事情必假喻以達其旨賢者微悟古比興之義欲使歷歷如貫珠易覩而可悅故謂連珠其體曰蓋間艶麗居身而以蛾眉入妬貞華始物而以絶花見猜是以班姬辭寵非無妖艶之色揚子寂寞豈乏炫燿之才

回文詩

皮日休曰自晋溫嶠始也聯句自漢栢梁臺始也蔡條詩話曰集句自國初有之至石曼卿以文爲戲然後大著

四言五言

舜典勅天歌爲四言之始也李陵與蘇武云攜手上河梁爲五言之始也又栢梁聯句爲七言之始也

東文華誦

芝峯曰文之屬有箴銘頌讚詔制誥勅冊赦文表箋啓狀書疏劄封事議奏咨揭帖檄露布序記志傳跋引策論疑義祭文祝詞哀辭誄文青詞致語上樑文詩賦辭焉青詞道場醮祭文亦曰青表山谷詩青祝御爐香註內出青詞以香薰之按詩之流有歌謠諺語吟引詞行曲謳篇誦琴操焉

判對

唐選擧志曰身言書判即李元紘南山判是也今所志題辭判决也又對即判之對也即白香山被妻毆判對也今供辭殺獄跋尾是也

連珠

晉書傅玄叙云興於漢章帝之世班固賈逵傅毅受詔作之其

蘇論杜律李篇秦詞陸奏朱子之註聖歎之評可謂千古奇拔

館閣山林

歐陽公曰山林之文其氣枯槁臺閣之文其氣豊縟又隱士當稽古而林遠啓儷偶聲律失之我東文章必曰象村谿澤是館閣氣也異金石之文惟簡易能之而南冥之文其山林乎

織錦織絹

南冥謂門弟子曰吾織錦而未成疋退溪織絹而已成疋世傳死後農岩生前西坡言枚馬之才異也又遲川以事業名世不以文章稱而其文毋、其說娓、不可窮東坡所謂辭達是已其菽粟布帛之文乎

文屬多體

望海尺步算水之淺深遠近物之豐羸有無云

學易先數

沈潛邃於易學三十年獨居解易有註解三十餘卷有士欲學焉先問曰知數乎曰但九九筭曰天地萬物都在於數數以成畫畫以成字字以成文文以成學但以九九而學易乎按象數之學始於希夷至康節兼內聖外王然後爲貴

文有史體

王世貞曰晉書南北史稗官小說也宋元史爛朝報也與其爲宋史之繁不若遼史之簡也芝峯曰史家之文記事體也議論盛而文體漸陊于史可見愚以爲左馬之史筆屈宋之詞賦戰國之策畧賈董之疏劉莊周之寓言揚雄之法言韓碑柳記

、儋石

南史劉毅家無儋石註齊人名小甕爲儋石受二斗或云儋者
人所負擔也字書曰始皇御石註百二十斤爲一石、名出此、

、冉求筭書

小倉赤牘曰冉求筭書在日本不在中華

、食箸筭圖

西京雜記曰曹元理善筭陳廣漢曰吾東西二囷米煩筭之曹
以食箸十數轉云若干不差圭合西囷差一升乃有大鼠可容
一升張蒼傳轉箸之數與張良借箸八難研桑心筭之妙同矣

、望海圖

洪啓禧精於筭術尺量倉壁知穀盈縮乘除樹影識葉多少 又

詩尚唐調頌變宋元之習而自成一種體格惟四六則不能小過於宋故謂明無四六云又駢偶之文始於東京而濫觴於魏晉至六朝極矣唐宋以後則凡誥勅疏語莫不用此爲式絺章繪句工則工矣然過於雕刻文弊亦甚漢人齒詞賦於博奕卜筮其以是歟

芝峯曰漢藝文志黃帝有金几之銘逸書載黃帝巾機銘舜作箴爲聽箴規堯舜銘盤盂此銘箴之始也頌始於商而賡載歌似頌體秦始皇瑯琊臺銘二句一韻之罘刻石銘會稽山碑皆三句一韻後世作頌之法劉勰曰漢劉歆移太常此文移之所起庾信春賦其實詩也李白鳴皐歌其實賦也六朝至唐之文其實四六也唐之文至昌黎變而古矣唐之詩昌黎變而文矣

咫尺

說文曰周制寸尺咫尋皆以人之體爲法中婦人手長八寸謂之咫周尺也

壹拾

四字一錢 芝峯曰醫方四字爲一錢一字乃二分半也又謂音曰一字 山谷詩[illegible] 芝[illegible] 又唐詩氣度朝回一字行此亦[illegible]

韻會曰十字今官文書借作拾則壹貳參肆伍陸柒捌玖亦借用也又說文曰廿卅卌正字通曰秦法凡數目字文簡者取茂密字易之一作壹是也秦諸碑惟一二三改易四以下仍用本文徐氏始以付捌字今則一至十字並改非秦之舊也

四六

芝峯曰先秦以上之文古矣不可尚已大抵文至於西京而特盛詩至於唐而大成四六至於宋而尤備今中朝人文尚秦漢

界域二曰粟布以御交質變易三曰衰分以御貴賤廩稅四曰少廣以御積冪方圓五曰商功以御功程積實六曰均輸以御遠近勞費七曰盈朒以御隱雜互見八曰方程以御錯揉正負九曰勾股以御高深廣遠

垓壤

說文曰一為東西丨為南北則四方中央具矣今一立十橫是也又易數生於一成於十又十髮為程十程為分十分為寸韻書曰六十四黍為一圭十圭為一合風俗通曰萬生億、生兆、生京、生秭、生壤、生澗、生正、生載漢史張蒼定章程註章謂歷數之術程謂權衡丈尺斗斛之法是也箋註工人墨尺即大學所謂絜矩之為曲尺今繩墨之尺

趙彦若詩花随紅意發葉就綠情新坡詩所謂論畫以形似見與兒童憐是也

地上仙圖

麗史熙宗時崔讜扁其齋曰雙明與弟詵及張自牧高瑩中玄德爲耆老會時人謂地上仙圖形刻石不獨專美於香山九老洛社耆英矣又江陵舊俗有青春敬老會

數九以御

原覽曰黄帝使隸首作數按數學啓蒙曰一曰方田以御田疇

東坡集註黃筌墨竹獨得意於寂寞間畫竹譜云五代時有夫人夜坐樓上月入欄干樓外竹影滿座仍以墨摹之墨竹之始也我朝石陽正霆善畫竹簡易記之曰雪竹寒雨竹濕風竹蕭、又謙齋鄭敾玄齋沈師正妙入唐畫世所謂謙玄是也圓嶠錄以筆名世、謂筆不如畫、、不如文、、不如人云

、龍眠

宋李公麟字伯時作龍眠山莊圖爲世所寶而今無論某畫對虎頭爲用不嫌亦恠矣

、語指聽拱

芝峯曰簡易題畫云語者不形於口而形於指聽者不形於耳而形於拱妙矣按山水歌遠又淡近又濃亦山水之畫中景也

開元中大旱馮紹正於殿壁畫一素龍俄白龍自池中行雨北齊楊子華畫馬壁間夜聞蹄齧長鳴海外記云宋太宗時李至獻畫牛畫則嚙草闌外夜則歸臥闌中僧贊寧曰南海倭國有蚌淚和色着物畫見夜隱沃焦山有石磨潑物晝隱夜見新羅時僧率居畫松於皇龍寺壁烏雀往往飛入

胡獵圖

倦遊錄曰馮端齋書柳如京塞上詩鳴骹直上一千尺天靜無風聲正乾碧眼胡兒三百騎盡提金勒向雲看謂客曰可圖屏障卒致金元之禍也我國金弘道始爲圖與吳道子萬馬圖共馳譽云

墨竹

芝峯曰通考出於日本蓋韻法自六經始兩漢諸儒莫不用韻至沈約拘以四聲我朝崔世珍仍次四聲通解按周捨對梁武帝云天子聖哲楊縮年四歲呼燈蓋柄曲是也又字書兆爾雅演說文備玉篇〻〻 陳顧野王撰說文漢許愼造爾雅周公作子夏述

曆板

世傳曆書大小字畫多少書行始終如一印模出儘妙筆也本全自點書故誅後毁板改書終不能仍舊云

畫松鳥入

史皇氏作畫俗釋音影言摹寫其影也水衡記云張僧繇於安樂寺畫二龍而點睛者穿壁上天不點睛者見在明皇雜錄云

宣讀輒失勾度故用拾遺團句以助之謂之𢪃麻即坡詩所云
奇險或難勾是也唐史盧鈞音土鴻暢今方言措語謂之吐是
也今傳教與祝文有勾絶無音吐亦效漢唐之古也

華韻俗音

芝峯曰杜詩諺解即我 成宗朝曺偉等所撰訓蒙字會 中廟朝
崔世珍所爲而方音已與今不諧且萬方言語無不異者惟笑
音兒啼夷夏無不同者蓋出於自然無作爲之事故也按奎章
全韻 正廟朝所須今科製押韻亦異於華東正音矣我國聲音
八道不同惟嶺音爲東方古音而兩西則通中原與野人故雜
以華音胡聲云

三韻通考

芝峯曰韻會凡一萬二千六百五十二字禮部韻只九千五百九十二字而[illegible]
手鑑凡十六萬餘字契丹時僧所撰也三韻通考[illegible]

合口聲

芝峯曰平上去入爲四聲而如甲葉甘合之類謂之合口聲本朝崔世珍最曉漢音著四聲通解以傳於世余赴京時見安南國人用合口聲中朝南方人亦間用之與我國之音相近而中朝官話則絶不用合口聲王世貞言大江以北漸染胡語沈約四聲遂闕其一是也今胡諺文無入聲

勾讀音吐

今讀書勾絶始於司畏而六典曰唐通事舍人宣語多不知書

有諺文公家辭訟皆以諺文通用蓋各自國書以便日用矣惟書同文者 經史而已

綱目大字

綱目始来於我 文宗世故思政殿訓義而綱字 先廟奎畫云

吏讀

周禮註鄭司農讀火絶之令勾讀之始也羅史薛聰以俚語製吏札行於官府是謂吏讀 音斗勾絶處措語也蓋當時語録似小說語類易解今不可曉然民訴官文尚用爲例套云

嶁碑之眉叟耶其碑不若不泐有影似垂搨来去玉石不可分

反切

韻會曰一音展轉相呼謂之反亦作翻以子呼母以母呼子也切謂一韻之字相摩以成聲謂之切 性理大全曰胡僧了義始以三十六字爲翻切母 母奪造化之機今定爲反切蓋出[illegible]

諺書

芝峯曰我國諺書字樣全倣梵字始於 世宗壽筭此書出而萬方語音無不可通者所謂非聖人不能 按 世宗丙寅如厠見厠籌縱横而製反切初行名曰訓民正音時皇明翰林黃瓚罪謫遼東上命成三問崔恒申叔舟等往見質問凡十三度往返而成十五行諺文云諸音皆通而惟舌㗳之聲不能形容耳按今唐諺文昉於何代而與我國諺文異乂無入聲青泉集言倭亦

嘗於一豆上寫心經又於粒麻上寫國泰民安四字今俗傳李
圓嶠匡師鉢剌眞荏子寫龜字具畫云

六書八體

周禮五曰六書註象形會意轉注處事假借諧聲又漢藝文志
曰六體者古文奇字篆書隸書繆篆蟲書又說文云八體即大
篆小篆刻符蟲書摹印署書殳書隸書

右行左行

法苑珠林曰造書凡三人長曰梵其書右行次書佉盧其書左
行少者倉頡其書下行正韻曰佉音區

汗碑蒙書

今三田碑也書畫似我國諺文樣而胡錢背字也其或有辨岣

好刻石者謂蛍泠篆註蛍泠小虫篆也

草行

東坡曰眞生行、生草衛恒傳曰草書漢有之不知作姓名書苑曰漢杜操善草書張懷瓘書斷曰魏初鍾胡二家爲行書之法正書之小僞者兼眞者爲行、眞帶草者爲行草、其始漢、魏乎

古隸今楷

秦程邈爲始皇獄吏佐隸人作書故名隸今楷字也按趙高作爰書即傳獄書也獄吏書體皆用此今究是謂爰辭出於此

永字細字

法苑曰王逸少工書十五年中偏工永字以其八法之勢能通一切字也即永字八畫也江南野史曰應用善寫細字如毛髮

草書猨書犬書鵝書震書行押書景書等四十五種而台秦用虎爪爲不可學以防詐僞謝章詔板用蚪脚書節信用鳥書蘄賀及婚姻用愼書云蓋衆體中行世特一二焉耳又玉筋篆唐李陽氷作纓絡篆劉德昇觀星宿作柳葉篆衛瓘作垂露篆書善作垂鐵篆曹喜作

金剪書

唐書曰司馬承禎篆也

蟺蝙體

事類曰徐箕成書畫有骨謂蟺蝙體註蟺音果虫之有骨也

蚩泠符

宋景文作三泉龍洞詩馬澧刻石本以獻景文曰近世文拙而

寫鳥迹爲迹篆顓頊作蝌蚪書殷時務光作倒薤篆周宣王史籀作大篆李斯作小篆王次仲作八分程邈作隷書皆秦始皇時人漢杜伯度作草書章帝善之謂章草蔡邕見門吏飛帛作飛帛書云按壁經蝌蚪古文盖孔子時皆用蝌蚪體

八分

法苑蔡文姬曰臣父割隷字八分取二分割李篆字二分取八分故名八分我國俞漢芝八分亦名世眉叟篆亦出於蟲篆云

書體行世

酉陽雜俎曰書體中有懸針垂露書秦皇破塚書金鵲書虎爪書倒薤書偃波書信幡書飛帛書籀書制書日書月書風書虫書葉書楷鍾隷鼓隷龍虎篆麒麟篆魚篆虫篆鳥篆鼠篆兎書

不圖今日得見右軍真蹟也塵史云王右軍書多不講偏旁蓋
濡翰弄毫自然合天機不必點畫論也我朝白下尹淳圖嶠李
匡師書中原市鋪有貨者韓石峯濩今寫字官體也趙稼谷正
綱筆帖入中朝有斯之下羲之上評云松園金履度金州李三
晩亦名世云

晉體蜀體

世傳王羲之晉人故謂其書爲晉體宋趙孟頫見蜀巫山十二
峯之秀麗而象之故謂其書爲蜀體清人翁方綱與坤父子書
體無畫法取丗象謂翁體

龍書鳥迹

說郛曰包羲氏始作龍書炎帝因嘉禾作八穗書黃帝史倉頡

孟皆刻字宙二字用篆我朝御押皆用極字但世變其畫云

、圖書篆贔

韻書曰贔音引獸名也贔屭龍蹲註亂虎為贔楊升卿始於中書省上篆形立之故今套書圖書上刻之

、書契鋟梓

史曰虙犧氏始刻木書字古來有文字結繩以記事秦漢以前書籍刊竹簡漢後綠帛傳寫五代時馮道始鋟梓

、金生書體

史曰史皇氏三兄弟一造天竺國字一造天宮字季即倉頡造華字羅史元聖王時忠州金生面人金生不攻他藝好佛不仕年踰八十操筆不休隸行草皆入神妙宋翰林楊球等大駭白

石聖住山玄玉爲奇品云東坡硯蓋銘曰研石猶在峴山已頹
羲女旣去孟子不來近有人桐硯銘云木石同見

、卜卦硯

近世自燕有貨橋亭卜卦硯者宋疊山謝侍郎硯也硯家風字
額上小篆橫書橋亭卜卦硯五字兩隅刻程文海銘辭我東亦
有鄭衏袮者有硯癖人謂石癡仍自號焉

、硯滴

西京記曰廣川王去疾發晉靈公塚得玉蟾蜍一枚腹空容五
合水王取以爲盛水滴今硯滴象蟾蜍形出此

、御押篆極

余見鄭松江家銀盃云是本皇明神宗賜我 宣祖、、賜松江而

松烟石煤

徐渭路史云唐時高麗貢松烟墨和麋鹿膠造石隃麋隃麋漢縣名其地出石墨與高麗無涉而石隃墨想今所用石墨也今題主墨合鹿膠製之以神道惡魚油臭云外國記云浮提國金壺中墨汁如漆灑地成字亦墨之異者

蓉堂烏玉

原覽曰刑奚始造墨而韋仲將之墨一點如漆我國以海州芙蓉堂為美公山烏玉品雖非佳其大如圭

菊石玄玉

原覽曰子路始置硯說郛曰東人方言以硯為皮盧中朝以端州鴝鵒石鸑鷟瓦鳳咮龍尾為上品我國以藍浦水心石菊花

毫也成聽松書用白羔毛無心筆亦書之巧拙在於手也管帽即筆甲本草曰鼫鼠食粟號粟鼠爾雅鼫唊鼠即鼠鬚栗尾筆

、銀管

鷄肋集曰韓退之詩盛德好將銀管述麗詞堪付雪兒歌註湘東王以三品筆錄忠孝兼全者金管書之德行精粹者銀管書之文章華麗者斑竹管書之

、大水剳

楓皐曰水屋者用此筆揮灑如飛又指管頭三縱劃曰此樣是也小者不堪用盖水屋即清人善筆者也

、樂浪油煤

東坡詩云珍材取樂浪盖以我國墨材爲珍

署名啣曰手本古謂刺韻書曰古無紙竹木書姓名曰刺郭林宗傳士爭歸之裁刺席盈車今換刺是也按手本爲紅本者明史劉瑾時手章紅揭也奏御者白本也

粉盤牙籤

吳越史錢鏐置粉盤有所記則畫之今粉板也卽鉛槧又牙籤曰礬子文藁曰草本造紙曰抄紙背接曰補褙印札曰細界

貂毫羊毛

韻書曰蒙恬始造柘木爲管鹿毛爲材又束兔羊毛爲皮我國以北道貂毫黃毛爲上品又獖毛爲心狗毛爲皮勁健不裂合於大字雖蠅頭可如意又青鼠毛亞於獖毛而惟在匠之善否與王羲之鼠鬚筆無異楓皐虎毛筆說曰用之惜其柔蒻於他

取珠絡縫綃囊中出越姬烏絲欄素段三尺以授玉生山谷詩正圍紅袖寫烏絲芝峯曰今承政院用細墨印札謂烏絲欄

金泥玉檢

芝峯曰玉牒檢註檢爲燕尾今世書帖簽也漢書皂囊施檢今俗謂之排是也漢武帝紀註金泥玉檢謂以玉爲檢束

紙契花書

韻書曰券者契也謂以木牘爲要約之書以刀剖之屈曲犬牙周禮小宰聽稱責以傅別註別爲兩各得其一傅着約束韓子所謂宋人得遺契而數其齒元魏行臺給券鑿裂韓愈詩異日期對擧當如合分支今剖兵符換錢標也今印打紙曰紅契手訣曰花押即花書唐之五花判事韋陟五雲體是也着名曰簽

鄕或以桑皮爲之 北道以耳麰藁爲之染黃可用

龍箋鷺紙

俗謂畫龍紙曰龍箋紙 粉唐紙曰榜紙太史紙曰抬連紙以稻穀爲紙曰毛邊紙以藤爲紙曰溪藤以苔爲紋曰苔紙又白鷺紙潔白之謂也博物志曰海苔爲紙其理倒側故名側理

靑畵黃紙

芝峯曰用黃紙謂黃卷染黃蘗以辟蟫耳雌黃與紙同色故用以滅誤唐宋來詔勅皆用故私家避不用今謄詔曰謄黃宋史明帝時行選板檄不供於是黃札香山詩黃紙除書無我名

烏絲欄

國史補曰宋亳間紙有織成界道謂之烏絲欄麗情集霍小玉

○文房類

、高麗繭紙

芝峯曰鏡面紙竹葉紙爲中朝所珍又重高麗繭紙又曰我國有中朝所不及者四婦女守節賤人執喪盲者能卜武士片箭所産有中朝所不有者四鏡面紙黃毛筆花紋席羊角蔘

雪花參葉

五代唐史明宗時民苦兵役、因親疾剔股廬墓以免賦役户部歲給蠲符課州縣出紙號蠲紙芝峯曰溫州蠲紙潔白猶高麗紙又麗貢蠲紙而蠲其賦稅故謂蠲紙我古用竹簡始皇始用縑帛謂之紙漢和帝時宦者蔡倫乃以樹膚麻頭及敝布魚網造之又左伯造焉我國以萬馬洞雪花紙爲上品又楮穀之東魚金可紀崔致遠朴仁範金渥皆登唐第高麗時崔彦撝年十八李仁復趙廉皆登元第矣皇明天將李如松本理山禿老江人其祖殺人奔其子成樑入鐵嶺衛又請初名將龍骨大馬夫大皆我國庇仁人云按明史順帝皇后奇氏即高麗奇子敖之女又明史成祖世賢妃權氏朝鮮貢女也其父永均為光祿卿朝鮮人仕中國者止於此云

磻溪曰文武本非二道古者養士於學講習六藝拔其賢能量材而任之職是以居則爲鄉遂序牧之吏出則爲師旅禦侮之帥蓋士皆實學而不學者固不可加之軍民之上也武科本作俑於唐武氏本國則始於麗末恭讓王時也今宜廢之只於禁衛以射藝講書試取之云

都試

唐史代宗時澤潞節度使李抱眞籍民三丁選一壯者免其租徭給弓矢使農隙習射歲暮都試章氏曰漢都試之日郡縣之官盡會卽罷先謂校尉也今都試之科始此

東人唐第

唐長慶初有金雲卿者始以新羅賓貢題名杜師禮之榜又金

蓋新進士以衣與人其俗舊矣誥牒即今紅牌也

光範門

韓文上宰相書三伏光範門註唐制新及第伏光範門以候爵命之至似今分官

老婦柘枝

雜志曰黃通累舉不第年將耳順應舉嘲曰老婦舞柘枝剩負呈手藝一云拓撥舞訛爲柘枝今老不廢科之嘲

科儒弛禁

王承録犯夜人云從師不覺日暮承曰鞭撻寧越非正化之本蓋寧越古勤學者今科儒無論文武皆弛禁自 正廟始也

武科

花園初會曰探花宴以少俊二人爲探花使若它人先得名花則二使被罰今榜中第三爲探花郞出於此

鴈塔

唐史貞觀中慈恩寺建塔座鴈及韋肇及第偶題名鴈塔遂爲故事

龍虎榜

唐書曰韓愈歐陽詹等榜謂龍虎者今分謂文龍武虎假其名而失旨然崔簡易集多以武科爲虎科又武弁胸褙畫虎俗釋武音爲虎班

爭取舊衣

唐張籍送李餘及第詩云歸去惟將新誥牒後來爭取舊衣冠

我國以進士爲蓮榜疑隋煬帝丙寅秋設之故樂武慈恩塔題名則蓮是佛蓋故云耶歐陽雜俎云李固爲芙蓉鏡下及第則古以進士高等爲及第故耶桂榜卽晉郤詵對策第一曰桂林一枝宋竇儀昆弟及第爲丹桂五枝芳是也

御賜花

唐史懿宗命折花一金盒宣曲江宴曰便令戴花飲酒令文官三十三朶應罷漏鍾三十三天點數武弁二十八朶應人定鍾二十八宿點數云未知始於何時亦有何意也今紗帽傍層環以插賜花而設也麗史姜邯贊金花八枝乃異數也

探花郎

古詞詠桂云壯元紅是黃爲榜眼白探花郎歲時記曰進士杏

飲墨

東坡詩集註國進士不中程者飲以墨水一斗今下第謂飲墨者出此山谷謂睥睨紈袴詭可飲三斗墨是也今不學無識沒字碑者謂磨墨灌肚裏之說亦出此今武科魚貫罰亦不知其始

平天冠

荆湖近事曰宋廖凝潘若沖更唱迭和太宗懲五代之弊以詞賦論策取士凝曰豈知今日詩一似大帝裹頭平天冠無人問

打毷氉

唐地里志曰京師燕下第者打毷氉亦曰都沒瞭韻書毷氉註煩悶唐詩氣味如中酒別懷似送人坡詩顧我自到都毷氉也

蓮桂榜

類抄聖令

磻溪曰科業之士惟以抄集為務摘節經史文字取其對偶之相近者裁章分門以資綴緝謂之類抄隨題引用可得裁剪之巧而於經史本文專不留意所謂明經者惟以造語為心以經傳逐段各摘其一字造為淫褻可笑易記之語以資其誦謂之聖令能不忘其章段次第起似而於大義全所昧昧此兩者成俗為文妖經賊不止宋末之弊而已臨試又祡童蒙輕佻之輩代述居多武科所得髣是無知麤鄙之類爾

科神

堯山堂記曰歐陽脩考試有朱衣人在後點頭則入格故有但願朱衣一點頭之語今俗謂科神隨後陰助者即此也

試策論三道自後周以三千字爲率宋夏竦詩云縱横禮樂三千字獨對丹墀日未斜今策不限此率演義疑廣之無足取者又行詩初依唐長篇近世漸降爲往古所無之詩又賦亦然矣

講經實學

唐史明經帖括註機括而誦之試一經從孝經爾雅而以所習經掩其兩端中間惟開一行裁紙爲帖凡帖三字隨時增損得四得五得六者爲通凡三條三試爲第我朝則 世宗時儒生誤解檀弓爲檀木之弓盡傷之爲盡傷故設明經科謂之東堂今講經既無實用又或不屬文故俗數慢之曰實學及第今日次講自 正廟始而秖講三經中一大文則反不如實學之積年習誦也眞所謂賺得英雄盡白頭是也

磻溪曰命有司燭刻試之其所試不過對偶之文而瞥眼之間定其取捨故諺曰庭試謂聖盲人亦望又曰國有喜慶例別設科與須赦加資同一意也

丙別

科榜錄曰 仁祖丙子十二月元孫誕生重試對擧台別試即丙別之始也申濡李世英之榜是也又增監試廣庭試謂增廣國有合慶乃設之蓋我國科如英俊登俊等名即唐博學宏詞之類靜庵所建賢良科亦漢直言之擧然顧名思義主司之試士子之應有徐淑乎有劉蕡乎月巖詩云好將光罷尉家計何許經綸答聖恩

三千字

麗史新及第甲科賜田二十結其餘十七結賜宅故謂之賜第

紅牌

登科紅紙題名自宋已然我朝亦有紅紙上不題名無足所觀之語麗忠烈王時趙簡爲第一賜黃牌盖別是也天寶遺事新及第以泥金帖字付家書謂之喜信題其時紅牌以泥金題名

遊街

芝峯曰永順君溥廣平大君子溫幸時重試第一特命遊街

聲樂相慶

天寶遺事曰新進士每及第鄉曲親戚例以聲樂相慶今唱榜率倡挾樂自唐始矣磻溪曰禁倡優伎樂戲弄新來之習可也

庭試謁聖

梁史劉之遴八歲能文任昉曰爲之美談不如面試唐紀玄宗時張奭爲選首羣議沸騰上悉召入等人面試之宋史仁宗

殿試

唐書曰武后初策貢士于洛城殿、前試人自此始也宋史仁宗以遠方擧子罷歸有死於道者故殿試許皆入格始此

紅粉榜

麗史辛禑復設成均試尹就章試皆取勢家乳臭之童時人譏之以爲紅粉榜卽監試也實以粉墨從辱之今新恩盡面粉墨遂爲例云磻溪曰詞科武科作俑於隋煬武后此只如燕山荒淫變亂貢擧至今不能改耳

賜第

十人或八九十人無定額

進士

芝峯曰今以生員進士爲司馬出於王制又取唐學舍生員名

棘圍

唐史禮部闈試日荐以棘圍之嚴以兵衛之防文手及濫入者

封彌

麗史文宗行封彌法因黃抗考試之濫也中朝自唐則天始也

試官

通典曰武后天授二年凡舉人無賢不肖咸加擢拜人置試以處之試官蓋起於此也今試士之官謂試官

面試

皆以初九日爲第一場間兩日一設凡三場而止初場試四書義三道五經義四道二場試論一道判五道詔誥表內科一道三場試策五道然其去留之決專在四書義其體大率用排偶所謂八股文也庭試以三月朔臨軒親策亦曰殿試

射策對策

通攷曰漢制取士作簡策難問試者投策答之謂之射策若錄政化得失顯問謂之對策

生員試

麗史毅宗始置稱生員試亦以詩賦經義取士或二三十人或八九十人又監試忠宣王廢之忠肅王以九齋朔試代之旣而稱擧子試恭愍王謂無益於國家罷之辛禑時復設之取四五

大比

周禮曰三年則大比疏三年一閏天道有成故每三年大案比

照訖帖

前漢選舉志曰明經試帖說文云帖帛書署、謂檢署名也今學禮講照訖帖是也

監試

事類曰鄭僑南宮試監試當拆封則中國亦謂監試舊矣麗史德宗始設國子監試、詩賦而詩六韻、十韻、順宗定三年一試法今世言謂式年按唐史進士加雜文試一經併有雜皆通而後試文試賦各一篇文賦通後試策凡五條三試明史科制以子午卯酉年鄉試辰戌丑未年會試而鄉試以八月會試以二月

抵倣唐製述明經及醫卜地理律曆書筭三禮三傳何論等雜
科各以其業試之而賜出身唐史試身言書判上第即注官中
第得出身下第罷今以武科謂出身者以初但騎射故也

風月主

羅史眞德主時選童男容儀端正者號風月主求善士爲徒以
勵孝悌忠信亦花郞課試之意即古擇凡民俊秀之義也

道薦

麗史穆宗命諸道薦士今道薦之始也又親策士十擧不第者
許脫麻疑今蔭仕

陞補

麗史毅宗始置陞補試以詩賦經義取士以充國學

科擧類

漢史文帝置三老孝悌力田科武帝詔擧賢良方正直言極諫之士是謂科擧之始也麗史光宗用周人雙冀議以詩賦頌策進士取明經醫卜等業賜崔暹及第磻溪曰宋人謂科擧誤子不好言科儒出身復爲主司

出身

磻溪曰本國在箕子設敎八條之時其選衆用賢必有簡賢之法而上焉無徵遠至三國日事侵爭荒蒙無足論矣然大槪選人以騎射用人以材畧戰功新羅並合後至元聖王始定讀書出身之法麗太祖首建學校而未有科擧之制光宗用雙冀言始以科擧選士自是文風稍興而倡以浮華之文遂成弊習大

知〻有尹白沙盖別號之顯不顯亦在其人名不名耳愚嘗聞李栗谷字叔獻而未顯時人亦有字叔獻者其夢有神告曰汝敢與東方賢人同字也當改之其人終不改又數日夢責曰汝不改字吾當誅汝即驚悟改之云盖賢人之字神鬼亦知而錄之不許與凡人同也野史云林百齡夢有鬼言汝名改爲槐馬當富貴百齡以槐馬爲名甚不雅不改又夢責曰不改汝當有大害百齡以爲名與號雖殊其呼我一也遂號爲槐馬亦異矣

原覽曰古則鮮惟皇甫謐號玄晏先生陶元亮號五柳先生李杜韓柳只以官爵稱之至歐蘇始有之今中朝人最尚學士大夫與人賈竪皆稱之又曰居士之號起於商周云句五志曰王績之東皐子杜甫之草堂先生賀知章之四明狂客白樂天之香山居士是取所居而號之陶潛之五柳鄭薰之七松是因所有而號之張志和之玄真子元結之漫浪叟是以所尚而號之我東若李行之滄澤漁叟金尚憲之石室山人取其居也李嵓之雙梅堂徐益之萬竹亭因所有也金時習之清寒子柳夢寅之於于堂以所尚也尹監司暄嘗自號白沙李鰲城恒福亦號白沙李謂尹曰我已號之子可改也不許李笑曰人能貴名名不能貴人試看誰號名於世以今觀之世之人惟知李白沙不

史遷父名改爲同而今清人諱法最甚康熙字典以皇帝名玄曄於玄字則去外點爲玄曄字則去中柱爲曄矣芝峯曰我國畏金元故金不直呼爲其任如元從之元改以原字云則於唐宋不諱何耶雖地名如金海金山固然而金川金溝直呼何耶

、碑記帝名

燕巖曰成吉思者元太祖名也窩闊台者太宗也薛禪者世祖也完澤者成宗也曲律者武宗也普顏篤者仁宗也格堅者英宗也忽都篤者明宗也亦憐真班者中宗也按今清天命帝曾花赤崇德帝弘它時順治帝福臨康熙帝玄曄雍正帝胤禎乾隆帝弘曆嘉慶帝顒琰道光帝旻寧咸豐帝奕詝同治帝載湻音淳

、別號

我東以夢字取名、、世而多不吉如鄭夢周柳夢寅及閔夢龍
李夢鶴朴彌夢且南夢曦金夢村雖別號南夭金奮而唐劉夢
得亦謫非范祖禹初名夢得而葉夢得五福俱全云

姓名同音

資暇錄曰世吉姓名同音者衆、曰杜度韓愈諱辨引之然杜操
字伯度、名同魏武帝故去伯字云蓋漢之鼂錯曹操宋祖趙
朓以東音呼之皆姓名同音而我朝栗谷姓名同音亦異矣

諱淵爲泉

芝峯曰李白詩酬歌一夜送泉明按唐人避高祖諱淵爲泉猶
晉避司馬昭爲明妃也然狄梁公替取日虞淵洗于咸池潛授
五龍挾之以飛獨不諱淵何也漢蒯徹避武帝諱爲通李談爲

有詩題壁或汚墁之即三十年來塵拂面如今始得一枕泥句是也我國李後白慕李白而名之又以青蓮爲號蓋此類甚多

丶去師改名

南夏正桐巢謾錄曰許氏子某事某師某三年而去改名是字去非與趙消以犬不忘主去水作犬爲狂猾之猾示巳意不同

丶記夢取名

世傳金崇謙之生夢壯節公申崇謙故名之文學夙成壽與壯節同申靖夏之生夢唐李靖以顯見金剛山故名靖遊金剛來歸而死又陸游之生夢秦少游取名而文章固勝魏了翁夢陳瑩中取字論學則魏差擬與范祖禹之夢鄧禹皆前後身之說也

夢字忌名

鄭以去水裏矣賜鄭滴名亦謝莊以風月山水命名意歟

一字相傳

陽川許氏世以一字爲名近有許石老爲二字名矣按古人多一字爲名故楚漢三國世二字名者鮮矣

近取諸身

陽村權近曰吾名近吾子孫可以近取諸身之義用身體字爲一字名比陽川許氏可也權尚愼始爲二字名尚用身體字云

慕古作名

漢史司馬相如初名犬子慕藺相如改名金華子曰有擧子能爲詩無通名刺云鄕貢進士黃處難字憂地欲比白居易樂天也高若訥後史補云梁園扇家子杜四郎號杜荀鴨比杜荀鶴

唐昭宗敏更名曄羅隱爲錢鏐表曰左則姬昌之半字右則虞舜之全文按爲舜華之全文則尤甚矣

庾信起築 羅金傳云庚辰之夜夢熒惑鎭二星降于己妻萬明有娠二十月而生舒玄謂夫人曰吾以庚辰吉夢得此兒宜以爲名然禮不以日月爲名庚與庾字相似辰與信聲相近遂名庾信

白虎通曰殷家尚質直以生日名子而不以子丑者甲乙幹也子丑枝也本實故以甲乙名也或曰新羅金庾信庚申生而古人不以六甲命名故庾字形似庚信字音亦申云我朝癸亥功臣李起築亦己丑生取音相似云

喜在賜名

我朝南龜亭謙以 太祖故人登極後上喜其猶在故賜名在

水行傳世

鄭松江澈以水並行傳世若稼牧之穀穡焉近改五行 正廟曰

即ㄎ字似梵書苑咸詩云蓮花○字揔由天又忠宣王璋八元改爲益智普化忠惠王禎爲普塔失里忠肅王○爲阿剌訥忒失里忠穆王昕爲八思麻朶兒只忠定王胝爲迷思監朶兒只恭愍王祺爲伯顔帖木兒德興君譓爲塔思帖木兒

女主名曼 羅史始祖赫居世妃名閼英者初[illegible]

羅史善德主名德曼真德主名勝曼又眞聖主名曼 其或當時女主之別號耶或慕楚子妃鄧曼而名之若今閭巷女子慕周太任王姫而名耶

畏瘦不花

芝峯曰胡語謂犢曰不花或言胡人畏痘瘦故多以不花爲名昌半虞全

以之字多知名即名筆王羲之獻之文章韓退之唐順之名盡顧愷之風采杜牧之

視人位宮

綱目註云高句麗太祖王宮生而開目視人及長勇壯爲漢邊患曾孫位宮亦生而視人句麗俗呼相似爲位以似宮故名之

彘爲君名

漢書曰景帝夢高帝謂已曰王美人得子可名爲彘故武帝之生也上曰彘者徹也名徹按華音彘入聲與徹同音故也高句麗東川王之生以郊彘之逸得酒桶女而生故名郊彘

羅彡麗卍

羅眞興王名彡麥宗彡音三似佛畫麗忠肅王燾以夢改卍

傳燈錄曰有童子七歲遇四祖 問有姓也無曰有何姓曰佛姓祖曰爭奈不識曰諸佛皆然祖曰何謂曰姓空晉史道安本姓帛受業於佛圖澄遂以釋爲姓冒釋迦故也見習鑿齒自稱彌天釋道安是也今僧尼姓釋蓋始於此又佛圖澄亦本姓帛自稱佛 與釋皆沙門自求爲姓徽唐一行本唐儉之孫而不改姓釋佛何哉

三世一名 赫居世 [illegible]

芝峯曰楚子熊繹十餘世皆以熊字名蠻俗耳李益齋以爲方言也麗三世一名即作帝建龍建太祖建是也擇里志曰作帝建即唐宣宗子而隆即龍建則姓王氏猶陳之田和云又權幸之子仁幸孟郊詩羲之又有之胡母輔之子亦名謙之世傳名

袁卓畢晉俊良包羅尋延辛諸魏翟車乘貝員價荊薛卞才勝
趙堅賓傅段嚴胡浪蘇張童蒙翁艾、康莊咸賀乓田瓊共燕安
余舍牙琴皮几曲房桓裴種茶濯麻、對水部梅素楊蔣柏劉桂
卯瓜夜弋桑郎堅汜鞠花夏殷異尚、郁文宗周下乃太平申屠
千秋董賈馬范金石鍾呂骨奇乜部、那邊印許喬犀卯乀凡三
百八複姓扶餘令狐石抹皇甫獨孤、司馬司空鮮于東方西門
南宮、又蒼氏國、氏冈氏之類未詳而我、東無富貴姓耶

多、良姓

倭大內殿世居周防州本百濟溫祚王遠孫入日本泊多、良
浦故因以多、良為姓系出百濟故最親我國云

沙門釋佛

氏首氏牟氏咸氏水氏坎氏楊氏欖氏慈氏又瀋陽有江南大
賈貧希顔希憲兄弟
東方姓譜
原覽曰昔夫箕王來拓藩邦化成陶甄澤施洪龐順奉佚貢赫
高和馮吾鮮合一元卜宅鄭池郭堅國錢米林芊端陽方昇崔
南何蹇珠宮綠李萬葉彌芳天祐克肯景壽永昌強于秦楚睦
於蔡魯恩侃頓折邢尚扈附溫涼王燭時物吉邕雷尹龔杜台登
俁龍公卿章甫都俞承獅素明敬慈齊慎刑律孟年黃唐班伍
華禹寧谷思榮荊聶知瞿孔孟程宋門路森直牛弓柴閔信占
標則荀楊京丘毛萇鄭玄宣簡陳冊任史魚權徐陰偰庾書紐
潘陸沈宋韓柳江河原谷孫吳廉呂彭耿韋朴葛姜全智伊聞

擇里志曰我朝置宗義殿欲求王氏爲監而王氏有爵者前已剪除餘皆逃匿變姓或爲馬氏爲全氏爲玉氏皆藏王字畫中

按陶穀本唐彦謙之孫避石晉敬瑭諱爲陶文彦博本姓敬其曾祖亦避敬瑭諱去苟姓文眞德秀本姓愼避宋孝宗名眘去心姓眞韋士以韓信子入南越去韓字半爲韋氏嚴助本姓莊避漢明帝名莊改爲嚴氏嵇康姓奚移以嵇束晳本踈廣之後去疋爲束趙奢能御馬號馬服君其子孫因爲氏馬援是也田千秋老乘車號車千秋後孫以車爲氏第五倫其先田齊徙園陵以第次爲氏歐陽脩古越之後食采歐山之陽故爲氏

中國稀姓

燕岩曰妙氏烏氏盤氏民氏纏氏杵氏釗氏律氏蒸氏烟氏穰

蔣莊太泰

青鳧蔣成吉成祐兄弟文科判書兜山莊俶文科縣監渤海太斗

南号西菴文科正言泰評麗朝統合功臣

邑宣能堅

淳昌邕侈振有陰城去思碑寶城宣憲宦郡守能寔麗朝統合

功臣堅權亦麗朝統合功臣

咸秋貢承

江陵咸傅霖号蘭溪東原君全州秋得秀文科仁川貢蓋進士

延日承以道文科縣監密陽唐城判尹豊城秦有經舍人沃川

陸世俊縣令茂松庾順道官大提學善占雨徵云

藏王姓畫

也之亓硃

韻書曰巫稱厮也又蕃姓即皇明時蒙古也先也我國慶州有之氏本亦慶州音攄億切明史神宗時尚書趙煥爲齋黨亓詩教所引亓音其又慶州先生案有姓硃者 唐韻亓其古字漢有陽河侯其石

魚池仇具 欲雨則濕欲晴則乾

忠州池氏譜曰池重翼麗朝廄下有魚鱗故賜姓魚氏今忠州魚池本是同根亦唐鄭注爲魚鄭之類也平山佡氏有自平者文科掌令我 正廟朝賜姓身氏

於〻門卓

姓譜曰江陵於世麟知義州〻如尺文科參判門必大武科郎將光山卓愼號竹亭文科貳相邃於性理之學

地名人姓 又河洄本權氏世居而地師言毋種柳柳生必伐之後權氏女嫁柳氏青孀歸有遺腹子因此爲家後柳族蕃盛仍爲柳族即西厓之鄉

魯城古有得尹面尹氏来居懷德古有宋村宋氏来居皆繁衍爲世大姓云寧越嚴氏譜曰寧越杳亭舊有鴨脚樹中空而外生蘂爲風折忽大水有一嚴木浮來入其中撑立而生與杏相接厥後嚴氏繁盛云牡荊俗稱嚴木也安東海底里惟六國姓居之無他雜錯而族繁家殷最後一秦姓附焉五姓自然消滅秦獨據之若六國之一於始皇又劉姓入秦亦亡焉。豐基魯佐里有金氏村俗傳地師言毋他姓入故相戒雖姻婭賊婚不得贅而屢葉專一壑繁大其後洞末余氏女爲金氏婦青孀而歸有遺腹子因長成連外家横作屋居之塞洞口於余字宗加一畫爲金字自後余裔全盛云亦異矣

壮元拜住也本國李仁復吾同年太祖遂與俱來判典農寺賜姓名韓復以來於三韓故姓韓以仁復同榜故名復耶

肅良哈奇

麗史幸州奇子敖女爲元順帝后改姓肅良哈氏生愛猷失里荅剌是謂北元昭宗朱彝尊詩話曰高麗貢女碩妃爲明太祖妃誕懿文太子及成祖云大抵無論男女入中原改姓不獨楊堅爲普六茹氏李淵爲大野氏

登第歸姓

芝峯曰范仲淹初隨母適朱氏爲朱悦後登第歸姓表云志在投秦入境遂稱於張祿名非霸越浮舟偶效於陶朱本唐成汭本姓郭氏鄭準代爲表而范姓尤切

漢有太守頹先井者李慈官云爾字古文頼字井字古文井字
不必註音滕頼先頼井二人而誤為一人桓温傳昝堅勸李勢
降韻書昝音騶又陸終子籛鏗封於彭為彭祖姓籛氏皆僻姓

聞人張是

經註聞人氏名滋本魯少正卯之後以魯之聞人故也元魏將
有張是連提以張是為姓未知何故也

盤古左丘

芝峯曰盤古國人以盤古為姓又章淵云吳興多姓丘有碑列
其族稱左史丘明之後

拜住韓復

麗史我 太祖之征兀剌城也有一人裸立毀垣中哭曰我元朝

琉球國姓歟斯氏魏史北方謂土爲拓謂后曰跋故爲拓跋氏

完顏卽王

弇州集曰完顏者卽王姓也星湖曰意者從高麗姓故也金世瀋海槎錄云金幸卽高麗功臣權幸子克守娶女眞生古乙太師孫卽金太祖又云平州僧今俊入女眞卽其先也麗史仁宗遣金壽有況彼源發乎吾之語是也李滿住亦服屬我國而中朝賜以我國之姓且滿住非名也如可汗之稱云唐溫庭筠詩自從元老登庸後天下諸胡悉帶令詮令狐綯爲相有姓胡者冒令狐也今清世世易姓卽歷世受命之意然亦古寺有也

騶瞻顏昝

漢史東甌王姓騶氏勾踐後也風俗通曰蠻荊有瞻氏音竹又

胡從母姓

晋劉淵傳曰昔漢高祖以宗女妻冒頓故其子孫遂冒姓劉氏盖胡從母姓之始也史畧曰老子從母姓爲李氏則楚亦蠻俗

胡倭複姓

漢史曰匈奴姓攣鞮氏類苑曰元魏時柔然姓郁久閭氏者首秃也其祖木骨閭首秃而與郁久閭音相近因以爲姓梁史突厥姓阿史那氏類苑曰吐蕃之先秃髮利鹿孤從依沮渠蒙遜改姓窣勃野氏或云贊普自言天神所生號鶻提悉補野因以爲姓宋史契丹即遼姓耶律氏以其所居橫帳地名曰世里譯言耶律也蒙古即韃靼姓奇渥溫氏一作孛兒只斤氏今清即女真姓愛新覺羅氏譯言好金也唐書曰倭姓阿每氏隋書曰

姓也百濟有之

嶲蜀

集韻曰嶲音擕見姓苑而又作蜀形異而音同

竹木

駱賓王姚州露布云蒙儉和舍等浮竹遺胤沉木餘苗註夜郎國初有女子浣水濱見大竹三節推之不去聞有兒聲破之得男長有武材遂雄夷狄以竹爲姓又哀牢夷之先有婦人名沙壹捕魚水邊觸沉木有孕一產十子一爲王又九種背誕註九種作九隆也沙壹女子生後沉木化爲龍語曰若爲我生子今安在九子驚走一子不去背龍坐龍舐之其母鳥語謂背爲九謂坐爲隆因名其子曰九隆後爲王

高夫梁

東史曰耽羅初未有人物漢拏山毛興穴出三神人曰高乙那爲君曰夫乙那梁乙那爲臣梁山璹傳曰其先良乙那與檀君同時開國其後曰宕始通新羅時客星見羅王賜爵星主遂改良爲梁正氣錄曰夫姓之後今亦爲文山海經曰熊山有穴焉恒出神人夏啓而冬閉類苑曰巴氏樊氏瞫氏相氏鄭氏五姓出鍾離山其山有赤黑二穴巴氏出赤穴其餘皆出黑穴未有君長以巴氏子有土船之異故立務相爲廩君即成武帝李雄之先乃巴氏也又西羌傳羌以奴爲無弋以爰釼爲奴故姓弋

嬁妞苔木

字彙曰嬁音咀妞音紐皆姓也高麗有之韻會曰苔氏木氏皆

東之金與延氏本金姓而羅時居延秋門賜姓延者不同

楊明免役

權文海大東韻玉曰楊起漢楊震之裔也元順帝送之爲恭愍王丞相賜籍清州子孫免役明史洪武壬子或告陳友諒子理明玉珍子昇有怨言帝恐不能保終始徙高麗今陳明二族是也

六畜賜姓

芝峯曰世傳麗祖以木川屢叛以畜賜姓後改象爲尚豚爲頓犬爲太按猶武則天賜王皇后姓蟒氏蕭淑妃姓梟氏之類也

獠無姓名

北史曰獠國無姓名惟以長幼次第呼之丈夫稱阿謨阿段婦人稱阿姨阿等皆語之次第也

我正廟曰曹字西日沒東日出可象其形去中柱一畫而用於
官寺及等輩則具本畫於人姓則否
石牛天鳥 韻會曰鵉即鳳古字
芝峯曰星州厗氏厗音小俗言呼牛爲小而東史有石亦天鵉
者疑二字訛爲犀字也但宛委餘編云複姓有石牛氏疑此也
淳昌鵉氏鵉音權億协不知自出諺云鵉天鳥吞海鳥名
佟李金秦 韻會曰佟音炵燕錄遼東佟萬以文章知名
青海伯譜曰佟氏本岳飛孫入胡爲佟佟豆蘭從我太祖佐命
賜姓李氏是謂佟李又金鶴新羅太師宣平之裔我朝初入大
明與琉球使爭列得罪帝以外藩使送我誅之我國憐其無罪
變姓爲秦　字似金字樣是謂金秦本三陟　孫祖世復姓爲安

洪氏譜曰東方本無洪姓而唐貞觀際新羅請學中國禮樂帝送十八學士以教之洪天夏其一也後孫居南陽者謂土洪有功封唐城君者謂唐洪唐城者南陽古號也

張偰避亂

芝峯曰張伯昌以宋朝貴臣與其子舜避亂來於豐德又偰遜回鶻人元末以端本堂正字與子長壽亦來恭愍王賜籍慶州今有尊薛人偰之說

麻李萬千

壬辰倭亂天將既有功而清入其裔逃于我即麻貴李如松萬世德千萬里之孫也明史李成樑高祖英本朝鮮人

曺姓一柱

氏始祖云

南氏本金 安氏譜曰麗西李偲柳東來義朝以有安國之功賜與支子李壽按 新羅之非 張 太平代 姓安籍廣州麗崇亦姓安籍竹山兵宗子春孝爲廣安李氏又順興之安亦

南氏譜曰金忠喜天寶中使于倭泊寧海之南羅王奏聞天子

天子仍賜姓南氏改名敏即英毅公 自廣州公云

六部賜姓

羅史儒理王改六部之名各賜姓李崔孫鄭裴薛

車姓桿名

芝峯曰麗祖時柳達以車輸餉故賜名車達李桿以舟楫濟師

故賜名桿金幸以羅爵謂其能權故賜姓權氏按柳車達文子

以車爲姓云

唐洪土洪

中也京房本李氏推律改爲京陸羽筮易鴻漸于陸而姓陸名

羽字鴻漸

孔氏隨魯

芝峯曰孔紹者隨魯國長公主來爲昌原孔氏 正廟改籍曲阜

孟母仉氏

小學解註孟子母仉氏集韻仉音掌今多誤讀凡庸之凡

我趙宋裔

帝王紀曰宋太祖漢京兆尹趙廣漢之後趙重峯憲曰太祖子魏王德昭魏王子冀王惟吉冀王子守康爲中朝進士爲供奉官靖康之亂與吳天壽浮海泊于白川守康改諱天赫爲善郎贊從事官破契丹封嘉林伯爲林川趙氏始祖天壽爲白川趙

勾麗史曰朱蒙本姓解氏自稱高辛氏後以高爲姓蓋蘇文或
號蓋金自云生水中故以泉爲姓又甄萱本姓李氏阿慈介子
自稱曰甄氏方言大蚓謂地巨赤湆名甄故也按史禹母呑薏
苡而生因姓姒氏古文淵鑑註字文氏者自言神農之後北荒
謂草曰俟汾以神農嘗百草指草爲姓後訛爲字文故也紇干
氏者云伏國仁之先遇一神龜大如陵阜殺馬祭之俄不見一
小兒在困養爲子自以无所依憑字曰紇干遂爲氏其方言依
倚謂紇干故也蒲洪以草付之異改苻氏禿髮烏孤之先壽闐
生於被中改禿髮氏其方言被謂禿髮也燕王廆之先冠步搖
爲慕容氏其方言訛步搖謂慕容也夏勃　以古人姓氏無常
改赫連氏　且漢胡廣本黃氏子以得於葫蘆故姓胡名廣黃在

羅史脫解王時聞始林鷄聲遣瓠公視之有小金櫝掛於樹白鷄鳴于下開之有兒養爲子名閼智方言小兒出金櫝故姓金氏七世孫爲味鄒王金富軾曰金氏從天入金櫝而降或曰乘金車世傳中國金氏自金日磾始而漢武帝母王夫人初爲金氏婦則日磾前有金矣又集韻曰古天子金天氏之後又漢複姓有金留氏

許金同姓

駕洛國史首露王出金榼爲金氏得南天竺國君女許氏爲妃是謂黃玉夫人三國史云阿踰陀國女或云西域許國君女生九子二子從母姓爲許氏今金海之許金是也

解高甄李

東王西母

段成式諾皐記曰東王公諱倪字君明丁亥日死西王母姓楊氏諱回治崑崙丁丑死神仙傳姓侯氏與東王公分理二氣云

朴昔卵生

羅史云蘇伐公李謁平得大卵於楊山剖之有兒即赫居世辰人以瓠爲朴而卵如瓠故姓朴氏多婆那國聘女國王女娠七年生卵以爲不祥置之櫝中浮海至辰韓阿珍浦老嫗開之有兒在即脫解也櫝來鵲隨之鳴故省鳥以昔爲姓以解櫝脫卵爲名脫解金富軾曰朴昔卵生按朴昔是東方土姓而魏志建安中巴夷王朴胡來附廣韻漢有烏傷令昔登

閼智降金

廣博物志曰天皇氏姓望名獲字子潤地皇氏姓岳名鏗字子元人皇氏姓愷名胡桃一曰胡光字子文

日月

道經曰日姓張名表字長史月姓文名中字子光日中有五色帝月中有五色帝夫夫

五岳

酉陽雜俎曰泰山姓圓名常龍衡山姓丹名靈峙華山姓浩名鬱狩恒山姓澄名渭濤嵩山姓壽名逸羣神氣經曰北嶽姓[illegible]名嵾君西嶽姓華名巘君南嶽姓崇名嶂談會曰東岳姓嶷太山姓馮名嵓嵩小山姓崇名岦字嵓勳字彙補曰東岳姓崴名嶸北岳姓峘名崚西岳姓崇名嶪中岳姓惲名興

姓名類

女生爲姓

字彙曰姓者生也以此爲祖父之相生雖百世而此姓不改族者屬也與其子孫相聯屬其旁支別屬則各自爲氏按天子因生賜姓故從生神女感天生子故從女

姓氏

漢食貨志曰臨淄人姓偉貲五千萬此以姓爲姓者吳史有氏儀此以氏爲氏者也孔融嘲氏字無上改爲民氏云

盤古

綱鑑曰渾沌氏姓尨名敦韻會天上造化神名黔嬴一名黔雷

天地人

減膳停朝

我世宗朝坡平君尹坤卒上曰臣爲君三年喪君爲臣三日去肉不亦可乎命立大臣喪減膳之法是體大臣之禮也 成廟世唐陽尉洪常公主歿特停朝市似一時權停之爲例也又大臣喪限三年給祿顯廟朝李景奭之卒也 鄭太和啓其恤貧故也

、諡法

我東自羅智證王始也 黃喜以事業宰相諡以忠奉常寺吏奏身事兩朝不可爲忠故改翼成以前朝注書也禮曰生無爵死無諡王導曰非也自後鄉人諡之則楊厚文父友人諡之則趙元昭夷先生門人諡之則王通文中子又賜處士諡即陳摶希夷邵雍康節也今儒林相尚而有爵然後有諡何哉

神道碑

漢中山王傳修冢塋開神道註建石柱爲標其神道碑之始乎孔子題延陵季子之墓其墓表之始乎傅奕自誌曰傅奕青山白雲之人以醉死嗚呼亦墓誌之始也

墓祭

唐鄭正則曰古無墓祭之文孔子許望墓以時祭祀今墓祭之始也漢光武詔岑彭過上塚今掃墳之始也五代唐寒食野祭而焚紙錢後唐王溆妃一盂麥飯洒明宗陵然上墓自開元始

焚黃

唐翰林志云中書用黃白二麻爲綸命杜詩黃麻似六經今贈死者職謄黃紙焚墓前故謂焚黃、著諸書

挽歌

通典曰漢田横自刎從者爲歌以寄哀情今輓歌自横始云事物紀原曰漢武帝時李延年爲曲薤露送王公貴人蒿里送士大夫庶人左傳公孫夏命其徒歌虞殯註送葬歌曲今死人謂送葬出此成大谷運轅友詩酒前已失傳盃手箧裡猶藏問疾書固好矣趙晦軒觀彬祭妻文十年之蓄大家無累一日之哭丈夫多淚蓋無累者德也多淚者情也儘妙矣

碑碣功德

記曰公室豐碑註斲大木形如石碑於椁四角樹之穿中爲鹿盧下棺以繂也後以石紀功德漢書註方者謂之碑圓者謂之碣者特立之石又院庭碑以牲繫也

姚崇曰孔丘亞聖母墓毁而不備梁鴻至賢父亡席卷而葬今中國人之葬甓加地上而置棺以土加之爲墳故每秋潦後更加土覆之今掃墳政事謂加土效中國語也

壽藏

漢紀光武初作壽陵趙岐自作壽藏圖唐史姚崇自爲壽藏於萬安山麓今壽地置塚出此大明律掘人置塚與掘冢同罪又不以置塚而禁人入葬

省掃禁養

檀弓曰展墓註省視今省掃之始也戰國策秦攻齊令敢去柳下季壟五十步而樵採者死不赦其禁養之始乎漢高帝置信陵君守塚五家亦墓直之始乎

塚子孫今何處惟有殘石人長年守不去

樹柏立虎

炙轂子曰罔象好食亡人肝腦而畏虎與柏故墓上樹柏墓前立虎按列異傳秦穆公時陳倉人掘地得物若羊非羊者名蝹食死人腦以栢穿其首則死云今土鼠之撥地倒立舂杵則鼠避不撥其望柱之始乎

松楸

記曰天子樹松諸侯栢大夫欒韻會欒木蘭也杜詩四郊多白楊唐詩古墓無子孫白楊不得老亦墻前所植李白賦松楸骨寒今墓所謂松楸而諺傳新塚必生穀百穀皆宜惟蕎麥不宜

加土

葬焉是謂同墳異葬不違死則同穴之義而禮亦然矣

馬鬣土饅

檀弓曰孔子之喪子夏曰吾見封之若堂者矣若坊者矣若覆夏屋者矣若斧者焉馬鬣封之謂也古記趙簡子塚形如硯世謂硯子塚梵志詩曰城外土饅頭餡草在城裏一人喫一箇莫嫌沒滋味蓋古今塚形之異矣宋唐珏夢中詩云親拾寒瓊出幽草蓋此白骨也

石人馬

霍去病傳云冢前有石人馬今羊馬石將軍石是也洞微志曰汴都周令公墓前石人能作怪人或遇之稱魯校書石押衙今石人年久奪食墓祀祭物之說似出此金清陰詩云路傍一孤

原將士骸骨大將曰旌義塚士曰懷忠塚

蟹蒙墓

三學士傳曰丙亂淸人執斥和臣洪翼漢吳達濟尹集而去是謂三學士皆死節罷不還吳學士從人得蟹蒙歸葬謂蟹蒙墓

藥泉遺戒

戒子孫曰吾爲山陵都監屢掘古塚或棺爲水火所侵而其家富貴或極生雲花而其後窮餓所不可知者地理也吾家骨肉團聚先塋但立石以表之故獨無新占健訟之弊云與李梧里家戒同

同壙異葬

古者合葬開先葬之棺而納之漢樊重始穿先葬之傍一壙而

榮云北户録曰洛陽年韻嘗葬一枯骨夢謝云我本強冠感公掩蔵顧陰護公有急但呼赤丁子後有驗

東皐墓

東皐遺命曰我神道碑立於墓十里外及壬亂倭既怨東皐甚欲掘辱之盡發碑近處塚竟不得云蓋出疑塚之意也在楊根

諸沫墓

燕岩曰諸沫本固城縣民當壬亂起義為是牧死後月夜出篁竹間自吟曰山長雲共去天迥月同孤又自言墓在漆原云

七百義士塚

明史曰壬亂趙憲以義兵七百人擊倭于錦山力盡死之無一人退北者封其戰地而表之曰七百義士塚按唐史劉昌瘞涇

、圃隱墓 風水者言圃隱墓中太師墓柳本達墓是爲朝鮮三大地
擇里志曰墓今龍仁而本朝贈領議政立碑勅即冊辭改書高
麗門下侍中至今尚存可見忠魂毅魄之不泯

、赤墳
麗史崔瑩臨刑曰我平生若有貪慾之心則墓上生草不然則
不生草今在高陽而禿赭謂之赤墳與昭君青塚同而異矣

、移三將軍葬
梧陰借居城南冶洞凶家忽陰雨夜有三將軍各持其頭發廳
板上出立於前曰我是舊麗朝將軍戮亡此地埋此廳下欲訴
冤主人輒驚死故謂凶家梧陰及朝掘廳底有三頭骨爲礎所
壓即移葬而有告諭文其夜夢三將軍來占家廟基故子孫昌

芝峯曰墓在鐵原而弓裔相段起明見裔無道不仕號菖蒲軒

申太師墓

其誌曰墓在春川三塋穹然世傳太師崇謙戰亡喪元王鑄金
爲太師面合體而葬懼人之竊發也三其封以疑之或疑夫人
祔焉祭者拜中行事視其重也

南君甫墓

崔簡易集詳記始末而金環事尤極神矣

虎山墓

順興安氏譜曰安從約嘗夜行峽路有大虎張口向前從約曰
吾我乎搖頭欲醫乎頷之乃手探其吻有銀釵橫揷即拔之後
葬從約時虎忽導輀登山足攫金井地今白川虎山墓云

君死有以悟君埋我於王所遊畋路側其子從之王出中路有聲若有言王無去王問之從者曰聲自后稷墓出王流涕曰愛我深遂不復獵古有尸諫今有墓諫

金庾信墓

羅惠恭王時庾信墓旋風忽起至始祖陵塵霧晦暝若有哭泣悲歎之聲王懼致祭謝過

萬里倉墓

俗傳我國初築萬里峴倉基有古塚白骨出而其誌石曰我葬千年後江水到墳前將爲李氏庫移我南山邊與秦樗里子墓百年後爲漢武庫直其上同

苜蓿政丞墓

寢朔望登祀 宣廟辛卯朔發時陵內有噫歎之聲祭官懼有失禮者壬辰四月朔其聲甚雄且大及倭至謀將不測陵內有雷霆動怒之作倭懼而止按勾麗史燕慕容廆來侵發西川王塚役者暴死壙內有樂聲恐有神乃退梁山璹傳曰倭將發諸陵索寶玉 山璹送銀幣餌之且使譯官朱繼康示五禮儀以驗本朝不殉寶玉賊乃止

英陵

我世宗陵也擇里志曰開土時得古標石刻曰當葬東方聖人術士云回龍坐子申水入辰為諸陵中第一云

金后稷墓

羅史眞平王好獵后稷諫不聽及病死謂其子曰吾生不能匡

陵前因號竹長陵

紫原

高句麗史東川王之薨國人哀傷近臣至墓所殉者衆國人伐柴以覆其屍名其地曰紫原

溫鞋陵

擇里志曰會見大井里故祠溫成后塑像與昌陵土城記異曰以爲虛而非眞則遺跡尚班、以爲實而非僞則殆同齊東之語其孰信之即龍女以帝建失信卓女歸海葬遺鞋謂溫鞋陵

健元陵

我太祖陵也陵上以蘆爲莎焉不忘舊土也俗傳自咸興舊宅至東陵千里採蘆以次手傳一日内至云野史曰我朝舊例陵

蛇陵

古記曰羅始祖赫居世薨五體散落于地國人欲合而葬之因蛇妖各葬遂號蛇陵亦曰五陵

真珠墓

常乘麒麟馬奏事天上年至四十遂昇天不返太子以所遺王鞭葬於龍山號東明聖王

高勾麗東明王朱蒙陵在中和龍山俗號真珠墓

恚憤城

仁川文鶴山有城世傳沸流王彌鄒忽所都以王恚憤而死故名其城焉城南十里海坪有大塚謂彌鄒忽墓

竹長陵

羅史云伊西古國今清道也攻金城羅禦之不能克忽有異兵大至皆珥竹葉助羅軍破之不知所歸或見竹葉積於味鄒王

錦林陵

靈川縣西有太古藏俗傳大伽倻國錦林王陵

首露王陵 田三十頃以充祭祀羅季將軍忠至領金官有英規者假威於將軍奪廟鄕含祠堂梁於英規頂遂斃死焉忠至繪畫王眞安於屋壁以祀三日影流血淚一斗又盜來有蟒長三十餘尺眼如電咬

輿覽曰羣盜謂陵有寶物欲發之猛士被甲自陵中出射殺八人盜驚散又量田使欲以陵田屬民夢神人七八操劒使卽死

虎康王陵

星湖曰麗史忠肅王十六年盜發金馬郡韓祖武康王墓輿覽云虎康王旣得人心立國馬韓與善花夫人幸獅子寺又云雙陵在五金寺峯西王及妃陵也或云百濟武王俗號永通大王陵其說不根高麗惠宗名武麗人諱武爲虎如武帝爲虎帝虎賁爲武賁也

又有皇帝陵此則似欽而未可詳也沈彦光詩完顏古國荒城在皇帝遺墳巨碣存是也

蚩尤冢

古記曰冢在東平常十月祀之有赤旗如帛名蚩尤旗

靺鞨墓

春川牛頭村後山臨昭陽江有大塚世傳靺鞨祖地無樹木禁養或樵者戲以杖衝之即死牛馬或踏墳蹄陷處即時土出堙

花川大塚

擇里志曰平山綿岳東麓花川洞有高顛大塚諺傳清人祖地或云今後墓云元史蒙古世葬起輦谷不封不樹無陵號按佛書曰西域棄尸不封埋謂寒林又尸陀林其蒙亦西俗耶

開闢前不改或過此數者必移他鄉且葬三年後泗水必徙裳
百歲後汝其愼言及三千子守墓三年各樹其國木而去子貢居
三年泗不徙惟聖言之不驗更居三年忽夜雷作朝視之泗果
退是以子貢獨六年守墓云祖廣廷記曰後周高祖征慕容彥
超至兖州城將破帝夢一人狀甚魁異被王者服謂帝曰明日
當得城及朝帝遂克之路取委巷適夫子廟在帝悟曰昨夢殆
夫子乎駐蹕升殿一如夢中所見感喜下拜復幸聖林禁樵採

宋帝墓

擇里志曰會寧雲頭山城外大坂有衆塚而土人指爲皇帝塚
淸使穆克登掘開塚傍得短碣上書宋帝之墓四字因大其封
築始知五國城此也不知是徽是欽又土人傳豆滿江北十里

孔子墓

最類晏曰孔子當泗水而葬水爲之却流下不衝其墓堪輿家言孔子嘗獨與子貢登闕里後麓占壽藏之地曰此玉兎望月形必葬我於是子貢曰此何爲吉子曰吾子孫四百戶常居此

水經註曰楚人謂冢爲琴六安縣大冢謂公琴即皐陶之冢

漢陵之墲

集韻曰墲音模規度墓地也揚子方言所以墓謂之墲漢書初陵之墲是也

宋居士墓

尙州錦屛山南蓬田洞有之環數三里內無人塚或有營葬者必雷震風作故也諺傳明太祖祖山云

生祠

芝峯曰東方舊無有矣自李完平元翼爲關西伯遺愛始也唐史狄仁傑爲魏州民立生祠以其子又莅貪暴民毁之可爲貪暴者辱及先祖之戒然或誘民立祠立碑者亦何意耶

盤古氏墓

芝峯曰墓在南海而大三百里桂林又有盤古氏廟又盤古氏國人以盤古爲姓云

帝堯臺 在馬嵬下

字彙補曰古謂陵墓爲臺如鄴都之三臺山海經曰帝堯臺帝嚳臺是也

皐陶琴

賜於墓傍以鮮于氏世襲殿官奉祀如中國之曲阜孔氏

崇義殿

擇里志曰王氏木主泝臨津自漣水上去麻田江上佛寺前止命移佛像於他寺奉安王主號曰崇義殿我 世宗朝始得王循禮一人俾奠于殿世襲例 近年轉移內職如北泰

橘祠

星湖曰馬島小酋橘光連者一名康光與玄蘇來聘密告我人曰日本已定犯上之計誅今來數酋以弭大禍我猶未之信也及壬辰倭使光連與義智為先鋒光連曰此兵何名朝鮮善鄰二百年通好無釁奈何渝盟秀吉誅之後十五年丙子朝廷知之建橘祠于釜山以旌之與唐悉怛謀贈職相類

擇里志曰文化九月山莊、坪有三聖祠即桓因號天神桓雄號神市又山市及檀君今降香祝平壤又有崇靈殿

淸聖廟 隋裴矩傳高麗本孤竹國事居云今海州余按大明一統志永平府有孤竹國君所封地又有孤竹三君[illegible]之有似之

海州首陽山淸風洞有之楓皐集曰史註我國之首陽有五而朝鮮之首陽有一合六矣唐李渤言首陽以朝鮮爲定論況與箕邦接壤山多薇蕨可異我肅廟賜額淸聖而又廟在孤竹即遼東入中國路也成三問題詩其碑云草木亦沾雨露愧君猶食首陽薇與采薇女子語同而碑有污云南晦窩曰享祀以一器薇菜而已若顧洞祀則一簞食一瓢飲乎

崇仁殿

擇里志曰箕子墓在平壤國家以鮮于氏爲箕子之孫建崇仁

有神助故建漢壽亭侯廟於鷄鳴山俗諺倭入王城也關王神兵起自南門外陰雨旌旗隱映柳葉驅倭至東門倭以白馬血灑之則止故南廟生像東廟死像云今尊爲魔帝故自 英廟拜之安東西岳寺關廟石像亦天將所建又星州南原康津皆有之六帖云漢末蔣子文爲秣陵令戰亡發靈乘白馬執白羽扇而出兵太帝遂立廟鍾山謂蔣帝廟助楊大眼走魏軍廟中人馬跡皆泥濕梁史武帝禱蔣廟神上忽有雲如織今禱關廟以日織自廻爲靈應之說出此

宣武祠

太平館有生祠堂卽楊鎬邢玠賜額曰宣武春秋降香

三聖祠

侯不敢廟焉乃壇於闕內卽郊天之禮祀神皇及英廟己巳合享高皇毅皇名曰大報壇擇里志曰祭必以夜而時雖天晴輒陰風肅冽濃雲晦暝過祭則淸明最爲可異云

萬東廟

擇里志曰在淸州華陽洞我肅廟癸未宋尤齋擬朱子雲谷築室於其中又擬恢復大義畫日月祀神皇毅皇以爲南軒招虞帝詞及一間茅屋祭昭王之義輿地志淸州華陽洞乃仙境也

馬巖影殿

麗恭愍王爲魯國公主影殿窮極奢巧其東方影殿之始乎

關王廟

芝峯曰壬辰征倭時天將所建也明史高帝於鄱陽之戰關王

社稷壇

記曰顓頊祀神農十二世孫句龍氏爲社即地祇或曰富媼書植頌云德配帝皇齊爲靈主風俗通曰共工氏子曰修好遠遊故爲社神又共工氏子后土平九州故祀爲社記曰厲山氏子柱能殖五穀故祀爲稷、者百穀之長因以稷名其神湯爲旱遷柱代以周棄至今祀之自漢以来禹配社稷配稷白虎通云其國亡則屋其社不通天氣而祈而無靈則易而改築之故俗謂祭北壇又而云或曰國之亡也其君非走則降而殉社稷者惟金哀宗而大清興皇明毅宗而後明作則天道豈冥、哉

皇壇

肅廟乙酉以壬辰再造之恩而春秋之義王者不祭於下土請

天道二字爲帝諡故至獻宗而紹天繹道是也淸亦效之以道
字爲運字順治爲體天隆運乾隆爲奉天承運是也又尊號自
唐明皇癸丑開元神武皇帝始而爲後世上尊號之例云

神葛追崇

羅史沾解王封父骨正爲神葛文王方言追崇也其東方追崇
之始而漢段猶冷康宗濮議明張璁桂萼之義也璿源譜曰仁
祖壬申以崔有海使寧遠得户部郎中宋憲所貽小說而來遂
定元宗追崇之禮按皇明世宗戊子集輿議爲書名明倫大典

長生殿

檀弓曰君卽位而以爲椑辟音地棺歲一漆之藏焉漢賜梁商東
園朱壽之器今長生殿 世宗癸丑舍人鄭陟始請建之

之祔李浚慶議祔仁宗爲兩世一室矣若各爲室拘以五室之制則睿宗當遷故也宣宗祭大院君玉堂諫有妨於禮李珥曰禮有家人禮假使生存必拜今廟用姪祭叔禮有何不可愚以爲國以繼統爲序魯躋僖公臧仲不仁唐黜敬宗景讓爲薄禮固出情爲重仁明一室君子甚韙王拜院君賢者謂敏

謚号

周禮發明論曰馬融諸儒以堯舜禹爲謚謬矣周以一字爲謚文王武王始也漢以孝一字加謚謂傳嫡也匈奴亦效之以若疑加謚而宋孝宗謚明聖成孝則有二孝字矣明孝宗謚全仁大德則無孝字者以廟号故也我孝廟謚無孝字效皇明也又明高帝初謚聖神文武而世宗戊戌改謚開天行道自後又以

子七廟即七世之廟可以觀德是也諸侯五廟大夫二廟士祭禰又文世室武世室以魯祀周公魯公也又曰祀享由於神農之作蜡郊祀見五帝享先著三代

廟号

禮云有功曰祖有德曰宗舜典格于藝祖文祖禹讓受命神宗殷湯為烈祖太甲為太宗遂為後世人君廟号之始也我東勾麗史遂成尊王宮為太祖王則是尊號也新羅史金春秋為太宗王則是謚号也至高麗始以祖宗為廟号矣

仁明一室

仁廟將祔世祖當祧明宗以為世祖乃當代四親之主功亦莫大欲別祔仁廟於延恩殿羣議以不祔文昭殿為未安至明宗

伊川曰居喪不飮酒不食肉忌日喪之餘也東坡令具肉饌曰爲劉氏左袒於是范淳夫輩食素黃寔輩食肉 近見徐承淳在官日及事忌辰服素不食肉

國恤唱榜

星湖僿說曰小孫九煥生九歲矣其有日記云某年庭試先王賜第未及唱榜而昇遐朝議以爲及第是先王之賜當以常時例華服賜花唱榜遊街從之九煥曰非也第固先王之賜花是今王之寵當華服唱榜先謝恩於先王之玄宮後肅拜于今王今王則不賜花可也愚謂禮家之有熲其猶玄經之巽烏歟

、宗廟

原覽曰唐虞立五廟夏后世室殷人重屋周人辨廟祧蓋禮天

宜朞年南人曰我大行大王假皇帝乎攝皇帝乎西人曰若也
宗八大君爲君次嫡長塚宜三八二十四年之服乎

竹山馬

漢光武曰古者帝王之葬皆用陶人瓦器木車茅馬今國葬以
竹爲馬謂竹山馬即茅馬也

因山

漢史霸陵因其山不起隴故今國葬謂因山又遷葬謂濼囂自
王季始也又大喪殯斂舊以內侍行之 仁祖喪趙翼建白始
有大臣入參之例而饗祀時坤殿啓櫝尙以內侍行之

國忌食素

宋史國忌行香伊川令供素饌東坡曰正叔不好佛胡爲食素

順喪禮官奏卒哭後玄冠烏帶閔純請從朱子之議用白帽布
裹角帶李珥朴淳盧守愼金繼輝議同而廷論異上斷然命行
卒哭後白帽之制 肅廟甲午經筵講曾子問君臣服制章特命
收議羣臣定行方喪三年之制於是乎爲大王三年爲王妃朞
年適士庶白笠矣按禮有尊卑親踈之分服定祥朞功緦之降
今也國恤無論卿宰士庶貴賤遠近通行三年之制雖不害遏
密之義顧無嫌反坫之僭耶又廟法不定馬醫夏畦之混皆饗
四世之祀道袍幅巾之人盡是七般之賤則俗殊久矣於禮何

己亥邦禮

昭顯之卒 仁祖妃既爲長子三年之服及 孝廟薨南人眉叟之
議當以承統爲重服宜三年西人尤菴之議當以次長之禮服

魚菜
芝峯曰靖州俗居喪不食酒肉塩酪而以魚爲蔬湖北謂魚菜
其猶僧家謂雞爲鑽籬菜酒爲般若湯耳

瓜奠
唐史杜如晦死太宗因食瓜愴然遂輟食奠靈故今致祭用之

國恤白笠
我國朝喪禮卒哭前上下衰服卒哭後視事權着白衣烏帽黑
帶燕居白衣笠帶 成廟以爲旣烏帽亦當黑笠遂卒哭後行之
中廟昇遐柳灌爲摠護使言衰猶在邇着黑非祖宗之制定爲
白笠 明廟世議以白笠非古更黑之逮 文定喪依五禮白之尹
元衡曰笠乃灌之建議不可從改儀注着白笠復五禮之制 仁

桃鯉不薦

家語曰菓有六而桃為下祭先王不得入於廟又鯉是龍種故

不用而燒酒宜不用今謂紫酒文昭殿用之

宰馬

元史宰馬用祭蓋胡俗也按霍光傳以減高廟題品為罪

松南雜識